LA DISTRIBUTION
organisation et stratégie

2e édition

LES ESSENTIELS
DE LA GESTION

COLLECTION DIRIGÉE PAR
G. CHARREAUX / P. JOFFRE
G. KŒNIG

LA DISTRIBUTION
organisation et stratégie

2e édition

Marc FILSER
Veronique des GARETS
Gilles PACHÉ

éditions
ems
MANAGEMENT
& SOCIETE
136 Bd du Maréchal Leclerc
14000 Caen
www.editions-ems.fr

A la mémoire de Claude Paché
(1937-2011)

ISBN : 978-2-84769-403-1

INTRODUCTION GÉNÉRALE

La prise en compte de l'importance stratégique de la fonction « distribution » dans la gestion des entreprises industrielles et de services est incontestablement l'une des tendances majeures de la pratique managériale depuis une cinquantaine d'années. Les médias grand public n'ont d'ailleurs de cesse de relater un certain nombre d'évolutions en œuvre dont les impacts économiques et sociaux sont largement soulignés. Trois raisons au moins justifient cette orientation :

- Le développement en Europe depuis la fin des années 1950 de la vente en libre-service a bouleversé **la relation du consommateur final avec le produit** sur les marchés de grande consommation. Cette forme de vente impose que le produit se vende luimême, à travers la publicité dont il bénéficie, mais aussi grâce à son conditionnement et à sa valorisation par la place qu'il occupe dans le rayon du magasin. Le détaillant prend ainsi une place primordiale dans la relation avec l'acheteur final, mais il peut aussi devenir un écran entre le consommateur et le producteur, brouillant la perception que ce dernier peut avoir du marché et de sa dynamique.
- Le succès des formes modernes de vente au détail (hypermarché, *hard discount*, grandes surfaces spécialisées, etc.) a permis aux entreprises commerciales qui les mettaient en œuvre de connaître une **croissance continue de leur volume d'activité**. Cette dynamique du secteur commercial se traduit aujourd'hui par un renversement du rapport de taille entre producteurs et distribu-

teurs : dans bon nombre de pays industriels, dont la France, des entreprises de commerce de détail ont un chiffre d'affaires bien supérieur à celui des plus grandes entreprises industrielles. Traduire ce rapport de taille en rapport de pouvoir entre les acteurs est facile. Les choix stratégiques des détaillants s'imposent donc comme autant de contraintes pour leurs fournisseurs, et font constamment osciller les relations de ces agents entre la coopération et le conflit. Cette évolution remet aussi en cause une conception ancestrale de la distribution traitée comme la dernière variable du *marketing mix*, et qui parlait encore de choix de canaux de distribution par le producteur.

- Enfin, la fonction de distribution est aussi une **source importante de coûts**. Alors que les entreprises de tous secteurs ont fait de la réduction des coûts une condition absolue du maintien de leur compétitivité, les gains de productivité potentiels dans les canaux de distribution restent l'une des dernières sources de création de valeur supplémentaire. Cette pression constante en faveur de la réduction des coûts explique la prise en compte massive des flux logistiques, mais aussi des coûts de transaction, dans la gestion des canaux, tant sur les marchés industriels que sur ceux des produits de grande consommation.

L'importance stratégique de la distribution justifie donc l'intérêt que lui portent les sciences de gestion, et qui ne se dément pas d'ailleurs depuis une quinzaine d'années, si l'on en croit le nombre croissant de recherches doctorales lui étant consacré. Elle occupe aussi dans ce champ disciplinaire une place particulière, tant elle exige la mobilisation simultanée de plusieurs des disciplines fonctionnelles de la gestion :

- le **marketing** bien sûr, tant la relation avec le consommateur final est tributaire de cette activité, mais aussi parce que la concurrence entre détaillants contraint ces derniers aux mêmes efforts de positionnement que les producteurs ;
- la **logistique**, car la taille et la complexité des organisations commerciales rendent indispensables la coordination et l'optimisation des échanges de biens et services, mais aussi de flux d'information ;
- le **management stratégique**, car la distribution suppose de plus en plus souvent la gestion d'un portefeuille d'activités, à commencer par des formats de magasins diversifiés, et désormais la

prise en compte du e-commerce, mais aussi une perspective mondiale des approvisionnements et de la vente ;

- la **finance** et le **contrôle de gestion**, car si l'activité commerciale est associée à des volumes d'activité massifs, elle ne procure que des marges réduites exigeant un effort particulier de suivi des coûts ;
- la **gestion des ressources humaines**, parce que le commerce reste une activité qui utilise une main-d'œuvre importante, même s'il ne bénéficie pas toujours du même prestige que les industries *high tech* pour attirer les compétences dont il a besoin ;
- la **gestion des systèmes d'information**, car il est nécessaire à la fois d'optimiser les relations à l'intérieur d'entreprises intégrées ou de réseaux contractuels fédérant des centaines (ou même des milliers) de magasins, et de faciliter les relations avec tous les partenaires de l'entreprise ;
- les **disciplines juridiques**, enfin, car l'environnement de la distribution a été constamment réglementé, autant afin de réguler le développement des points de vente que pour maîtriser les relations entre producteurs et détaillants.

La place de la distribution dans la gestion d'entreprise est donc primordiale. Elle exige une approche transversale de l'organisation commerciale, mais aussi une prise en compte des spécificités de cette organisation verticale qu'est le canal de distribution, entendu comme « réseau d'affaires » associant un certain nombre de parties prenantes.

■ positionnement de l'ouvrage

Si le secteur de la distribution suscite en France une importante littérature descriptive (ouvrages, presse spécialisée), il fait l'objet de relativement peu de travaux d'analyse, notamment si l'on compare ces derniers à l'importance économique du secteur. Le parti pris est ici d'associer étroitement les analyses théoriques explicatives de la distribution à la description des évolutions du secteur. Une recherche dynamique en distribution s'est développée, largement reconnue par les entreprises *leaders* de la fonction commerciale[1]. Le présent ouvrage, totalement actualisé par rapport à sa première édition, s'efforce de

[1] Comme en témoigne le succès du colloque Etienne Thil organisé chaque année depuis 1998 à La Rochelle (à Roubaix depuis l'édition 2011) pour rassembler chercheurs et praticiens du secteur de la distribution.

montrer que ces travaux apportent un éclairage indispensable à la prise de décision commerciale.

Par ailleurs, il souhaite prendre en considération simultanément deux dimensions complémentaires de la fonction de distribution : une **fonction verticale**, la gestion du canal de distribution, qui établit une chaîne de relations entre le producteur et l'acheteur final ; et une **fonction horizontale**, la gestion du commerce de détail, par laquelle le détaillant s'efforce de construire une offre répondant aux attentes des acheteurs. La littérature nord-américaine distingue traditionnellement ces deux perspectives, en proposant à la fois des travaux sur le canal (*marketing channel*) et sur la gestion du commerce de détail (*retailing*). Il nous semble pourtant que les relations d'interdépendance entre ces deux fonctions justifient pleinement leur analyse simultanée, à la fois d'un point de vue théorique et d'un point de vue managérial. C'est ici l'ambition affichée.

■ plan de l'ouvrage

L'ouvrage est organisé en trois parties. Il part du phénomène commercial dans sa forme historique, celle du point de vente (première partie), pour envisager ensuite la gestion des approvisionnements de ces points de vente, au double niveau des achats et de la logistique (deuxième partie), et enfin la place de la distribution dans la stratégie du producteur, en relation avec celle des détaillants (troisième partie).

La **première partie** comporte trois chapitres. Le chapitre 1 décrit les formes de vente au détail et développe l'analyse de l'une des principales interrogations stratégiques liées à la fonction commerciale : comment anticiper l'évolution des formats de vente, et y adapter la stratégie des firmes ? Le développement du e-commerce fournit une excellente illustration de ces interrogations stratégiques. Le chapitre 2 analyse la relation du client avec le point de vente, et expose les modèles et méthodes d'implantation des magasins. Enfin, le chapitre 3 présente les dimensions opérationnelles de la gestion du point de vente, et les principales décisions qui incombent au distributeur : politiques de prix, d'assortiment, de communication, mais aussi gestion du linéaire et valorisation expérientielle de l'espace de vente.

La **deuxième partie** présente les approvisionnements du point de vente en deux chapitres. Le chapitre 4 précise à la fois les structures et les processus de décision mis en œuvre par le détaillant pour sélectionner ses fournisseurs, notamment au plan international (*global sourcing*, développement des places de marché électroniques). Le chapitre 5 présente ensuite les contraintes logistiques de l'approvisionnement des points de vente, et expose les principales méthodes retenues pour optimiser les fonctions de distribution physique, tout en soulignant les enjeux majeurs des évolutions les plus récentes en la matière (mutualisation des ressources, optimisation des livraisons urbaines, etc.).

La **troisième partie** aborde la gestion de la distribution du point de vue du producteur, et la situe dans le contexte de sa stratégie marketing, également en deux chapitres. Le chapitre 6 expose les processus de conception et de mise en place du canal de distribution. Enfin, le chapitre 7 aborde les relations entre acteurs dans le cadre du canal de distribution, et tout particulièrement les thèmes de la coopération et du conflit qui structurent à la fois les recherches académiques et les préoccupations managériales des acteurs. Plus que jamais, une coopération orientée client s'avère indispensable pour co-créer de la valeur, et les évolutions technologiques et managériales que la décennie 2000 a connues participent incontestablement à ce mouvement de fond.

PREMIÈRE PARTIE

LA GESTION DES VENTES AU DETAIL

L'activité de vente au détail est la plus visible, parfois aussi la plus spectaculaire pour le grand public, des fonctions de la distribution. Depuis les marchés médiévaux et les colporteurs, le commerce de détail a connu une évolution profonde qui a accompagné les transformations de l'appareil productif et, plus généralement, des sociétés industrielles : la production de masse n'était pas compatible avec un commerce atomisé, peu organisé, traitant de faibles volumes de transactions, et finalement mieux adapté à une population rurale éparse qu'aux vastes ensembles urbains nés de la Révolution Industrielle.

L'évolution du commerce de détail a aussi profondément et durablement influencé l'organisation de l'amont du point de vente, c'est-à-dire l'ensemble des acteurs dont la mission est de faciliter l'intermédiation entre le producteur et l'acheteur final. La massification des ventes au détail a conduit à l'émergence de nouvelles architectures logistiques et au développement de nouvelles fonctions d'intermédiation transactionnelle, entre fournisseurs et commerçants, amplifié avec la rapide croissance du commerce électronique dans les années 2000.

Le statut du point de vente est donc complexe : élément de la géographie économique, il contribue aussi à la structuration de la vie sociale. La relation du chaland avec le point de vente est également complexe, reflétant à la fois la pression des contraintes utilitaires du lieu de ravitaillement et l'attirance de l'héritier du bazar, du marché, où sont exposées les nouveautés, et où les informations sur les produits et les modes sont accessibles à tous. Enfin, le point de vente est le produit que l'entreprise commerciale propose au public, qu'elle s'efforce de différencier de la concurrence dans cet éternel affrontement en vue de capter le chaland à son profit.

Pour tenter de présenter ces différentes approches de la gestion du commerce de détail, cette première partie est organisée en trois chapitres. Le chapitre 1 retrace l'évolution des formes de vente au détail, depuis la première grande révolution commerciale moderne qu'a constitué au XIXe siècle le grand magasin ; un accent tout particulier est mis sur la vente sans magasin, notamment la vente par Internet, qui renvoie à des modèles singuliers de distribution. Le chapitre 2 est consacré à l'analyse de la relation du consommateur avec le magasin, réel ou virtuel, et à la compréhension des comportements de choix et de fréquentation des points de vente, en soulignant les enjeux du comportement multi-canal. Enfin, le chapitre 3 analyse le point de vente au détail dans la perspective opérationnelle de la firme de distribution, et explore les différentes facettes de sa gestion.

chapitre 1

les formes de vente au détail

Le commerce de détail est la manifestation la plus visible, et souvent aussi la plus spectaculaire, des canaux de distribution des produits et services. L'importance du commerce de détail est également renforcée par la diversité de ses fonctions économiques et sociales. La création d'un nouvel équipement commercial de grande taille peut être un facteur de dynamisation majeure d'une aire géographique, comme le montrent les créations des centres commerciaux dans le cadre d'opérations de revitalisation urbaine tels que les Docks Vauban au Havre ou le projet Confluence à Lyon. Dans le même temps, la disparition d'un point de vente, même de taille modeste, est vécue comme un drame par les municipalités rurales, car elle contribue à l'étiolement progressif de la vie de la commune. L'importance symbolique du commerce de détail est encore illustrée par les métaphores associées à des magasins. Des termes tels que « cathédrales de la vente » ou « temples du commerce » sont ainsi utilisés pour désigner de grands hypermarchés ou des centres commerciaux jugés spectaculaires. C'est dire que le commerce de détail, outre sa fonction de mise à disposition des biens auprès de l'acheteur final, remplit une importante fonction de structuration de l'espace et de création de lien social.

Le dynamisme de l'évolution du commerce de détail à travers le monde a également frappé les observateurs du secteur. Celui-ci a en effet intégré très rapidement les grandes innovations techniques. Il en a résulté un renouvellement profond de la physionomie des formes de vente au détail. La généralisation de l'automobile dans les années 1950 et 1960 a permis l'avènement du magasin de grande surface, souvent excentré par rapport à l'habitat traditionnel. Le développement de la communication publicitaire, à la même époque, a rendu possible la généralisation du libre-service, c'est-à-dire la disparition du vendeur dans son rôle millénaire de présentation et de caution du produit. Enfin, le développement des nouvelles technologies d'information et de communication induit à la fois une profonde modification de l'apparence, mais aussi des méthodes de gestion des magasins, et l'émergence, grâce à Internet, de nouvelles formes de vente sans magasin. Après avoir exposé les principales typologies des formes de vente au détail, nous analyserons les formes de vente en magasin, puis sans magasin. Enfin, nous présenterons les modèles qui ont tenté d'expliquer ou même de prévoir l'évolution des formes de vente au détail.

section I

les typologies des formes de vente au détail

Trois critères principaux sont utilisés pour classer les différentes formes de vente au détail : à partir des produits vendus, à partir des caractéristiques des comportements des clients de ces formes de vente, ou enfin à partir des caractéristiques des formes de vente elles-mêmes. Quels ont les principaux éléments à retenir ?

§ 1. - types de produits et types de points de vente

Ces classifications ne présentent plus qu'un intérêt historique. Elles ont connu une réelle popularité lorsque les points de vente au détail étaient spécialisés dans un assortiment étroit et plus ou moins profond[1]. Les caractéristiques de la famille de produits vendue définissaient alors directement le type du point de vente. Ces typologies continuent de servir de base aux nomenclatures statistiques adoptées par les systèmes de comptabilité nationale pour décrire le secteur du commerce spécialisé. En France, par exemple, les nomenclatures de l'INSEE adoptent les catégories suivantes pour classer les commerces de détail non alimentaires spécialisés : équipement de la personne, équipement du foyer, aménagement de l'habitat, etc[2]. La principale justification de ce critère de classement remonte à la typologie des produits élaborée par Copeland. Selon l'auteur, les caractéristiques du produit déterminaient la manière de le vendre[3]. En effet, les caractéristiques du produit influençaient le processus de décision de l'acheteur. La voie est ainsi ouverte à une seconde typologie des points de vente, fondée cette fois sur les différences de comportement de leurs clients respectifs.

---

[1] La largeur de l'assortiment mesure la variété des catégories de produits proposées (par exemple : alimentation, textile, bazar). La profondeur de l'assortiment désigne le nombre de références proposées pour chaque produit (par exemple : le nombre de coloris et de tailles pour un même modèle de robe).

[2] On trouvera le détail de ces nomenclatures dans la publication annuelle INSEE Résultats : *Les comptes du commerce*, Paris.

[3] Copeland M. (1924), *Principles of merchandising*, McGraw-Hill, New York (NY).

§ 2. - types de comportement d'achat et types de points de vente

Dans ses travaux, Copeland avait proposé de distinguer trois catégories de produits[4]. Celles-ci recouvrent :

- Les **produits de commodité** (*convenience goods*), achetés sur la base de besoins précisément identifiés. Le produit doit alors répondre à une fonction précise, et l'acheteur cherche avant tout à consacrer le moins d'effort possible à cet achat. La disponibilité de ce produit dans le plus grand nombre possible de magasins est primordiale.
- Les **produits de comparaison** (*shopping goods*) exigent un effort plus important de la part de l'acheteur, dans la mesure où il existe des différences sensibles entre l'offre des différents producteurs, à la fois en termes de qualité et de prix. La recherche d'information sur le produit est alors une source directe de bénéfices pour le consommateur, qui sera prêt à lui consacrer des efforts parfois importants (achat d'un équipement ménager, par exemple).
- Enfin, les **produits de conviction** (*specialty goods*) sont associés à une attitude très forte de l'acheteur à leur égard. La marque du produit en est le principal vecteur. Le client retient une marque, et souvent une seule, pour une catégorie de produits donnée, et il refuse d'acheter toute autre marque. Il recherchera donc le magasin qui vend cette marque, et différera son achat si elle n'est pas disponible. L'achat d'un vêtement portant une griffe connue, ou d'un parfum de luxe, entrera dans la catégorie de l'achat de conviction.

Il est aisé de transposer cette typologie des produits aux magasins. On doit à Bucklin la typologie la plus proche du modèle de Copeland[5] :

- Les **magasins de commodité** (*convenience stores*) sont fréquentés par le client pour des achats utilitaires, routiniers, souvent planifiés sur une base régulière, pour lesquels une liste-type de produits est achetée. Les « achats de la semaine » à l'hypermarché entrent dans cette catégorie. On fréquente aussi les magasins de commodité à titre de dépannage, pour acheter un produit qui manque, à l'improviste.

---

[4] Copeland M. (1924), *op. cit.*

[5] Bucklin L. (1968), « Retail strategy in the classification of consumer goods », *Journal of Marketing*, Vol. 32, n° 2, pp. 57-61.

- Les **magasins de comparaison** (*shopping stores*) font partie d'un ensemble de points de vente que l'acheteur fréquentera en vue de collecter de l'information préalablement à un achat important. Le magasin est alors utilisé en premier lieu comme une source d'informations. L'un des magasins visités est finalement retenu au terme d'un processus d'évaluation qui peut être long et complexe, et combiner de nombreuses sources d'information. Les clients fidèles à la vente par correspondance (VPC) consultent ainsi systématiquement plusieurs catalogues avant d'acheter un produit : il y a alors fidélité du client à une forme de vente (le catalogue) plutôt qu'à une enseigne (La Redoute ou Les 3 Suisses).
- Enfin, le **magasin de conviction** (*specialty store*) bénéficie d'une image très positive chez le consommateur. Il est automatiquement choisi pour une catégorie d'achats donnée, sans même qu'il y ait comparaison de l'offre des concurrents. Le statut de magasin de conviction est le résultat d'une stratégie de fidélisation de la clientèle à travers la création d'une offre perçue comme supérieure à celle des concurrents. Il faut souligner que le statut de magasin de conviction n'est pas associé à un positionnement de haut de gamme. Par exemple, la chaîne de *hard discount* Aldi a acquis en Allemagne un statut de magasin de conviction auprès d'une large proportion de la population.

L'inconvénient de cette typologie est de regrouper dans la même catégorie des formes de vente qui ont peu de caractéristiques communes, et qui ne sont même pas toujours en concurrence. Il est donc nécessaire de prendre également en compte des critères décrivant plus précisément l'offre des différents points de vente.

§ 3. – typologies fondées sur les caractéristiques des points de vente

Il est aisé d'identifier un nombre limité de caractéristiques techniques, facilement mesurables, qui permettront de construire des types de points de vente. L'hypothèse implicite d'une telle démarche est que des magasins présentant les mêmes caractéristiques techniques seront en concurrence directe. Cette démarche présente pourtant un inconvénient : le client peut percevoir comme concurrentes des formes de vente qui ont peu de caractéristiques techniques communes. Il est donc souhaitable de prendre en compte les perceptions par les clients de l'offre des détaillants.

A. - les caractéristiques techniques de la forme de vente

Un nombre limité de caractéristiques permet de décrire une forme de vente. On peut les résumer ainsi :

- La présence ou non de magasins.
- La surface des magasins. En France, les grandes surfaces en libre-service sont ainsi classées en fonction de leur surface de vente[6].
- Le taux de marge. On opposera des magasins à taux de marge élevé à des magasins à taux de marge faible, associés en général à la pratique de prix réduits.
- Le niveau de prix – ou de gamme – dans la catégorie de produits. On opposera ainsi des formes de vente à prix élevé (ou haut de gamme) à des formes de vente à prix faible (ou bas de gamme).
- La rotation des stocks. Certaines formes de vente cherchent à faire tourner leur stock rapidement, alors que d'autres formes de vente acceptent de supporter une rotation plus lente. Il existe une relation entre la structure de l'assortiment et la rotation du stock : plus l'assortiment est profond, moins il tourne vite[7].

La combinaison de plusieurs de ces caractéristiques permet de construire des typologies des formes de vente, qui visent le plus souvent à identifier des groupes stratégiques de formes de vente en concurrence directe. A titre d'illustration, le schéma 1.1 décrit l'une de ces typologies, inspirée de Gist[8].

---

[6] Supérette : de 120 à 399 m² ; supermarché : de 400 à 2.500 m² ; hypermarché : plus de 2.500 m².

[7] C'est l'une des raisons qui expliquent que le *hard discount* ne propose qu'une seule référence par type de produit.

[8] Gist R. (1968), *Retailing : concepts and decisions*, John Wiley & Sons, New York (NY).

schéma 1.1.

un exemple de typologie des formes de vente au détail

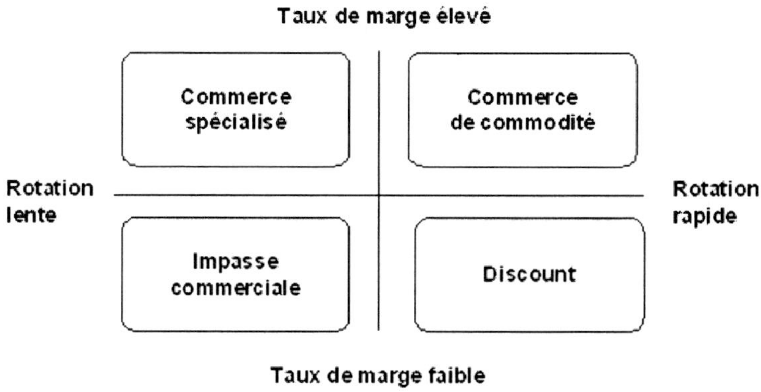

Source : d'après Gist (1968), *op. cit.*

B. - les caractéristiques perçues de la forme de vente : le concept de polarité

La dynamique des formes de vente au détail a conduit au cours des soixante dernières années à une spectaculaire augmentation de la diversité de l'offre des détaillants. De ce fait, il est probable que la concurrence ne s'exerce plus seulement entre des magasins pratiquant la même forme de vente (concurrence intra-type), mais aussi entre magasins pratiquant des formes de vente différentes (concurrence inter-types). Le développement du commerce électronique ne fait qu'intensifier cette tendance, puisqu'il est désormais possible de trouver sur Internet une offre équivalente à celle de pratiquement n'importe quel type de magasin, voire largement plus.

La structure de ces ensembles concurrentiels devient alors un déterminant essentiel de la stratégie des détaillants. Tigert a proposé au début des années 1980 le concept de polarité commerciale (*retail polarity*) pour analyser ces regroupements entre formes de ventes différentes, mais pourtant concurrentes[9]. Pour cet auteur, deux dimensions peuvent structurer l'univers concurrentiel du commerce de détail : la **taille**

[9] Tigert D. (1980), « The impact of change on retail strategy, structure and performance », *Proceedings of the ESOMAR Congress*, Amsterdam, pp. 235-277.

des magasins, d'une part, la **taille de leur assortiment**, d'autre part. Il est en effet symptomatique de constater dans tous les centres commerciaux le voisinage de petits magasins (moins de 300 m^2 de surface de vente), proposant un assortiment très étroit mais profond, et de très grandes surfaces, spécialisées ou généralistes, qui développent dans tous les cas un assortiment large.

Filser a suggéré de fonder l'identification des « pôles » concurrentiels proposés par Tigert sur les perceptions des points de vente par les consommateurs[10]. Les caractéristiques retenues pour mesurer ces perceptions sont les attributs des points de vente pris en compte par le client dans son processus de choix. Le concept de polarité perçue s'est avéré très opérationnel pour analyser les phénomènes de concurrence entre enseignes distribuant une même catégorie de produits. En outre, l'analyse dynamique du phénomène de polarité permet de mieux comprendre l'effet des changements de positionnement des enseignes dans le temps[11]. L'émergence du commerce électronique conduit aujourd'hui à retenir l'opposition vente en magasin / vente sans magasin comme base d'une présentation des principales formes de vente au détail.

section II
la vente en magasin

Le point de vente est la forme la plus ancienne du commerce de détail. Le marchand, fixe ou itinérant, constitue la modalité la plus simple d'intermédiation entre l'offre d'un ou plusieurs producteurs et la demande des acheteurs. L'étymologie du terme « commerce » souligne cette idée d'interaction directe entre les parties prenantes. Il est symptomatique d'observer que la généralisation du libre-service, et la disparition du marchand qui en résulte, a entraîné l'émergence du terme « distribution », qui s'est progressivement substitué au terme « com-

---

[10] Filser M. (1986), « Retail polarity : identification and implications for retail positioning », *in* Pellegrini L. et Reddy S. (éds.), *Distributive trades : an international perspective*, Franco Angeli, Milan, pp. 329-348.

[11] Lambrey B. et Filser M. (1992), « La polarité perçue des enseignes en distribution : une analyse dynamique », *Actes du 8e Congrès de l'Association Française du Marketing*, Lyon, pp. 367-379.

merce ». Cette modification de la terminologie reflète l'ampleur des bouleversements qu'a connus le commerce de détail en moins d'un siècle. Après avoir dressé un panorama des principales formes de vente en magasin, nous analyserons leur évolution, avant de présenter les caractéristiques des formes de vente en magasin qui dominent actuellement le commerce de détail occidental.

§ 1. - les principales formes de vente en magasin

La vente au détail est le dernier maillon d'une chaîne, le canal de distribution, qui part du producteur, et qui a pour mission de proposer à l'acheteur final l'offre de ce producteur. Le commerce de détail remplit à cet égard deux fonctions primordiales :

• Une **fonction logistique**, qui consiste à mettre physiquement le produit à la disposition de l'acheteur, dans la forme et la quantité que celui-ci peut désirer. Le point de vente doit donc constituer un assortiment, s'approvisionner en quantités suffisantes, et assurer grâce à la gestion des stocks la disponibilité immédiate ou, au minimum, la plus rapide possible du produit. De très grandes différences vont exister entre points de vente en termes de fonctions logistiques : une officine pharmaceutique assurera la disponibilité de n'importe quel médicament en quelques heures ; au contraire, certains détaillants en ameublement ne détiennent que quelques modèles en exposition, et font fabriquer à la commande les articles qu'ils ont vendus. Une autre différence importante entre points de vente concernera les modalités de prise en charge de ces fonctions logistiques et de leur financement : certains détaillants assureront la prise en charge complète du coût logistique, alors que d'autres le transféreront soit vers le fournisseur (par exemple, en recourant à un crédit fournisseur long), soit vers l'acheteur (par exemple, en lui faisant prendre en charge le coût de livraison du produit).

• Une **fonction transactionnelle**, dont la finalité est de rendre possible le transfert du titre de propriété du bien à l'acheteur final. Pour que la transaction soit réalisée, le détaillant doit procurer à l'acheteur l'information dont celui-ci a besoin pour préparer sa décision d'achat (par exemple, l'organisation de l'essai des véhicules dans une concession automobile), prendre en charge la réalisation de la transaction (acte juridique de vente), et éventuellement proposer à l'acheteur les financements dont il a besoin pour acquérir le bien.

Les recherches contemporaines sur le commerce de détail mettent en évidence l'émergence d'une troisième fonction du point de vente au détail : la **fonction récréative**. Le magasin ne sert pas seulement à acheter des produits. Il est aussi une source d'interactions multiples pour l'individu : interactions avec les produits, avec le personnel de vente, avec les autres clients, qui peuvent être une source de gratification hédoniste, même en l'absence d'achat[12]. Nous reviendrons dans le chapitre 3 sur les perspectives ouvertes par la prise en compte de cette nouvelle fonction du commerce de détail.

Le tableau 1.1 propose une typologie des différentes formes de vente en magasin en combinant deux critères : le recours à la vente assistée (présence de vendeurs) ou au libre-service, et le degré de spécialisation de l'assortiment (c'est-à-dire la largeur de l'assortiment : plus l'assortiment est large, moins il est spécialisé). D'autres critères pourraient être retenus pour affiner cette typologie :

- La **politique de prix du magasin**. Elle différencierait les magasins qui font du prix le principal facteur d'attraction de la clientèle (politique de *discount*), des magasins qui proposent une offre plus diversifiée en combinant par exemple services et assortiment.
- La **localisation du point de vente**. Elle conduirait à dissocier commerces isolés (notamment en milieu rural), formes de vente de centre ville, et enfin formes de vente en centre commercial ou en parc d'activité commerciale[13].
- Le **caractère permanent ou non de l'assortiment**. On distinguera ainsi les magasins qui ont une politique d'assortiment stable dans le temps de ceux qui, au contraire, constituent leur assortiment sur une base ponctuelle en fonction d'opportunités d'achat : dépôts-vente, magasins d'usines, soldeurs.

---

[12] Voir par exemple Babin B., Darden W. et Griffin M. (1994), « Work and/or fun : measuring hedonic and utilitarian shopping value », *Journal of Consumer Research*, Vol. 20, n° 4, pp. 644-656.

[13] Le centre commercial suppose un regroupement physique des magasins dans un même bâtiment, éventuellement de très grande taille (plus de 100.000 m² pour Lyon Part Dieu, ou Les Quatre Temps à La Défense). Le parc d'activité commerciale est un ensemble de points de vente indépendants, disposant chacun de leur parking, et qui ne développent pas nécessairement une politique commerciale concertée (Plan-de-Campagne entre Marseille et Aix-en-Provence, Le Grand Marché à Quétigny près de Dijon).

tableau 1.1.

typologie des formes de vente au détail en magasin

	Assortiment non spécialisé	Assortiment spécialisé
Vente assistée	– Grand magasin – Magasin populaire – Marché – Petit magasin généraliste en milieu rural	– Epicerie – Boutique traditionnelle
Libre-service	– *Hard discount* – Supermarché – Hypermarché	– Grande surface spécialisée (GSS) – Magasin d'usine – Soldeur, dépôt-vente

La diversité est incontestablement la principale caractéristique du commerce de détail en magasin. Pour tenter d'expliquer les structures actuelles du commerce de détail, il n'est pas inutile de retracer les principales étapes de l'évolution de ce secteur d'activité.

§ 2. – les étapes de l'évolution du commerce de détail en magasin

Une remarquable stabilité a caractérisé les méthodes de vente au détail de l'Antiquité au milieu du XIXe siècle. La combinaison du rôle du marchand, de la discussion du prix, et d'un assortiment très spécialisé a défini pendant cette période le commerce de détail. Il faut ajouter une importante convention sociale : le fait d'entrer dans un magasin rendait l'achat obligatoire. La Révolution Industrielle a déclenché, à la fois directement et indirectement, la remise en cause de ces méthodes de vente séculaires. Elle a d'abord eu une influence directe en rendant possible la production de masse, donc la baisse des prix de vente. En même temps, cette massification des flux de production rendait nécessaire le développement de canaux de distribution permettant d'assurer économiquement les débouchés de cette production. L'influence indirecte de l'industrialisation passe par la démographie : la croissance spectaculaire de la population urbaine rendait possible la création de formes de vente de masse.

L'évolution du commerce de détail a donc débuté tardivement, autour de 1850. En un siècle et demi, des bouleversements très profonds vont s'opérer dans ce secteur d'activité. Ils résultent d'évolutions de l'environnement (la production de masse, la crise économique des années 1930 aux Etats-Unis, la généralisation de l'automobile, l'habitat périphérique, la communication publicitaire de masse), qui sont perçues par des entrepreneurs intuitifs et donnent naissance à des innovations majeures dans le format des magasins[14]. Cinq ruptures majeures ont structuré cette dynamique du commerce de détail.

■ la vente à prix fixe d'un assortiment large et profond (le grand magasin)

La création par Aristide Boucicaut du Bon Marché à Paris en 1852 définit la première étape de la révolution commerciale. Ce premier grand magasin créait une double rupture par rapport au commerce traditionnel : tout d'abord, il instaurait l'entrée libre (plus d'obligation d'achat pour le chaland) et surtout le prix fixe, affiché, et non discuté. Et en second lieu, il proposait un assortiment large et profond, qui se démarquait radicalement de la spécialisation du commerce existant. On pourrait également voir dans la mise en scène des produits et l'architecture spectaculaire du magasin la naissance d'un commerce visant à procurer aux chalands une expérience hédoniste gratifiante, tout autant qu'un assortiment de produits[15].

On soulignera toutefois que si le grand magasin est une innovation majeure en termes de format commercial, son organisation est en revanche directement inspirée par la structure centralisée et hiérarchique des grandes firmes manufacturières de l'époque. Les groupes qui se développeront autour de cette forme de vente (Le Printemps en France, Kaufhof et Karstadt en Allemagne, Macy's aux Etats-Unis) éprouveront, un siècle plus tard, les plus grandes difficultés pour s'adapter à un nouvel environnement concurrentiel.

■ le libre-service

Si le grand magasin était une invention française, les innovations suivantes naîtront aux Etats-Unis. La première de ces innovations, peut-être la plus radicale pour la distribution et pour le marketing en général, est le libre-service. Il est introduit en 1916 par Clarence Saunders

---

[14] Thil E. (1966), *Les inventeurs du commerce moderne : des grands magasins aux bébés-requins*, Arthaud, Paris [rééd. Editions Jouwen, Paris, 2000].

[15] C'est d'ailleurs ce caractère spectaculaire du Bon Marché qu'Emile Zola met remarquablement en évidence dans son roman *Au bonheur des dames*.

dans ses épiceries Piggly Wiggly. Cette innovation passe presque inaperçue à l'époque. Elle va pourtant créer les conditions nécessaires à l'émergence du marketing moderne. En effet, le libre-service fait disparaître le marchand, cet écran qui séparait depuis toujours le client du produit. Désormais, au contraire, c'est le produit qui va devoir se vendre seul, à travers son conditionnement et sa marque, promue par la publicité de masse. Par exemple, Lesieur va progressivement passer de la vente de son huile d'arachide « à la tireuse » à la vente en bouteille en verre consigné à sa propre marque. La généralisation du libre-service rend donc inévitable la généralisation du marketing de masse. En réduisant le coût de la fonction de vente au détail, le libre-service facilite également l'innovation suivante : le *discount*.

■ le *discount*

Le *discount* est une forme de vente dont le principal axe de communication, sinon le seul, est le prix bas. Le *discount* est une innovation directement inspirée par la grande dépression aux Etats-Unis. Son promoteur, Michael Cullen, ouvre en 1930 le premier libre-service *discount*, dont le positionnement se fonde sur les prix les plus bas possible. En contrepartie, le service est réduit au minimum, et le dépouillement de l'architecture tranche avec le caractère spectaculaire des grands magasins.

■ le « tout sous le même toit » : l'hypermarché

L'ouverture du premier hypermarché Carrefour à Sainte-Geneviève des Bois en octobre 1963 est peut être la plus récente innovation majeure dans le commerce de détail. La rupture que crée Carrefour, c'est l'application d'un même principe commercial (le libre-service et le *discount*) à toutes les familles de produits, dans un même magasin. L'équation commerciale de l'hypermarché va induire une extraordinaire transformation de l'appareil commercial. En effet, pour que le format de l'hypermarché soit attractif, il faut un très grand magasin. Il n'est possible de réaliser économiquement de telles constructions qu'en périphérie des centres urbains, là où les coûts immobiliers restent compatibles avec la pratique du *discount*. Et pour attirer les clients en voiture aussi loin de leur domicile, il faut que les prix pratiqués soient très bas par rapport à ceux du commerce traditionnel. Un moyen de faire baisser les prix, c'est la consolidation d'un volume d'achat important, soit en propre, soit à travers un groupement d'achat.

On voit donc que l'hypermarché va conduire à l'émergence du commerce périphérique : sa puissance d'attraction est telle que d'autres commerces cherchent à s'en rapprocher pour en bénéficier. Et la recherche d'un volume d'achat plus important va lancer la course à la taille, tant à travers les concentrations, qu'à travers la constitution de puissants mouvements d'indépendants (Leclerc, puis Intermarché et Système U).

■ l'essor de la vente à distance avec Internet

La vente à distance est apparue très tôt dans la phase de développement du commerce de masse à la fin du XIXe siècle : le catalogue Montgomery Ward fut lancé aux Etats Unis dès 1872, celui de Sears Roebuck en 1888. Le catalogue a permis d'élargir la diffusion d'un assortiment large et profond de produits de grande consommation, et notamment de prêt à porter, dans des secteurs géographiques où la densité trop faible de la population ne justifiait pas l'implantation de magasins spécialisés. Il a également apporté une solution d'approvisionnement commode à une population urbaine qui trouvait ainsi le moyen de réaliser des achats en dehors des heures d'ouverture des magasins. Les progrès apportés par les systèmes d'information et par la mise en place de réseaux logistiques performants ont permis de réduire très sensiblement le délai de mise à disposition du produit commandé. Dès les années 1980, les principaux opérateurs de VPC en France proposaient la livraison en « relais catalogue » des produits en 24 ou 48 h dès lors que la commande était passée par téléphone ou Minitel.

Le développement d'Internet à partir de la fin des années 1990 a profondément bouleversé le secteur de la vente à distance. Par rapport au support traditionnel qu'était le catalogue, le site Internet introduit trois innovations majeures : 1) il rend possible une extension virtuellement infinie de l'offre pour un coût minime (alors que le catalogue dépassait rarement 1.000 pages) ; 2) l'offre peut être constamment renouvelée (alors que la VPC traditionnelle reposait sur deux catalogues par an, complétés par des sélections thématiques ponctuelles comme le blanc ou le plein air); 3) enfin, l'universalité d'Internet rend possible la diffusion de l'offre à une échelle internationale ou même mondiale.

La croissance rapide de la proportion de la population connectée à Internet a ouvert de nouvelles options de développement aux distributeurs, que ceux-ci recourent exclusivement à Internet pour leur activité (les *pure players*, ou encore distributeurs *all click*), ou qu'ils combinent des activités en magasin et des activités sur Internet (distributeurs *click and mortar*). Toutefois, l'adaptation à Internet des opérateurs historiques de la vente à distance a été difficile. En 2009, la principale entreprise allemande de VPC, Quelle, a ainsi disparu, un an après la faillite en France de la Camif. Dans le même temps, des *pure players* comme Amazon.com sont devenus des *leaders* mondiaux de leur activité. L'intégration de la vente à distance dans les systèmes de distribution constitue incontestablement l'un des principaux enjeux de l'évolution du commerce de détail contemporain.

§ 3. - les types de magasins dominants dans le commerce de détail contemporain

Les cinq ruptures précédentes ont abouti à l'émergence des formes de vente qui caractérisent aujourd'hui le commerce de détail dans les pays industrialisés. Le tableau 1.2 les décrit rapidement. Pour chacune d'elles, on trouvera ses caractéristiques les plus marquantes, les pays où elle est apparue et où elle s'est implantée, et quelques exemples d'enseignes ayant adopté ce format de magasin. Nous avons déjà évoqué les caractéristiques du grand magasin, du super et de l'hypermarché. Quelques compléments pourront aider à préciser le positionnement d'autres formes de vente importantes.

tableau 1.2.
principaux types de magasins dans le commerce de détail

Type de magasin	Principales caractéristiques	Date et pays d'apparition	Principales enseignes
Supermarché	Libre-service à dominante alimentaire	Etats-Unis, 1930 France, 1955	Champion, Match, Casino, Intermarché
Hypermarché	Libre-service alimentaire et non alimentaire	France, 1963	Carrefour, Auchan, Géant, Cora, Leclerc
Grand magasin	Vente assistée, assortiment non alimentaire large et profond	France, 1852	Printemps, Galeries Lafayette
Magasin populaire	Libre-service, assortiment alimentaire et non alimentaire large et peu profond	Etats-Unis, 1879	Monoprix
Hard discount	Libre-service alimentaire, une référence par produit, prix très bas	Allemagne, 1950	Aldi, Lidl, Norma
Convenience store (« Magasin dépanneur »)	Libre-service à dominante alimentaire, assortiment large et peu profond, horaires d'ouverture très larges	Etats-Unis, 1960	7-Eleven, 8 à Huit (Carrefour Express), U Express
Grande surface spécialisée (GSS)	Libre-service avec conseil, assortiment spécialisé très profond	Etats-Unis, 1950	Kiabi, Castorama, Darty, Fnac, Go Sport

A. - le *hard discount*

Ce format de vente est né en Allemagne de l'Ouest, dans l'immédiat après-guerre, à l'initiative des frères Albrecht qui lancèrent l'enseigne Aldi (voir l'encadré 1.1). Le développement du commerce moderne en Allemagne de l'Ouest était fortement handicapé par une législation très contraignante, qui a imposé jusqu'en 1996 la fermeture des magasins à 18 h, ainsi que le samedi après-midi. Dans ces conditions, les magasins devaient être implantés à proximité du domicile des consommateurs, ou sur leur trajet domicile-travail, donc dans un environnement urbain ne permettant pas la réalisation économique de grandes surfaces de vente.

A partir de ce constat, Aldi a développé un format original : un magasin de moyenne surface (400 m² environ), à dominante alimentaire, proposant une seule référence par article (une seule marque de mayonnaise ou de conserve de haricots verts, par exemple), presque toujours sous marque de distributeur (MDD). Les coûts sont réduits au minimum, notamment grâce à un aménagement très dépouillé des magasins et une logistique intégrée très efficiente. Les prix sont 20 à 30 % plus bas que chez les concurrents. Mais chaque référence fait l'objet d'un cahier des charges très rigoureux qui garantit la meilleure qualité possible. Aldi a développé avec succès son format en Europe et en Amérique du Nord[16]. De nombreux concurrents ont adopté avec plus ou moins de succès ce format de magasin, qui réalisait autour de 20 % des ventes au détail de produits alimentaires en France en 2010.

encadré 1.1.

les frères Albrecht, inventeurs du *hard discount*

On sait peu de choses sur l'enfance des deux frères Karl et Theo Albrecht. La mère tenait une petite épicerie à Essen, le père était assistant boulanger. Theo a 17 ans quand la Seconde Guerre mondiale éclate. Il est fait prisonnier en Italie, dans un camp américain. Libéré en 1948, il rentre à Essen. Les deux frères reprennent alors la boutique de leur mère. En 1961, ils la rebaptisent Albrecht's Discount (Aldi en bref). Les deux hommes ont en fait inventé le concept du *hard discount* alimentaire : les prix les plus bas possibles, aux dépens de la présentation et du service, et une gamme de produits minimaliste. Aldi a rapidement gagné des parts de marché. En quelques décennies, le magasin est devenu une chaîne de magasins à bas prix, valorisée plusieurs milliards d'euros, bouleversant le secteur de la distribution alimentaire en Allemagne et dans le monde.

L'enseigne est également connue pour son fameux « Aldi Equateur », qui coupe l'Allemagne en deux. Peu de temps après la fondation de l'entreprise, dans les années 1960, les deux frères l'ont coupé en deux. Theo, décédé en juillet 2010, prend la direction de la division d'Aldi-Nord, Karl celle d'Aldi-Sud. Légalement, les deux sociétés sont complètement indépendantes, bien que les initiés de l'industrie disent que les deux frères travaillent en étroite collaboration quand il s'agit de développer des lignes de produits.

---

[16] On trouvera d'intéressants développements sur le site Internet d'Aldi : http//www.aldi-essen.de, consulté le 13 juin 2011.

Officiellement, cette scission serait due à un désaccord entre Theo et Karl sur l'opportunité ou non de vendre des cigarettes dans les magasins d'alimentation. Officieusement, les deux hommes voulaient éviter d'atteindre le seuil de chiffre d'affaires les obligeant à rendre publics leurs résultats financiers. De fait, Aldi n'en publie pas, mais aurait actuellement, fin 2010, quelque 8.000 magasins dans près de 20 pays, dont 4.000 en Allemagne, et réaliserait un chiffre d'affaire de 40 à 50 milliards d'euros par an. Cette réussite a fait des deux frères Albrecht les hommes les plus riches d'Allemagne.

Source : d'après http://lexpansion.lexpress.fr, consulté le 13 août 2011.

B. - le *convenience store* (ou « magasin dépanneur »)

Le terme de « magasin dépanneur », utilisé au Québec pour désigner cette forme de vente, en résume bien le positionnement. Le *convenience store* permet au consommateur de se procurer des produits courants quel que soit le moment où il en a besoin. L'amplitude des horaires d'ouverture (souvent 24 h sur 24) est donc la principale caractéristique de ce type de point de vente. Les prix pratiqués sont élevés, d'abord parce que les coûts de personnel le sont également, et aussi parce que la demande pour ce type de service a une faible élasticité prix. Si le format est très présent en Amérique du Nord, mais aussi au Japon[17], il a longtemps occupé une position beaucoup plus marginale en France, notamment à travers des opérations de coopération entre des distributeurs alimentaires et des compagnies pétrolières : l'association de magasins Vival de Casino à des stations-service Avia en est une illustration.

Plus récemment, le commerce alimentaire de proximité a suscité un engouement massif des grands distributeurs, et de nombreuses expériences de développement de nouveaux formats, destinés aussi bien à l'environnement urbain (U Express depuis 2008, Carrefour City depuis 2009, Casino Shopping depuis 2011), que rural (Carrefour Contact

---

[17] Capo C., Bonet Fernandez D. et Chanut O. (2010), « Distribution et logistique urbaine : les nouvelles voies de la proximité », *Proceedings of the 8th International Conference on Logistics and Supply Chain Management Research*, Bordeaux, pp. 1-20 (CD-rom).

depuis 2009), sont conduites. La réticence croissante des consommateurs à se déplacer loin de leur domicile pour effectuer leurs achats courants, et une relative désaffection de la clientèle pour l'hypermarché, peuvent contribuer au développement de ces nouveaux formats. L'évolution de la réglementation de l'urbanisme commercial en France leur est également très favorable, puisque leur ouverture n'est plus conditionnée par l'obtention d'une autorisation administrative spécifique.

C. - la grande surface spécialisée (GSS)

Il est plus difficile de dater avec précision l'émergence de cette forme de vente, tant son apparition a été diffuse, notamment aux Etats-Unis, où elle s'est développée à la faveur de la création des centres commerciaux régionaux. Aujourd'hui, son format est en revanche bien défini. La profondeur de l'assortiment dans une ligne de produits est sa principale spécificité. Des enseignes comme Darty dans l'électroménager et l'électronique de loisirs, Décathlon pour les articles de sport, la Fnac dans le loisir culturel ou Leroy Merlin dans le bricolage, illustrent bien les principes de ce format qui allie choix et conseil. En revanche, les prix pratiqués sont dans la moyenne du marché, ouvrant ainsi la voie à un concurrent plus agressif : le *category killer*.

D. - le *category killer*

Cette forme de vente s'est développée aux Etats-Unis pendant les années 1980, à une époque où la récession et le chômage rendaient la clientèle particulièrement réceptive à une offre de produits de qualité à bas prix. Fondamentalement, le *category killer* est une GSS pratiquant un *discount* agressif rendu possible par des coûts de distribution plus faible. La concentration des achats, l'efficience de la logistique et une réduction drastique des coûts d'exploitation des magasins permettent de pratiquer des prix 20 à 30 % plus faibles que la concurrence. On retrouve dans cette stratégie les principaux ingrédients du *low cost* qui s'est développé sur les marchés du transport aérien (Easyjet) ou de l'automobile (Dacia). L'enseigne pionnière de cette stratégie aux Etats-Unis a été Home Depot, devenu en moins de vingt ans le *leader* mondial sur le marché du bricolage.

C'est justement sur le marché du bricolage que le format du *category killer* s'est développé en France. L'enseigne *leader*, Castorama, a développé un format *discount* sous l'enseigne Brico Depot. Son principal concurrent, Leroy Merlin, lui a emboîté le pas en lançant l'enseigne Bricoman. L'intérêt de cette stratégie est fort logiquement d'occuper le segment du *discount* pour décourager l'entrée d'un *category killer* étranger. Des enseignes comme Electro-Dépôt (électroménager, groupe HTM) ou Happy (fleurs coupées, groupe Monceau Fleurs) illustrent la diversité des formes de vente qui ont désormais adopté ce modèle de distribution.

E. - le *discount store*

Le phénomène du *discount store* retient l'attention de tous les professionnels depuis que l'américain Walmart, maître incontesté de ce format, est devenu le plus important détaillant de la planète. Le *discount store* est simplement un hypermarché pratiquant les prix du *hard discount*. Pour atteindre ce résultat, la maîtrise du système d'information permettant la gestion des stocks et des approvisionnements est naturellement primordiale, et de nombreux analystes voient dans ce système d'information (et sa politique d'achat) les clés du succès de Walmart. Après avoir connu un développement très spectaculaire aux Etats-Unis, l'enseigne américaine s'attaque avec plus de difficultés à l'Amérique Latine et à l'Asie du Sud-est, où il est en concurrence frontale avec Carrefour.

En Europe, où la création *ex nihilo* d'un réseau de très grandes surfaces est pratiquement impossible, Walmart a racheté en 1996 Wertkauf et Eurospar en Allemagne, puis Asda au Royaume-Unis en 1999. Sur ces deux marchés, l'entreprise s'est lancée dans une guerre de prix qui a conduit tous ses concurrents à réduire sensiblement leurs marges. Si Asda est parvenue à consolider sa position, Walmart a dû en revanche se retirer du marché allemand en 2006, après de lourdes pertes. Walmart est un exemple d'une stratégie de mondialisation d'une enseigne à partir d'un format de vente simple dont le positionnement repose exclusivement sur les prix.

Mentionnons une variante du magasin *discount* : le club entrepôt. Cette forme de vente adopte le même positionnement par les prix que le *discount*, mais son accès est réservé aux titulaires d'une carte de membres. Très développée en Amérique du Nord, elle est dominée par les enseignes Costco et Sam's Club, filiale de Walmart. Ce format est directement dérivé des principes du *cash & carry* dans le commerce inter-entreprises : assortiment limité, présentation dépouillée de type entrepôt, vente par lots et par gros conditionnements.

F. – le *megastore* (ou « magasin amiral »)

Cette forme de vente est peut-être la plus récente innovation en matière de format de magasin. Le *megastore*, ou magasin amiral (traduction du terme anglo-saxon *flagship store*), applique le principe du *retailtainment*, c'est-à-dire la combinaison d'un magasin et d'un ensemble de prestations procurant des distractions aux clients. Ce format avait d'abord été développé pour accroître l'attractivité des grands centres commerciaux. C'est ainsi que des complexes comme Mall of America à Minneapolis, ou West Edmonton Mall au Canada, combinent des magasins, des cinémas, un parc aquatique, et des attractions inspirées par les parcs Disney et Knotts Berry Farm[18]. Le succès de ces expériences a inspiré des détaillants qui ont imaginé de créer dans leurs magasins une atmosphère particulière, ou même des animations et des spectacles. A côté d'exemples très spectaculaires, comme les magasins d'articles de sport Niketown, on peut aussi placer dans cette catégorie les Swatch Megastores, les magasins amiraux de Gap, comme celui des Champs-Elysées à Paris, ou des formats développant un positionnement très original comme Nature & Découvertes (voir l'encadré 1.2)[19].

---

[18] Ritzer G. (2010), *Enchanting a disenchanted world. Continuity and change in the cathedrals of consumption*, Pine Forge Press, Thousand Oaks (CA), 3e éd.

[19] Hetzel P. (2002), *Planète conso : marketing expérientiel et nouveaux univers de consommation*, Editions d'Organisation, Paris.
Vernet F. et Rieunier S. (2004), « Le marketing sensoriel chez Nature & Découvertes : 10 ans d'évolution de l'offre sensorielle en restant à l'écoute du consommateur », *Décisions Marketing*, n° 33, pp. 77-80.

encadré 1.2.

Nature & Découvertes plus que jamais dans son temps...

Tout en revendiquant l'héritage de ses parents, fondateurs de Nature & Découvertes il y a vingt ans, Antoine Lemarchand, son nouveau président, veut imprimer sa patte. En inaugurant, début avril 2011 à Montparnasse, à Paris, le 80ème et plus grand magasin de la griffe (450 m²), il a insisté sur deux priorités : renforcer la marque de cette enseigne atypique mais « à l'image un peu floue », et négocier le virage vers « l'immatériel qui va prendre le pas sur la consommation de biens matériels ». Ce tournant, bien engagé avec les 3.000 « balades » dans la nature proposées chaque année, devrait être accentué *via* des offres de formation (jardinage, cuisine, etc.), voire des initiatives dans le domaine des loisirs.

L'entreprise détenue à 75 % par la famille a aussi recruté une directrice de la marque. Son rôle : mieux faire connaître une offre qui se veut exclusive (40 à 50 % d'articles uniques), surprenante, 100 % bio et engagée, à travers ses deux fondations et son rôle pionnier dans le développement durable. Nature & Découvertes lance d'ailleurs un éco-calculateur sur tout le bois qu'elle utilise, après avoir initié la comptabilité carbone dès 2006 et initié, en 2009, l'audit complet du cycle de vie de ses produits. « Nous sommes de doux rêveurs », rappelle fièrement Antoine Lemarchand. Des rêveurs efficaces en tout cas.

Source : d'après *lsa.fr*, 14 avril 2011.

section III
la vente sans magasin

En dépit de son extraordinaire dynamisme, le commerce de détail en magasin doit faire face à un concurrent très menaçant : la vente sans magasin. L'accélération du développement d'Internet a fait prendre conscience du potentiel de la vente sans magasin, même si ce type de distribution occupe une position encore réduite sur le marché en Europe (environ 30 milliards d'euros de ventes en France en 2010, selon les estimations de la FEVAD). Cette forme de vente est pourtant très ancienne, et s'appuie sur des méthodes que le commerce électronique ne fait parfois que répliquer. Après avoir décrit les principales formes de vente sans magasin, nous présenterons l'émergence et les principales hypothèses d'évolution du commerce électronique.

§ 1. - les formes de vente sans magasin

Le paradoxe de la vente sans magasin est la coexistence de méthodes très anciennes (la tournée de chine, par exemple) et de méthodes récentes s'appuyant sur les développements les plus avancés des technologies de l'information et des télécommunications. Le tableau 1.3 propose un inventaire des principales méthodes de vente au détail sans magasin.

tableau 1.3.

principales formes de vente au détail sans magasin

Formes de vente	Principales caractéristiques	Exemples
Vente automatique	Un automate permet d'acheter quelques produits à une localisation associée à un fort flux de chalands	Selecta
Vente par réunion	Un salarié de l'entreprise organise des réunions, soit à son domicile, soit chez des particuliers, pour présenter les produits et enregistrer les commandes	Tupperware, Stanhome
Tournée de chine	Point de vente itinérant, desservant chaque habitation d'une zone géographique selon un calendrier fixe	Camion-épicerie en zone rurale
Vente au camion	Point de vente desservant ponctuellement un point dans une commune	Vente d'outillage « Le stéphanois »
Vente par catalogue	Réalisation périodique d'un catalogue (généralement deux fois par an) à partir duquel les clients passent commande et sont livrés à domicile, ou à des relais de livraison – Catalogues généraux – Catalogues spécialisés	La Redoute, Les 3 Suisses, Camif, Somewhere, Damart
Télé-achat	Emission de télévision (hertzienne ou satellite) présentant un produit que les téléspectateurs peuvent commander par téléphone	Home Shopping Network, M6 boutique
Commerce électronique	Présentation des produits sur un support virtuel, avec possibilité d'achat en ligne	Minitel, Internet

La vente par catalogue a constitué la plus ancienne forme de vente de masse sans magasin. En s'appuyant sur le fichier de leurs clients (souvent près de 10 millions d'adresses pour les grandes entreprises de VPC en France à l'apogée de ce canal), les entreprises étaient en mesure de proposer des offres adaptées finement aux différents segments qui composent leur clientèle. Désormais, le catalogue est devenu un complément de l'offre proposée sur Internet, qui ne l'a pas encore remplacé : la facilité de consulter le catalogue, de le feuilleter, reste à ce jour un bénéfice pour le client, même si celui-ci utilise ensuite Internet pour passer sa commande et suivre sa livraison. Pour exploiter le plus efficacement possible ce fichier, les entreprises ont développé des catalogues spécialisés, soit dans une ligne de produits (lingerie, produits de beauté, par exemple), soit dans un style (le *sportswear* chic, par exemple), en complément de leur catalogue général qui propose un assortiment à la fois large et très profond.

§ 2. - le commerce électronique : émergence et évolution

Les perspectives de développement de la vente sans magasin sont restées longtemps une question majeure pour les entreprises[20]. Les développements du télétexte, de la télévision interactive et du Minitel en France avaient fait imaginer des scénarios de généralisation de la vente à distance restés très éloignés de l'évolution réelle du secteur. Mais l'accélération du développement d'Internet depuis la fin des années 1990 a fait du commerce électronique un canal de distribution à part entière. Nous exposerons successivement les acteurs sur ce marché, une typologie des marchés dans le e-commerce et, enfin, les stratégies émergentes dans ce secteur et leurs enjeux pour les détaillants traditionnels.

---

[20] On peut par exemple rappeler l'article de Quelch et Takeuchi dans lequel les auteurs s'interrogeaient, dès le début des années 1980, sur le caractère viable à long terme de la vente en magasin. Quelch J. et Takeuchi H. (1981), « Non store marketing : fast track or slow ? », *Harvard Business Review*, Vol. 59, n° 4, pp. 75-84.

A. - les acteurs du e-commerce : de nouvelles formes d'intermédiation

L'apparition d'Internet avait nourri l'hypothèse de l'émergence d'un commerce de détail totalement dépourvu d'intermédiaires[21] : il était en effet imaginable que le consommateur aille directement consulter les sites des producteurs pour commander les produits qu'il désirait acheter. La réalité de l'évolution du commerce électronique a été tout autre, et se traduit au contraire par l'apparition de nouvelles formes d'intermédiation dans les canaux.

L'articulation des intermédiaires et des distributeurs proprement dits est un enjeu important pour le développement de cette activité. En effet, l'intermédiaire a pour principale fonction de faciliter l'accès du consommateur à la masse d'informations et de services accessibles sur Internet. Le développement des moteurs de recherche (Google, Bing) a été un facteur déterminant de la diffusion de l'usage d'Internet par le grand public, et la place occupée par une enseigne dans les résultats livrés par la consultation d'un moteur de recherche est devenue une condition de succès du site aussi importante que la localisation géographique du magasin dans le monde réel.

Le développement des comparateurs est un autre exemple d'intermédiation dans le monde virtuel : le consommateur connaît presque instantanément le prix auquel un produit est vendu dans différents circuits, réels (magasins) et virtuels (sites Internet). L'accès aux comparateurs à travers les applications des téléphones mobiles (« *smartphone* ») améliore même l'information du chaland pendant la visite d'un magasin : plutôt que de devoir visiter successivement plusieurs magasins, il sait immédiatement quelle enseigne lui propose l'offre la plus attrayante. La sécurité des transactions sur Internet, et notamment du paiement, demeure cependant un frein au développement de leur volume. Des intermédiaires spécialisés, comme Paypal, ont là aussi permis de proposer des solutions efficientes pour compléter l'offre des institutions bancaires traditionnelles[22].

---

[21] Brynjolfsson E. et Smith M. (2000), « Frictionless commerce ? A comparison of Internet and conventional retailers », *Management Science*, Vol. 46, n° 4, pp. 563-585.

[22] Gupta P., Yadav M. et Varadarajan R. (2009), « How task-facilitative interactive tools foster buyers' trust in online retailers : a process view of trust development in the electronic marketplace », *Journal of Retailing*, Vol. 85, n° 2, pp. 159-176.

Une autre conséquence majeure du développement du commerce électronique est la possibilité dont disposent désormais les consommateurs de devenir à leur tour des vendeurs lorsqu'ils souhaitent se séparer de biens dont ils n'ont plus l'usage, mais qui conservent une valeur marchande. Si la revente de produits était déjà possible dans des circuits réels avant le développement d'Internet (à travers des dépôts-vente comme Troc.com, ou des circuits de revente comme le *leader* mondial Cash Converters), elle a pris grâce à Internet un essor considérable, illustré par la croissance du site Ebay.

Il est même possible d'imaginer des formes d'intermédiation plus révolutionnaires encore : l'exemple de l'application Shazam indique que le consommateur peut capter une musique dans son environnement, la faire identifier par l'application, qui lui indique le titre du morceau et lui propose de l'acheter par téléchargement. L'utilisation des Q-R codes (codes-barres à deux dimensions, appelés aussi codes matriciels), couplée à des applications spécialisées, permet d'imaginer des modes nouveaux d'entrée du consommateur en relation avec l'offre des producteurs. Ces différents exemples montrent que le développement du commerce électronique conduit à la multiplication des formes d'intermédiation. Sans négliger l'influence significative que les réseaux sociaux (Facebook, Twitter), et leur combinaison avec la géolocalisation (Foursquare), exerceront sur les formes que prendra l'interaction des consommateurs avec l'offre des organisations[23].

B. - une typologie des marchés du e-commerce

Il est naturellement impossible de transposer directement les méthodes de vente au détail en magasin au commerce électronique. Afin de guider les choix des entreprises dans l'organisation de la vente en ligne, des typologies de marchés électroniques ont été développées. L'une des plus anciennes a gardé toute son actualité, et propose de distinguer quatre types de marchés pour le e-commerce. Cette typologie des marchés du commerce électronique est importante, elle constitue une utile base d'analyse des stratégies émergentes dans ce secteur[24] :

[23] Doherty N. et Ellis-Chadwick F. (2010), « Evaluating the role of electronic commerce in transforming the retail sector », *International Review of Retail, Distribution and Consumer Research*, Vol. 20, n° 4, pp. 375-378.

[24] de Figueiredo J. (2000), *Using strategic tools to generate profits in e-commerce*, Working Paper, Sloan School of Management, Massachussets Institute of Technology, Cambridge (MA).

- **Les marchés de type « matières premières »**. Le produit est spécifié sur la base de caractéristiques physiques précises. Le prix et les délais de livraison sont les principaux critères de comparaison des offres des concurrents. Ces produits sont donc très facilement distribuables sur Internet, ce qui contribue à expliquer le développement très rapide du commerce interentreprises sur Internet. En revanche, très peu de produits de grande consommation entrent dans cette catégorie.
- **Les marchés de « quasi-matières premières »**. Ce sont des produits plus différenciés entre eux que les matières premières ; en revanche, pour un produit donné, il y a peu de différenciation entre distributeurs. Le matériel informatique ou vidéo, les CD, les livres, les vols proposés par les compagnies aériennes, entrent dans cette catégorie. Lorsque le consommateur a choisi le produit, il compare l'offre des détaillants pour trouver l'offre qui lui semble la plus avantageuse. Une recherche montre pourtant que la réputation du distributeur va être un important réducteur de risque pour le client, même si ce distributeur n'est pas le moins cher et n'offre pas le meilleur service[25]. Les intermédiaires sont appelés à occuper une position clé sur ces marchés.
- **Les marchés de produits d'expérience de qualité homogène**. Le consommateur a besoin d'un contact physique avec le produit avant de l'acheter afin d'être sûr de ses caractéristiques (étoffe d'un vêtement, par exemple). Le recours à la marque peut être un moyen important d'être sûr des caractéristiques du produit. Mais il sera souvent utile de combiner l'offre du commerce électronique par un réseau de magasins, ou au moins de points d'exposition, qui procureront au prospect cette expérience directe du produit.
- **Les marchés de produits d'expérience de qualité hétérogène**. Il existe une différenciation entre les différents articles eux-mêmes. Le marché des produits d'occasion est une illustration de cette catégorie. Le niveau de risque associé à ce type d'achat est maximum et cette catégorie est *a priori* la moins appropriée pour le commerce électronique.

---

[25] Brynjolfsson E. et Smith M. (2000), *op. cit.*

C. – les stratégies dans le e-commerce

Si nous concentrons notre analyse sur la quatrième catégorie d'acteurs du e-commerce, c'est-à-dire les commerçants eux-mêmes, trois stratégies génériques d'approche du marché semblent se dessiner :

- Une première catégorie de détaillants **se concentre exclusivement sur le commerce électronique** (stratégie dite *all click*). Il s'agit de nouveaux entrants, qui n'ont pas d'activité dans le commerce de détail en magasin, mais ont occupé les premiers une position sur le marché virtuel. Des exemples comme Amazon.com (livres, disques) ou Sarenza.com (chaussures) sont représentatifs de cette démarche.
- Une deuxième catégorie de détaillants, largement minoritaire, **reste réfractaire au commerce électronique, et se concentre sur ses magasins traditionnels de brique et de ciment** (stratégie dite *brick and mortar*).
- Enfin, une troisième catégorie de détaillants **développe des activités de e-commerce en s'appuyant sur un réseau de magasins traditionnels** (stratégie dite *click and mortar*). Cette stratégie semble particulièrement adaptée à la distribution de produits d'expérience homogènes.

La troisième stratégie est mise en œuvre par la très grande majorité des détaillants *leaders* de leurs marchés. Un scénario souvent évoqué est le rachat par ces entreprises de la « vieille économie » de jeunes entreprises *all click* qui ne parviennent pas à rentabiliser leur activité. Une source d'avantage concurrentiel majeur pour les entreprises traditionnelles est la maîtrise des compétences logistiques nécessaires au succès d'une activité de e-commerce, comme nous le verrons dans le chapitre 5. Le client qui a commandé un produit sur Internet en quelques minutes veut le recevoir très rapidement. L'expérience détenue par les distributeurs traditionnels est alors souvent irremplaçable (voir l'encadré 1.3).

encadré 1.3.

grandes manœuvres autour du *brick and click*

Aux débuts du commerce électronique, les distributeurs *brick and mortar* hésitaient à franchir le pas : difficile de faire cohabiter réseau physique et présence en ligne. Mais leur retard n'est-il pas devenu un avantage ? Profitant de l'expérience des *pure players*, les distributeurs *brick and mortar* effectuent un retour en force sur le Web : Fnac.com a réalisé 300 millions d'euros de chiffre d'affaires en 2009, Darty.com affiche une santé éclatante... Peut-on pour autant parler de revanche des marques enseignes sur leurs jeunes concurrentes uniquement *on line* ? « Aucune position n'est acquise, nuance Pierre Alzon, le fondateur de Dégriftour, aujourd'hui Directeur Général adjoint de Voyages-sncf.com. Dans tous les pans d'activité B to C, les ténors du Web peuvent être détrônés du jour au lendemain. La compétition est permanente ».

Si les distributeurs traditionnels profitent d'avantages concurrentiels (*global sourcing*, connaissance du consommateur, volume d'achat, etc.), sur le Web, ils restent devancés par les *pure players*, comme le souligne Michel de Guilhermier, Directeur d'Inspirational Stores : « Les *leaders* du e-commerce français s'appellent C-discount.com, Pixmania.com ou Amazon.com ». Certes, les deux premiers ont été rachetés respectivement par Casino en 2001 et par le Groupe DSG (PC City, PC World) en 2006. Mais ces deux poids lourds ont su laisser à leurs filiales en ligne une grande autonomie. Un élément de réussite essentiel : trop de distributeurs traditionnels ont racheté des *start-up* sans respecter leur spécificité. Il existe toutefois des réussites. Par exemple, Sephora.com offre « une véritable proposition de valeur sur le Net, avec une expérience de shopping *on line* très agréable, au parcours client simple et fluide, analyse Catherine Barba, fondatrice de Malinea.com. Kiabi.com rencontre aussi un vrai succès et se positionne intelligemment sur les réseaux sociaux ».

Source : d'après *Dynamique Commerciale*, janvier 2011.

D. – « longue traîne » et « superstars » : les nouveaux modèles de distribution associés au commerce électronique

Le commerce électronique a pu être analysé, tout au long des années 2000, comme une forme particulièrement puissante d'organisation de la vente à distance, qui prolonge le modèle historique de la vente par catalogue. Mais l'évolution d'Internet, et la montée en puissance du Web 2.0, a aussi fait émerger des modèles de distribution radicalement nouveaux. Les théories de la « longue traîne » (*long tail*) et des « superstars » s'inscrivent dans cette perspective d'analyse des ruptures introduites par le commerce électronique par rapport au commerce traditionnel[26] :

- La **théorie de la « longue traîne »** se fonde sur une analyse de la structure des ventes sur un marché : comme le rappelle la populaire loi de Pareto (ou loi des 20-80), 20 % des références dans une ligne de produits réalisent autour de 80 % des ventes. Ce principe empirique oriente les choix de constitution d'assortiment et de gestion des stocks des détaillants : pour minimiser le coût du stock, le point de vente doit privilégier les références dont la rotation sera la plus rapide. On retrouvera donc dans tous les magasins à peu près les mêmes produits, au même moment (le phénomène des *best sellers* dans les librairies illustre fort bien ce principe). Avec le développement d'Internet, il devient économiquement rentable de centraliser un stock de tous les produits, quelle que soit la rapidité de leur rotation, et de vendre directement à un marché très large toutes les références disponibles dans la catégorie de produits, c'est-à-dire les 80 % de références qui ne génèrent que 20 % du volume total, d'où le nom de « longue traîne » donné à ce phénomène. Le succès d'Amazon.com est souvent cité en exemple de ce principe : aucun libraire « physique » ne peut en effet proposer simultanément un catalogue de titres aussi large, ce qui garantit au site un avantage concurrentiel important. Si l'on retient ce principe, un détaillant peut donc fonder son positionnement sur la largeur et la profondeur de son assortiment[27].

---

[26] Brynjolfsson E., Hu Y. et Smith M. (2010), « Long tails vs superstars : the effect of information technology on product variety and sales concentration patterns », *Information Systems Research*, Vol. 21, n° 4, pp. 736-747.

[27] Brynjolfsson E., Hu Y. et Smith M. (2006), « From niches to riches : anatomy of the long tail », *MIT Sloan Management Review*, Vol. 47, n° 4, pp. 67-71.

- La **théorie des « superstars »** rend compte d'un phénomène symétrique. La rapidité de la diffusion de l'information sur Internet, notamment à travers le développement exponentiel des réseaux sociaux, rend possible la formation d'une demande massive pour un produit en un minimum de temps : le lancement de nouveaux jeux vidéo, la sortie de nouveaux titres de chanteurs (ou groupes) à succès ou de films *blockbuster* s'inscrit dans cette perspective. Il s'agit alors de satisfaire en un minimum de temps une demande très concentrée[28]. Si la « superstar » peut être téléchargée, son apparition ne pose pas de problèmes logistiques particuliers. En revanche, s'il s'agit d'un produit physique, il est facile d'imaginer les enjeux qui en résultent : la généralisation de la pré-vente des produits, dont la marque Apple s'est fait une spécialité, est une conséquence de la nécessité d'adapter les canaux de distribution au phénomène de la « superstar ».

section IV
l'analyse de la dynamique des formes de vente au détail

Si les formes de vente au détail avaient été caractérisées par une remarquable stabilité entre l'Antiquité et le milieu du XIXe siècle, l'accélération du rythme des innovations dans le commerce de détail depuis l'apparition du grand magasin vers 1850 constitue l'un des principaux enjeux pour la stratégie des firmes de distribution modernes. L'importance des transformations de l'appareil commercial a inspiré de nombreux travaux cherchant à expliquer le processus d'évolution du commerce de détail. Un objectif souvent affiché par ces travaux reste la recherche d'un modèle de prévision de l'évolution des formes de vente pouvant aider les détaillants à orienter leurs choix stratégiques. Deux courants d'analyse principaux peuvent être distingués. Le premier courant, que nous qualifions de mécaniste, s'efforce de dégager un principe

[28] Lors du lancement de la version 4.0 du logiciel Firefox au printemps 2011, 9 millions de téléchargements ont été enregistrés en 24 h, sans aucun budget publicitaire.

général d'évolution de toutes les formes de vente au détail. Un second courant, influencé par les théories stratégiques, analyse l'évolution des formes de vente en termes de recherche d'adéquation à l'environnement.

§ 1. - les analyses mécanistes de l'évolution des formes de vente au détail

La métaphore du cycle de vie peut être utilisée pour décrire l'évolution d'une forme de vente au détail. Une innovation dans ce secteur se caractérise par un positionnement original qui lui permet de satisfaire un segment de marché mal desservi par les formes de vente concurrentes. L'introduction de cette innovation incite les firmes établies à faire évoluer leur offre, et les réactions qui résultent de l'innovation entraînent une profonde réorganisation de l'ensemble du marché. Puis les parts de marché des concurrents se stabilisent, jusqu'à l'apparition d'une innovation. Comme dans le cas des produits, on pourrait donc distinguer quatre phases dans le cycle de vie d'une forme de vente au détail : son lancement, sa croissance, sa maturité, puis son déclin[29].

La principale question posée par cette représentation de la dynamique du commerce de détail est celle du positionnement d'une innovation. Est-il possible d'énoncer un principe général qui caractériserait toutes les nouvelles formes de vente lors de leur apparition sur le marché ? Trois modèles théoriques ont proposé leur réponse à cette question : la théorie de la roue de la distribution, la théorie de l'accordéon et, enfin, la théorie dialectique de la distribution au détail.

A. - la roue de la distribution

Cette théorie de l'évolution du commerce de détail est la plus ancienne des théories mécanistes[30]. Elle bénéficie encore d'une grande

---

[29] Davidson W., Bates A. et Bass S. (1976), « The retail life cycle », *Harvard Business Review*, Vol. 54, n° 6, pp. 89-96.

[30] McNair M. (1957), « Significant trends and developments in the postwar period », *in* Smith A. (éd.), *Competitive distribution in a free high level economy and its implications for the university*, University of Pittsburgh Press, Pittsburgh (PA), pp. 17-22.
Hollander S. (1960), « The wheel of retailing », *Journal of Marketing*, Vol. 25, n° 3, pp. 37-42.
McNair M. et May E. (1978), « The next revolution of the retailing wheel », *Harvard Business Review*, Vol. 56, n° 5, pp. 81-91.
Kaynak E. (1979), « A refined approach to the wheel of retailing », *European Journal of Marketing*, Vol. 13, n° 7, pp. 237-245.

popularité en raison de son caractère à la fois simple et de portée très générale. La théorie de la roue de la distribution explique la dynamique du commerce de détail par une évolution cyclique du taux de marge des formes de vente[31]. Une nouvelle forme de vente apparaît sur le marché lorsqu'elle est en mesure de fonctionner de manière rentable tout en pratiquant des prix de vente plus faibles que ceux de ses concurrents. Pour que cette condition soit remplie, la nouvelle forme de vente doit pratiquer une nouvelle technique de distribution qui lui permette de supporter des coûts plus faibles à volume d'activité égal.

Ce principe général s'applique à une majorité d'innovations dans le commerce de détail : la vente par catalogue, le magasin populaire, le supermarché *discount*, l'hypermarché, le *hard discount* ou le *category killer* sont tous apparus sur le marché avec un positionnement par des prix plus bas que ceux des distributeurs établis. Il faut cependant relever des exceptions notables à ce principe : le grand magasin et le centre commercial régional se sont développés avec un positionnement différent des prix bas. Mais la roue de la distribution conserve une bonne capacité descriptive de la majorité des innovations dans le commerce de détail, et peut même être appliquée à des activités voisines de la distribution telles que la restauration rapide[32].

L'entrée de la nouvelle forme de vente sur le marché contraint les formes de vente établies à s'adapter à cette concurrence. Comme elles ne mettent pas en œuvre la même technique de vente, il ne leur est pas possible de concurrencer l'innovation par les prix. Elles sont donc contraintes à développer leurs services et leur positionnement qualitatif pour se différencier, ce qui les force à augmenter leurs marges. On assiste alors à un glissement général de l'offre des distributeurs vers une gamme plus élevée, appelée le *trade up*. Hirschman a ainsi montré comment les grands magasins américains évoluaient dans le temps le long d'un *continuum* qui oppose un positionnement par les prix (de type Sears) à un positionnement de haut de gamme (de type Bloomingdale's)[33].

---

[31] Soit la différence entre prix de vente au consommateur et prix d'achat au fournisseur rapportée au prix de vente.

[32] Teeple E. (1979), « Look out McDonald's, the wheel is rolling », *in* Gitlow H. et Wheatley E. (éds.), *Developments in marketing science*, Academy of Marketing Science, Greenvale (NY), pp. 370-375.

[33] Hirschman E. (1979), « Intratype competition among department stores », *Journal of Retailing*, Vol. 55, n° 4, pp. 20-34.

Mais l'innovation qui a ainsi déclenché le mouvement de la roue peut difficilement occuper seule, durablement, le positionnement par les prix bas. En raison de l'absence de barrières à l'entrée constantes, d'autres concurrents vont imiter cette innovation et la concurrencer par une offre directement substituable. Cette concurrence va nécessiter une évolution de l'offre initiale, passant par l'introduction de nouveaux services, et donc une augmentation des coûts puis des marges. Un marché va donc se créer pour une forme de vente adoptant à nouveau un positionnement par les prix bas. Le schéma 1.2 propose une illustration de la roue de la distribution par la dynamique d'évolution des formes de vente au détail sur le marché français.

schéma 1.2.

l'évolution du commerce de détail suivant la théorie de la roue de la distribution (France)

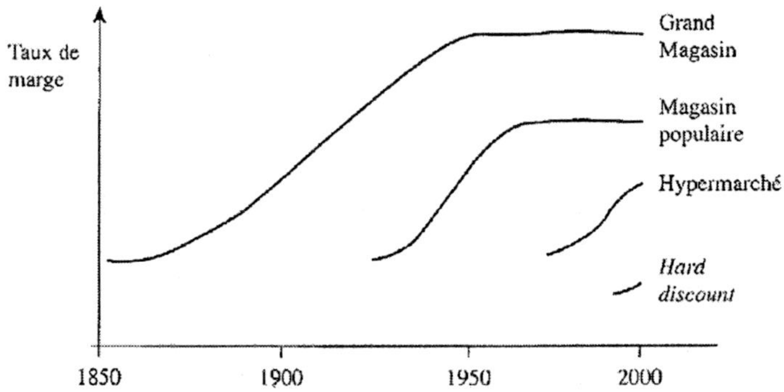

La simplicité apparente du modèle de la roue de la distribution est pourtant trompeuse. En effet, l'évolution des formes de vente au détail à travers le temps passe par la manipulation d'autres variables d'action que le prix de vente. Deux facteurs très importants sont ignorés par le modèle de la roue : d'une part, l'**évolution des assortiments**, et d'autre part, l'influence que la **taille de l'entreprise** qui exploite la forme de vente exerce directement sur les conditions d'achat auprès des fournisseurs. Ainsi, les hypermarchés français ont pu préserver leur position concurrentielle en élargissant leur assortiment et en renforçant leur pouvoir de négociation auprès des fournisseurs par croissance externe.

L'évolution des grands magasins français révèle une autre forme d'adaptation par une réduction de la largeur des assortiments qui permet une spécialisation sur des gammes de produits à fort potentiel d'image, et de marge : les grands magasins ne vendent plus d'électroménager, mais ils ont développé leurs rayons des arts de la table. L'évolution des assortiments sert de base à une seconde théorie mécaniste de l'évolution des formes de vente : la théorie de l'accordéon.

B. - l'accordéon du commerce de détail

La théorie de l'accordéon du commerce de détail a été proposée par Hollander pour réintégrer le rôle de l'assortiment dans l'explication de la dynamique des formes de vente[34]. Selon cet auteur, les formes de vente se succèdent en alternant un assortiment large et profond, puis un assortiment plus étroit, avant qu'une nouvelle forme de vente à assortiment large apparaisse. L'évolution de la distribution non-alimentaire américaine était la principale justification du modèle de l'accordéon à l'époque où il fut proposé par Hollander. Mais des évolutions plus récentes en Europe suivent aussi le modèle de l'accordéon (voir le schéma 1.3). La principale faiblesse de ce modèle résulte pourtant, comme dans le cas de la roue de la distribution, du caractère très simplificateur de l'explication proposée. Pas plus que le prix et la marge, l'assortiment ne peut rendre compte à lui seul de l'ensemble des évolutions constatées dans le commerce de détail.

---

[34] Hollander S. (1966), « Notes on the retail accordion », *Journal of Retailing*, Vol. 42, n° 2, pp. 29-40.

schéma 1.3.

trente ans d'évolution de la distribution textile en France analysés par l'accordéon de la distribution

Chronologie	Caractéristiques	Exemples
1965 - 1985	Assortiment large et peu profond	C&A Kiabi
1985 - 1995	Assortiment étroit et profond	Pimkie Camaïeu Etam
1995 - ?	Assortiment large et peu profond	Zara Gap H&M

C. - le modèle dialectique d'évolution du commerce de détail

Afin de dépasser les limites inhérentes à tout modèle explicatif reposant sur une seule variable, Maronick et Walker ont suggéré de retenir le principe de l'opposition structurelle entre formes de vente comme processus explicatif, quelle que soit la caractéristique de la forme de vente qui sert de support à cette opposition. Le principe du modèle dialectique d'évolution était ainsi défini[35]. Pour les auteurs de ce modèle, une innovation ne peut se développer dans le commerce de détail qu'en introduisant une rupture structurelle par rapport à la forme de distribution dominante dont elle constitue l'antithèse. Puis l'évolution de ces formes de vente les conduit à adopter certaines de leurs caractéristiques initiales, ce qui conduit à l'émergence d'une synthèse. Celle-ci va devenir à son tour la forme dominante, et servir de thèse pour l'émergence d'une nouvelle antithèse.

Si le modèle présente l'avantage d'être de portée plus générale que les théories de la roue ou de l'accordéon, il a l'inconvénient de n'expliquer qu'un nombre limité d'évolutions empiriques dans le commerce de détail. En revanche, on doit observer que les formats de distribution qui ont justement tenté d'opérer une synthèse entre formules de vente

[35] Maronick T. et Walker B. (1974), « The dialectic evolution of retailing », *Proceedings of the Southern Marketing Association Conference*, Atlanta (GA), pp. 147-158.

opposées ont généralement échoué. La dernière en date de ces expériences était le format du magasin-entrepôt alimentaire, apparu aux Etats-Unis et en Europe au début des années 1980. L'idée était de combiner sous un même toit une zone qualitative, consacrée notamment aux produits frais, aux fruits & légumes et à la boulangerie, et une zone inspirée des méthodes du *hard discount*, présentant l'épicerie, la droguerie et les boissons sur des palettes ou des rayonnages sommaires[36]. Cette forme de vente ne connut jamais le succès : le consommateur préférait choisir soit un supermarché qualitatif, soit un *hard discounter*.

Les analyses mécanistes, et principalement la roue et l'accordéon de la distribution, ont permis de souligner l'importance des variables prix et assortiment dans l'explication de l'évolution des formes de vente au détail. Ces modèles ont avant tout une finalité descriptive : ils proposent une représentation simplifiée de la dynamique du marché, sans que l'explication de cette dynamique soit proposée[37]. Leur caractère réducteur leur a fait préférer des modèles plus généraux adoptant comme bases théoriques les modèles d'analyse stratégique de la firme.

§ 2. - les analyses stratégiques de l'évolution des formes de vente au détail

Le développement des recherches consacrées au commerce de détail adoptant les théories du marketing a conduit à une remise en cause des modèles mécanistes au profit d'une réflexion stratégique dont l'entreprise, plutôt que la forme de vente, devient l'unité d'analyse. En effet, une forme de vente peut être analysée comme une combinaison d'un ensemble d'attributs (prix, assortiment, niveau de service) destinée à répondre aux attentes d'un segment du marché. Mais il est encore nécessaire que la firme de distribution parvienne à mettre en œuvre un ensemble de ressources techniques, financières et humaines pour tra-

---

[36] Cette forme de vente avait été introduite en France par les Docks de France sous l'enseigne Super Pakbo. Elle fut rapidement abandonnée au profit d'un réaménagement des supermarchés sous l'enseigne Atac, adoptant un positionnement plus agressif sur les prix.

[37] Filser M. (1984), « Les analyses mécanistes des formules de distribution : état de l'art, apports et voies de recherche », *Revue Française du Marketing*, n° 99, pp. 3-18.

duire ce positionnement en des termes perceptibles par le consommateur, de sorte qu'elle dispose d'un avantage concurrentiel sur le marché.

Si l'on adopte cette grille d'analyse, la forme de vente ne se distingue plus conceptuellement de n'importe quel produit ou service, et la problématique de l'évolution de la forme de vente disparaît en tant qu'objet de recherche spécifique. Deux principaux courants peuvent alors être distingués : le premier étudie l'évolution des formes de vente au détail à travers un modèle général de la firme de distribution, le second adapte les principes des modèles stratégiques évolutionnistes.

A. - l'analyse de l'évolution des formes de vente à partir de la stratégie de la firme de distribution

La stratégie du détaillant combine deux volets étroitement interdépendants : un volet « aval », qui consiste à choisir le format des points de vente que le distributeur entend exploiter, et un volet « amont », qui consiste à organiser les approvisionnements de ces points de vente à travers une chaîne logistique plus ou moins complexe, point traité dans la deuxième partie de l'ouvrage. L'évolution des formes de vente au détail reflète donc l'influence de variables très diverses :

- Les **modifications des attentes des acheteurs**, notamment l'émergence de nouveaux segments, qui rendent possible le positionnement de formes de vente sur des niches étroites[38].
- Les **modifications des conditions techniques de production**, qui peuvent rendre économiquement praticables de nouvelles combinaisons de produits ou de services. Le raccourcissement des délais de fabrication dans l'industrie textile a ainsi rendu possible le développement de chaînes de magasins renouvelant leur assortiment tous les mois.
- L'**interdépendance accrue entre produits et services**, qui conduit à une atténuation de la séparation entre distribution de produits et distribution de services. Le développement des grandes surfaces spécialisées dans l'entretien de la voiture, qui combinent la vente des produits et des ateliers de service, illustre ce phénomène.

---

[38] Filser M. (1986), « Quelles formules de distribution pour demain ? Les réponses de la segmentation par avantages recherchés », *Recherche et Applications en Marketing*, Vol. 1, n° 1, pp. 1-17.

En bref, ce premier courant d'analyse abandonne l'idée d'un modèle d'évolution des formes de vente au détail, au profit d'une analyse de la fonction marketing chez le distributeur.

B. - l'analyse de l'évolution des formes de vente par les modèles stratégiques évolutionnistes

Le second courant adopte une démarche assez comparable, si ce n'est qu'il retient les modèles stratégiques de l'évolution de la firme plutôt que les modèles théoriques du marketing. La principale source d'inspiration théorique de ce courant est la théorie de l'avantage par les ressources développée par Hunt et Morgan[39], qui prolonge les travaux de Porter sur la recherche de l'avantage concurrentiel[40]. Une application de ce modèle théorique au secteur de la distribution a été proposée par Davies[41]. L'auteur distingue deux facteurs explicatifs de l'évolution des formes de vente :

- Le premier concerne l'environnement du commerce de détail. Il se confond avec l'analyse marketing développée dans le point précédent. De nombreuses théories permettent de rendre compte de la relation entre modification de l'environnement et décisions stratégiques des entreprises.
- Le second concerne la manière dont une entreprise particulière va interpréter cette modification de l'environnement pour adopter une réponse stratégique précise. C'est dans ce cadre que les apports des travaux de Hunt et Morgan trouvent leur place. En effet, la capacité de l'entreprise à analyser l'évolution du marché et surtout à évoluer, en termes à la fois stratégiques et organisationnels, conditionnera le succès des nouveaux formats de points de vente qu'elle développera.

C. - la théorie du « *Big Middle* »

La concentration du commerce de détail entre un nombre limité d'entreprises sur chaque marché a inspiré une reformulation de la théo-

---

[39] Hunt S. et Morgan R. (1995), « The comparative advantage theory of competition », *Journal of Marketing*, Vol. 59, n° 2, pp. 1-15.
Hunt S. et Morgan R. (1997), « Resource-advantage theory : a snake swallowing its tail or a general theory of competition ? », *Journal of Marketing*, Vol. 61, n° 4, pp. 74-82.

[40] Porter M. (1986), *L'avantage concurrentiel*, InterEditions, Paris.

[41] Davies K. (1998), « Applying evolutionary models to the retail sector », *International Review of Retail, Distribution and Consumer Research*, Vol. 8, n° 2, pp. 165-181.

rie de la roue de la distribution, popularisée sous le nom de « théorie du grand centre » *(Big Middle)*. En effet, la théorie de la roue suppose implicitement que si un créneau se dégage pour une innovation, sous l'effet de la montée en gamme des détaillants établis, une nouvelle forme de vente pourra l'occuper, dès lors qu'elle parvient à se doter d'une fonction de production procurant un avantage de coût. Or, la concentration observée sur les marchés peut faire douter du réalisme de cette hypothèse : un nouvel entrant peut-il en effet concurrencer les détaillants établis dans un contexte d'oligopole ?[42]

Selon les auteurs qui ont développé ce modèle, la position occupée par une forme de vente ou une enseigne sur un marché dépend de deux décisions de positionnement : l'une concerne le prix relatif pratiqué par rapport aux concurrents ; l'autre traduit la différenciation qualitative de l'offre par rapport à celle des concurrents[43]. Alors que le principe de la roue de la distribution ne retenait que l'hypothèse d'un avantage coût pour expliquer le développement d'une innovation, la théorie du *« Big Middle »* retient la possibilité d'une innovation fondée sur une différenciation qualitative de l'offre (Picard dans les surgelés, Desigual dans le prêt-à-porter, etc.). Mais le succès de ces deux formes d'innovation conduit à leur imitation par les concurrents, comme dans le modèle de la roue, ce qui conduit à une convergence de l'essentiel des offres du marché vers une même position médiane où se concentre la concurrence : c'est le *« Big Middle »*.

---

[42] On peut ajouter, comme nous le verrons dans le chapitre 4, qu'il s'agit même d'un oligopole bilatéral : un nombre limité de détaillants traite avec un nombre tout aussi limité de fournisseurs sur un même marché.

[43] Levy M., Grewal D., Peterson R. et Connolly B. (2005), « The concept of the "Big Middle" », *Journal of Retailing*, Vol. 81, n° 2, pp. 83-88.

schéma 1.4.
la théorie du « *Big Middle* »

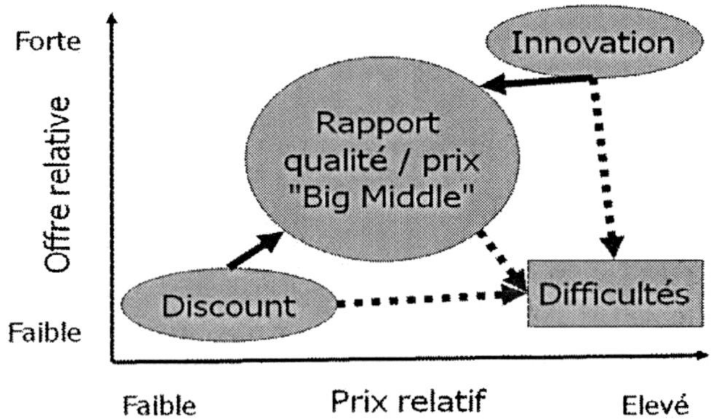

L'apport de cette théorie à l'explication de la dynamique du commerce de détail est important : elle montre effectivement qu'une innovation ne pourra conserver son avantage concurrentiel initial, soit en termes d'avantage coût, soit en termes de différenciation, que si elle est en mesure d'empêcher son imitation massive par les autres acteurs sur le marché. Elle explique aussi le phénomène de convergence des positionnements des enseignes concurrentes qui peut être observé pour toutes les catégories de produits, et renforce, s'il en était besoin, l'importance de l'analyse des décisions de positionnement qui seront prises par les enseignes.

En conclusion de ce chapitre, on voit que le point de vente, réel ou virtuel, constitue un élément crucial du succès de la firme de distribution sur le marché. La gestion de ce point de vente, et notamment son positionnement concurrentiel, vont conditionner la croissance de l'organisation. Aucun modèle ne parvient à identifier un principe unique qui gouvernerait la dynamique du commerce de détail. En revanche, la gestion du point de vente s'apparente de plus en plus à la gestion d'un produit dans un environnement concurrentiel turbulent, même si la distribution conserve des spécificités qui la différencient structurellement de l'activité de production. Les prochains chapitres vont nous permettre d'appréhender ces décisions de gestion de la distribution.

chapitre 2

comportement du client, implantation du magasin et gestion de la chaîne

La fonction de vente au détail est la finalité de l'entreprise de distribution. Le point de vente, niveau ultime du canal, et surtout lieu d'interaction entre l'offre marchande et le chaland, constitue donc une unité d'analyse fondamentale dans la gestion des activités de distribution. Le détaillant est confronté à trois interrogations fondamentales lorsqu'il élabore sa stratégie :

- Que proposer dans le point de vente ? La réponse à cette question exige une réflexion sur les mobiles de choix d'un magasin par le client. Elle est rendue plus complexe par le fait que le choix d'un magasin est généralement lié à la recherche de produits plus ou moins précis. L'articulation de la décision de choix du point de vente avec la décision de choix du produit doit donc être intégrée à la réflexion stratégique du distributeur.
- Où implanter le point de vente ? La fonction commerciale a la spécificité d'être un puissant facteur de structuration de l'espace. Le rôle moteur des villes de foires et des places commerciales de la Hanse au Moyen Age nous rappelle que les lieux où se réalise l'échange commercial doivent posséder des caractéristiques spécifiques. Même si la nature du phénomène commercial a beaucoup évolué, la contrainte de localisation du point de vente reste déterminante dans la politique de la firme de distribution.
- Comment répliquer, dans le cadre d'une chaîne, l'offre des points de vente ? La réalisation d'économies d'échelle et l'exploitation de l'effet d'expérience acquis dans la gestion du magasin incitent le distributeur à développer un réseau de points de vente proposant une offre homogène. Mais la gestion de la chaîne pose à son tour des problèmes spécifiques.

Ces trois interrogations vont définir le plan du chapitre. Nous consacrerons les développements liminaires à l'analyse du choix d'un point de vente par le consommateur, avant d'aborder la question du choix de la localisation d'un magasin, et notamment la présentation des modèles analytiques qui peuvent orienter les décisions de la firme. Les contraintes réglementaires qui contraignent les décisions du distributeur seront également envisagées. Enfin, nous analyserons les principales questions auxquelles le distributeur doit s'efforcer de répondre pour développer puis gérer une chaîne de magasins.

section I

le comportement de choix du point de vente par le client

La relation de l'acheteur avec le point de vente est restée pendant fort longtemps une question mineure pour les praticiens comme pour les chercheurs en marketing. La question essentielle qui méritait l'attention était celle de la relation du consommateur avec le produit. La responsabilité de l'élaboration de la politique marketing, destinée à rendre possible la transaction avec l'acheteur final, incombait au producteur. La distribution était certes traitée comme l'une des variables du *marketing mix*, mais elle était envisagée comme l'un des leviers d'action du producteur. Même si l'observation est anecdotique, les manuels de marketing ont conservé l'habitude de traiter la distribution comme la quatrième et dernière variable des « 4P » du *marketing mix*. C'est dire que l'autonomie stratégique du point de vente, et surtout son statut dans l'analyse des choix du consommateur, étaient marginaux.

L'analyse du comportement de choix d'un magasin par le client exige donc le développement d'un appareillage théorique spécifique, distinct des modèles de choix d'un produit. Même si le magasin peut être analysé comme une somme d'attributs, et son enseigne traitée comme une marque, ses caractéristiques spécifiques doivent être prises en compte. Dans un premier temps, nous présenterons les mobiles qui peuvent gouverner la fréquentation du point de vente. Nous exposerons ensuite les principaux modèles proposés pour rendre compte du processus de choix par l'acheteur d'un point de vente précis parmi l'ensemble des magasins concurrents ; nous aborderons la problématique de l'interdépendance entre le processus de choix de produits et le processus de choix de point de vente, qui conduira à l'analyse des interactions entre marque et enseigne. Enfin, nous montrerons comment le développement du commerce électronique a rendu indispensable la prise en compte du comportement multi-canal des consommateurs.

§ 1. - les scénarios de fréquentation d'un point de vente

La théorie économique a fortement influencé les premières tentatives d'explication du choix de point de vente par l'acheteur. L'analyse économique de la distribution subordonne strictement cette fonction aux objectifs du producteur. La seule finalité de la distribution est la mise à disposition des biens auprès du consommateur final, ce dernier n'a donc pas d'autres raisons de fréquenter un point de vente que de s'y procurer les biens qu'il désire. Une première voie d'analyse de la fréquentation du point de vente consiste ainsi à distinguer des scénarios de fréquentation selon les types de produits recherchés. Mais les études empiriques des mobiles de fréquentation d'un point de vente, et notamment la recherche pionnière de Tauber[1], ont mis en évidence la très grande diversité des motifs de venue au magasin, bien au-delà de la seule fonction d'approvisionnement[2].

A. - types de produits achetés et fréquentation des magasins

La typologie des produits développée par Copeland, et introduite dans le chapitre 1, a fourni le premier cadre d'analyse des mobiles de fréquentation des points de vente par le consommateur[3]. Rappelons que cet auteur propose de distinguer trois groupes de produits, dont le processus d'achat serait différent, et conduirait à des scénarios spécifiques de choix d'un magasin :

- Les produits de commodité (*convenience goods*) sont banalisés, peu différenciés entre marques, et achetés sur une base strictement utilitaire. Le sucre, l'eau de source ou le carburant de la voiture entrent dans cette catégorie. L'acheteur de produits de commodité cherche à se les procurer au moindre coût et avec un effort minimum. Le point de vente choisi pour ce type d'achat sera donc celui qui maximisera le rapport utilité / coût d'acquisition, sachant que le coût sera à la fois économique (« prix payé ») et temporel (« temps consacré à l'achat »).

---

[1] Tauber E. (1972), « Why do people shop ? », *Journal of Marketing*, Vol. 36, n° 4, pp. 46-59.

[2] Pour une analyse récente, et en grande partie iconoclaste, sur les mobiles de fréquentation des points de vente dans le cadre des « courses ordinaires », voir les contributions réunies par Barth I. et Antéblian B., éds. (2011), *Les petites histoires extraordinaires des courses ordinaires : ethnographie des courses*, Editions Management & Société, Caen.

[3] Copeland M. (1924), *Principles of merchandising*, McGraw-Hill, New York (NY).

- Les produits de comparaison (*shopping goods*) sont plus différenciés. L'acheteur a conscience de l'existence de différences entre marques, à la fois en termes de prix, et en termes de performances. Il perçoit donc l'utilité de s'engager dans un effort de recherche et de traitement d'information en vue d'identifier la meilleure source d'approvisionnement pour ce produit. Les vêtements ou l'électroménager sont des illustrations de cette catégorie. Plusieurs points de vente seront comparés afin de rechercher une solution optimale.
- Les produits de conviction (*specialty goods*) sont très fortement différenciés dans l'esprit de l'acheteur. La force de l'image de marque constitue le principal support de cette différenciation, et le prospect a établi une hiérarchie formelle des marques qu'il considère comme des possibilités lors d'un achat. Le processus de décision est alors dominé par la recherche d'une marque précise. Le magasin choisi sera celui qui propose la marque recherchée dans des conditions optimales. L'achat d'un parfum illustre ce processus de décision.

Bucklin[4] propose de transposer directement la typologie de Copeland aux magasins, pour distinguer des magasins de commodité (acquisition de produits courants en un minimum de temps), des magasins de comparaison (assortiment vaste, disponibilité de nombreuses informations sur les produits, personnel de vente), et enfin des magasins de conviction (offre composée de produits de marque, notamment en distribution sélective). De nombreux raffinements ont été apportés à cette première typologie des motifs de fréquentation du point de vente, Ils prennent notamment en compte les variables d'action que peut manipuler le détaillant afin d'augmenter l'attractivité de son magasin aux yeux du chaland[5]. Mais il n'est toujours pas envisagé que le client puisse fréquenter le magasin pour d'autres motifs que l'acquisition de biens.

B. – typologie des motifs de fréquentation du magasin

Tauber fut le premier auteur à mettre en évidence la diversité des mobiles de fréquentation d'un magasin, et à relativiser l'importance de

[4] Bucklin L. (1963), « Retail strategy in the classification of consumer goods », *Journal of Marketing*, Vol. 27, n° 1, pp. 50-55.

[5] Onkvisit S. et Shaw J. (1981), « Modifying the retail classification system for more timely marketing strategies », *Journal of the Academy of Marketing Science*, Vol. 9, n° 4, pp. 436-453.

la fonction d'approvisionnement. A partir d'une analyse qualitative faisant appel à trente entretiens en profondeur auprès d'acheteurs de la région de Los Angeles, en Californie, il propose une typologie distinguant des **motifs individuels** de fréquentation d'un magasin, parmi lesquels la fonction d'approvisionnement, et des **motifs sociaux**, mettant ainsi en évidence la contribution de la distribution à la vie de la Cité. Des travaux dans le contexte français ont confirmé la pertinence de l'analyse de Tauber pour rendre compte de la diversité des motifs de fréquentation de magasins[6]. Pour leur part, Cottet *et al.* ont pu montrer que tant les valeurs utilitariste qu'hédoniste influent significativement sur la satisfaction des clients d'un hypermarché, la **valeur utilitariste** étant liée à la disponibilité des produits, alors que la **valeur hédoniste** est conditionnée par des éléments tels que l'atmosphère et la nature des services périphériques offerts[7].

Le tableau 2.1 décrit la typologie élaborée par Tauber. On retiendra l'importance de la valorisation intrinsèque de la visite au magasin, c'est-à-dire la diversité des bénéfices qui en résultent pour le chaland, indépendamment de la fonction d'approvisionnement. Il serait donc excessivement réducteur de faire dépendre le processus de choix du magasin de la seule catégorie de biens recherchés par le client. De nombreuses recherches ont approfondi la typologie de Tauber. Elles ont contribué à mettre en évidence une autre structuration des attentes à l'égard des magasins[8] : le client peut fréquenter le magasin dans une perspective utilitaire, c'est-à-dire qu'il attend de sa visite des résultats précis (notamment lorsqu'il recherche un produit bien identifié) ; mais la visite du point de vente peut aussi répondre à des motivations hédonistes, le magasin est alors un substitut à un loisir.

---

[6] Antéblian-Lambrey B. (2000), « Une étude exploratoire de la relation consommateur-commerce », *Actes du 3e Colloque Etienne Thil*, La Rochelle, pp. 1-18 (CD-rom).

[7] Cottet P., Lichtlé M.-C. et Plichon V. (2006), « The role of value in services : a study in a retail environment », *Journal of Consumer Marketing*, Vol. 23, n° 4, pp. 219-227.

[8] Babin B., Darden W. et Griffin M. (1994), « Work and/or fun : measuring hedonic and utilitarian shopping value », *Journal of Consumer Research*, Vol. 20, n° 4, pp. 644-656.

tableau 2.1.

typologie des motifs de fréquentation d'un point de vente

Motifs individuels	Tenir son rôle	*Faire les courses fait partie du rôle social de la ménagère*
	Se distraire	*Le magasin peut être un lieu de promenade (centre commercial)*
	Se faire plaisir	*S'offrir quelque chose à titre de compensation*
	Se tenir au courant des nouveautés	*Source d'informations*
	Faire de l'exercice physique	
	Recevoir des stimulations sensorielles	*Valorisation de l'atmosphère du magasin (foule, musique, etc.)*
Motifs sociaux	Rencontrer des gens en dehors de la maison	*Fonction de « place du marché »*
	Avoir des échanges avec des gens qui partagent les mêmes centres d'intérêt	*Le magasin spécialisé attire des gens partageant les mêmes goûts*
	Retrouver ses pairs	*Le magasin tend à attirer des gens qui se ressemblent*
	Exercer son statut et son autorité	*Pouvoir du client sur le commerçant*
	Marchander pour le plaisir	*Plaisir de faire une bonne affaire*

Source : d'après Tauber (1972), *op. cit.*

Ces analyses ont pour principal apport d'élargir la réflexion marketing du distributeur au-delà de la fonction de ravitaillement du point de vente, mais aussi d'inciter à nuancer la perception fréquente de l'achat comme une corvée qui résulte des études déclaratives des attitudes des acheteurs à l'égard de la distribution. Les tentatives de modélisation du processus de choix d'un point de vente vont prendre en compte cette diversité des motifs de fréquentation.

§ 2. – la modélisation du processus de choix d'un point de vente

Le caractère excessivement réducteur de l'hypothèse qui fait du choix d'un point de vente la conséquence mécanique du type de produit recherché la rend peu explicative au plan théorique, et peu opérationnelle en matière d'analyse du marché. Les chercheurs en marketing ont donc entrepris de modéliser le processus de choix de point de vente en s'inspirant, certes, des travaux analogues consacrés à la modélisation du choix du produit, mais en prenant aussi en compte les caractéristiques spécifiques du magasin.

Trois courants de modélisation peuvent être distingués. Une première famille de modèles s'est attachée à modéliser le comportement de fréquentation des magasins en recourant à des processus stochastiques. Le caractère restrictif de ces modèles a conduit à la formulation d'une deuxième famille de modèles généraux du comportement, utilisant principalement la formation de l'attitude pour expliquer le choix d'un point de vente. La mise en œuvre de ces modèles généraux reste complexe, voilà pourquoi une troisième famille de modèles s'efforce actuellement de sélectionner un nombre limité de variables explicatives des comportements de choix mobilisables directement dans le cadre des décisions opérationnelles des détaillants.

A. - les modèles stochastiques de choix de magasin

L'explication du comportement de l'individu à la période t par ses comportements antérieurs constitue le fondement des modèles d'apprentissage. Les modèles stochastiques en proposent une formalisation mathématique compatible avec leur test empirique. Deux de ces modèles ont été appliqués à l'explication du choix d'un magasin :

- Le modèle de Aaker et Jones calcule la probabilité pour qu'un consommateur fréquente un magasin parmi un ensemble de concurrents en se fondant sur la séquence des fréquentations antérieures[9].
- Malhotra retient également un modèle stochastique, mais il considère que le choix de fréquenter ou non un magasin à un instant t dépend du degré de préférence pour celui-ci[10]. Si l'orientation attitudinale à l'égard du point de vente n'est pas supérieure à un seuil, le magasin ne sera pas fréquenté.

L'évolution de ces modèles stochastiques se traduit par une intégration explicite de dimensions attitudinales qui vont atténuer l'effet mécanique de l'apprentissage. Le caractère restrictif des hypothèses sur lesquelles sont fondés les modèles stochastiques est peu compatible avec la rapidité de l'évolution concurrentielle des points de vente. La modélisation du choix de point de vente s'est donc rapidement orientée vers l'adaptation des modèles généraux de choix de produit.

---

[9] Aaker D. et Jones J. (1971), « Modeling store choice behavior », *Journal of Marketing Research*, Vol. 8, n° 1, pp. 38-42.

[10] Malhotra N. (1983), « A threshold model of store choice », *Journal of Retailing*, Vol. 59, n° 2, pp. 3-21.

Malhotra N. (1986), « Modeling store choice based on censored preference data », *Journal of Retailing*, Vol. 62, n° 2, pp. 128-144.

B. – les modèles généraux de choix de magasin

Le premier modèle général a été proposé par Engel *et al.*, qui ont adapté à ce contexte spécifique leur modèle de comportement du consommateur[11]. La fréquentation d'un magasin résulte d'un processus séquentiel de reconnaissance d'un problème de consommation, d'évaluation des différentes options de choix accessibles au prospect, de formation d'un système de préférences et, enfin, d'adoption d'un comportement. Monroe et Guiltinan[12] ont enrichi ce modèle en identifiant les caractéristiques de l'activité d'achat en magasin qui la différencient du processus de choix d'un produit. Le cadre général de la modélisation du choix d'un point de vente est ainsi tracé, et de nombreux modèles sont venus compléter ces travaux fondateurs.

Le modèle développé par Lusch est aussi bien adapté à l'explication théorique du comportement du client du magasin qu'à l'analyse opérationnelle de l'environnement concurrentiel d'un point de vente[13]. Le schéma 2.1 en propose une représentation simplifiée[14]. Analysons les principaux éléments de ce modèle.

schéma 2.1.

un modèle général du choix d'un point de vente

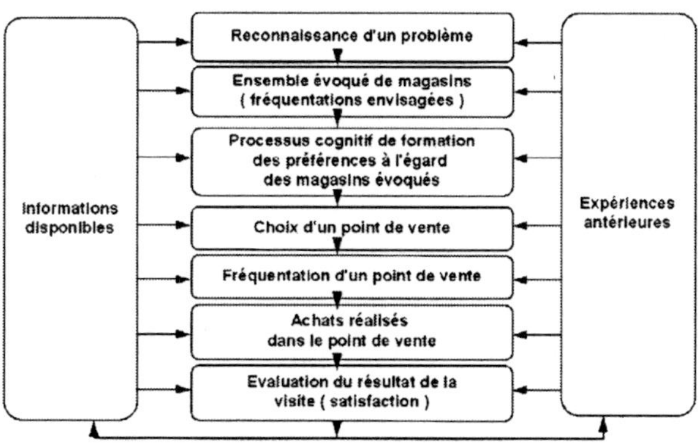

Source : d'après Filser (1985), *op. cit.*

[11] Engel J., Blackwell R. et Miniard P. (2005), *Consumer behavior*, South-Western, Cincinnati (OH), 10e éd. [1e éd. en 1968].

[12] Monroe K. et Guiltinan J. (1975), « A path analytic exploration of retail patronage influences », *Journal of Consumer Research*, Vol. 2, n° 1, pp. 19-28.

[13] Sur ce point, voir Lusch R. (1982), *Management of retail enterprises*, Kent Publishing, Belmont (CA), pp. 104-131.

[14] Filser M. (1985), *La dynamique des canaux et formules de distribution : une approche méthodologique*, Thèse de doctorat d'Etat en Sciences de Gestion, Université Montpellier I.

1) **La reconnaissance de problèmes**. Elle décrit la manière dont le sujet prend conscience de la nécessité de fréquenter un magasin. Deux principaux scénarios de reconnaissance de problèmes ont été identifiés par Bruner[15]. Le consommateur peut percevoir la réalité d'une situation effective de manque d'un produit (réfrigérateur vide à l'heure de préparer le repas, ampoule électrique à changer), il peut aussi anticiper un état futur de besoin, et fréquenter un magasin afin d'éviter d'être confronté au manque d'un produit (achats planifiés de ravitaillement à l'hypermarché). Les travaux de Bruner ont montré que chaque consommateur peut être caractérisé par un « style de reconnaissance de problèmes ». Certains consommateurs prendront conscience d'un besoin lorsqu'ils seront effectivement confrontés au manque d'un produit ; ils seront des clients fréquents des magasins de proximité, ou de points de vente ayant des horaires d'ouverture larges ; ils seront peu sensibles aux prix et aux promotions. Au contraire, un autre type de consommateurs décidera de fréquenter un magasin chaque fois qu'il anticipera un besoin futur. La liste des achats sera planifiée ; ces consommateurs achèteront fréquemment en promotion lorsqu'ils auront l'impression de faire une bonne affaire en achetant un produit à l'avance. Ils procéderont plus systématiquement à des comparaisons de l'offre des différents magasins qu'ils sont susceptibles de fréquenter.

2) **L'ensemble évoqué des magasins susceptibles d'être fréquentés**. Selon le type de problèmes qu'il a identifié, le prospect retiendra différents magasins qui formeront la catégorie des choix possibles. Comme dans le processus de choix d'un produit[16], la notion d'ensemble évoqué sera retenue pour désigner l'ensemble des possibilités identifiées par le consommateur. Les magasins jugés inadaptés à la résolution d'un problème formeront l'ensemble rejeté. Pour faire partie de l'ensemble évoqué, un magasin doit être rattaché à la catégorie de problèmes traitée. Pour réaliser ce traitement cognitif, les consommateurs font appel à un processus de catégorisation des magasins selon leur forme de vente (grands magasins, hypermarchés, VPC, etc.).

---

[15] Bruner G. (1986), « Problem recognition styles and search patterns : an empirical investigation », *Journal of Retailing*, Vol. 62, n° 3, pp. 281-297.

[16] Howard J. (1989), *Consumer behavior in marketing strategy*, Prentice-Hall, Englewood Cliffs (NJ).

3) **Le choix d'un point de vente**. L'ensemble évoqué regroupe en général plusieurs magasins. Il reste donc au consommateur à choisir dans cet ensemble le point de vente qu'il va fréquenter. La décision résultera le plus souvent d'un processus cognitif d'évaluation multi-attributs. Le client associe à la situation d'achat une liste de critères qu'il hiérarchise selon leur importance perçue (prix, service après-vente, importance de l'assortiment, horaires d'ouverture du magasin, etc.). Chaque magasin appartenant à l'ensemble évoqué est évalué sur chacun de ces critères, et c'est le magasin qui reçoit la meilleure évaluation globale qui est fréquenté. Dans des situations d'achat complexes (prix élevé, technicité du produit recherché), le consommateur peut retenir une liste de quelques points de vente qu'il visitera de manière séquentielle : le premier magasin servira à réunir de l'information sur les produits, et le ou les magasins suivants permettront de réaliser l'achat proprement dit.

4) **La fréquentation du point de vente et ses conséquences**. En visitant le magasin qu'il a choisi, le consommateur va réviser les informations qu'il associe au point de vente. Le degré de satisfaction qu'il retirera de sa visite influencera la probabilité qu'il revienne ou non dans ce magasin. Les modèles généraux de choix de point de vente retiennent cette dimension d'apprentissage qui était le fondement théorique des modèles stochastiques.

Des quatre points précédents, une conclusion s'impose. On imagine aisément que le processus de choix du point de vente variera sensiblement entre individus, sous l'influence de caractéristiques individuelles des acheteurs, mais aussi, pour un même individu, selon le contexte de sa décision.

C. – la recherche de caractéristiques explicatives des choix individuels

Les caractéristiques individuelles et environnementales qui influencent le processus de choix d'un produit peuvent être utilisées pour expliquer des différences dans les comportements de fréquentation de points de vente[17]. Mais le processus de choix d'un magasin présente aussi des spécificités par rapport à l'achat d'un produit, et des variables explicatives particulières peuvent être retenues :

---

[17] Sur ce point, voir Filser M. (1994), *Le comportement du consommateur*, Précis Dalloz, Paris, pp. 101-216.

- **Les orientations d'achat**. Le degré d'adéquation perçu par chaque consommateur entre l'offre d'un type de magasin et ses besoins détermine les orientations d'achat du consommateur, c'est-à-dire l'image qu'il se fait des différentes formes de vente présentes sur le marché. L'encadré 2.1 décrit un exemple de typologie d'orientations d'achat, identifiée initialement par Stone[18], qui a fait l'objet de nombreuses adaptations dans différents contextes commerciaux[19].
- **Les avantages recherchés**. La segmentation par avantages recherchés a été conceptualisée par Haley[20] ; elle souligne que les attentes d'un consommateur à l'égard d'un produit ou service varient selon le contexte d'achat ou d'utilisation de ce produit. Si la liste des attributs retenus pour évaluer un point de vente se réfère le plus souvent aux mêmes critères, l'importance accordée à chacun de ces critères variera selon la situation d'achat. La comparaison des scores d'importance associés par les clients aux différents attributs d'un magasin selon les situations d'achat permet de mettre en évidence des segments de marché distincts, qui pourront aider le distributeur à différencier sa stratégie selon les segments qu'il choisit pour cible. Le tableau 2.2 présente deux illustrations de la segmentation par avantages recherchés dans les domaines des achats de produits alimentaires et de vêtements[21].

---

[18] Stone G. (1954), « City shoppers and urban identification : observations on the social psychology of city life », *American Journal of Sociology*, Vol. 60, n° 1, pp. 36-45.

[19] Darden W. et Reynolds F. (1971), « Shopping orientations and product usage rates », *Journal of Marketing Research*, Vol. 8, n° 3, pp. 505-508.
Pour une analyse dans le contexte français, voir Jallais J. (1974), *Le comportement du consommateur face au magasin de détail alimentaire. Approche multidimensionnelle*, Laboratoire d'Economie et de Gestion des Entreprises, Université de Rennes I, Rennes.

[20] Haley R. (1968), « Benefit segmentation : a decision-oriented research tool », *Journal of Marketing*, Vol. 32, n° 3, pp. 30-35.

[21] Filser M. (1985), *op. cit.*

encadré 2.1.

les orientations d'achat du consommateur

Le consommateur évalue chaque forme de vente présente sur le marché selon l'adéquation qu'il perçoit entre ses caractéristiques et les besoins qu'il ressent. L'orientation d'achat reflète ainsi le degré d'instrumentalité perçue entre une forme de vente et les attentes de l'acheteur. Les travaux nord-américains, mais aussi français, ont mis en évidence cinq grands profils d'orientations d'achat :

- **L'acheteur économique**. Il est à la recherche du meilleur rapport qualité / prix. Il est sensible aux promotions, et considère que les grandes surfaces proposent le plus souvent les prix les plus intéressants. Il fréquente le moins possible les magasins traditionnels.
- **Le résigné au grand commerce**. C'est un consommateur nostalgique, qui regrette la disparition des petits magasins, et qui fait ses achats dans les grandes surfaces parce qu'il considère qu'il n'a plus le choix.
- **Le défenseur du commerce local**. Il est très attaché à l'enracinement local des commerçants, et éprouve une grande méfiance à l'égard des chaînes de magasins. C'est le caractère local de l'enseigne, plutôt que la taille du magasin, qui retient son attention.
- **L'amateur de personnalisation**. Il aime les petits magasins parce qu'il y est connu et traité avec attention. Il a besoin élevé de reconnaissance, qui ne peut être satisfait en fréquentant les magasins en libre-service.
- **L'acheteur-corvée**. Pour lui, faire les achats est toujours une contrainte, quel que soit le magasin fréquenté. Il ne serait satisfait que s'il pouvait éliminer cette activité de son emploi du temps.

tableau 2.2.

deux applications de la segmentation par avantages recherchés au choix d'un point de vente (produits alimentaires et vêtements)

Cas 1 : Le choix d'un magasin alimentaire pour préparer un repas de fête				
	Segment 1 (40 % des acheteurs)	**Segment (35 % des acheteurs)**	**Segment 3 (10 % des acheteurs)**	**Segment 4 (15 % des acheteurs)**
Hiérarchie des critères de choix	1. Qualité 2. Fraîcheur 3. Originalité 4. Prix	1. Fraîcheur 2. Qualité 3. Importance du choix 4. Originalité 5. Prix	1. Qualité 2. Fraîcheur 3. Originalité 4. Importance du choix	1. Prix 2. Fraîcheur 3. Importance du choix 4. Qualité
Cas 2 : Le choix d'un magasin de vêtements pour acheter un pull-over				
	Segment 1 (44 % des acheteurs)	**Segment (20 % des acheteurs)**	**Segment 3 (20 % des acheteurs)**	**Segment 4 (16 % des acheteurs)**
Hiérarchie des critères de choix	1. Qualité 2. Rapport qualité / prix	1. Choix 2. Qualité 3. Rapport qualité / prix 4. A la mode	1. Rapport qualité / prix 2. Qualité 3. Prix 4. Commodité d'accès	1. Qualité 2. Rapport 3. Qualité / prix 4. Conseils

Source : d'après Filser (1985), *op. cit.*

La connaissance des attentes des consommateurs constitue une information fondamentale pour le distributeur. Elle lui permettra en effet d'orienter sa stratégie d'offre en fonction des caractéristiques des segments retenus en tant que cible. Mais la fréquentation d'un point de vente dépend aussi des produits recherchés par le consommateur. L'interdépendance des processus de choix de produits et de points de vente doit donc être également analysée.

§ 3. – l'interdépendance du choix du produit et du choix du point de vente

L'interdépendance de ces deux processus de choix peut être appréhendée en fonction de deux paramètres : le degré de précision relative du produit et du magasin recherchés, et les influences relatives de la marque du produit et de l'enseigne du magasin.

A. - précision des choix relatifs au produit et au point de vente

Différents scénarios gouvernent le comportement de fréquentation d'un point de vente par l'acheteur ; ils sont de quatre natures (voir le tableau 2.3). Ces scénarios illustrent l'interdépendance du choix du produit et du choix du magasin. Ils doivent notamment être pris en compte dans la conception d'une étude de marché visant à expliquer les processus de décision du consommateur :

- **Le client recherche un produit précis dans un magasin précis**. Il dispose alors d'un système de catégorisation associant produit et enseigne, et son processus de décision sera très simplifié. S'il trouve immédiatement le produit dans le magasin qu'il a choisi, son processus de décision sera interrompu. L'achat d'une marque de parfum dans le canal de la distribution sélective correspondra à ce cas de figure.
- **Le client recherche un produit précis, mais il n'a pas fixé le choix d'un magasin**. Il formera alors un ensemble évoqué d'enseignes qu'il visitera successivement pour déterminer quelle est la meilleure offre du produit recherché. Plus l'achat sera important, et notamment plus l'implication du client dans l'achat sera élevée, plus le nombre de magasins comparés pourra être important.
- **Le client a une idée vague du produit recherché, mais une idée précise du magasin**. Le magasin est typique de la catégorie de produits recherchée (Sephora en parfumerie, Toys 'R'Us pour les jouets). Dans ce cas, c'est l'assortiment proposé par le magasin qui guidera le choix d'un produit. Pour que l'enseigne tienne une place aussi importante dans le processus de choix, il faudra qu'elle bénéficie d'un positionnement stratégique très bien perçu par le consommateur.
- **Le client a une idée vague du produit cherché, et ne sait pas dans quel magasin il doit chercher le produit**. S'il s'agit d'un achat très important (prix élevé, complexité du produit), alors l'individu s'engagera dans un processus exploratoire pour tenter de cerner l'ensemble des magasins qui peuvent le satisfaire. Si l'achat n'est pas très important, le client aura tendance à se tourner vers les magasins qu'il fréquente habituellement pour préciser la recherche du produit.

tableau 2.3.

la relation entre tâches d'achat : choix du produit et choix du point de vente

	Choix du produit déterminé avec précision	Choix du produit faiblement précisé
Choix du magasin déterminé avec précision	Forte association entre l'enseigne et le produit *Exemple : achat du parfum Paris en distribution sélective*	Magasin associé à un scénario d'approvisionnement *Exemple : achat d'un jouet pour un enfant*
Choix du magasin faiblement précisé	Visite de plusieurs magasins pour comparer les conditions d'achat du produit *Exemple : achat d'un modèle précis de lecteur DVD*	Comportement exploratoire ou inertie. *Exemple : achat d'un cadeau-souvenir pour son amoureuse à la fin d'un voyage d'affaires*

B. - influences relatives de la marque du produit et de l'enseigne du point de vente

Cette problématique revêt une importance particulière dans le contexte du développement des MDD, point sur lequel nous reviendrons dans le chapitre 4 consacré aux politiques d'approvisionnement de la firme de distribution. En effet, le consommateur peut considérer, dans un certain nombre de scénarios d'achat, que la marque du produit qu'il achète a moins d'importance que le magasin dans lequel il réalise cet achat. Lambrey a proposé et testé un modèle définissant la décision d'achat du client par la combinaison d'une décision relative à la fois au choix d'un point de vente et au choix d'une marque associée au produit recherché[22]. Quatre situations d'achat peuvent ainsi être définies (voir le tableau 2.4). Chacune d'elles est caractérisée par un processus de décision d'achat différent, qui peut être rapproché de la typologie des processus de prise de décision développée par Howard et Sheth[23].

[22] Lambrey B. (1992), *La place de la marque et de l'enseigne dans le processus de choix du consommateur : une application à l'achat de vêtements féminins*, Thèse de doctorat en Sciences de Gestion, Université de Bourgogne.

[23] Pour une synthèse, voir Howard J. (1989), *op. cit.*

tableau 2.4.

décision d'achat : choix du point de vente et choix de la marque du produit

	Marque du produit choisie avant la visite au magasin	Marque du produit indéterminée à l'arrivée au magasin
Choix du magasin déterminé avec précision	*Résolution routinière* Préférences stables pour une marque et une enseigne	*Résolution limitée* La marque du produit est choisie à partir de l'assortiment proposé par l'enseigne
Choix du magasin faiblement précisé	*Résolution limitée* Le choix de l'enseigne est conditionné par la présence de la marque de produit recherchée	*Résolution extensive* L'acheteur recherche une marque et une enseigne

L'un des apports de cette recherche ancienne, mais toujours d'actualité, est de guider l'analyse du marché par le distributeur en distinguant les segments de clientèle selon leur sensibilité respective à l'offre des points de vente et au positionnement des marques par les producteurs. Le choix d'un point de vente par le consommateur relève d'un processus complexe et assez peu analysé par rapport à l'importance des recherches consacrées au choix d'un produit dans un ensemble concurrentiel. La connaissance du processus de choix du magasin par le client va notamment aider le distributeur à définir sa stratégie d'implantation des points de vente.

§ 4. – le comportement multi-canal

Le développement massif d'Internet dans les années 2000, et la généralisation des sites marchands, rend désormais possible pour le consommateur l'arbitrage entre la réalisation de ses achats en magasin ou la réalisation de ses achats en ligne ; le raisonnement peut en partie également s'appliquer à la distribution des services[24]. Nous décrirons d'abord les principaux scénarios du comportement multi-canal, puis nous préciserons ses enjeux pour les détaillants.

[24] Seck A.-M. (2010), « L'impact de l'émergence du multi-canal sur la gestion de la distribution des services », *Economies et Sociétés*, Série Economie et Gestion des Services, n° 11, pp. 231-250.

A. - scénarios de comportements dans un environnement multi-canal

Dans le contexte du commerce de détail, Internet peut remplir deux fonctions distinctes pour le consommateur. Ce dernier peut d'abord utiliser différents sites pour se procurer de l'information dont il a besoin pour préparer son achat : caractéristiques techniques des produits, prix pratiqués, disponibilité des produits dans les magasins. Il peut ensuite réaliser en ligne la transaction proprement dite, c'est-à-dire commander et payer le produit, et choisir le mode de mise à disposition de sa commande. L'analyse du comportement dans un environnement multi-canal distingue classiquement ces deux étapes de la préparation de l'achat et de réalisation de la transaction[25]. Le tableau 2.5 synthétise les principales fonctions des canaux auxquels peut recourir le consommateur lors d'un achat.

tableau 2.5.

fonctions des canaux lors de la réalisation d'un achat

		Arbitrage entre canaux	
		Canal physique	**Canal virtuel**
Phase du processus d'achat	**Recherche d'information**	Recherche d'information en magasin : contact avec le produit, consultation des vendeurs	Recherche d'information sur Internet : sites de marques, d'enseignes, comparateurs, forums de discussion
	Transaction	Achat, éventuellement commande, avec livraison différée, et paiement en magasin	Achat, éventuellement paiement en ligne, et choix du mode de mise à disposition du produit

Le développement d'Internet avait conduit certains auteurs à imaginer que le nouveau canal supplanterait rapidement les magasins, dans la mesure où il laisserait espérer la possibilité pour le consommateur d'accéder à une information parfaite, et donc à une réduction massive des coûts de transaction. En outre, la scénarisation du processus de

[25] Belvaux B. (2004), *Recherche d'information et achat dans un environnement multi-canal : le cas du « click and mortar »*, Thèse de doctorat en Sciences de Gestion, Université de Bourgogne.

navigation pour les sites dits « immersifs »[26], notamment grâce à la 3D, permettrait de plonger plus facilement le client dans un univers expérientiel propre à la vente en magasin (voir le chapitre 3). Les analyses sont aujourd'hui plus nuancées : Internet ne résout pas tous les problèmes d'information du consommateur[27] ; mais le développement d'Internet s'est aussi accompagné de l'émergence de nouvelles formes d'accès à l'information.

L'abondance de l'information disponible sur Internet est paradoxalement devenue un problème pour le consommateur. Celui-ci est en effet confronté à un réel problème pour évaluer la pertinence et la fiabilité des données auxquelles il a accès. Les modalités d'indexation des informations par les moteurs de recherche sont souvent mal appréhendées, et le caractère marchand de nombreuses informations réduit la crédibilité qui leur est attribuée[28]. Enfin, le besoin d'un contact physique avec le produit reste indispensable dans de nombreuses situations d'achat : en dépit de tous les perfectionnements des sites, Internet ne permet pas de toucher le produit et d'évaluer ses propriétés sensorielles[29].

Plutôt que d'opposer achats en ligne et achats en magasin, les analyses du comportement multi-canal s'attachent désormais plutôt à comprendre comment le consommateur associe ces deux canaux lors des différentes étapes du processus de prise de décision, puis de réalisation de la transaction[30]. La généralisation de l'Internet mobile (« *smartphones* » et tablettes) rend de plus en plus étroite l'interdépendance entre la surface de vente et le monde virtuel : certaines enseignes testent la mise à disposition des clients de tablettes interactives qui permettent, par exemple, de lire les codes QR associés aux produits en rayons pour

---

[26] Nannipieri O. et Muratore I. (2010), « Immersion de l'internaute dans l'univers d'une marque », *Les Cahiers du Numérique*, Vol. 6, n° 4, pp. 123-147.

[27] Barkhi R., Belanger F. et Hicks J. (2008), « A model of the determinants of purchasing from virtual stores », *Journal of Organizational Computing & Electronic Commerce*, Vol. 18, n° 3, pp. 177-196.

[28] Hyokjin K., Zinkhan G., Yue P. et Larsen Andras T. (2008), « Consumer communications, media use, and purchases via the Internet : a comparative, exploratory study », *Journal of International Consumer Marketing*, Vol. 20, n° 3-4, pp. 55-68.

[29] Huang P., Lurie N. et Mitra S. (2009), « Searching for experience on the Web : an empirical examination of consumer behavior for search and experience goods », *Journal of Marketing*, Vol. 73, n° 2, pp. 55-69.

[30] Vrechopoulos A., Apostolou K. et Koutsiouris V. (2009), « Virtual reality retailing on the Web : emerging consumer behavioural patterns », *International Review of Retail, Distribution and Consumer Research*, Vol. 19, n° 5, pp. 469-482.

accéder à des fiches d'information, des vidéos de démonstration ou même des forums de consommateurs. Symétriquement, certains magasins testent la possibilité de proposer en ligne aux consommateurs une visite virtuelle du point de vente physique pour décider de l'utilité d'une visite « réelle ». La frontière entre le canal physique et le canal virtuel tend donc à être moins tranchée que ce que laissaient présager des prévisions formulées au début des années 2000, dans les premières années d'émergence de la « nouvelle économie numérique ».

B. - les enjeux opérationnels du comportement multi-canal

Même si Internet ne conduit pas à la disparition du besoin de contact avec le produit en magasin, le nouveau canal a fait émerger de nouveaux modes de préparation et de réalisation des achats par les consommateurs. Le développement des forums de discussion a permis aux clients une réelle réappropriation de l'information, en se détachant des actions persuasives des entreprises. Les enquêtes conduites auprès des consommateurs pour évaluer la crédibilité perçue des sources d'information sur les produits mettent régulièrement en évidence la supériorité des forums sur toutes les autres sources d'information[31]. Ce phénomène s'est encore intensifié avec le développement massif des communautés d'internautes. Cette implication croissante des consommateurs dans la production et la diffusion d'informations sur les produits et les services rendent nécessaire l'adoption, par les producteurs et les distributeurs, de nouvelles formes d'organisation de leur présence sur Internet[32] :

- La participation du consommateur à la conception du produit devient, grâce à Internet, une option praticable. De nombreuses marques offrent ainsi au client la possibilité de choisir en ligne les caractéristiques du produit qu'il souhaite acheter[33]. La « customisation » de masse devient ainsi une option économiquement

[31] Park J., Chung H. et Yoo W.-S. (2009), « Is the Internet a primary source for consumer information search ? Group comparison for channel choices », *Journal of Retailing & Consumer Services*, Vol. 16, n° 2, pp. 92-99.

[32] Bodier S. et Kauffmann J. (2011), *Le Web marketing*, Presses Universitaires de France, Paris.

[33] Merle A., Chandon J.-L. et Roux E. (2008), « Comprendre la valeur perçue de la customisation de masse : une distinction entre la valeur du produit et la valeur de l'expérience de co-design », *Recherche et Applications en Marketing*, Vol. 23, n° 3, pp. 27-50.

viable de différenciation de l'offre[34]. Le groupe Mars propose ainsi, sur un site dédié, ses fameux M&M's personnalisés à la demande, à l'occasion d'événements familiaux (mariage, anniversaire, etc.), pour déclarer sa flamme à son aimé(e) ou pour faire une bonne blague à des amis.

- La mise à disposition du produit commandé sur Internet reste un enjeu stratégique majeur pour les distributeurs : la question lancinante de la logistique du « dernier hectomètre », bien connue déjà des opérateurs de la VPC, a pris plus d'importance encore dans le contexte du commerce électronique. Le chapitre 5 abordera cette question. Le client, qui a pu commander un produit en quelques secondes, ne supportera pas une attente de plusieurs jours, ni un processus coûteux en temps et en déplacement pour en prendre livraison. Les détaillants *click and mortar* disposent dans ce contexte d'un avantage, car ils peuvent proposer le retrait de la commande dans leurs magasins. Le groupe Casino a ainsi transformé tous ses magasins de proximité en points de retrait des commandes passées sur le site de sa filiale C-discount.com. Le développement des *drives*, c'est-à-dire de points d'enlèvement des produits, constitue également une voie prometteuse pour l'extension de la commande en ligne des courses alimentaires, qui butait sur le coût prohibitif de la livraison à domicile, et sur la difficulté d'organiser ces livraisons[35].
- Enfin, la gestion des réclamations des clients est devenue un impératif pour les marques et les enseignes dans le contexte du développement des sites communautaires. Le client opportuniste a en effet très bien compris qu'une réclamation postée sur Facebook pouvait être relayée très vite auprès de centaines de milliers de personnes, et que les marques et enseignes étaient de ce fait incitées à une réactivité particulière…

[34] Lee E.-J. et Park J.-K. (2009), « Online service personalization for apparel shopping », *Journal of Retailing & Consumer Services*, Vol. 16, n° 2, pp. 83-91.

[35] Chatterjee P. (2010), « Causes and consequences of "order online pick up in-store" shopping behavior », *International Review of Retail, Distribution and Consumer Research*, Vol. 20, n° 4, pp. 431-448.

section II

le choix d'implantation d'un magasin

La première section du chapitre a mis en évidence un certain nombre de similitudes entre le choix d'un point de vente et le choix d'un produit. Dans les deux cas, le concept d'attitude, principal apport de la psychologie cognitive à la compréhension du comportement de l'acheteur, exerce une influence majeure sur la décision de fréquentation d'un point de vente de préférence à un concurrent, tout comme l'attitude à l'égard des marques influence le processus d'achat d'un produit. Mais ce rapprochement entre le choix du produit et le choix du point de vente est trompeur, car il néglige une caractéristique fondamentale du magasin : sa localisation dans l'espace. Fréquenter un magasin exige du consommateur un déplacement, donc un effort coûteux en temps et en énergie, en plus de l'effort de traitement d'information exigé pour évaluer les points de vente concurrents.

Parmi toutes les caractéristiques du point de vente, sa localisation justifie donc un traitement particulier. Les commerçants ont d'ailleurs reconnu de longue date la primauté de ce phénomène spatial, même s'ils l'ont fait de manière intuitive et empirique. A titre d'exemple, les deux trottoirs des Champs-Elysées à Paris ne sont pas également valorisés : le trottoir nord, ensoleillé, est plus favorable aux activités commerciales que le trottoir opposé. Le commerce rouennais est concentré sur la rive droite de la Seine, et la rive gauche ne parvient pas à la concurrencer. Même chose pour le célèbre Cours Mirabeau à Aix-en-Provence... Ces exemples, même anecdotiques, démontrent l'importance de la dimension spatiale dans la stratégie des distributeurs.

Nous analyserons, dans un premier temps, la relation entre localisation spatiale et rentabilité du point de vente. Nous montrerons, ensuite, comment cette prise en compte de la contrainte spatiale est réalisée dans l'analyse de la zone de chalandise du point de vente. Nous présenterons, enfin, les principaux apports des modèles d'aide à la décision d'implantation d'un point de vente.

§ 1. - les contraintes spatiales et la rentabilité du point de vente : la théorie des places centrales

Les principes fondamentaux gouvernant le choix de la localisation d'un magasin ont été formulés par Christaller dans sa théorie des places centrales[36]. Cet auteur, qui cherchait à expliquer la structure urbaine en milieu rural, identifia deux variables explicatives : le seuil de rentabilité d'un établissement commercial, et le rayon de sa zone d'attraction. L'influence conjuguée de ces deux variables permet par extension d'expliquer la structure commerciale d'une zone géographique donnée.

A. - l'analyse par le seuil de rentabilité et le rayon d'attraction

Un établissement commercial est caractérisé par la structure de son offre. Il peut proposer un assortiment plus ou moins étendu, qui exigera une surface de vente adaptée. En règle générale, plus la taille de l'assortiment est importante, plus la surface de vente est importante. En outre, le point de vente peut proposer un aménagement plus ou moins différencié de sa surface de vente, des aménagements spacieux améliorant le confort des clients, une décoration originale qui renforce l'identité du magasin.

Tous ces éléments (assortiment, surface, aménagements intérieurs), qui contribuent au final à renforcer l'identité du magasin et à le distinguer de ses concurrents, se traduisent par une augmentation des charges fixes. Or, ces éléments de différenciation ne permettent pas pour autant d'augmenter la marge commerciale proportionnellement à l'accroissement des charges fixes, car ceci conduirait à une augmentation des prix de vente qui affaiblirait la position concurrentielle. Le niveau plus important de charges fixes supporté par le magasin différencié se traduit donc par une élévation de son seuil de rentabilité.

Pour atteindre et dépasser ce seuil de rentabilité, le magasin doit faire augmenter son chiffre d'affaires, c'est-à-dire attirer un plus grand nombre de clients. Or, le client cherche à minimiser le temps qu'il consacre à ses déplacements pour réaliser ses achats. Il n'acceptera de se dépla-

[36] Christaller W. (1966), *Central places in Southern Germany*, Prentice-Hall, Englewood Cliffs (NJ) [1e éd. en 1933].

cer plus loin que s'il retire un bénéfice de ce déplacement supplémentaire. La concentration des points de vente en un même lieu est un bénéfice important, puisqu'elle permet de réaliser tous ses achats avec un minimum d'investissement temporel.

Pour une structure de population donnée, le magasin devra donc adopter un format de vente (surface, taille de l'assortiment, confort du point de vente) qui permette à la population pouvant accéder au magasin d'y réaliser un volume de chiffre d'affaires supérieur à son seuil de rentabilité. Un magasin implanté dans une zone où la population est fortement concentrée pourra engager des frais fixes plus importants qu'un magasin implanté dans une zone de peuplement diffus. La répartition spatiale de la population est ainsi un facteur clé pour expliquer à la fois la structure de l'appareil commercial et l'émergence de formes de vente adaptées à ces contraintes spatiales (voir l'encadré 2.2).

encadré 2.2.

le superstore britannique et l'hypermarché français : l'influence du seuil de rentabilité et de la zone d'attraction

La forme de vente dominante dans la distribution alimentaire britannique est le *superstore*, grand supermarché de 3.000 à 5.000 m² de surface de vente. A l'opposé, l'hypermarché (plus de 2.500 m²) reste dominant en France, et voit sa taille moyenne dépasser les 8.000 m² dans les années 1980.

L'apparition de l'hypermarché en France (1963) coïncide avec l'accélération d'une urbanisation très concentrée, en périphérie de villes (grands ensembles, ZUP). Ce type d'habitat concentre, dans un espace géographique réduit, une population très importante. Un magasin qui s'implante à proximité de ces concentrations de population trouve donc un marché potentiel important à une distance faible, tout en bénéficiant d'une localisation dans une zone périurbaine où les terrains ne sont pas très coûteux. Il va bénéficier d'un seuil de rentabilité assez bas pour une grande surface de vente, avec un potentiel de marché élevé. Il est de fait économiquement rentable de réaliser une très grande surface de vente : les conditions économiques sont favorables à l'hypermarché.

A la même époque, au Royaume-Uni, l'urbanisation repose sur un modèle très différent, qui favorise l'habitat pavillonnaire. La population en périphérie des villes est plus diffuse, dans une zone plus étendue. Les équipements commerciaux réalisés dans cet environnement supportent un coût foncier élevé, et ne peuvent attirer qu'une population limitée. Il est alors nécessaire de construire des magasins de plus petite taille qu'en France : le *superstore* est le format le mieux adapté à cet environnement.

B. – la théorie des places centrales

La mise en évidence de l'influence du seuil de rentabilité et du rayon de la zone d'attraction permet à Christaller de proposer un modèle explicatif de la structure urbaine, et par généralisation, de l'appareil commercial[37]. Une « place centrale » est une unité urbaine située au centre d'une zone dont la population est suffisante pour assurer la rentabilité d'une offre commerciale diversifiée. Elle est entourée d'unités urbaines de plus petite taille qui ne pourront assurer la rentabilité que d'une offre commerciale correspondant aux besoins de première nécessité. Une forte interdépendance existe donc entre les unités urbaines qui forment un réseau hiérarchisé.

Christaller suggère une représentation géométrique du réseau des unités urbaines, dans laquelle chaque « place » est localisée au centre d'une zone d'attraction hexagonale qui mimise le temps d'accès de l'acheteur à chacune des places, tout en assurant la couverture de l'ensemble du territoire par les différentes unités urbaines (voir le schéma 2.2). Dans cet exemple, trois niveaux de places centrales sont représentés : les places de niveau supérieur regroupent l'offre la plus diversifiée et la plus complète. Leur zone d'attraction est la plus large. Elles sont complétées par des places de niveau intermédiaire, et des places de niveau inférieur, dont l'offre correspond seulement aux besoins les plus élémentaires de la population.

[37] Christaller W. (1966), *op. cit.*

schéma 2.2.

la structure de l'appareil commercial selon la théorie des places centrales

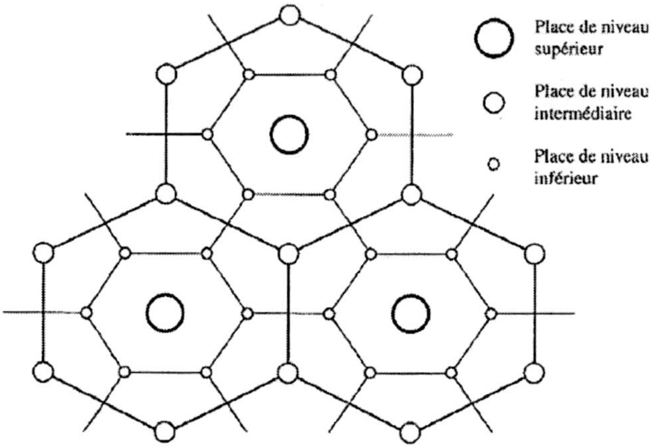

Des études empiriques ont montré que la théorie des places centrales est un cadre explicatif satisfaisant de la structure urbaine dans un espace géographique donné. Berry a ainsi mis en évidence cinq niveaux hiérarchisés de places centrales dans la géographie des Etats-Unis[38]. Si le modèle de Christaller était fondé sur l'observation des caractéristiques de l'appareil commercial du centre ville, il s'avère très bien adapté à l'explication d'une structure hiérarchique des types de commerce qui se sont implantés en centre ville ou en périphérie urbaine à partir des années 1950. Les types de centres commerciaux peuvent être classés à partir des principes formulés par la théorie des places centrales (voir le tableau 2.6).

[38] Berry B. (1967), *Geography of market centers and retail distribution*, Prentice-Hall, Englewood Cliffs (NJ).

tableau 2.6.

théorie des places centrales et typologie des centres commerciaux

Niveau de place centrale	Type de centre commercial	Caractéristiques	Rayon d'attraction	Exemples
Supérieur	Centre commercial régional	Plus de 30.000 m^2 Hypermarché + grandes surfaces spécialisées + boutiques	> 30 km	Lyon Part Dieu Euralille Dijon Toison d'Or Plan-de-Campagne
Intermédiaire	Centre commercial d'agglomération	Plus de 5.000 m^2 Hypermarché + galerie marchande	5 à 20 km	Rennes Alma Cora Houdemont Auchan Semécourt
Inférieur	Centre commercial de quartier	Plus de 1.000 m^2 Supermarché + boutiques	< 5 km	

L'apport de la théorie des places centrales à l'analyse de la localisation des points de vente se résume à trois principes essentiels. Ces principes servent de base aux modèles théoriques d'analyse de la zone de chalandise d'un point de vente :

- Le seuil de rentabilité d'un magasin détermine le chiffre d'affaires minimum au m^2 qu'il doit réaliser.
- Pour réaliser ce chiffre d'affaires minimum, le magasin doit exercer une attraction minimale sur la population de la zone géographique qui l'entoure. L'augmentation de la surface de vente du magasin peut augmenter son attraction. Mais la localisation des concurrents influence également cette attraction : l'analyse concurrentielle sera donc indissociable de l'analyse des facteurs spatiaux.
- Les dépenses commercialisables de la population de cette zone, combinées au taux d'attraction du magasin, doivent être compatibles avec le seuil de rentabilité du magasin.

§ 2. – les analyses de la zone de chalandise

On appelle zone de chalandise l'aire géographique de laquelle le magasin tire son chiffre d'affaires. Si la théorie des places centrales repose sur l'hypothèse simplifiée de zones de chalandise hexagonales de surface égale à niveau de place égal, la mise en œuvre opérationnelle du modèle théorique va mettre en évidence de nombreux facteurs de divergence entre lui et la structure effective du marché. Le distributeur doit donc disposer de méthodes de délimitation de la zone de chalandise de son point de vente. Il doit ensuite expliquer l'attraction de son magasin sur les différents secteurs composant sa zone de chalandise, puis évaluer le potentiel de ventes associé à chacun de ces secteurs. Les développements exposés dans ce paragraphe relèvent de deux domaines d'application par les détaillants :

- D'une part, la gestion prévisionnelle, et notamment le choix d'implantation des magasins. Les localisations théoriques issues de l'application de ces méthodes devront naturellement prendre en compte des contraintes légales (urbanisme commercial) et foncières (disponibilité et coût des emplacements choisis).
- D'autre part, l'analyse de l'activité des points de vente en exploitation. Les modèles théoriques de zone de chalandise permettent d'estimer un potentiel de ventes dans chacun des secteurs composant la zone de chalandise. En comparant ce potentiel théorique à ses ventes effectives, le magasin peut identifier des secteurs où il peut améliorer ses performances, par exemple en y renforçant ses efforts de communication. Une application opérationnelle de ces modèles est notamment la détermination des zones dans lesquelles doivent être distribués les tracts et catalogues du magasin dans les boites boîtes aux lettres des clients potentiels.

A. - la délimitation de la zone de chalandise

Dans le prolongement direct des apports de la théorie des places centrales, le premier facteur influençant la surface de la zone de chalandise d'un point de vente est le potentiel d'attraction de ce dernier. Alors que Christaller considérait que le potentiel d'attraction d'une place urbaine était très étroitement corrélé à sa population[39], il a été nécessaire d'analyser les facteurs qui conditionnent l'attractivité d'un magasin pour un chaland. Si l'on peut intuitivement retenir sa surface, qui conditionne directement l'étendue de l'assortiment offert, il faudra également prendre en compte d'autres caractéristiques du magasin qui influencent sa perception et la construction de son image dans l'esprit des acheteurs

---

[39] Christaller W. (1966), *op. cit.*

potentiels. Mais la zone de chalandise est aussi influencée par deux autres séries de facteurs : la géographie, et la concurrence.

- La géographie de l'environnement du point de vente est un puissant facteur de détermination de sa zone de chalandise. Tout autant que la distance qui le sépare du point de vente, le chaland est en effet sensible au temps d'accès à celui-ci, notamment lorsqu'il s'y rend en voiture. Il est donc nécessaire de prendre en compte les temps d'accès au point de vente pour délimiter sa zone de chalandise : on appellera courbe isochrone tous les points situés à une égale distance du point de vente mesurée en temps de parcours. L'isochrone 15 mn délimite ainsi une zone à l'intérieur de laquelle le temps d'accès au magasin est toujours inférieur ou égal à 15 mn. L'organisation des infrastructures routières, et tous les éléments physiques qui peuvent être perçus comme des obstacles (voie ferrée à traverser par des passages à niveau, ponts constituant des goulots d'étranglement), vont donc influencer les contours de la zone de chalandise. La réalisation d'une infrastructure autoroutière bien reliée au magasin (échangeur) peut ainsi élargir très sensiblement la zone de chalandise dans la direction de cette infrastructure[40].
- L'environnement concurrentiel est également un important déterminant de la taille de la zone de chalandise. Tout magasin directement concurrent qui s'implante dans la zone de chalandise d'un point de vente existant capte une partie de sa clientèle, et réduit mécaniquement la taille de sa zone de chalandise. Il convient toutefois d'analyser au cas par cas les phénomènes concurrentiels. En effet, l'implantation de plusieurs points de vente dans un même secteur géographique renforce aussi le potentiel d'attraction de cet ensemble, conformément à la théorie des places centrales. Ce phénomène est bien connu, par exemple, dans le commerce d'ameublement : les magasins ont intérêt à se rapprocher de manière à créer un pôle d'attraction significatif pour la clientèle. De nombreuses villes ont vu ainsi se constituer de véritables « boulevards du meuble » (la RN10 à Chambray-lès-Tours ou Plan-de-Campagne, entre Aix-en-Provence et Marseille, par exemple).

---

[40] La réalisation de l'autoroute A39 Dijon-Bourg en Bresse a ainsi permis au centre commercial du Grand Marché, dans l'agglomération dijonnaise, d'étendre sa zone isochrone 30 mn jusqu'à l'agglomération de Dole, grâce à la présence d'un échangeur permettant un accès direct à ce centre.

Dans le cas d'un point de vente existant, de nombreuses méthodes de détermination de la zone de chalandise peuvent être mises en œuvre :

- l'enquête en magasin, par exemple, en interrogeant le client lors de son passage en caisse pour lui demander son adresse ou au minimum le code postal de sa résidence ;
- l'enquête au domicile du répondant ;
- l'observation de l'origine des clients par la prise en compte des plaques minéralogiques sur le parking du magasin (d'utilisation assez limitée, principalement pour évaluer l'importance d'un courant particulier de trafic) ou l'enregistrement des adresses des clients payant par chèque (mode de règlement qui perd régulièrement de son importance au profit des paiements par cartes) ;
- l'utilisation de tous les fichiers de clients dont peut disposer un magasin à travers les transactions qu'il réalise : carte de paiement privative, interventions du service après-vente, abonnés au journal que publie éventuellement l'enseigne, clients de services périphériques, comme l'agence de voyage ou la vente d'assurances et de produits financiers, etc.

L'utilisation de données collectées en magasin pour définir la part des différents secteurs géographiques dans la constitution de la zone de chalandise doit cependant faire l'objet d'un retraitement destiné à neutraliser l'influence de la fréquence des visites des clients[41]. Un client qui fréquente le magasin une fois par semaine a ainsi quatre fois plus de chances d'être pris en compte qu'un client qui fréquente le magasin une fois par mois (voir l'encadré 2.3).

---

[41] Guilbert F. et Huchette J.-N. (1983), « Les enquêtes en sortie de caisse : intérêts et limites », *Cahiers du 4e Séminaire Méthodologie de la Recherche en Marketing*, Lille, pp. 402-437.

encadré 2.3.

calcul du taux d'emprise sur les secteurs de la zone de chalandise à partir du redressement des résultats d'une enquête en magasin

Il s'agit d'une étude sur la structure de fréquentation du magasin par les habitants de la zone A (personnes déclarant lors du passage en caisse qu'elles habitent la zone A), le nombre d'habitants dans la zone A étant de 100.000 :

Fréquence de visite déclarée	Nombre de passages en caisse	Nombre de passages en caisse par semaine par client	Nombre de clients corrigé
Tous les jours	1.000	5	200
2 fois par semaine	2.000	2	1.000
1 fois par semaine	10.000	1	10.000
2 fois par mois	5.000	0,5	10.000
1 fois par mois	5.000	0,25	20.000
Moins d'une fois par mois	500	0,05	10.000
Total	**23.500**		**51.200**
Taux d'emprise	*0,235*		*0,512*

Si l'on prend seulement en compte les réponses « brutes » à partir du nombre de passages aux caisses, on considère que le magasin attire 23.500 clients de la zone A, soit un taux d'emprise de 23,5 %. Si l'on corrige le nombre de passage en caisses pour calculer le nombre de clients différents (dernière colonne), on calcule un nombre de 51.200 clients, soit un taux d'emprise sur la zone de chalandise de 51,2 %. Si l'on calculait le taux d'emprise à partir d'une enquête au domicile des répondants, on devrait obtenir un résultat convergeant vers ce taux d'emprise corrigé.

Source : d'après Guilbert et Huchette (1983), *op. cit.*

La délimitation de la zone de chalandise prévisionnelle d'un nouveau de point de vente exige le recours à une méthode plus complexe. Il importe en effet d'estimer comment l'attraction du point de vente prévu s'exercera sur les différents secteurs géographiques qui l'entourent (calcul de l'attraction), puis comment ces différents secteurs contribueront à la formation de son chiffre d'affaires (estimation des ventes prévues).

B. - le calcul de l'attraction par le point de vente

L'environnement concurrentiel est un paramètre essentiel dans la formation de la zone de chalandise d'un point de vente. Comme dans l'analyse de la hiérarchie des places urbaines, on doit à un géographe la formulation de la première loi explicative de la frontière entre les aires d'attraction respectives de deux centres urbains en concurrence : la loi de Reilly[42]. Reilly se fonde sur une analogie avec la loi de la gravitation universelle pour développer une formule permettant de calculer la distance où se situe la frontière entre les zones d'attraction de deux villes. Cette formule, adaptée par Converse[43], constitue le premier modèle opérationnel de délimitation de la zone d'attraction d'un centre urbain (voir l'encadré 2.4).

encadré 2.4.

la délimitation de la frontière entre deux centres urbains par la formule de Reilly-Converse

Soit deux centres urbains, A et B, séparés par une distance D_{ab}. Les populations respectives de ces deux centres sont P_a et P_b. La frontière de la zone d'attraction de A sera située à une distance D_a de ce centre :

$$D_a = \frac{D_{ab}}{1 + \sqrt{\frac{P_b}{P_a}}}$$

Exemple : Soit A (90.000 habitants), situé à 100 km de B (10.000 habitants) alors :

$$D_a = \frac{100}{1 + \sqrt{\frac{10\,000}{90\,000}}} = 75 \text{ kms}$$

---

[42] Reilly W. (1929), *Methods for the study of retail relationships*, Research Monograph n° 4, Bulletin n° 2944, University of Texas, Austin (TX).

[43] Converse P. (1949), « New laws of retail gravitation », *Journal of Marketing*, Vol. 14, n° 4, pp. 379-384.

La formule de Reilly-Converse donne d'assez bons résultats lorsqu'elle est appliquée à un environnement à dominante rurale, où la hiérarchie des centres commerciaux est bien établie. Elle est beaucoup moins bien adaptée à un environnement urbain dans lequel les zones de chalandise des points de vente vont avoir tendance à se superposer : alors que la loi de Reilly-Converse suppose une inversion stricte des flux de clientèle de part et d'autre de la frontière qu'elle révèle, l'observation des comportements des clients dans un espace géographique ouvert à la concurrence met en évidence des phénomènes moins tranchés. Plutôt que de chercher à délimiter une frontière, il est plus réaliste de tenter de calculer le taux d'emprise d'un point de vente sur chacun des secteurs composant sa zone de chalandise, c'est-à-dire le pourcentage des habitants de ce secteur qui se rendront dans le point de vente. Cette approche probabiliste se différencie donc fortement de l'approche binaire de la loi de Reilly-Converse.

On doit au géographe texan Huff la formulation d'un modèle probabiliste d'attraction qui porte son nom[44] (voir l'encadré 2.5). Le modèle de Huff a été massivement utilisé en Amérique du Nord et en Europe, et sa validité prédictive, sur la base de ces nombreuses applications, est bonne. Il présente cependant une importante limite opérationnelle : fidèle à la tradition de la théorie des places centrales, il ne retient que la surface du magasin comme variable explicative de son potentiel d'attraction. Or, la pratique des entreprises de commerce de détail démontre l'importance de nombreux autres facteurs, qui peuvent être réunis sous le terme générique d'image du point de vente : des caractéristiques du magasin telles que le niveau de prix perçu (image prix[45]), l'ampleur de l'assortiment, la qualité de l'ambiance du point de vente, etc. Un prolongement immédiat du modèle de Huff est donc la prise en compte de ces différents critères dans le calcul de l'attraction exercée par ce point de vente.

---

[44] Huff D. (1963), « A probabilistic analysis of shopping center trade areas », *Land Economics*, Vol. 39, n° 1, pp. 81-90.
Huff D. et Batsell R. (1977), « Delimiting the areal extent of a market area », *Journal of Marketing Research*, Vol. 14, n° 3, pp. 581-585.

[45] Fady A., Fastré M. et Coutelle P. (2008), *La politique de prix dans le commerce*, Vuibert, Paris.

encadré 2.5.

calcul du taux d'attraction d'un magasin sur un secteur géographique par le modèle de Huff

Soit i un secteur géographique, j un magasin accessible depuis ce secteur, S_j la surface de vente du magasin j, T_{ij} le temps de déplacement pour se rendre du secteur i au magasin j, λ un coefficient de résistance, mesurant l'acceptabilité d'un temps de parcours plus élevé pour un achat dans la catégorie de produit que commercialise le magasin j (ce paramètre est estimé à partir de l'observation des comportements effectifs d'achat dans la catégorie de produits, selon le modèle des préférences révélées). Alors, nous aurons :

$$P(C_{ij}) = \frac{\dfrac{S_J}{T_{ij}^{\lambda}}}{\Sigma_{j=1}^{n} \dfrac{S_j}{T_{ij}^{\lambda}}}$$

Exemple : Le quartier de Bellevue est situé à 0,4 heure de voiture d'un magasin Carrefour de 3.500 m^2 de surface de vente, à 0,35 heure d'un magasin Champion de 800 m^2, et à 0,25 heure d'un projet de magasin Cora de 4.500 m^2. Une étude exploratoire a permis de déterminer la valeur du coefficient λ = 2. Calculons le taux d'attraction qu'exercera Cora sur le quartier de Bellevue :

$$\text{P (projet Bellevue)} = \frac{\dfrac{4500}{0{,}25^2}}{\dfrac{4500}{0{,}25^2} + \dfrac{3500}{0{,}40^2} + \dfrac{800}{0{,}35^2}} = 0{,}70$$

Le projet Cora devrait attirer 70 % des habitants du quartier Bellevue.

Le modèle MCI (*Multiplicative Competitive Interaction Model*, ou modèle d'interactions concurrentielles) poursuit cet objectif. Nakanishi et Cooper ont rendu possible sa mise en œuvre en proposant une méthode d'estimation de ses paramètres[46]. Elle est complexe, mais la validité prédictive est excellente[47]. L'encadré 2.6 expose les principes de mise en œuvre du modèle MCI. Il est applicable dans deux contextes décisionnels complémentaires :

- pour des **études prévisionnelles avant l'ouverture d'un nouveau point de vente**, afin de déterminer son potentiel d'attraction dans les différents secteurs composant sa zone de chalandise, mais aussi d'évaluer l'opportunité de modifier certains éléments de son positionnement afin d'augmenter son pouvoir d'attraction ;
- pour des **études de la fréquentation d'un point de vente en activité**, afin d'évaluer quels secteurs de la zone de chalandise sont plus vulnérables à la concurrence, mais aussi pour différencier éventuellement la communication selon les secteurs géographiques afin de prendre en compte d'éventuelles attentes différenciées de la part de la clientèle.

encadré 2.6.

le modèle MCI

Soit i un consommateur, j un point de vente, k les attributs de ce point de vente perçus par le consommateur (prix, assortiment, services, etc.), β_k la sensibilité des acheteurs à l'attribut k (estimés par une étude exploratoire), x_{kij} l'évaluation par le client i du point de vente j sur l'attribut k, P_{ij} la probabilité que le consommateur i fréquente le point de vente j. Alors, nous aurons :

$$P_{ij} = \frac{\prod_{k=1}^{q} x_{kij}^{\beta_k}}{\sum_{j=1}^{n}\left(\prod_{k=1}^{q} x_{kij}^{\beta_k}\right)}$$

---

[46] Nakanishi M. et Cooper L. (1974), « Parameter estimation for a multiplicative competitive interaction model-least squares approach », *Journal of Marketing Research*, Vol. 11, n° 2, pp. 303-311.

[47] Cliquet G. (1988), « Les modèles gravitaires et leur évolution », *Recherche et Applications en Marketing*, Vol. 3, n° 3, pp. 39-52.
Voir également Cliquet G. (1992), *Management stratégique des points de vente*, Sirey, Paris, pp. 101-128.

Une limite commune à ces modèles de délimitation de la zone de chalandise d'un point de vente est l'instabilité potentielle des paramètres qui les calibrent. Une modification des attentes des acheteurs, par exemple à la suite d'un événement exogène dans l'environnement, ou plus simplement d'une action de communication d'un concurrent, va se traduire par une modification des paramètres du modèle (les coefficients λ dans le modèle de Huff, ou les β_k dans le modèle MCI). Il sera alors indispensable de mener une nouvelle étude de marché pour estimer les nouvelles valeurs de ces coefficients afin de continuer à utiliser le modèle à des fins prévisionnelles. Cette limite ne remet toutefois pas en cause l'intérêt de ces modèles dont l'utilité n'est plus à démontrer dans le contexte des études préalables à l'implantation d'un nouveau point de vente. En connaissant le taux d'attraction de son point de vente sur chaque secteur de la zone de chalandise, le distributeur va pouvoir passer à l'étape suivante de son analyse : estimer le volume de vente potentiel de son point de vente dans chacun de ces secteurs.

C. – l'estimation du volume de ventes potentiel

Deux variables déterminent le potentiel de ventes d'un magasin : une variable démographique (plus la population du secteur géographique est importante, plus le potentiel de ventes est élevé) et une variable économique (plus les dépenses des habitants d'un secteur géographique sont élevées, plus le potentiel de ventes du magasin augmente). L'équation suivante résume donc la démarche commune à toutes les méthodes de détermination d'un volume potentiel de ventes :

Potentiel = (Nombre de ménages) x (Dépenses commercialisables par ménage)

L'estimation du nombre de ménages utilise les données démographiques, par exemple les statistiques locales de l'INSEE en France. Elles peuvent être complétées par des prévisions émanant des collectivités territoriales (communes, communautés d'agglomération), notamment dans des secteurs en cours d'urbanisation. Ce premier volet de la détermination du potentiel est le moins problématique : les données sont généralement disponibles, et sont assorties d'une fiabilité satisfaisante.

L'estimation des dépenses commercialisables des ménages de la zone étudiée est beaucoup plus délicate. Cette statistique n'est en effet appréhendée qu'à l'échelle nationale par des enquêtes de consommation (enquêtes de l'INSEE en France). Il va donc être nécessaire de corriger les données nationales pour les adapter aux spécificités de chaque secteur géographique étudié. La démarche générale d'estimation des dépenses commercialisées pour un poste budgétaire k dans une zone géographique i suivra le schéma ci-dessous :

Dépenses de consommation poste k zone i	=	Dépenses totales de consommation France entière	×	Coefficient budgétaire poste k France entière	×	Indice correcteur de disparité zone i

Les séries statistiques nationales permettent de connaître pour un ménage le montant de ses dépenses de consommation, dans une catégorie de produit k, en multipliant le montant total de ses dépenses par le coefficient budgétaire du poste k. Il reste à prendre en compte les différences de consommation entre la moyenne nationale française et la zone géographique étudiée. Deux sources principales de disparité entre la moyenne nationale et la consommation locale peuvent en effet être identifiées :

- Des différences entre le niveau général du pouvoir d'achat, traduisant le décalage qui peut exister entre des régions « riches » (métropoles urbaines, par exemple) et des régions « pauvres » (zones rurales en voie de dépeuplement, par exemple).
- Des différences régionales de consommation, que révèlent les données de panels dans le cas de la consommation alimentaire : le Nord consomme par exemple moins d'huile d'olive que le Midi méditerranéen. Ces différences, expliquées par des phénomènes socioculturels, peuvent apparaître dans de nombreuses catégories de produits.

Des organismes spécialisés s'efforcent d'évaluer ces différences régionales et de les quantifier au moyen d'indices dont l'utilisation opérationnelle est la plus simple possible. Dans le cas français, on peut citer l'indice de richesse vive, calculé par l'Institut Proscop, ou encore l'indice de disparité de la consommation (IDC). Ces indices, disponibles pour des unités géographiques très fines, sont bien adaptés aux besoins des études de calcul de potentiel de chiffre d'affaires.

Lorsque les ventes potentielles de chaque zone dans chaque catégorie de produit ont été évaluées, il reste à appliquer le taux d'attraction du point de vente sur la zone, calculé précédemment, pour connaître le chiffre d'affaires potentiel du magasin dans cette zone. L'addition des chiffres d'affaires potentiels entre zones fournit le chiffre d'affaires potentiel total estimé du magasin (la même équation peut naturellement être appliquée à chacune des catégories de produits vendues par le magasin) :

Chiffre d'affaires potentiel magasin j dans la zone i	=	Nombre de ménages habitant dans la zone i	×	Taux d'attraction prévu du magasin j sur la zone i	×	Dépenses de consommation d'un ménage de la zone i

Rappelons ici que le calcul du chiffre d'affaires prévisionnel et son impact sur le commerce existant doivent obligatoirement faire partie du dossier qu'un candidat à une nouvelle implantation dépose auprès de la commission départementale d'aménagement commercial. Il reste alors à confronter ce chiffre d'affaires potentiel :

- Soit **au seuil de rentabilité estimé pour le magasin, dans le cas de l'étude de l'implantation d'un nouveau point de vente**. Le détaillant peut alors évaluer quelles modifications seraient nécessaires dans son offre pour accroître l'attractivité de son magasin, ou encore quelles familles de produits devraient être incorporées à son assortiment pour améliorer son chiffre d'affaires potentiel.
- Soit **au chiffre d'affaires effectif du magasin, dans chacune des catégories de produits qui composent son assortiment**. Il peut alors être utile de compléter cette étude par une analyse plus fine des pratiques de la concurrence, par exemple en procédant à des relevés de prix ou en estimant l'image des magasins concurrents perçue par les acheteurs de la zone géographique étudiée.

L'intensité des phénomènes concurrentiels (implantation de nouveaux points de vente, changement d'enseigne de magasins à la suite d'opérations de croissance externe, actions de communication ou opérations promotionnelles massives) rend désormais indispensable la mise en œuvre régulière de ces méthodes d'étude de la zone de chalandise qui étaient traditionnellement associées aux seules opérations d'implantation de nouveaux magasins. On peut ajouter que le développement des instruments de géomarketing, c'est-à-dire des applications informatiques permettant de visualiser sur une carte les indicateurs les plus utiles à l'analyse de la performance du point de vente que nous venons de rappeler, offre l'opportunité aux détaillants de disposer d'informations précises et de mise en œuvre relativement aisée.

§ 3. - les modèles d'aide à la localisation du point de vente

Si les méthodes d'analyse que nous avons présentées sont applicables au magasin en exploitation, elles doivent également faciliter le choix de la firme de distribution qui recherche la meilleure localisation possible pour un point de vente. Dans un contexte de réglementation parfois stricte des créations de magasin, les préconisations issues de l'application de ces modèles ont surtout une valeur indicative. Elles doivent ensuite être tempérées par la prise en compte des éventuels schémas d'équipement commercial, et plus généralement, par les contraintes économiques et politiques locales. Nous exposerons successivement les modèles d'aide à la localisation d'un seul point de vente, puis les modèles prenant en compte les effets de chaîne entre plusieurs magasins.

A. - la localisation d'un point de vente

Le choix de la localisation d'un point de vente est d'abord orienté par les résultats des méthodes d'analyse prévisionnelle du chiffre d'affaires que nous venons d'énumérer. Ces méthodes sont principalement utilisées par les distributeurs pour classer leurs projets d'implantation en deux catégories : les projets qui doivent être abandonnés faute d'un chiffre d'affaires potentiel suffisant, et les projets qui peuvent être poursuivis.

Lorsque le détaillant exploite déjà un nombre significatif de points de vente, il peut compléter les études que nous venons de présenter par des études analogiques[48]. Le principe de ces méthodes est d'identifier, à partir des données décrivant l'activité des points de vente existants, des variables qui exercent une influence déterminante sur leurs performances, puis d'utiliser les relations ainsi calculées pour estimer le potentiel des points de vente projetés. Le schéma 2.3 décrit le principe général des méthodes analogiques. Leurs résultats doivent cependant être complétés par une analyse plus qualitative des caractéristiques du point de vente projeté. L'influence de caractéristiques physiques de l'environnement, ou encore de particularités locales des comporte-

[48] Applebaum W. (1966), « Methods for determining store trade areas, market penetration and potential sales », *Journal of Marketing Research*, Vol. 3, n° 1, pp. 127-141.

ments des consommateurs[49], peut en effet limiter les possibilités de transposition entre zones de chalandise de relations purement déterministes entre caractéristiques du point de vente et performance.

schéma 2.3.

principe général des méthodes analogiques de choix d'une localisation

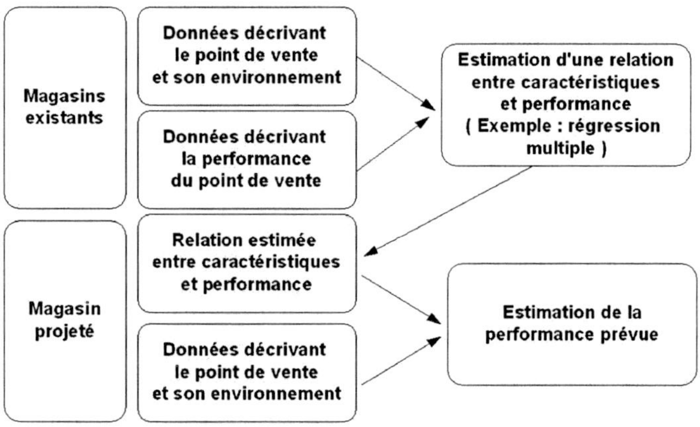

Dans le cas français, il faut encore nuancer la portée des études quantitatives en raison de l'incertitude des procédures d'attribution d'autorisations de création de points de vente par les Commission Départementales d'Equipement Commercial (CDEC), dont les prérogatives ont été renforcées par la Loi Raffarin du 5 Juillet 1996. La Loi de Modernisation de l'Economie a toutefois allégé en 2008 les contraintes d'implantation pour les magasins de moins de 1.000 m^2, et introduit des critères d'aménagement du territoire pour évaluer l'opportunité de création de nouvelles surfaces de vente. Nous reviendrons, dans le chapitre 4, sur les impacts de la réglementation en matière de

[49] L'image d'une enseigne peut ainsi être très forte dans une région où elle est implantée traditionnellement, et plus faible ailleurs : Cora bénéficie d'une image très forte en Alsace et en Lorraine, Casino dans le Sud-Est de la France. Une enseigne qui s'implante dans une région où elle est peu connue doit donc évaluer ce déficit de notoriété. Sur ce point, voir par exemple l'analyse de l'implantation de Géant Casino dans l'agglomération de Tours décrit par Coutelle P. (1998), « L'image du point de vente : la formation de prior attitudes », *Actes de la 3e Journée de Recherche en Marketing de Bourgogne*, Dijon, pp. 143-160.

gouvernance des relations entre industriels et distributeurs. Le schéma 2.4 récapitule les différentes phases de la méthode d'analyse d'une future implantation commerciale, et les instruments qui peuvent être mobilisés à chacune de ces phases.

schéma 2.4.

méthodologie d'analyse de l'implantation d'un point de vente au détail

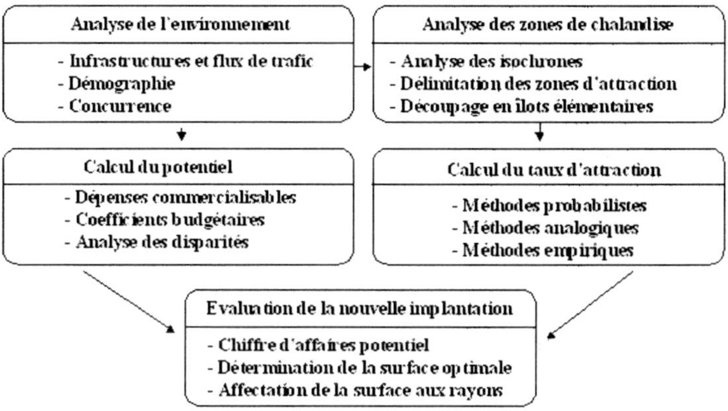

B. – la localisation de plusieurs magasins

Les formes de vente mettant en œuvre des magasins de grande taille (hypermarchés, grandes surfaces spécialisées, grands magasins) justifient une analyse des décisions d'implantation cas par cas. En outre, une même enseigne ne peut implanter plus de deux ou trois unités de cette taille dans une même agglomération sans risquer une action des autorités de la concurrence destinée à éviter l'abus de position dominante[50]. En revanche, d'autres formes de vente au détail peuvent conduire l'enseigne qui les exploite à chercher à multiplier leur implantation afin d'être en mesure de desservir la totalité du marché. C'est le cas du *hard discount*, des restaurants *fast food*, des magasins dépanneurs ou encore des agen-

[50] Lors de la reprise des Docks de France par Auchan, puis de Promodès par Carrefour, les autorités nationales et européennes de la concurrence ont ainsi imposé la cession d'un certain nombre de magasins dans des villes où le poids du nouvel ensemble était jugé anti-concurrentiel.

ces bancaires dans le domaine des services. Le problème de choix de localisation est alors plus complexe puisqu'il s'agit d'optimiser l'implantation d'un ensemble de points de vente[51]. Les modèles de localisation-allocation proposent une résolution mathématique de ce type de problème en recherchant à optimiser le nombre et la localisation des points de vente en fonction de la répartition géographique de la population[52].

L'importance des contraintes juridiques (urbanisme commercial) et immobilières (disponibilité et coût des emplacements) limite en fait les possibilités de recours à ces modèles. On ajoutera aussi que ces derniers, comme d'ailleurs les modèles de calcul des taux d'attraction par les points de vente, reposent sur une hypothèse de relative stabilité des préférences des acheteurs et de l'environnement concurrentiel, qui est de plus en plus rarement satisfaite. Ils doivent donc être considérés comme des moyens d'aide à la décision, et, en aucun cas, comme des substituts au jugement managérial.

La prise en compte du comportement de l'acheteur peut même conduire à des stratégies d'implantations multiples contre-intuitives. Certaines chaînes intégrées de magasins de vêtements considèrent, par exemple, qu'il est avantageux pour elles d'implanter plusieurs points de vente identiques (même enseigne, même assortiment) le long d'une même artère commerciale, de sorte que le chaland soit exposé plusieurs fois à l'offre de l'enseigne. Le premier magasin suscite l'attention, puis la seconde ou troisième exposition peut déclencher l'achat. On relèvera la similitude entre ce raisonnement et les principes des modèles de la persuasion publicitaire[53]. La stratégie d'implantation conduit alors à rechercher la présence la plus intense de l'enseigne à tous les emplacements stratégiques d'une ville : des enseignes comme Zara, Desigual, Gap ou H&M l'ont massivement appliquée dans les capitales européennes où elles sont présentes.

---

[51] Ghosh A. et Craig C. (1983), « Formulating retail location strategy in a changing environment », *Journal of Marketing*, Vol. 47, n° 3, pp. 56-68.
Craig C., Ghosh A. et McLafferty S. (1984), « Models of the retail location process : a review », *Journal of Retailing*, Vol. 60, n° 1, pp. 5-36.

[52] Achabal D., Gorr W. et Mahajan V. (1982), « Multiloc : a multiple store location decision model », *Journal of Retailing*, Vol. 58, n° 2, pp. 5-25.

[53] Nicholson P. et Vanheems R. (1998), « Les stratégies de multi-implantation des enseignes : l'influence de l'extension d'un réseau de vente sur la perception et la fréquentation des points de vente », *Actes de la 3e Journée de Recherche en Marketing de Bourgogne*, Dijon, pp. 107-117.

section III

la gestion de la chaîne de magasins

La recherche d'effets d'échelle est un important moyen d'améliorer la rentabilité de l'entreprise de commerce de détail : la multiplication des points de vente d'une même enseigne en vue de constituer une chaîne est donc une démarche systématique en distribution. La gestion de la chaîne de magasins pose trois types de problèmes : comment optimiser l'implantation géographique de la chaîne ? ; comment évaluer la performance d'une chaîne et éventuellement l'améliorer ? ; et enfin, comment tenter d'optimiser la stratégie multi-canal ?

§ 1. – l'optimisation de l'implantation géographique de la chaîne

Nous avons jusque-là situé la dimension spatiale de la localisation du point de vente dans le cadre d'une agglomération, ou d'une zone géographique entourant une agglomération, suivant en cela le cadre théorique des places centrales. La gestion de la chaîne de magasins se situe dans une vision plus large : le détaillant a en effet besoin de multiplier ses points de vente dans un espace géographique étendu afin de développer son volume d'affaires et de réaliser des économies d'échelle. Peut-on avancer des préconisations en matière de champ géographique optimal pour une chaîne de magasins ? L'analyse historique du développement des chaînes de détaillants permet d'identifier deux modes de développement :

- **Le modèle des grands magasins**. Le grand magasin a été, à partir du XIXe siècle, le premier format de vente recherchant systématiquement des effets d'échelle en vue de consolider sa position concurrentielle grâce à un différentiel favorable de prix de vente. A partir d'implantations initiales dans de très grandes métropoles, dont la seule population permettait la réalisation d'économies substantielles à l'échelle d'un seul point de vente (Paris, Londres ou Berlin en Europe ; Chicago ou New York aux Etats-Unis), les enseignes de grands magasins ont élargi leur aire d'implantation à d'autres villes moins importantes, suivant un schéma plutôt bien expliqué par la théorie des places centrales[54]. La chaîne recherche alors des synergies à un niveau global, consolidant l'ensemble de son activité, et sa gestion ne vise pas la réalisation d'effets de domination locaux ou régionaux. Ce modèle a ensuite été adopté, probablement pour des raisons de similitude du modèle économique de création de valeur, par les premiers hypermarchés (Carrefour, Mammouth et Euromarché en France), ou les grandes surfaces spécialisées (C&A, Ikea ou Virgin par exemple).

- **Le modèle des maisons d'alimentation à succursales**. Une seconde innovation, apparue dans la distribution alimentaire au XIXe siècle, a été le succursalisme alimentaire. Une chaîne de magasins de caractéristiques homogènes s'implante dans une zone géographique desservie par l'entrepôt d'un grossiste. Le temps de parcours de l'entrepôt vers les magasins les plus éloignés détermine l'extension de cette zone, de telle sorte que tous les magasins puissent être approvisionnés à des conditions satisfaisantes de coûts et de délais de transport. Plus l'entrepôt approvisionne un nombre élevé de magasins dans la zone géographique, plus les effets d'échelle sont importants. En outre, une même aire géographique ne peut supporter les activités d'un trop grand nombre de réseaux concurrents : un réseau dominant émergera ainsi dans chaque région, avec une implantation plus diffuse de quelques concurrents. Ce modèle économique explique la formation des réseaux des succursalistes alimentaires en France : les Docks de France en Touraine, Goulet Turpin en Champagne, la Cedis en Bourgogne et Franche-Comté, l'Epargne dans le Sud-Ouest, Casino dans le Sud-Est, Sanal Eco en Lorraine. Il sera adopté plus tard par des formes de vente qui s'appuient sur un entrepôt central : Darty en électroménager, les *hard discounteurs* en alimentaire.

La question de l'optimisation géographique du champ d'activité d'un détaillant est donc posée. Le débat est alimenté par le contraste observé

---

[54] A l'intérieur d'une même chaîne, la hiérarchie des tailles de magasin est expliquée par la hiérarchie des populations des agglomérations où la chaîne s'installe. La création des magasins populaires dans les années 1930 sera d'ailleurs un moyen pour les chaînes de grands magasins d'élargir leur potentiel de diffusion grâce à une forme de vente compatible avec des places centrales de potentiel plus faible.

entre les pratiques de distributeurs développant la même forme de vente. Dans le cas des hypermarchés en France, par exemple, le contraste est frappant entre une stratégie comme celle de Cora, qui développe une base régionale très forte dans le Nord et l'Est, et élargit assez peu son implantation, et une enseigne comme Carrefour, qui adopte très rapidement une perspective spatiale internationale. D'un point de vue théorique, trois modes de développement spatial ont été distingués[55] :

- La couverture systématique du marché correspond à la stratégie des succursalistes alimentaires. Elle vise à doter le distributeur d'une position forte sur un marché local, à partir de laquelle il pourra élargir progressivement sa zone d'influence. La stratégie du plus grand distributeur de détail mondial, Walmart, a été une stricte application de ce modèle. Né dans l'Oklahoma, Walmart a commencé par implanter son modèle de supermarché *discount* dans des zones rurales du Sud des Etats-Unis, où la concurrence n'était pas en mesure de lui résister. La chaîne a ainsi augmenté son volume d'affaires et abaissé ses coûts d'achat, ce qui lui a permis d'aborder des marchés urbains plus concurrentiels. Walmart implante alors simultanément plusieurs magasins autour de la ville choisie afin d'attaquer de manière frontale tous les concurrents. Mais la chaîne évite aussi les marchés trop solidement dominés par des détaillants plus puissants qu'elle[56].
- La stratégie de recherche d'opportunités est plus proche du modèle des grands magasins. Les secteurs choisis pour de nouvelles implantations peuvent être très éloignés les uns des autres, mais chacun d'eux présente un important potentiel de croissance, soit parce que la concurrence locale est encore faible (stratégie d'internationalisation de Carrefour), soit parce que le marché a un potentiel socio-économique élevé (stratégie d'Ikea ou de Saturn Hansa).

---

[55] Cliquet G. et Rulence D. (1998), « Les stratégies spatiales des distributeurs français : évaluation et comparaison », *Actes du 1er Colloque Etienne Thil*, La Rochelle, pp. 176-192.

[56] Les résultats contrastés obtenus en 2000 par Walmart sur les deux marchés européens où il est implanté peuvent aussi être expliqués par ce modèle théorique. Au Royaume-Uni, Walmart a racheté le quatrième distributeur alimentaire (Asda), ce qui lui a immédiatement conféré une taille suffisante pour concurrencer avec succès toutes les autres enseignes. En Allemagne, les rachats de Wertkauf, puis de Eurospar, n'ont pas permis à Walmart de disposer pour le moment d'un volume suffisant en vue de concurrencer efficacement les *leaders*.

- La stratégie d'acquisition est compatible avec chacune des options précédentes. Dans ce cas, le détaillant estime que le rachat d'un réseau de distribution établi est le meilleur moyen de pénétrer rapidement un marché, ou encore de limiter les risques liés à l'adaptation d'un format de vente sur un marché nouveau. Cette stratégie est la seule ayant permis à ce jour à des distributeurs européens de s'implanter avec succès dans la distribution alimentaire américaine (stratégies de Ahold ou de Delhaize). Elle semble également être choisie par Walmart pour entrer sur les marchés européens. C'est aussi la seule stratégie praticable sur des marchés où l'environnement juridique restreint les possibilités de création de nouveaux magasins.

Cliquet et Rulence ont proposé une analyse des pratiques spatiales des chaînes françaises de distribution au détail à partir d'une mesure de l'entropie du réseau[57]. L'entropie est maximale si les magasins sont dispersés dans l'espace (stratégie de recherche d'opportunités), minimale si les points de vente sont regroupés dans l'espace (stratégie de couverture systématique). Les auteurs suggèrent d'analyser le réseau de vente d'un détaillant en combinant la mesure de son entropie et celle de la densité des magasins (nombre de m^2 pour 1.000 habitants dans les zones géographiques où l'enseigne est présente). Les groupes Leclerc, Promodès, Intermarché, Auchan et Carrefour étaient ainsi caractérisés, à la fin des années 1990, par une forte densité et une forte entropie, ce qui semble confirmer l'importance pour le détaillant de l'orientation spatiale de sa stratégie.

§ 2. - l'évaluation des performances d'une chaîne de magasins

La gestion d'une chaîne de magasins impose des contraintes particulières : le distributeur va en effet devoir opérer des arbitrages entre centralisation et décentralisation des décisions, et définir un cadre organisationnel adapté à la prise en compte des spécificités des points de vente. Ghosh et McLafferty ont proposé une grille d'analyse puissante

[57] Cliquet G. et Rulence D. (1998), *op. cit.*

pour évaluer la structure des performances d'une chaîne de magasins[58]. Deux dimensions peuvent être retenues pour classer les magasins d'une chaîne :

- **L'attractivité de l'environnement du point de vente.** Elle est définie par les principales variables d'environnement qui exercent une influence sur la performance du magasin, telles que le potentiel économique du secteur (niveau du pouvoir d'achat, volume des dépenses commercialisables, croissance de l'activité économique, dynamisme de la démographie). A partir de ces indicateurs, les zones géographiques où la chaîne est implantée peuvent être classées en trois catégories : potentiel fort, faible, ou moyen.
- **L'intensité de la concurrence.** Elle est analysée au moyen d'indicateurs qui appréhendent l'activité des autres enseignes (nombre de points de vente, surfaces de vente, image auprès de la clientèle, croissance de l'activité). Ces indicateurs permettent à nouveau d'identifier trois types de secteurs géographiques : concurrence intense, moyenne ou faible.

Le croisement de ces deux variables permet alors d'affecter tous les points de vente d'une chaîne à l'une des neuf cellules de la matrice qui en résulte. Le tableau 2.7 précise les recommandations managériales en découlant.

tableau 2.7.

analyse d'une chaîne de magasins à partir de l'attractivité de la zone d'implantation et de l'intensité de la concurrence

	Intensité de la concurrence		
Attractivité de la zone	**Forte**	**Moyenne**	**Faible**
Forte	Points de vente stratégiques, exigeant des investissements marketing lourds		Potentiel de développement prioritaire
Moyenne			
Faible	Points de vente à abandonner		Points de vente à observer, en suivant l'évolution du potentiel de la zone

[58] Ghosh A. et McLafferty S. (1987), *Location strategies for retail and service firms*, Lexington Books, Lexington (MA).

Cette méthode d'analyse est bien adaptée à des entreprises qui disposent de réseaux de distribution importants (agences bancaires, par exemple). Elle permet également d'orienter les décisions de l'entreprise en matière de choix de la forme d'organisation la plus adaptée dans un contexte donné. A titre d'exemple, dans la distribution automobile, les points de vente à forte attractivité et forte concurrence devraient être gérés directement par le constructeur compte tenu de leur importance stratégique (succursales). Les zones à faible potentiel et/ou faible concurrence relèveraient plutôt de l'implantation d'agents, et les zones intermédiaires pourraient justifier l'implantation de concessions.

§ 3. - la recherche d'optimisation de la stratégie multi-canal

La distribution d'un même produit, ou service, à travers plusieurs canaux de distribution est désormais un impératif pour toutes les entreprises. La question n'est donc plus de savoir si une entreprise de production ou de distribution doit développer une stratégie multi-canal, mais plutôt comment elle peut tenter d'optimiser cette stratégie.

■ un retour sur l'accordéon de la distribution

Nous avons présenté, dans le chapitre 1, la théorie de l'accordéon se proposant d'analyser l'évolution sur longue période des formes de vente au détail à partir de la modification de la structure de leur assortiment (décrit en termes de largeur et de profondeur). Le développement du commerce électronique suggère une nouvelle phase de mouvement d'accordéon, qui conjugue la possibilité de proposer un assortiment large et profond sur Internet, et un assortiment plus réduit en magasin :

- L'étendue de l'offre du magasin physique (largeur et profondeur de l'assortiment) est directement liée au potentiel de la zone de chalandise qu'il est en mesure de capter. La stratégie du magasin physique sera donc de vendre la plus grande quantité possible de chaque référence proposée afin de maximiser la rotation du stock, ce qui limitera l'assortiment aux références ayant la plus forte rotation. Il s'agit donc de vendre un moins grand nombre de produits mais en plus grande quantité.

- L'étendue de l'offre du magasin virtuel est, au contraire, potentiellement illimitée, notamment s'il est en mesure de sous-traiter la détention du stock à d'autres acteurs du canal. La stratégie du détaillant virtuel est alors résumée par la célèbre formule d'Anderson pour définir le principe de la longue traîne : « vendre plus de produits en moins grande quantité »[59].

■ les formes de la distribution multi-canal

Dans la mesure où les deux canaux présentent des caractéristiques radicalement opposées, ils sont donc parfaitement complémentaires. La question de la recherche de l'optimisation de leur combinaison est donc devenue une priorité pour toutes les entreprises. L'encadré 2.7 présente quelques exemples de stratégies de combinaison des canaux.

encadré 2.7.

exemples de stratégies de distribution multi-canal

Commerce de détail alimentaire : le cas Tesco

Au Royaume-Uni, Tesco est devenu un exemple mondialement analysé de détaillant alimentaire qui est parvenu à mettre en place une stratégie multi-canal réussie, dans la mesure où tous les canaux développés sont rentables, y compris le commerce électronique de produits alimentaires. La rentabilité de Tesco.com, alors que ses concurrents restent déficitaires, s'explique en particulier par un modèle logistique qui s'appuie d'abord sur les stocks des magasins (*picking*) pour livrer les clients, avant de développer des entrepôts dédiés lorsque le volume des ventes dans une région le justifie[60].

Distribution de produits spécialisés : le cas Nike

La marque Nike a développé un système multi-canal original, qui combine des fonctions de communication autour de la marque, de distribution au sens strict, et d'enrichissement de la relation avec le consommateur :

---

[59] Anderson C. (2006), *The long tail : why the future of business is selling less of more*, Hyperion, New York (NY).

[60] Colla E. et Lapoule P. (2011), « Facteurs-clés de succès des cybermarchés : les enseignements du cas Tesco.com », *Décisions Marketing*, n° 61, pp. 35-45.

- Les magasins amiraux Niketown, en nombre limité, ont une vocation de communication et d'enrichissement de la mythologie associée à la marque. Ils plongent le visiteur dans une expérience quasi-mystique de relation avec la marque et ses valeurs symboliques.
- Les magasins propres Nike sont réservés aux villes les plus importantes, et permettent de présenter un assortiment le plus large possible des produits.
- Les détaillants indépendants restent le principal canal de distribution. Ils organisent leur assortiment en sélectionnant les références adaptées à leur zone de chalandise.
- Les magasins Nike Factory Outlet assurent la vente des fins de série à des prix discountés.
- Le site Internet propose la personnalisation de certains produits par l'acheteur (« customisation »), et renforce donc le potentiel d'appropriation de la marque.

Distribution de services : le cas de la SNCF

La SNCF a été l'un des pionniers de la vente multi-canal, avant même l'essor d'Internet. Le site voyage-sncf.com est l'un des plus fréquentés de France, mais la distribution « réelle » des billets reste pratiquée :

- les guichets des gares assurent la distribution des billets et leur échange « physique » ;
- des automates de vente servent à la fois de points de vente et de « relais » pour la délivrance des billets commandés à distance et pour leur échange ;
- des plates-formes téléphoniques assurent la vente, avec envoi des billets à domicile ou retrait sur des automates ou aux guichets ;
- le site Internet permet la commande de billets qui peuvent être envoyés à domicile par voie postale, imprimés à domicile, retirés aux guichets ou aux automates, ou même être entièrement dématérialisés (« e-billets »), par exemple en recourant à un « *smartphone* ».

■ les problèmes de mise en œuvre de la distribution multi-canal

Si l'intérêt potentiel de la distribution multi-canal pour la firme est incontestable, sa mise en œuvre soulève cependant d'importants problèmes, qui peuvent compromettre la position de la firme sur le marché. Nous les présenterons sous forme de trois questions préalables à la mise en place d'une stratégie multi-canal.

1) **Comment tenir un discours compréhensible par les clients ?** Si les canaux sont différents, le client doit pourtant y reconnaître le caractère unique de l'offre de l'entreprise (producteur comme détaillant). Or, les coûts des deux canaux, physique et virtuel, sont différents, et peuvent donc entraîner des différences de prix entre canaux. Si le client comprend en général pourquoi les prix d'une succursale de proximité sont plus élevés que ceux de l'hypermarché, il faut encore lui expliquer quels sont les services supplémentaires que lui procure le commerce électronique et quel prix il doit payer en contrepartie. Cette problématique est par exemple déterminante du succès de la livraison à domicile de produits alimentaires commandés sur Internet. Dans le cas du commerce de détail spécialisé, il est également indispensable de rendre lisibles pour le client les différences des assortiments proposés en magasin et sur le site Internet.

2) **Comment associer le personnel de l'entreprise ?** Dans le cas de la vente au détail de produits complexes exigeant une recherche d'information par le client, il est difficile de motiver le personnel de vente en magasin, ou encore personnel en contact, souvent rémunéré en fonction des ventes qu'il réalise, pour qu'il renseigne un client qui va ensuite passer sa commande sur le site Internet de l'enseigne...

3) **Comment intégrer le canal électronique sans générer de conflit avec les autres canaux ?** Lorsqu'un membre du canal (producteur ou détaillant) développe un canal électronique, il peut susciter des réactions négatives des autres distributeurs avec lesquels il coopère pour vendre ses produits. Ce risque de conflit est notamment présent dans le cadre de canaux franchisés : c'est en effet le franchiseur tête de réseau qui prend en charge la gestion du site de vente à distance, que les franchisés perçoivent souvent comme une source de concurrence directe pour eux. En France, un arrêt de la Cour de Cassation de 2006 confirmant que des têtes de réseau peuvent librement ouvrir des sites Internet, même lorsque leurs contrats de franchise ou de concession confèrent aux distributeurs des zones d'exclusivité territoriale. Nul doute que la question du conflit potentiel restera vivace dans les prochaines années.

chapitre 3

la gestion opérationnelle du point de vente

La politique marketing du point de vente doit prendre en compte un ensemble de contraintes spécifiques par rapport à celles qui s'imposent aux autres acteurs dans le canal :

- Le point de vente propose un ensemble de produits qui bénéficient d'actions marketing initiées par le producteur. Les décisions du distributeur relatives à chaque produit doivent donc prendre en compte ce cadre stratégique plus large. Le distributeur occupe à cet égard une position très particulière puisque, à la différence du producteur, il est au contact direct du client dont il est en général le seul interlocuteur.
- Chaque point de vente est perçu par le consommateur comme une entité relativement autonome dans un ensemble concurrentiel qui rassemble des points de vente d'une même enseigne (par exemple, deux hypermarchés Géant Casino situés respectivement au Nord et au Sud de la même agglomération), et des points de vente d'enseignes concurrentes. Le point de vente doit donc élaborer une politique marketing qui lui soit propre, et qui lui permette de se différencier de ses concurrents dans l'esprit du consommateur.
- Comme de nombreux prestataires de services, le distributeur doit prendre en compte la complexité inhérente à la gestion d'une chaîne, c'est-à-dire un ensemble de centres de profit disposant d'une réelle autonomie dans de nombreux domaines de décision, mais qui doivent pourtant appliquer des décisions, notamment marketing, visant à conférer à cet ensemble une unité perceptible par le consommateur. L'arbitrage entre centralisation et décentralisation des décisions est une interrogation récurrente dans le commerce de détail.

Nous présenterons, dans ce chapitre, les principales composantes de la politique marketing dans le commerce de détail. Chacune de ces composantes sera introduite à partir de la politique marketing de l'enseigne, et la question de son adaptation éventuelle à chaque point de vente sera ensuite discutée. Nous exposerons successivement la politique de prix, la politique d'assortiment, la politique de communication à laquelle nous associerons la promotion des ventes, puis les méthodes de *merchandising*. Nous aborderons, enfin, un thème qui revêt une importance croissante pour les distributeurs : comment transformer la visite du chaland, qui revêt souvent un caractère de contrainte peu attrayante, en expérience gratifiante ? Soulignons, dès à présent, le caractère artificiel d'un tel découpage à finalité pédagogique. L'interdépendance des différentes décisions opérationnelles ne saurait évidemment s'accompagner dans la pratique d'une telle dissociation de décisions par nature absolument interdépendantes.

section I
la politique de prix

Si nous plaçons le prix en tête de cette liste de variables d'action manipulées par le point de vente, c'est parce que la distribution a constamment cherché, tout au long de l'histoire, à proposer au client un produit meilleur marché. Les principales innovations apparues dans le commerce de détail se sont positionnées face au commerce existant avec un différentiel favorable de prix (voir le chapitre 1). Aucune forme de vente au détail n'échappe aujourd'hui à cette contrainte, à tel point que de nombreux dirigeants de firmes de distribution considèrent que le prix bas est une condition nécessaire à la survie de leur organisation. Mais il n'est pas une condition suffisante. En effet, le prix d'un produit n'a pas de signification dans l'absolu, et il ne prend de sens que s'il est associé à une marque, à un ensemble d'attributs fonctionnels ou symboliques, et à un niveau de services. Nous présenterons, d'abord, la place du prix dans le comportement du client de la distribution. Nous rappellerons, ensuite, les principales options praticables par le détaillant en matière de politique de prix. Nous exposerons, enfin, les méthodes opérationnelles de fixation des prix après avoir rappelé les contraintes légales qui s'imposent au distributeur dans le cas français.

§ 1. - prix et comportement du client du point de vente

Coutelle rappelle que deux dimensions de la relation du client au prix doivent être distinguées : en premier lieu, le client peut avoir une connaissance plus ou moins précise du prix du produit, mais aussi du niveau de prix pratiqué par l'enseigne ; en second lieu, l'importance de l'attribut « prix » peut varier dans le processus de choix, selon les produits et selon les individus[1].

■ la connaissance des prix par le consommateur

Les travaux de Fady ont mis en évidence à la fois la mauvaise connaissance par le consommateur des prix des produits (plus de 60 % des clients interrogés n'étaient pas en mesure d'indiquer un seul prix exact), et, en même temps, l'importance de la variable « prix » dans le choix d'une enseigne et l'arbitrage entre enseignes concurrentes[2]. Mais si le consommateur n'est pas en mesure de citer avec précision les prix des produits, il est en revanche capable d'établir avec une grande finesse la hiérarchie des magasins suivant le niveau des prix qu'ils pratiquent[3] : en comparant la hiérarchie déclarée par les consommateurs à un classement établi par la comparaison de plusieurs indices de prix prenant en compte de nombreuses catégories d'articles, le coefficient de corrélation entre niveau de prix observé et niveau de prix perçu par les consommateurs était de 0,92. Les conséquences de cette observation sont importantes pour les détaillants : le consommateur est effectivement capable de percevoir avec précision les différences entre niveaux de prix pratiqués par les enseignes. Un discours publicitaire agressif mettant en avant des prix bas, comme il tend à se développer depuis la crise financière de l'automne 2008, sera sans effet s'il n'est pas accompagné par des prix réellement concurrentiels.

■ la place du prix dans le processus de choix de point de vente par le consommateur

De très nombreuses études ont évalué l'importance du prix par rapport à d'autres attributs dans le processus de choix d'un point de vente par le consommateur[4]. Il est également important de rappeler que l'image prix

---

[1] Coutelle P. (2000), *L'image prix des points de vente : conceptualisation et formation*, Thèse de doctorat en Sciences de Gestion, Université de Tours.

[2] Fady A. (1976), « Les consommateurs connaissent-ils les prix des produits courants ? », *Coopération-Distribution-Consommation*, n° 12, pp. 2-7.

[3] Despois J.-L. (1983), « Les niveaux de prix des magasins en libre-service : mesure et perception », *Cahiers de Recherches en Gestion des Entreprises*, Laboratoire d'Economie et de Gestion des Entreprises de Rennes, n° 16, pp. 1-32.

[4] Filser M. (1985), « Apports de la segmentation par avantages recherchés à la stratégie du distributeur », *Cahiers de Recherches en Gestion des Entreprises*, Laboratoire d'Economie et de Gestion des Entreprises de Rennes, n° 23, pp. 31-57.

construite par le consommateur autour d'un magasin va influencer sa relation avec ce dernier en modifiant l'action d'autres variables commerciales. Litvack *et al.* ont analysé expérimentalement l'influence d'actions promotionnelles dans deux catégories de points de vente : des magasins développant une image de prix agressifs, et des magasins développant une image plus qualitative[5]. L'élasticité de la demande par rapport au prix s'avère plus importante dans les magasins développant une image prix que dans les magasins développant une image plus qualitative. Cette observation souligne la nécessité d'une prise en compte simultanée de l'ensemble des variables d'action du distributeur, et le danger d'une analyse centrée exclusivement sur l'une de ces variables.

§ 2. - les stratégies de prix praticables par le détaillant

L'apparition de la distribution moderne avait défini les options praticables par le distributeur en matière de politique de prix le long d'un *continuum* opposant prix faibles et prix élevés. Cette opposition a notamment servi depuis une cinquantaine d'années à positionner les innovations commerciales successives dans la distribution à dominante alimentaire : le magasin populaire apparu dans les années 1930 était plus avantageux que le grand magasin ; à la fin des années 1950, le libre-service était meilleur marché que le commerce traditionnel pratiquant la vente assistée ; puis l'hypermarché dans les années 1960, et le *hard discount* à la fin des années 1980 introduisirent de nouvelles modalités de concurrence par les prix. La pratique des stratégies de prix des détaillants met aujourd'hui en évidence une diversification importante des modalités d'action par les prix. Ces pratiques illustrent bien l'évolution de la théorie économique de la concurrence : plutôt que de s'engager dans un affrontement direct par les prix, coûteux, et dont l'issue est incertaine, les protagonistes préfèrent rechercher la différenciation de leur offre pour réduire l'intensité de l'affrontement concurrentiel[6].

[5] Litvack D., Calantone R., Darmon R. et Warshaw P. (1984), « Relation entre la stratégie suivie par les détaillants et l'élasticité prix de la demande », *Revue Française du Marketing*, n° 97, pp. 29-42.

[6] Kopalle P., Biswas D., Chintagunta P., Fan J., Pauwels K., Ratchford B. et Sills J. (2009), « Retailer pricing and competitive effects », *Journal of Retailing*, Vol. 85, n° 1, pp. 56-70.

A. - les stratégies de différenciation

Le positionnement d'une enseigne en termes de prix pratiqués est moins simple lorsque l'on abandonne le secteur alimentaire. Dans le textile, les caractéristiques du produit vont influencer directement son coût, et la notion de prix bas a une application moins directe. C'est plutôt la notion de rapport qualité / prix (« *value* » dans la terminologie anglo-saxonne) qui détermine la stratégie d'une enseigne et qui se reflète dans les positionnements voulus par les enseignes (comme « la mode à petit prix » pour l'enseigne Kiabi).

La stratégie de prix d'un détaillant peut également être associée à la construction d'une offre rendant difficile la comparaison des prix entre enseignes. La distribution du gros électroménager en France (le secteur du « blanc ») illustre cette pratique de stratégie de prix : Le Goff a analysé les pratiques des distributeurs de masse du secteur, et montré que, tout en tenant auprès du consommateur un discours mettant en avant la pratique des prix les plus bas, ils développaient avec les constructeurs des assortiments spécifiques rendant pratiquement impossible la comparaison du prix d'un même produit entre deux enseignes[7]. Le développement des MDD est un autre moyen de déplacement de la concurrence : puisque le consommateur se sert principalement des grandes marques pour comparer les prix entre enseignes, l'introduction de MDD par le détaillant lui permet de tenir un discours alliant le prix et les caractéristiques spécifiques du produit, notamment pour la dernière génération d'entre elles[8].

Enfin, les distributeurs s'interrogent sur le potentiel de généralisation d'une politique de prix expérimentée aux Etats-Unis par Walmart : l'*every day low price* (EDLP), c'est-à-dire la pratique toute l'année d'un prix minimum, de préférence à la pratique de promotions ponctuelles qui font alterner prix élevés et prix bas (politique *high-low*)[9]. Ce débat est étroitement lié à l'évolution des pratiques coopératives entre les distributeurs et leurs fournisseurs, point développé dans la troisième partie de l'ouvrage.

---

[7] Le Goff J. (1997), *Dynamique des canaux de distribution et contexte juridique : stratégies d'acteurs et conventions d'actions*, Thèse de doctorat en Sciences de gestion, Université Paris XII-Val de Marne.

[8] Chanut O. et Paché G. (2010), « L'avenir incertain des marques de distributeurs », *L'Expansion Management Review*, n° 138, pp. 10-21.

[9] Hoch S., Xavier Drèze J. et Purk M. (1994), « EDLP, hi-lo and margin arithmetic », *Journal of Marketing*, Vol. 58, n° 4, pp. 16-27.

B. - les guerres de prix

Une guerre de prix est une situation concurrentielle dans laquelle chacun des protagonistes cherche à pratiquer les prix les plus bas, et réagit à chaque diminution de prix des concurrents. Si les guerres de prix sont rares dans la distribution européenne, on en rencontre des exemples dans le commerce de détail nord-américain. L'arrivée de Walmart au Royaume-Uni, à travers le rachat de la chaîne Asda, a démontré l'actualité de ce thème[10].

Le principal objectif que poursuit l'initiateur d'une guerre de prix est l'accroissement de sa part de marché[11]. Initialement, les concurrents partagent plus ou moins explicitement la même représentation du marché, notamment des coûts et de l'élasticité-prix de la demande. L'un des protagonistes peut adopter une autre représentation du marché, et en particulier évaluer que l'élasticité-prix est plus forte que ne le pensent les autres acteurs. Il est alors incité à tenter de prendre l'avantage sur les concurrents en baissant les prix, notamment s'il estime que ses propres coûts sont plus faibles que ceux des concurrents. L'encadré 3.1 illustre la capacité explicative de ce modèle à partir de l'analyse de l'implantation de Walmart au Royaume-Uni.

encadré 3.1

un exemple de guerre de prix : l'arrivée de Walmart au Royaume-Uni

Ce modèle théorique rend bien compte de la stratégie déployée par Walmart au Royaume-Uni : avant son arrivée sur ce marché, les marges de la distribution alimentaire comptaient parmi les plus élevées d'Europe, et l'affrontement par les prix entre les détaillants alimentaires (Tesco, Argyll, Asda) était limité, en raison notamment de la part importante des ventes sous MDD qui déplaçait la concurrence des prix vers les caractéristiques des produits.

---

[10] Gielens K. Van de Gucht L., Steenkamp J.-B. et Dekimpe M. (2008), « Dancing with a giant : the effect of Wal-Mart's entry into the United Kingdom on the performance of European retailers », *Journal of Marketing Research*, Vol. 45, n° 5, pp. 519-534.

[11] Heil O. et Helsen K. (2001), « Toward an understanding of price wars : their nature and how they erupt », *International Journal of Research in Marketing*, Vol. 18, n° 1, pp. 83-98.

En rachetant Asda, Walmart a occupé instantanément une forte position sur le marché (quatrième rang des distributeurs alimentaires). Il a adopté une stratégie totalement démarquée de celle de ses concurrents en se concentrant sur des marques nationales et internationales (notamment américaines, avec lesquelles il a développé des pratiques de coordination sur son marché domestique), et en abaissant significativement les prix (de 20 à 30 % par rapport aux autres distributeurs). Le volume mondial des achats de ces marques et la maîtrise d'une logistique très intégrée permettent à Walmart de « tenir » ces prix bas grâce à des coûts de distribution plus faibles.

C. – les stratégies de prix dans le e-commerce

L'avènement du commerce en ligne a fait imaginer l'émergence de « marchés sans frictions », où la concurrence par les prix serait totale puisque le client aurait un accès illimité à une information parfaite sur les prix de tous les producteurs[12]. L'observation des comportements d'achat sur Internet met en évidence des résultats assez éloignés de cette hypothèse[13], et révèle l'existence de segments fortement différenciés. Si une fraction limitée de la clientèle sur le Web se conforme au modèle hypothétique et recherche le produit le moins cher, quel que soit le canal, la part la plus importante des achats est réalisée sur des sites qui ne proposent pas le prix le plus bas, mais apportent au client un certain nombre de garanties : sécurité des transactions, respect des fenêtres horaires de livraison, fiabilité de la logistique, et service après-vente. Une étude américaine des comportements d'achat de livres en ligne et en magasin met ainsi en évidence une très grande similitude des prix entre les deux canaux[14].

---

[12] Desmet P. (2000), « Politiques de prix sur Internet », *Revue Française du Marketing*, n° 177-178, pp. 49-68.

[13] Brynjolfsson E. et Smith M. (2000), « Frictionless commerce ? A comparison of Internet and conventional retailers », *Management Science*, Vol. 46, n° 4, pp. 563-585.

[14] Clay K., Krishnan R., Wolff E. et Fernandes D. (2000), *Retail strategies on the Web : price and non-price competition in the online book industry*, e-Commerce Research Forum, http://e-commerce.mit.edu, consulté le 5 décembre 2010.

La distribution des services souligne, par ailleurs, que les pratiques de *yield management*, largement diffusées sur le Web, peuvent créer un sentiment d'injustice chez le consommateur, incapable de comprendre la légitimité de variations de prix en fonction de sa période de réservation. Rappelons que le *yield management* s'appuie sur une tarification flexible pour les services caractérisés par l'importance des coûts fixes et par une certaine rigidité des capacités proposées (le transport de voyageurs l'un des cas les plus emblématiques) ; l'objectif est alors de maximiser le chiffre d'affaires généré par l'activité en jouant sur la variables prix et le coefficient d'occupation des capacités. Là aussi, l'accès illimité à une information parfaite sur les prix ne crée pas nécessairement une plus grande transparence, mais au contraire une opacité parfois mal vécue au niveau de la politique tarifaire pratiquée[15].

§ 3. - contraintes légales et méthodes de fixation des prix

Le développement de la distribution moderne a conduit à une modification importante des rapports de force entre les détaillants et leurs fournisseurs. Le volume d'achat réalisé par un distributeur lui permet non seulement de bénéficier de conditions d'achat plus favorables, contrepartie d'une quantité achetée plus importante, mais aussi d'exercer sur le producteur un pouvoir qui lui permet d'obtenir des avantages économiques supplémentaires. Nous examinerons tout particulièrement la question du pouvoir dans le chapitre 4.

Le schéma 3.1 explicite les principaux domaines de négociation entre le distributeur et ses fournisseurs qui vont influencer la fixation des prix. En France, la Loi Galland de juillet 1996 avait strictement défini les contraintes que devait prendre en compte le détaillant pour la fixation de ses prix de vente. L'une des principales innovations introduites par cette loi était la définition du seuil de revente à perte, fixé à partir des seuls éléments portés sur la facture et donc connus au moment de la facturation, ce qui interdisait donc de répercuter dans le prix de vente au consommateur les marges arrière.

---

[15] Hikkerova L. (2011), « Internet, stratégie de prix et yield management », *Management & Avenir*, n° 42, pp. 200-212.

schéma 3.1.

éléments de la négociation producteur-distributeur et fixation du prix

Transaction (facture)	Tarif : Quantité achetée → Prix d'achat
	Conditions de paiement (crédit fournisseur) ou escompte
Conditions arrière	Remises consenties par le fournisseur au détaillant sur la base du volume d'affaires annuel global (remise sur objectifs, remise de gamme, ristourne annuelle, ...)
Collaboration commerciale	Rémunération par le fournisseur d'opérations commerciales réalisées par le distributeur : catalogues et prospectus, mise en avant en magasin, animation en magasin,...

La Loi Galland a conduit les détaillants à recourir massivement aux MDD pour être en mesure de pratiquer des prix plus compétitifs. Les effets pervers de cette législation ont conduit à plusieurs réformes partielles. Finalement, la Loi de Modernisation de l'Economie (LME) du 4 août 2008 a permis la prise en compte dans la fixation du prix de vente consommateur de l'ensemble des réductions de prix consenties par le fournisseur au détaillant, rendant ainsi possible la pratique du prix dit « triple net » (voir le schéma 3.2)[16].

schéma 3.2.

formation du prix de vente « triple net »

Prix unitaire net (tarif établi lors de la négociation commerciale)	**Net**
– Remises techniques (assortiment, promotion, etc.)	
= Prix net – net	**Double net**
– Marges arrière	
= Prix net – net – net	**Triple net**

[16] Mevel O. (2011), « Relations industrie-commerce et concurrence imparfaite en France : le cas du management d'une grande surface alimentaire sous la Loi Châtel », *Management International*, Vol. 15, n° 2, pp. 35-50.

section II
la politique d'assortiment

La constitution d'un assortiment est une activité fondamentale du commerce de détail, et l'une des principales sources d'utilité pour le consommateur. En sélectionnant certains produits, et donc en en éliminant d'autres, le détaillant simplifie le processus de décision du client[17]. En combinant différentes familles de produits, et différentes références pour chacune de ces catégories, le détaillant élabore une offre dont la cohérence sera un facteur essentiel de succès du point de vente. La diversité des politiques praticables en matière d'assortiment est l'une des caractéristiques de l'appareil de distribution contemporain. Trois stratégies d'assortiment peuvent être distinguées :

- **Des assortiments larges, qui visent à satisfaire la quasi-totalité des besoins de l'acheteur**. L'hypermarché reste la forme de vente la plus étroitement associée à ce type d'assortiment. Certains sites Internet généralistes, comme Houra.fr, développent un positionnement comparable dans le e-commerce.
- **Des assortiments spécialisés dans une catégorie de produits**. Cette offre constitue la base du positionnement des grandes surfaces spécialisées : Conforama en équipement de la maison, Leroy Merlin en bricolage, Go Sport dans les équipements sportifs, C&A dans l'habillement.
- **Des assortiments reflétant un thème de consommation, et ne se réduisant donc pas à une catégorie de produits**. Il s'agit incontestablement de l'une des formes novatrices d'un type de distribution dans lequel la fréquentation du point de vente est, pour le chaland, une source d'utilité en elle même, indépendamment de l'acquisition de biens. Des enseignes comme Nature & Découvertes et Résonances sont de bons exemples de ce type d'assortiment. Le positionnement de l'enseigne Botanic, qui a évolué d'une forme traditionnelle de jardinerie vers un thème plus large de valorisation de la nature et de l'authentique, en est une autre illustration.

---

[17] Cette fonction était illustrée par le slogan adopté à la fin des années 1980 par les hypermarchés Cora : « Vous savez acheter, nous savons choisir ».

§ 1. - les caractéristiques de base d'un assortiment

L'assortiment peut, d'abord, être appréhendé à travers ses caractéristiques fonctionnelles. Mais l'analyse de ses caractéristiques peut, ensuite, être enrichie par une prise en compte de la fonction dans la création d'utilité pour le consommateur. Nous évoquerons, enfin, les critères que peut retenir le détaillant pour définir l'assortiment d'une enseigne, puis d'un point de vente.

A. - les caractéristiques fonctionnelles de l'assortiment

Deux dimensions sont traditionnellement retenues pour caractériser l'assortiment d'un point de vente, à savoir sa largeur et sa profondeur :

- La **largeur de l'assortiment** mesure le nombre de catégories de produits différentes qui le composent. Un assortiment large associera des produits très variés, par exemple alimentaires et non alimentaires : l'hypermarché est actuellement la forme de vente ayant l'assortiment le plus large. Au contraire, un magasin spécialisé dans une seule catégorie de produits aura un assortiment étroit : un magasin d'optique entrera dans cette catégorie.
- La **profondeur de l'assortiment** mesure le nombre de références présentées par le magasin dans chacune des familles de produits. Un *hard discount* alimentaire conventionnel proposera une seule référence pour chaque type de produit. Au contraire, un supermarché traditionnel proposera plusieurs marques et plusieurs conditionnements pour un même produit (par exemple, le chocolat au lait ou les conserves de petits pois).

La combinaison des caractéristiques de largeur et de profondeur d'assortiment permet de dresser une typologie des formes de vente au détail (voir le tableau 3.1). Ces caractéristiques sont cependant trop générales pour servir de base à la constitution de l'assortiment d'un magasin donné. Elles présentent l'inconvénient majeur d'adopter pour seule perspective l'offre du point de vente et d'ignorer la perception de l'assortiment par le consommateur. Elles considèrent également, de façon implicite, que les produits sont équivalents, et que le nombre de références est le meilleur moyen de décrire l'assortiment. Or, la structure qualitative de l'assortiment doit également être prise en compte.

tableau 3.1.

typologie des formes de vente au détail fondée sur les caractéristiques fonctionnelles de l'assortiment

		Profondeur de l'assortiment	
		Peu profond	Profond
Largeur de l'assortiment	Etroit	– Magasin dépanneur (200 à 400 références) – *Hard discount* (600 à 800 références)	– GSS : vêtements, bricolage, électroménager (de 5.000 à 10.000 références) – Catalogue spécialisé de VPC
	Large	– Hypermarché (70.000 à 100.000 références)	– Grand magasin (300.000 références) – Catalogue généraliste de VPC

B. – l'assortiment comme source d'utilité pour le consommateur

On doit à Jallais un renouvellement majeur de l'analyse de l'assortiment d'un point de vente[18]. Cet auteur propose de retenir trois « univers » qui déterminent la qualité perçue de l'assortiment d'une enseigne ou d'un point de vente : l'univers des produits, l'univers des prix, et l'univers des clients (voir le schéma 3.3).

schéma 3.3.

univers constitutifs de la qualité de l'assortiment

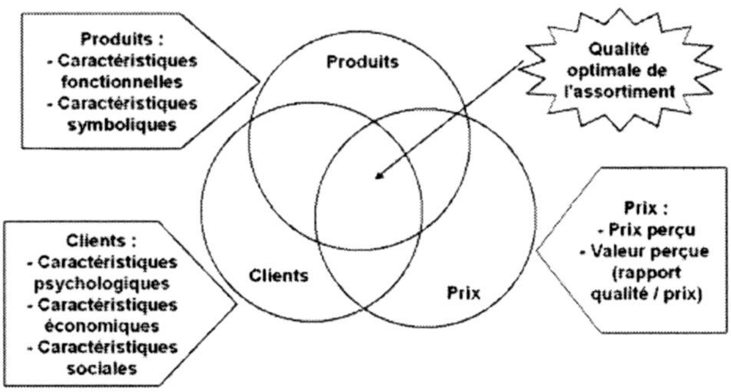

Source : d'après Jallais (1991), *op. cit.*

[18] Jallais J. (1991), *La qualité dans le commerce : du service, au service du client*, Rapport du Groupe de Travail de l'ICC sur « Le commerce et l'information du consommateur », Institut du Commerce et de la Consommation, Paris.

- Les **produits** influencent la perception d'un assortiment à travers leurs caractéristiques fonctionnelles (taille, poids, couleurs, formes du conditionnement, etc.), mais aussi leurs caractéristiques symboliques : marque, présence de labels particuliers, positionnement de la marque construit par la communication publicitaire. Cette analyse rappelle l'importance de la présence dans un assortiment de références qui ne contribueront que marginalement au chiffre d'affaires, mais qui peuvent conférer au rayon ou au point de vente une perception valorisante. Un supermarché qui distribue une marque de produit alimentaire de haut de gamme, Fauchon par exemple, valorise la perception qualitative de son assortiment. Une quincaillerie qui propose des outils destinés à une clientèle d'artisans, et présentés en rayons comme tels, vendus à un prix élevé, renforce son image de compétence. Des éléments tels que les conditionnements des produits vendus influencent également la perception du rayon : un rayon « conserves de légumes » doit proposer des conditionnements en bocaux de verre qui évoquent des produits de qualité. Enfin, la présence de labels perçus comme des garanties de qualité renforce également l'image globale du rayon[19] (label rouge ou label agriculture biologique dans les rayons alimentaires).
- Les **prix des produits** constituant un assortiment définissent un second univers de référence. L'acheteur construira en effet sa perception du magasin à partir de l'ouverture de la gamme de prix (écart entre prix maximum et prix minimum pour un même produit), par la présence de produits de prix moyen, et par la perception du rapport qualité / prix des produits présentés. Les professionnels de la distribution décrivent l'évolution de la perception des prix des assortiments par les consommateurs en recourant à la métaphore du losange et du sablier. Au début des années 1980, l'essentiel du volume des ventes se concentrait sur le milieu de gamme, laissant une place réduite dans les ventes au bas de gamme et haut de gamme. La répartition des ventes par niveau de gamme évoquait la forme d'un losange. Aujourd'hui, le milieu de gamme est délaissé, et les achats des clients se concentrent sur les deux extrémités de la gamme, sachant qu'un

---

[19] Sylvander B. (2000), « Les tendances de consommation en produits issus de l'agriculture biologique : vulnérabilité et fidélisation. Une approche par le marketing d'apprentissage », *Actes de la 5e Journée de Recherche en Marketing de Bourgogne*, Dijon, pp. 145-152.

même acheteur peut très bien acheter simultanément un article de haut de gamme et un produit premier prix : la structure des ventes rappelle la forme d'un sablier (voir le schéma 3.4).

schéma 3.4.

évaluation de la structure des ventes en fonction des niveaux de gamme

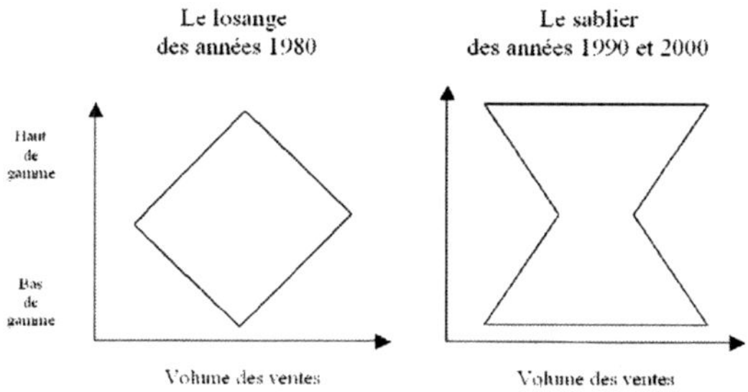

- Enfin la perception des assortiments est étroitement liée aux **caractéristiques de la clientèle** elle-même : caractéristiques psychologiques (implication dans la catégorie de produits, complexité cognitive, tolérance au risque, sensibilité à la nouveauté et niveau de recherche de variété), caractéristiques économiques (pouvoir d'achat) et caractéristiques sociales (*leadership* d'opinion, innovativité, recherche de conformisme). Cette observation souligne l'importance des adaptations locales des assortiments, même lorsque l'enseigne pratique des décisions d'assortiment centralisées. La prise en compte des caractéristiques de la zone de chalandise du point de vente pourra infléchir la composition de l'assortiment pour certaines catégories de produits : le rayon CD et DVD d'un hypermarché ne présentera pas les mêmes titres dans une zone de chalandise principalement habitée par des foyers retraités ou par des étudiants. Si cet exemple est trivial, il doit attirer l'attention sur la composition de l'assortiment pour des familles de produits où les jugements seront peut-être moins intuitifs. Les caractéristiques de la clientèle influencent en effet significativement la perception de l'assortiment et la construction par le client de l'image du point de vente[20].

[20] Amine A. et Cadenat S. (2000), « L'efficacité de l'assortiment du distributeur à travers la perception du choix par le consommateur », *in* Volle P. (éd.), *Etudes et recherches sur la distribution*, Economica, Paris, pp. 29-44.

C. - éléments méthodologiques d'élaboration d'un assortiment

De très nombreuses méthodes ont été proposées dans la littérature professionnelle pour guider les choix de constitution d'assortiment des points de vente. La portée des méthodes normatives est limitée, du fait même de l'importance des facteurs de contingence qui influencent la perception de l'assortiment, et que nous venons de rappeler. Deux séries de facteurs doivent être prises en compte :

- **Des facteurs relatifs à l'état du marché**. L'étude de la zone de chalandise du point de vente a permis d'évaluer le potentiel des dépenses commercialisables pour les différentes catégories de produits (voir le chapitre 2). L'étude des données de panels permet ensuite d'identifier les références indispensables, caractérisées par une part de marché importante. Deux catégories de références doivent alors être distinguées : celles qui peuvent induire du trafic dans le rayon (nombre d'acheteurs élevé), et celles qui peuvent induire un fort volume de ventes (quantité moyenne achetée élevée). Une référence qui combine un nombre important d'acheteurs et un volume moyen de ventes élevé doit logiquement être intégrée à l'assortiment.
- **Des facteurs relatifs à la stratégie marketing du point de vente**. On a vu que les caractéristiques de l'assortiment influençaient la perception du point de vente par la clientèle. Le magasin doit choisir quel positionnement il veut développer dans l'esprit de sa clientèle : généraliste ou spécialiste, tourné vers un segment précis de population ou au contraire visant la totalité de la population de la zone de chalandise.

La démarche de constitution de l'assortiment sera le plus souvent empirique et itérative : l'expérimentation de différentes constructions d'assortiments sera souvent le meilleur moyen d'améliorer la performance commerciale du point de vente. L'élargissement constant des assortiments à travers le développement de nouvelles familles de produits et services (parapharmacie, produits financiers et assurances, voyages, spectacles) est l'une des tendances caractéristiques d'évolution de l'offre des détaillants. Elle pose à cet égard de nombreuses questions de mise en œuvre et d'articulation avec le métier traditionnel du distributeur[21].

---

[21] Segard O. (2002), *L'influence du gouvernement sur la performance dans les canaux de distribution : application au domaine des activités touristiques*, Thèse de doctorat en Sciences de Gestion, Université de Bourgogne.

§ 2. - structure des assortiments et stratégies des détaillants

Nous avons rappelé à plusieurs reprises dans le précédent paragraphe l'interdépendance entre la composition de l'assortiment et la perception de l'enseigne. L'assortiment peut effectivement être considéré comme l'une des variables d'action stratégiques de l'enseigne. La composition de l'assortiment est également une variable fondamentale dans la relation entre le détaillant et les fournisseurs. Le développement des MDD et des produits premier prix est donc un élément important de la stratégie des enseignes.

A. - le « pavé dans la marque » : le renouveau des MDD

Le titre évocateur de l'ouvrage publié par Thil et Baroux rend bien compte de l'ampleur du phénomène initié par Carrefour le 1er avril 1976 avec le lancement de ses « produits libres »[22]. Les auteurs rappellent comment Etienne Thil, alors Directeur du Marketing de Carrefour, avait été frappé par la structure des ventes dans de nombreuses familles de produits alimentaires : si la marque la plus vendue chez Carrefour était presque toujours la marque nationale leader dans la catégorie de produit, on trouvait généralement au second ou troisième rang des ventes de Carrefour une marque très peu connue, ne faisant pas de publicité, et vendue avec un rapport qualité / prix avantageux. C'est ainsi qu'Etienne Thil aurait eu l'idée d'apposer le logo de l'enseigne sur ces produits « aussi bons et moins chers », mais aussi « sans nom », puisque la marque disparaissait, remplacée par la caution de l'enseigne. L'exemple de la stratégie suivie par les distributeurs britanniques, au premier rang desquels Marks & Spencer, ne distribuant que sa seule MDD pour limiter l'intensité de la concurrence par les prix, aurait aussi influencé la décision de Carrefour.

En trente-cinq ans, entre 1976 et 2011, le statut des MDD dans la distribution française, mais aussi européenne, a profondément évolué[23] :

- **La MDD est de plus en plus étroitement liée à l'enseigne**. Les « produits libres » sont devenus les produits Carrefour, et toutes les enseignes nationales européennes disposent désormais de leur

---

[22] Thil E. et Baroux C. (1983), *Un pavé dans la marque*, Flammarion, Paris.
[23] Chanut O. et Paché G. (2010), *op. cit.*

marque propre. La stratégie de l'enseigne doit donc intégrer cette dimension « produit », et ne plus se limiter à une dimension « magasin ».

- **La MDD est un facteur clé de différenciation stratégique de l'enseigne**. Alors que des enseignes exploitant des formats de magasin identiques éprouvent de plus en plus de difficultés pour se différencier par les prix, la gamme de produits proposés sous MDD peut être une importante source de différenciation de l'enseigne. Le succès de Monoprix Bio, de Reflets de France, ou de la gamme des produits surgelés Picard illustre ce caractère stratégique de la marque propre dans la démarche de positionnement.
- **La MDD devient un élément essentiel dans la négociation avec les fournisseurs**. Elle est certes un moyen de pression à l'égard des fournisseurs de marques nationales et internationales, mais elle peut également permettre au distributeur de nouer des relations plus coopératives avec des fournisseurs dont la compétence principale sera la conception et la fabrication du produit plutôt que le marketing (on peut à nouveau citer l'exemple de Reflets de France, conçu par Promodès, et intégré à la gamme des enseignes du groupe Carrefour).
- **La MDD est largement sortie du seul domaine alimentaire d'origine**. Elle forme même un élément essentiel de la stratégie de spécialistes non alimentaires comme Zara ou H&M, et une enseigne comme les Galeries Lafayette n'hésite pas à mettre en avant dans ses magasins la gamme Absolument Maison.

Le tableau 3.2 synthétise les différentes pratiques des enseignes en matière de MDD. Les enseignes les plus engagées dans le développement de gammes de produits à leur marque combinent désormais ces différentes approches (voir le tableau 3.3). La part des MDD dans le chiffre d'affaires alimentaire des détaillants est un indicateur intéressant pour comparer la situation des différents pays européens. Colla rappelle que cette part de marché, mesurée à partir des données de panels de détaillants Nielsen[24], atteignait dès 1992, 41 % en Suisse[25], 37 % au Royaume Uni, 17 % en Allemagne, 16 % en France, mais seulement 7 % en Italie. Les chiffres n'ont cessé de progresser tout au long des années 2000.

---

[24] Colla E. (1997), *La grande distribution en Europe*, Vuibert, Paris.

[25] Le commerce de détail suisse est dominé par deux puissantes coopératives, Migros et Coop, qui ont traditionnellement développé leur marque propre dans l'assortiment.

tableau 3.2.
pratiques des détaillants en matière de MDD

Type de MDD	Exemple	Avantages / inconvénients
Marques propres pour chaque ligne de produits	Intermarché, Aldi, H&M, C&A	– MDD traitées comme des marques nationales – Pas de synergie avec la politique de l'enseigne
Marque propre unique distincte de l'enseigne	Marque repère (Leclerc), Dia	– Visibilité forte – Pas de synergie avec la politique de l'enseigne
Marque enseigne	Carrefour, Auchan, Cora, Castorama, Botanic, Nature & Découvertes	– Renforcement du positionnement de l'enseigne grâce à la marque

tableau 3.3.
gammes sous MDD dans les hypermarchés français en 2011

		Carrefour	Auchan	Casino	Leclerc
Alimentaire	MDD Premier prix	Carrefour Discount	Pouce	Produits Euro Tous les jours	Éco Plus
Alimentaire	MDD cœur de gamme	Carrefour	Auchan	Casino	Marque Repère
Alimentaire	MDD premium	Reflets de France Carrefour Bio	Auchan produits de terroir Mieux vivre Bio Mmm !	Casino Délices Casino Bio Terre et Saveurs	Nos régions ont du talent
Non alimentaire	Textile	Tex Carrefour Baby	In Extenso	Tout Simplement	Tissaia
Non alimentaire	Electro-ménager	Carrefour Discount Carrefour Home		Casino	

B. – les produits premier prix

L'ouverture du premier magasin *hard discount* alimentaire Aldi à Croix, le 21 janvier 1988, a marqué le début d'un nouvel épisode dans le développement de la grande distribution. Grâce à un format de vente très dépouillé et à un assortiment réduit excluant les grandes marques nationales, le *hard discount* était en mesure de proposer des prix inférieurs de 20 à 30 % à ceux des super et hypermarchés. Ceux-ci ont rapidement riposté en introduisant dans leur assortiment un niveau de gamme supplémentaire : le produit premier prix. Il se caractérise par la recherche du prix le plus faible, en supportant éventuellement une baisse qualitative par rapport aux marques nationales.

Une telle stratégie a été payante, puisque le différentiel de prix pour un même panier de produits « économiques » entre hypermarchés et *hard discount* est rapidement passé de 17 % en 1992 à 4 % en 1994[26]. La tendance s'est d'ailleurs confirmée depuis. L'étude de Kaas et Plasse analyse les sources de réduction de coût entre un produit sous MDD et un produit premier prix. Dans le cas d'un produit frais[27], la réduction de coût est de 26 %, se décomposant principalement en effet de volume de 12 % (les mêmes produits premier prix sont distribués dans différentes enseignes), et en réduction du coût du conditionnement (– 9 %).

La structure-type d'un assortiment pour une ligne de produit alimentaire en hypermarché est décrite par le schéma 3.5. Elle met en évidence la relative perte d'influence des marques nationales au profit des MDD et des produits premier prix directement contrôlés par le distributeur. Si l'on rapproche cette réduction de la place consacrée dans les assortiments aux marques nationales de l'augmentation régulière de l'offre des industriels en produits nouveaux, on mesure bien le développement de la base de pouvoir dont disposent les détaillants vis-à-vis de leurs fournisseurs, et qui sera analysée dans le chapitre 4. L'assortiment est l'une des variables contrôlées par le distributeur qui met le mieux en évidence l'influence grandissante du commerce de détail sur la construction de l'offre proposée aux consommateurs.

schéma 3.5.

assortiment-type d'un hypermarché pour une catégorie de produit alimentaire

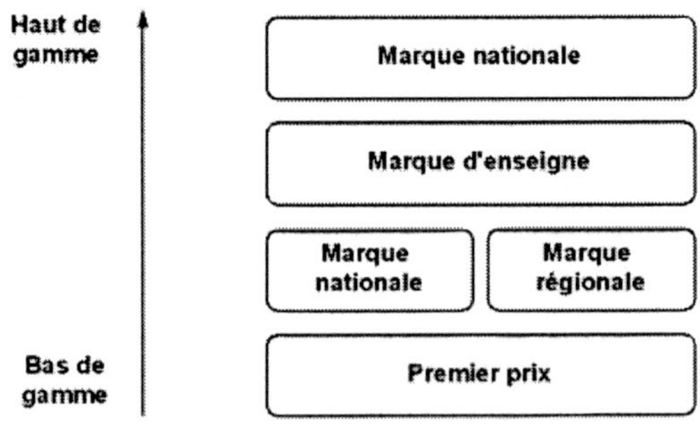

---

[26] Kaas P. et Plasse D. (1995), *Professionnaliser les premiers prix*, Institut du Commerce et de la Consommation, Paris.

[27] Kaas P. et Plasse D. (1995), *op.cit.*

section III

la politique de communication et de promotion

Le développement de la distribution moderne est indissociable de celui de la communication de masse. Comme le rappelle Lhermie, les fondateurs de Carrefour avaient particulièrement bien perçu la contribution potentielle de la publicité au succès de leur enseigne, et la puissance de persuasion de slogans simples mettant en avant le bénéfice que retirait le consommateur de prix plus bas[28]. La puissance de cette communication a eu pour inconvénient d'enfermer l'image des enseignes dans l'univers du *discount*, et donc de rendre plus difficile l'évolution de l'enseigne vers un positionnement plus riche. Nous présenterons d'abord la stratégie de communication consacrée au positionnement de l'enseigne. Puis nous introduirons les outils de communication sur la zone de chalandise destinés à induire des flux de trafic vers le magasin. Nous exposerons ensuite les principaux enjeux liés à la promotion des ventes, avant d'évoquer les tendances d'évolution qui semblent devoir influencer les pratiques de communication des distributeurs.

§ 1. - la communication au service du positionnement de l'enseigne

Trois étapes peuvent être distinguées dans l'évolution de la communication des enseignes de la grande distribution en Europe :

- Une **première phase** (approximativement 1965-1980 en France) voit l'apparition des formes modernes de distribution de masse. Les enseignes communiquent alors afin de se positionner par rapport au commerce traditionnel. Elles ont un handicap : elles bouleversent les habitudes des clients en leur imposant des achats plus massifs et moins fréquents, loin de leur domicile. Elles mettent donc en avant leur principal atout : le prix[29].

---

[28] Lhermie C. (2003), *Carrefour ou l'invention de l'hypermarché*, Vuibert, Paris, 2e éd.

[29] Les slogans développés par les enseignes à cette époque étaient simples, mais ont durablement marqué les consommateurs : « Carrefour casse les prix », « Mammouth écrase les prix », « Rond Point croque les prix », etc.

- Dans une **deuxième phase** (approximativement 1980-1995 en France), le champ concurrentiel s'est transformé. La distribution moderne a dominé la distribution traditionnelle. Les enseignes dominantes (hypermarchés) découvrent qu'elles sont peu différenciées dans l'esprit du public. Elles vont alors s'efforcer d'enrichir leur positionnement : Auchan met l'accent sur la fête et le choix, Leclerc sur le discours consumériste, tandis que Carrefour propose le meilleur rapport qualité / prix.
- Enfin une **troisième phase** débute en France autour de 1995 avec la montée en puissance des grandes enseignes spécialisées (Ikea dans l'ameublement, Virgin dans les loisirs, H&M, Gap et Zara dans l'habillement). Ces enseignes développent une communication centrée sur l'individu et valorisent la consommation comme source d'enrichissement de l'existence. Les MDD occupent également une place importante dans la communication des distributeurs alimentaires[30].

Cette évolution des axes de communication des enseignes traduit en fait l'évolution des valeurs associées par les individus à la consommation. Comme l'a mis en évidence Floch à partir d'une analyse sémiotique des comportements en hypermarché, le chaland associe, en les opposant, quatre types de valeurs à la distribution[31] : des valeurs utilitaires (fonctionnalité, rapidité), qui s'opposent à des valeurs non utilitaires (flânerie, plaisir) ; des valeurs existentielles (taille humaine, convivialité) opposées à des valeurs non existentielles (calcul, recherche de distance). Le discours des grandes enseignes passe ainsi en plus de trente ans d'un discours utilitaire (le prix, tout sous le même toit) à un discours existentiel (aider l'individu à se réaliser à travers la consommation)[32].

---

[30] Dans un article consacré à une analyse des premières campagnes de communication des distributeurs français à la télévision, depuis l'ouverture du média en janvier 2007, Boistel et Boulay soulignent que les messages diffusés par les enseignes mettent désormais largement en scène les MDD, tantôt avec un positionnement prix, tantôt avec un positionnement tourné vers la différenciation, tantôt avec une communication institutionnelle, tantôt avec une communication à finalité commerciale. Sur ce point, voir Boistel P. et Boulay J. (2008), « L'ouverture des écrans télévisés à la publicité de la distribution : une typologie des positionnements des enseignes au travers de la théorie sémio-contextuelle de la communication », *Décisions Marketing*, n° 51, pp. 7-16.

[31] Floch J.-M. (1989), « La contribution d'une sémiotique structurale à la conception d'un hypermarché », *Recherche et Applications en Marketing*, Vol. 4, n° 2, pp. 37-60.

[32] Heilbrunn B. (2000), « Des produits libres à la consommation comme art de vie : l'évolution du discours institutionnel de Carrefour depuis 1976 », *in* Volle P. (éd.), *op. cit.*, Economica, Paris, pp. 45-61.

L'internationalisation des enseignes rend plus nécessaire encore la réflexion stratégique autour du positionnement. Une enseigne qui veut élargir son champ géographique doit adopter un positionnement déclinable dans une grande variété d'environnements. Elle peut alors soit communiquer autour des bénéfices utilitaires qu'elle procure (prix, gamme) et développer un positionnement fonctionnel, soit proposer des valeurs qu'elle invite à partager en impulsant un positionnement symbolique. Le tableau 3.4 développe cette analyse et l'illustre de quelques exemples.

tableau 3.4.

la dichotomie des axes de positionnement international d'une enseigne

	Positionnement fonctionnel	**Positionnement symbolique**
Axe du positionnement	Simplification de l'accès aux produits	Valeurs symboliques : liberté, égalité, nature
Bénéfice consommateur	Prix plus faible, temps gagné, rapport qualité / prix	Construction de la personnalité
Exemples	Walmart : prix bas Carrefour : tout sous le même toit	Gap : abolition des différences Body Shop : écologie

L'interdiction faite en France aux distributeurs d'accéder à la publicité télévisée, levée en janvier 2007, a longtemps constitué une contrainte majeure dans l'élaboration de la communication en faveur de l'enseigne, le média télévision se prêtant bien à ce type de campagne. La presse magazine, et surtout les actions de communication de type relationnel présentées dans le paragraphe 4, y ont donc occupé une place plus importante que dans le secteur de la production ou des services.

§ 2. – la communication vers la zone de chalandise du point de vente

La construction du positionnement d'une enseigne à travers la communication repose sur des méthodes comparables à celles qu'adoptent les producteurs en faveur de leurs marques. Mais le parallélisme entre produit et point de vente est trompeur. En effet, le point de vente exerce son activité dans un environnement spatial particulier, la zone de chalandise (voir le chapitre 2), qui doit être prise en compte par la politique de communication.

La fréquence des décisions de choix de point de vente expose le consommateur à une forte volatilité potentielle : il supporte un risque limité s'il décide de changer de magasin, dans la mesure où cette décision est rapidement réversible. De fait, la communication du point de vente vers sa zone de chalandise poursuit simultanément deux objectifs : faire revenir les clients habituels et attirer de nouveaux clients.

Dans un contexte de choix de point de vente caractérisé par une assez faible différenciation perçue entre enseignes, d'une part, un faible niveau de risque perçu, d'autre part, le processus de décision du chaland pourra être décrit par le modèle de recherche de variété (croyances, comportement, évaluation) ou par les modèles d'apprentissage passif et d'inertie (croyances, comportement)[33]. La communication du magasin devra donc activer des croyances saillantes immédiatement orientées vers le comportement. Cinq médias sont bien adaptés à ces objectifs spécifiques de communication, et occupent par conséquent une place importante dans le budget publicitaire des distributeurs[34] :

- La **presse quotidienne, régionale, et marginalement nationale**, permet de donner un caractère actuel à la communication du point de vente, et même de la dramatiser en la transformant en événement à part entière. Les campagnes de communication presse associées à une action promotionnelle massive par Carrefour pendant son mois anniversaire (octobre), depuis 1998, illustrent la puissance de ce média.
- La **radio** combine le caractère événementiel de la presse et l'incitation à l'action immédiate. Elle permet également de toucher, selon les heures de la journée, des segments de clientèle différents. La densité et la variété des réseaux FM permet aussi de faire coïncider le plan de communication avec les contraintes de couverture des différentes zones de chalandise.

---

[33] Filser M. (1994), *Le comportement du consommateur*, Précis Dalloz, Paris.

[34] Jallais J., Orsoni J. et Fady A. (1994), *Le marketing dans le commerce de détail*, Vuibert Gestion, Paris, 2e éd.

- L'**affichage** est très bien adapté au caractère spatial de la communication vers la zone de chalandise. Le prospect peut très bien changer de destination et décider de choisir un point de vente inhabituel s'il est exposé à une campagne d'affichage attractive.
- Les **prospectus et catalogues** distribués en boîtes aux lettres constituent le mode de communication le mieux adapté aux contraintes spatiales, puisque le plan de distribution peut coïncider exactement avec les frontières de la zone de chalandise.
- Enfin, les **médias électroniques** connaissent un développement spectaculaire, au détriment des médias traditionnels. Ils permettent une plus grande réactivité grâce à leur quasi-instantanéité, et ils ouvrent surtout des perspectives très prometteuses pour proposer une information au prospect à un moment où il peut être réceptif, notamment grâce aux méthodes de géo-localisation[35]. La question de leur caractère intrusif est cependant posée, tant ils peuvent donner au client l'impression d'être sous la surveillance constante des enseignes.

On voit donc que les médias les mieux adaptés à la communication des points de vente satisfont ces deux contraintes spécifiques à la distribution : déclencher le comportement, d'une part, présenter une bonne flexibilité dans l'espace, d'autre part.

§ 3. - les techniques promotionnelles

Les études empiriques du comportement de l'acheteur mettent en évidence, en France, une certaine constance dans la relation du ménage avec la distribution[36] :

- le foyer a généralement choisi un point de vente principal, où il réalise plus de la moitié de ses achats, et auquel il est relativement fidèle ;

[35] Pour des présentations de ces nouveaux modes de communication, voir Bodier S. et Kauffmann J. (2011), *Le Web marketing*, Presses Universitaires de France, Paris ; Décaudin J.-M. et Digout J. (2011), *E-publicité*, Dunod, Paris.

[36] Communication d'Alain Thieffry, Directeur du Marketing et de la Communication de Carrefour Europe, à la Table Ronde « Fidélité du client » organisée lors du 3e Colloque Etienne Thil en septembre 2000 à La Rochelle.

- il fréquente régulièrement un second point de vente, auquel il consacre environ 20 % de ses dépenses, et qui sera, suivant les cas, un magasin populaire de centre ville, un marché, ou un magasin de *hard discount* ;
- enfin, il consacre environ 30 % de ses dépenses à un point de vente qu'il fréquente occasionnellement sous l'influence d'opérations promotionnelles, et auxquelles il n'est pas fidèle.

Ces données mettent en évidence l'importance du facteur promotionnel dans le choix d'un point de vente, et l'importance de ces techniques pour induire des flux de trafic supplémentaire vers les magasins. L'importance des techniques promotionnelles en distribution a une seconde justification : le consommateur décide de plus en plus souvent dans le magasin des produits qu'il va acheter. Les mises en avant de produit (têtes de gondoles, cheminées promotionnelles, stop rayons, etc.) tiennent donc une grande place dans le choix de la marque achetée. Nous présenterons les principales techniques promotionnelles, puis les méthodes d'évaluation de l'efficacité promotionnelle.

A. - les techniques promotionnelles en magasin

L'encombrement des marchés résultant de la multiplication du nombre des produits, la saturation de l'attention des consommateurs par l'intensité de la communication publicitaire, et l'évolution des comportements d'achat, conduisent le consommateur à prendre de plus en plus de décisions de choix de produit dans le point de vente lui-même. Le peu de temps que le prospect va consacrer en moyenne au choix d'un produit en rayon[37], combiné à l'abondance de l'offre en linéaire, rend très efficaces toutes les actions promotionnelles destinées à mettre un produit en avant pour stimuler ses ventes[38]. Deux types d'actions promotionnelles en magasin doivent être distingués :

- **Des opérations initiées par le producteur en partenariat avec le détaillant**. Elles sont associées à des opérations de lancement de marques nouvelles, ou de nouveaux produits sous une marque existante. Elles peuvent également avoir pour objectif de relancer les ventes d'un produit, ou de maintenir la pression de la

---

[37] Dans le rayon épicerie sèche, le temps moyen consacré au choix d'un produit est évalué à six secondes.

[38] Desmet P. (2007), *Promotion des ventes : du 13 à la douzaine à la fidélisation*, Dunod, Paris, 2e éd.

marque vers la cible. Ces opérations cherchent toujours à mettre en avant le produit par rapport aux produits concurrents. Elles s'appuient sur des techniques comme la réduction immédiate de prix, la réduction différée (bon de réduction pour le prochain achat), le « produit girafe » (une certaine quantité de produit en plus pour le même prix), l'animation en magasin, et la mise en avant physique du produit : têtes de gondole, balisage en rayon, ou cheminée promotionnelle en milieu de gondole. Ces opérations peuvent avoir un effet très perturbateur sur les ventes : par exemple, les produits girafes n'ont pas la même taille que le conditionnement standard, et perturbent la logistique et l'implantation des rayons. Elles sont donc généralement intégrées au programme de coopération commerciale adopté par le producteur et le distributeur dans un cadre annuel. La phase de négociation de ces contrats, à l'automne de l'année n pour un programme appliqué en n+1, fait toujours l'objet d'âpres discussions autour des opérations et du budget qui leur sont associés.

- **Des opérations initiées par le distributeur, et pour lesquelles la participation des producteurs est sollicitée**. Le distributeur utilise une action promotionnelle pour stimuler les ventes dans une période de faible activité[39], ou pour renforcer l'attraction de ses magasins dans une période de grande activité commerciale. Ces opérations pourront soit s'appuyer sur des dates repères du calendrier (Pâques, fête des mères, rentrée des classes), soit créer des repères pour animer des périodes calmes (l'anniversaire du magasin, la foire aux vins). Un catalogue de produits vendus en promotion est édité, et les fournisseurs participent à la fois à son financement et au financement des opérations promotionnelles elles-mêmes. Ces actions sont également intégrées au plan annuel de coopération commerciale négocié entre le fournisseur et le magasin. L'impact de ces opérations sur l'activité des magasins peut être très important : un accroissement des ventes de 25 à 30 % par rapport à une période comparable sans promotion n'est pas rare.

[39] On peut rappeler que Boucicaut, fondateur du Bon Marché, avait « inventé » le mois du « blanc » pour soutenir les ventes dans la période creuse qui succédait aux fêtes de fin d'année.

Le développement des actions promotionnelles a été une constante dans la distribution moderne. Il pose toutefois le problème de l'évaluation économique de ces opérations et de leur apport à long terme en termes de profitabilité.

B. – l'évaluation des actions promotionnelles

L'évaluation des actions promotionnelles a été rendue possible par le développement des systèmes de lecture optique en caisse qui autorise le suivi en temps réel des ventes de chaque référence. Il est notamment possible de construire des plans expérimentaux permettant de tester différentes combinaisons de variables d'action marketing (ampleur des réductions de prix, types de mises en avant, soutien publicitaire) dans différents contextes concurrentiels[40]. Trois types d'évaluation peuvent être développés :

- **L'évaluation de la rentabilité d'une action promotionnelle pour une référence**. Le détaillant va mesurer l'accroissement des ventes, à la fois pendant l'action promotionnelle elle-même, mais surtout après cette action, afin d'évaluer l'effet de rémanence de la promotion. Cette analyse permettra aussi de mesurer si l'action promotionnelle a seulement induit une accélération des achats par un effet d'anticipation, ou un comportement de stockage opportuniste de la part des acheteurs (qui n'achètent plus le produit pendant plusieurs mois, pendant qu'ils épuisent le stock acheté en promotion), ou si elle a, au contraire, conduit à une véritable attraction de clients nouveaux qui resteront éventuellement fidèles à la marque. Ces études permettent notamment de comparer la rentabilité pour le distributeur d'une politique promotionnelle traditionnelle faisant alterner prix normaux et prix réduits (politique *high-low*), ou d'une politique de prix bas constants (EDLP)[41].
- **L'évaluation de l'impact de la promotion sur la catégorie de produits**. L'objectif est plus large, et aussi plus pertinent, puisqu'il vise à étudier l'impact de la promotion non plus sur une

---

[40] McLaughlin E. et Lesser W. (1987), « Experimental price variability and consumer response : tracking potato sales with scanners », *Journal of Food Distribution Research*, Vol. 18, n° 1, pp. 108-115.

[41] Hoch S., Drèze J. et Purk M. (1994), *op. cit.*

seule référence, mais sur la catégorie de produits à laquelle elle appartient. Un distributeur sera notamment très sensible à l'impact de la promotion sur les ventes de sa MDD : cette dernière lui procurant en général un taux de marge supérieur à celui des marques nationales, comme nous l'indiquerons dans le chapitre 4, il n'a pas intérêt à ce qu'une promotion détourne durablement l'acheteur au profit de la marque nationale qui réduit son différentiel de prix par rapport à la MDD. Seule l'expérimentation permet d'évaluer ces effets selon les catégories de produits, mais aussi selon les enseignes[42].

- **L'évaluation de l'interdépendance des variables d'action marketing manipulées par l'enseigne et des actions promotionnelles**. C'est l'objectif le plus ambitieux des contrôles des actions promotionnelles, car il vise à cerner non seulement l'impact de la promotion sur les ventes des produits, mais aussi l'influence de la promotion de concert avec des actions de communication sur l'attraction exercée par le point de vente dans sa zone de chalandise[43]. L'intérêt de ces travaux est de prendre en compte l'extrême interdépendance des caractéristiques physiques du point de vente, de ses actions de communication et de ses actions promotionnelles.

La mise en œuvre des différentes méthodes d'évaluation est certes possible grâce aux bases de données *scanning* dont disposent désormais les détaillants. Mais la masse de données représente en elle-même un problème majeur[44], et la complexité des interactions entre variables rend nécessaire un profond renouvellement des méthodes d'analyse statistiques (logiciels de *data mining*, utilisation de réseaux de neurones, etc.).

---

[42] Bayle-Tourtoulou A.-S. (2000), « L'impact des promotions sur les ventes et sur la structure concurrentielle de la catégorie de produits », *in* Volle P. (éd.), *op. cit.*, Economica, Paris, pp. 269-285.

[43] Macé S. (2000), « Le micro-marketing du point de vente et l'efficacité des promotions », *in* Volle P. (éd.), *op. cit.*, Economica, Paris, pp. 247-267.

[44] des Garets V. (2007), « Les systèmes d'information et la grande distribution : nécessité ou opportunité ? », *in* Dubois P.-L. et Dupuy Y. (éds.), *Connaissance et management*, Economica, Paris, pp. 203-213

§ 4. - l'évolution de la communication des enseignes et l'émergence d'un marketing relationnel

L'évolution du comportement des consommateurs, la modification du champ concurrentiel, notamment à la suite de la réduction du nombre d'enseignes nationales et de l'arrivée de concurrents internationaux, et le développement de nouvelles formes de vente, notamment à travers le commerce électronique, font émerger chez les distributeurs de nouvelles interrogations sur leur stratégie en général, et la place de la communication dans cette stratégie en particulier. Un triple constat oriente la réflexion des enseignes :

- L'importance centrale de la zone de chalandise et du phénomène spatial a conduit à sous-estimer l'influence de variables explicatives plus fines, notamment en termes de différenciation des attentes des clients, par exemple en matière de structure de l'assortiment.
- L'orientation transactionnelle des détaillants les a conduits à confondre transactions (le ticket de caisse) et clients. Le détaillant ressent donc la nécessité de développer une relation plus étroite avec ses clients (marketing relationnel). La communication descendante, de l'enseigne vers le prospect, doit être complétée par une communication ascendante, du prospect vers l'enseigne. L'objectif de ces actions est de développer la fidélité du client à l'enseigne, en premier lieu grâce à la satisfaction du client, et à titre complémentaire, par le développement de programmes de fidélisation.
- Les interactions entre les différentes variables d'action marketing mises en œuvre par le point de vente sont mieux connues, et permettent donc une nouvelle orientation de la stratégie marketing. La place des variables de communication par les médias doit être articulée avec la fonction de communication du point de vente lui-même.

On peut ainsi imaginer un modèle de la communication de l'enseigne avec ses clients tel que décrit dans le schéma 3.6. La principale évolution de la communication des enseignes se manifeste dans son orientation temporelle. Elle vise, en effet, à la fois à construire une image durable de l'enseigne, traduisant la spécificité de son positionnement concurrentiel, et à développer des relations à court terme avec le consommateur de nature à favoriser sa fidélité. Une distinction importante à cet égard doit être rappelée entre fidélité et fidélisation : le client peut être fidèle à un point de vente parce qu'il en est satisfait, et qu'il y trouve une solution acceptable à ses problèmes d'approvisionnement et, éventuellement, de recherche d'une expérience gratifiante de magasinage. Les différents programmes de fidélisation peuvent jouer un rôle « d'accélérateur » de cette fidélité, sans pour autant se substituer au rôle majeur de la satisfaction résultant de l'offre du magasin lui-même.

schéma 3.6.

un modèle général de la communication du distributeur

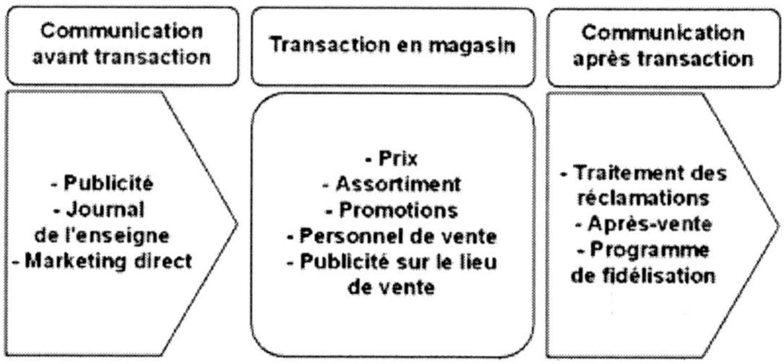

section IV
le merchandising

Nous définirons le *merchandising* comme l'ensemble des techniques mises en œuvre dans un magasin pour accroître sa rentabilité grâce à une optimisation de la composition de l'assortiment et de sa présentation physique aux clients. Ayant déjà analysé la place de l'assortiment dans la gestion du point de vente et de l'enseigne, nous aborderons ici trois domaines fondamentaux du *merchandising* : l'aménagement de la surface de vente du magasin, l'implantation d'un rayon et, enfin, les instruments de pilotage de la fonction *merchandising*.

§ 1. - l'aménagement de la surface de vente du magasin

La généralisation du libre-service a conféré à l'espace en magasin une fonction nouvelle : mettre les produits en valeur pour que le chaland les achète. La recherche de la meilleure allocation possible de l'espace de vente aux catégories de produits et la recherche d'une optimisation de la circulation des clients dans le magasin constituent une première mission du *merchandising*. A partir de l'organisation de la circulation du client dans le magasin, l'ordonnancement des différents rayons peut être imaginé.

A. - l'organisation du parcours du client dans le magasin

La conception du parcours du client dans le point de vente résulte de la confrontation de deux perspectives contradictoires :

- Du point de vue du **distributeur**, le parcours du client dans la surface de vente doit être influencé afin de le placer en contact avec le plus grand nombre possible de produits. Les magasins Ikea ont fait évoluer tardivement une implantation qui contraignait le client à traverser la totalité du magasin pour rejoindre la sortie. La prise en compte des objectifs du distributeur oriente donc l'aménagement de l'espace dans un sens contraignant pour le chaland. Notons également que, dans un souci de réduction des coûts, le distributeur peut aussi chercher à transférer des activités logistiques, par exemple en termes de manutention de produits volumineux, sur le consommateur lui-même[45].
- Du point de vue du **client**, l'espace doit rendre la visite du magasin agréable, et plus fondamentalement, faciliter des pratiques d'appropriation de l'espace, éventuellement d'ailleurs en le détournant de sa finalité (s'arrêter pour bavarder avec des amis rencontrés dans le rayon, s'asseoir pour se reposer, s'arrêter pour recoiffer un enfant, etc.)[46]. Cette perspective, fondée sur les tra-

---

[45] Rouquet A., Goudarzi K. et Henriquez T. (2010), « Le transfert d'activités logistiques entreprise-consommateur : une comparaison des cas Auchan Drive et Ikea », *Logistique & Management*, Vol. 18, n° 2, pp. 49-61.

[46] Aubert-Gamet V. (1997), « Twisting servicescapes : diversion of the physical environment in a re-appropriation process », *International Journal of Service Industry Management*, Vol. 8, n° 1, pp. 26-41.

vaux de psychologie de l'environnement, conduit à des préconisations radicalement opposées aux précédentes : l'aménagement de l'espace de vente doit laisser au chaland la plus grande liberté possible pour y improviser des parcours laissés à son imagination.

L'aménagement intérieur d'un magasin va orienter le type de parcours que pourra adopter le visiteur. A titre d'illustration, le schéma 3.7 présente plusieurs exemples d'organisation de ces parcours à partir de deux modalités de base d'implantation physique du point de vente : l'implantation en hippodrome, qui suggère au client un parcours en boucle, et qui est dérivé des pratiques historiques des grands magasins, et le parcours en ligne brisée, qui découle de la pratique des premiers hypermarchés.

schéma 3.7.

exemples d'organisation du parcours du client dans la surface de vente

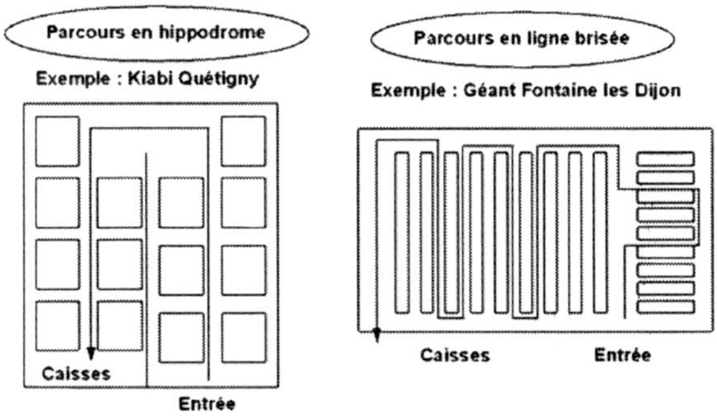

Le parcours du chaland en magasin est fortement influencé par l'organisation de l'espace de vente. Bonnin a ainsi pu montrer qu'une implantation en îlots d'un rayon vêtements pour femmes, laissant le consommateur improviser son trajet, était plus favorable à l'exploration du rayon (temps passé plus important, nombre plus significatif de produits examinés). Au contraire, une implantation rectiligne, sur le modèle des linéaires alimentaires, incite à une traversée plus rapide du rayon[47].

[47] Bonnin G. (2000), « Le comportement physique du magasineur au point de vente : du déplacement à la production d'expérience par les pratiques d'appropriation », *Actes du 3e Colloque Etienne Thil*, La Rochelle, pp. 1-20 (CD-rom).

Dans le cas de magasins fréquentés régulièrement, les grandes surfaces à dominante alimentaire notamment, le client va utiliser un parcours qu'il a développé par apprentissage et qui lui permettra d'automatiser un certain nombre d'achats répétitifs. Si le magasin impose au client une modification de son parcours, par exemple à la suite d'une réimplantation des rayons, le client éprouvera une insatisfaction parfois suffisamment forte pour le faire changer de magasin : « apprendre » un nouveau point de vente n'est pas alors plus coûteux psychologiquement que développer de nouvelles routines dans le point de vente habituel.

B. – l'ordonnancement des rayons

La seconde question posée par l'aménagement de l'espace concerne la localisation des différents rayons les uns pas rapport aux autres, et par rapport au parcours général du client dans le magasin :

- **Une première distinction oppose les rayons de destination et les rayons de trafic.** Un rayon est une destination s'il figure dans la liste, écrite ou simplement mentale, que le client a établie avant la visite au magasin. Des produits comme la crémerie, l'eau minérale ou les apéritifs sont des rayons de destination. Les filtres à café ou les gâteaux pour l'apéritif sont des rayons de passage, c'est-à-dire que le client qui les traverse ne l'a pas nécessairement prévu, mais va utiliser l'assortiment présenté comme aide à la décision pour se rappeler des achats qu'il devrait faire. Le distributeur utilise les rayons de destination comme moyen d'attirer le chaland dans des zones spontanément peu fréquentées (zones dites « froides » du magasin).
- **Une seconde distinction oppose deux modes d'implantation des rayons : par produits, ou par univers.** Dans une implantation par produits, le distributeur cherche à regrouper dans un même lieu des produits comparables. Par exemple, les mouchoirs jetables peuvent être rapprochés du papier essuie-tout en rouleaux. Un magasin de jouets peut regrouper les produits par tranches d'âges. Dans une implantation par univers, au contraire, les voisinages entre produits sont déterminés par la contiguïté de leur utilisation[48]. Confrontée à une situation concurrentielle défavora-

[48] Une règle empirique dans la distribution alimentaire conseille, par exemple, de ranger les produits dans le magasin de la même manière que les clients les rangent dans leurs placards.

ble qui l'avait conduite, en 1999, à fermer 13 de ses 44 magasins français, la chaîne Toys 'R' Us a adopté une implantation par univers qui a immédiatement entraîné en 2000 une progression spectaculaire de ses résultats financiers (voir l'encadré 3.3).

encadré 3.3.

un exemple d'implantation par univers : Toys 'R'Us France

Arrivée sur le marché français dans les années 1980, la chaîne américaine Toys 'R'Us, alors leader mondial de la distribution du jouet, avait adopté une implantation de ses rayons par catégories de produits. Les gondoles étaient disposées parallèlement, de part et d'autre d'une allée centrale. Le linéaire développait une implantation verticale massive (rayons de près de 3 m de hauteur).

La surabondance des produits et la difficulté qu'éprouvaient les acheteurs pour s'orienter dans les rayons ont conduit en 1999 à l'adoption d'une nouvelle implantation, qui organise le magasin autour d'univers homogènes qui constituent des îlots thématiques homogènes. Le nombre de références en magasin a été réduit, et les ventes ont connu une progression jugée très satisfaisante par la chaîne.

Implantation de Toys 'R'Us « Les Atlantes » à Saint-Pierre-des-Corps (Indre-et-Loire)

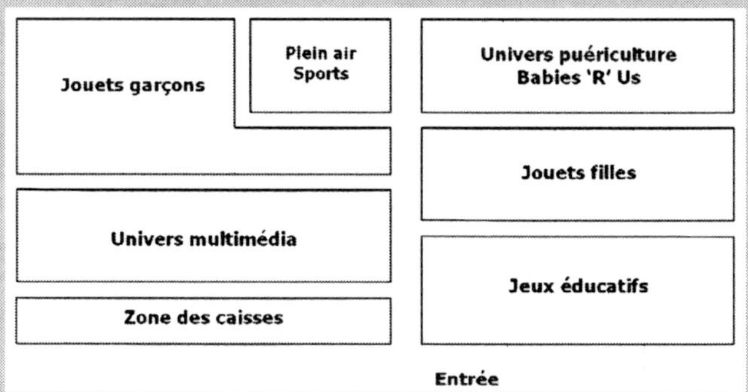

L'adoption d'une organisation par univers bouleverse profondément le fonctionnement d'un magasin. L'implantation par familles de produits était ainsi souvent influencée par des contraintes logistiques : les produits volumineux, lourds et nécessitant un réassortiment fréquent, étaient implantés en périphérie de la surface de vente, à proximité des accès aux réserves pour limiter les flux dans le magasin. L'implantation par univers remet en cause le caractère prioritaire des contraintes logistiques. Elle bouleverse également les relations avec les fournisseurs dans le cadre de la collaboration autour des actions de *merchandising*.

Le producteur raisonne traditionnellement à partir de familles de produits, et l'adoption d'univers le contraint à remettre en cause, parfois profondément, son organisation, y compris parfois l'organisation de sa force de vente. La gestion par catégories (*category management*) a été développée par les producteurs et les distributeurs pour tenter de rationaliser leurs relations dans le cadre des univers de vente. Les enjeux de ces nouvelles pratiques sont d'autant plus importants que la délimitation des univers est largement intuitive, et peut bouleverser gravement les habitudes d'achat des consommateurs[49] : quel distributeur prendra par exemple le risque de supprimer le rayon des jus de fruits, pour rattacher le jus d'orange à l'univers « petit déjeuner » ? Un tel exemple illustre les limites de l'implantation par univers. La gestion par catégories bouleverse également l'organisation de la fonction achat chez les distributeurs[50]. Mais elle est désormais un élément important de la coopération entre distributeurs et fournisseurs, notamment dans le cadre de la rationalisation des flux logistiques (voir le chapitre 7).

§ 2. - l'implantation d'un rayon

Lorsque les différentes familles de produits ont été localisées à l'intérieur du magasin, il reste à disposer les produits les uns par rapport aux autres dans chaque rayon. Le mode de présentation des produits a beaucoup évolué depuis les débuts du libre-service, et certaines

---

[49] Lessassy L. (1998), « Merchandising d'enseigne et difficultés de repérage de l'offre en magasin : les effets limités de l'organisation en filières », *Actes du 1e Colloque Etienne Thil*, La Rochelle, pp. 78-93.

[50] Benoun M. et Héliès-Hassid M.-L. (2003), *Distribution : acteurs et stratégies*, Economica, Paris, 3e éd.

familles de produits bénéficient de mobiliers très élaborés, qui peuvent être disposés en îlots pour briser la monotonie des longs alignements des gondoles : tels sont les cas de familles de produits à forte marge (textile), ou susceptibles de valoriser l'image qualitative du magasin (vins fins). La très grande majorité des produits restent cependant implantés dans des gondoles rectilignes, et le détaillant va chercher à optimiser leur exploitation tant en termes de développement du volume des ventes que de développement du confort d'achat de la clientèle. Après avoir rappelé les critères d'affectation d'espace en linéaire, nous présenterons les principales variantes de l'implantation du linéaire.

A. - les critères d'affectation du linéaire

Lorsque le plan d'assortiment est défini, c'est-à-dire que le détaillant connaît le nombre de références qui seront proposées dans une famille de produits, il reste à affecter le linéaire disponible à chacune des références. Les contraintes physiques résultant des caractéristiques des gondoles vont être déterminantes : la longueur de linéaire développé dans un rayon est une donnée (nombre de tablettes dans la gondole x longueur de chaque tablette), et le détaillant va devoir tenter d'optimiser son utilisation. Quatre critères peuvent servir à guider l'affectation du linéaire :

- **L'élasticité des ventes au linéaire développé**. Les inventeurs du libre-service ont popularisé l'adage : « ce qui se voit se prend, ce qui se prend s'achète ». Ce principe est une traduction très opérationnelle des théories de la perception par le consommateur : pour qu'un produit soit remarqué en rayon, il doit disposer d'un espace minimum qui le rende perceptible par un chaland se déplaçant devant le rayon. L'application de ce principe conduit naturellement à accorder le plus de place possible à la référence afin de maximiser son exposition aux clients. Mais la relation qui lie les quantités vendues à la longueur de linéaire a généralement une forme en « S » : au-delà d'une certaine longueur de linéaire, les ventes se stabilisent. L'observation des ventes dans les magasins de la chaîne et, éventuellement, l'expérimentation peuvent aider le distributeur à évaluer une longueur optimale de linéaire à allouer à chaque référence, au-delà de laquelle la contribution marginale du centimètre de linéaire au chiffre d'affaires décroît.
- **La part de la référence dans les ventes de la famille de produits**. Les données de panels permettent aux distributeurs de

connaître la part de chaque référence dans les ventes totales de la catégorie, en volume et en valeur. Cette variable peut constituer un critère supplémentaire pour décider de l'affectation du linéaire. En première approche, on peut en effet suggérer d'attribuer une part de linéaire proportionnelle à la part de marché de la référence. Mais cette règle doit être affinée : une marque *leader*, qui dispose de la plus forte part de marché dans la catégorie, sera recherchée dans le rayon parce que beaucoup de consommateurs auront décidé de la choisir de préférence à une autre. Il n'est donc pas nécessaire de lui accorder beaucoup de linéaire pour qu'elle se vende bien. *A contrario*, une marque moins connue a besoin d'un linéaire plus important que sa seule part de marché lui permettrait d'obtenir mécaniquement. Les négociations entre producteurs et détaillants incluent naturellement la fixation de la part de linéaire de chaque marque. Un producteur qui commercialise une marque *leader* peut s'appuyer sur elle pour négocier une augmentation du linéaire accordé à un nouveau produit, en acceptant de réduire en contrepartie le linéaire de la marque *leader*. On voit donc que le critère de la part des ventes est susceptible de multiples déclinaisons.

- **La part de la référence dans la rentabilité du rayon**. La rentabilité d'une référence est définie par l'équation suivante : rentabilité = rotation x marge. La rotation correspond au critère du chiffre d'affaires que nous venons d'exposer. En revanche, la part de chaque référence dans la rentabilité de la famille de produits constitue un troisième critère possible d'affectation du linéaire. La référence qui contribue le plus significativement à la fois à la rotation et à la marge se verra dotée d'un linéaire maximum. Le principal problème posé par cette méthode réside dans le choix d'un indicateur de marge qui puisse être calculé pour chaque référence : la marge brute (prix de vente – prix d'achat) ne prend en compte que les conditions sur facture, et ne retient ni les marges arrière, ni les budgets de coopération commerciale. Elle a également pour inconvénient de ne pas prendre en compte le coût que supporte le détaillant pour vendre la référence, et notamment son coût logistique.
- **Les contraintes logistiques**. La généralisation de l'approvisionnement en flux tendus conduit les magasins à supprimer

progressivement les réserves, du moins à fortement réduire leur taille (voir le chapitre 5). Une livraison en magasin est immédiatement mise en rayon. L'espace disponible en rayon doit donc correspondre à la taille de l'unité de conditionnement utilisée par le fournisseur. Cette taille devient une contrainte pour calculer le linéaire minimum à allouer au produit. Or, cette réduction du stock expose le magasin à un risque potentiel de rupture qui peut entraîner des effets très négatifs auprès de la clientèle[51].

L'affectation du linéaire aux références composant l'assortiment est donc une opération complexe. Les quatre critères que nous venons d'exposer permettent de disposer d'une base relativement objective pour guider la prise de décision du distributeur. Ils ne doivent pas être considérés comme des règles absolues de décision, ne serait-ce que parce que le linéaire ainsi élaboré est un outil de vente, et qu'il doit donc rester attractif pour le consommateur.

B. - les variantes d'implantation du linéaire

La longueur de linéaire affectée à chaque référence a été définie. Comment localiser à présent les références dans le linéaire ? L'implantation du linéaire est à nouveau guidée par deux familles de critères, le comportement de l'acheteur, d'une part, des critères économiques, d'autre part :

- La prise en compte du **comportement de l'acheteur** conduit à distinguer des produits dont l'achat est prévu (en général, marques *leaders* et produits à forte rotation), et des produits dont l'achat va être déclenché par l'exposition au chaland lors de son passage devant la gondole. Les produits spontanément recherchés seront placés aux extrémités des gondoles pour créer un flux de circulation le long de la gondole. Les produits de rappel seront au contraire placés entre les extrémités. La création des « cheminées promotionnelles », situées en milieu de gondole, et matérialisées par une rupture physique dans l'alignement du linéaire, permettra aussi d'accentuer cet effet.

[51] Connan-Guesquière C. (2011), « Le consommateur face à une rupture de stock : comment réagit-il ? », *Décisions Marketing*, n° 62, pp. 31-42.

- Les **critères économiques** conduisent à nouveau à accorder la place la plus favorable aux références les plus rentables (la MDD dans les rayons médians de la gondole, à la hauteur des yeux), et les autres emplacements aux produits recherchés spontanément : marques *leaders* et produits premier prix.

Ces critères doivent enfin être subordonnés au mode d'implantation du rayon. Deux modes d'implantation sont concevables. D'un côté, une implantation horizontale, dans laquelle chaque tablette de la gondole est consacrée à une catégorie de produits, les marques étant placées les unes à côté des autres. De l'autre, une implantation verticale, dans laquelle ce sont les catégories qui sont placées les unes à côté des autres, et les marques verticalement. Les avantages de l'implantation verticale en termes de lisibilité par le consommateur, et de limitation de ses déplacements en rayon, l'ont faite adopter par la très grande majorité des distributeurs.

§ 3. - les instruments de pilotage de la fonction *merchandising*

La principale source de validation d'une implantation de rayon est sa performance commerciale. La diversité des facteurs qui influencent l'efficacité d'une configuration est en effet considérable, et tient à la fois aux produits, à l'environnement physique du point de vente, et aux caractéristiques de sa clientèle, sans exclure l'influence de facteurs saisonniers ou conjoncturels. Le *merchandising* doit donc faire l'objet de contrôles permanents, afin de vérifier constamment l'adéquation de l'offre aux attentes de la clientèle. En outre, la quantité d'informations nécessaires à l'élaboration d'un plan d'affectation du linéaire rend très utiles les outils informatisés d'aide à la décision. Nous exposerons successivement les principaux indicateurs de performance du linéaire, et notamment les analyses du profit direct du produit, puis nous présenterons quelques exemples d'outils d'aide à la décision d'implantation et au contrôle de la productivité du linéaire.

A. - les indicateurs de performance

Le modèle général d'évaluation de la performance d'une organisation s'applique naturellement à l'analyse de la performance du linéaire, qui constitue l'une des principales ressources du point de vente. Le détaillant devra donc évaluer son efficacité (niveau des performances), son efficience (rapport entre moyens engagés et résultat) et sa rentabilité (écart entre produit et coût des ressources engagées) :

- **Les indicateurs d'efficacité**. L'efficacité de l'implantation du linéaire peut être appréhendée non seulement en termes de ventes (chiffre d'affaires, nombre d'articles vendus), mais aussi en termes de contacts entre les chalands et les produits : on retiendra, par exemple, le nombre de passages dans l'allée, le nombre d'arrêts devant la gondole, le nombre d'articles pris en main. Le taux de transformation des passages en achats est également un bon indicateur d'efficacité.
- **Les indicateurs d'efficience**. La mesure de l'efficience consiste à rapporter les indicateurs d'efficacité aux ressources engagées par le point de vente. La mesure du linéaire développé constitue un bon indicateur des ressources mises en œuvre. On pourra donc rapporter les ventes, en valeur et en volume, à la longueur du linéaire pour calculer sa productivité.
- **Les indicateurs de rentabilité**. Le calcul de la rentabilité est plus problématique. Il est certes possible, dans un premier temps, de calculer la marge brute dégagée par la référence, et de la rapporter au linéaire développé. Mais la prise en compte de cette seule marge brute dégagée par la référence (prix de vente – prix d'achat) est insuffisante, puisque deux références qui dégagent la même marge brute peuvent supporter des coûts de distribution très différents.

Le calcul du profit direct du produit (PDP) a été proposé pour affiner le calcul de la marge, en soustrayant de la marge brute toutes les charges directes supportées par le magasin au titre de la distribution de la référence étudiée. Le calcul de cet indicateur a notamment conduit les producteurs de lessives et de produits assouplissants à développer les produits concentrés, dont le conditionnement, plus petit que celui des produits classiques, permet une augmentation significative du profit direct. Nous y reviendrons dans le chapitre 6, qui évoque des méthodes alternatives d'analyse des coûts.

B. – les outils d'aide à la décision en gestion du linéaire

De nombreuses informations doivent être prises en compte simultanément pour élaborer un linéaire : informations sur les ventes du magasin, et leurs caractéristiques saisonnières éventuelles (bases de données internes au point de vente) ; informations sur le marché du produit, au plan national et régional, et en particulier sur les phénomènes de complémentarité et de substitution entre produits et entre marques à l'intérieur d'une catégorie (données de panels d'acheteurs et de détaillants) ; informations sur l'élasticité de la demande à des variables telles que les prix, les actions publicitaires ou promotionnelles (données issues de recherches menées par les producteurs ou les détaillants). On imagine aisément la difficulté que constitue l'intégration de ces informations dans la constitution du plan d'implantation d'un linéaire pour un magasin précis.

Le développement des bases de données commerciales et l'augmentation de la puissance de traitement des ordinateurs ont permis aux sociétés d'études spécialisées, comme Nielsen, IRI-Secodip ou GfK, d'élaborer des modèles de construction de linéaire qui peuvent poursuivre deux objectifs :

- d'une part, de construire un linéaire, en proposant sa visualisation, ce qui permet d'évaluer son caractère attractif pour le chaland ;
- d'autre part, de rechercher l'optimisation de certains paramètres, et de simuler l'impact de modifications de ce linéaire sur sa performance (efficacité, efficience et rentabilité).

La société AC Nielsen commercialise ainsi une famille de logiciels intégrés qui couvrent l'ensemble du champ du *merchandising*, et peuvent être utilisés aussi bien par le producteur (construction de préconisations destinées à la force de vente) que par le détaillant (gestion du linéaire) : analyse des catégories de produits (logiciel Category Manager), gestion et optimisation du linéaire (Spaceman), visualisation du linéaire (Spaceman Viewer). Des possibilités comparables sont proposées par le système Apollo de la société IRI-Secodip.

L'évolution des pratiques du *merchandising* donne donc une grande importance à deux compétences complémentaires du distributeur : sa capacité d'analyse et de modélisation en vue d'optimiser la gestion du linéaire, mais aussi sa créativité et sa capacité à anticiper les modifications des attentes de sa clientèle. Cette seconde compétence va aussi trouver un domaine d'exercice important dans la construction de l'atmosphère du point de vente pour transformer la visite au magasin en expérience gratifiante pour le client.

section V
l'atmosphère du point de vente et la valorisation de l'expérience de magasinage

Dès le début des années 1970, Kotler avait émis une hypothèse selon laquelle l'atmosphère du point de vente, résultat de l'influence conjointe des variables caractérisant l'environnement physique de l'acheteur, exerce une influence sur le comportement de ce dernier, et doit dde fait être traitée comme un moyen d'action contrôlable par le distributeur, au même titre que le prix, l'assortiment ou la communication[52]. L'analyse de l'influence des différentes composantes de l'atmosphère du point de vente sur le comportement du chaland constitue désormais un important domaine d'investigation pour les chercheurs comme pour les praticiens.

Mais l'environnement de la tâche d'achat est aussi appréhendé comme une source de gratification à part entière pour le consommateur. A la fonction traditionnellement retenue de source d'acquisition de produits s'ajoute désormais une autre fonction de la fréquentation des points de vente : celle de procurer au chaland une gratification résultant directement de son interaction avec le magasin, indépendamment de la fonction d'approvisionnement. Ce nouveau courant d'analyse voit dans le point de vente une nouvelle forme de vie sociale, mais aussi de gratification hédoniste, à la frontière entre le commerce et les loisirs, ce qui conduit des auteurs et des praticiens nord-américains à proposer le terme de *retailtainment*. Leurs réflexions débouchent sur des préconisations novatrices, à la fois en termes d'organisation de points de vente traditionnels, mais aussi d'élaboration de nouveaux formats de magasins.

---

[52] Kotler P. (1973), « Atmospherics as a marketing tool », *Journal of Retailing*, Vol. 49, n° 4, pp. 48-64.

§ 1. - l'analyse des variables d'atmosphère au point de vente

A partir de l'analyse des processus d'influence exercée par l'environnement sur l'individu, de nombreux travaux théoriques et empiriques ont évalué l'influence des principales composantes de l'environnement : lumière, musique, densité de la foule et parfums d'ambiance[53].

A. - la modélisation de l'influence de l'atmosphère sur le comportement

Les principes de l'influence de l'environnement physique sur le comportement ont été énoncés par Mehrabian et Russel[54]. Selon ces auteurs, les stimuli émanant de l'environnement physique suscitent un état psychologique dans l'organisme qui les perçoit, et induisent un comportement de réponse de la part de cet organisme (modèle SOR, pour stimulus-organisme-réponse). Bitner a proposé une adaptation de ce modèle général à l'étude de l'influence de l'atmosphère du point de vente, qui constitue désormais la principale référence théorique du courant d'analyse[55]. Plus généralement, il est désormais admis que l'atmosphère du point de vente constitue pour le chaland à la fois une source d'informations à travers les processus cognitifs, notamment par inférence, et une source de stimulation de nature plus affective[56]. Le schéma 3.8 propose une représentation de ce modèle général.

---

[53] Pour une synthèse des travaux conduits sur les diverses variables d'atmosphère, voir Rieunier S., éd. (2009), *Le marketing sensoriel du point de vente : créer et gérer l'ambiance des lieux commerciaux*, Dunod, Paris, 3e éd.

[54] Mehrabian A. et Russel J. (1974), *An approach to environmental psychology*, MIT Press, Cambridge (MA).

[55] Bitner M. (1992), « Servicescapes : the impact of physical surroundings on customers and employees », *Journal of Marketing*, Vol. 56, n° 2, pp. 57-71.

[56] Sur ce point, voir notamment Derbaix C. et Filser M. (2011), *L'affectif dans les comportements d'achat et de consommation*, Economica, Paris, pp. 111-128.

schéma 3.8.
un modèle de l'influence de l'atmosphère du point de vente

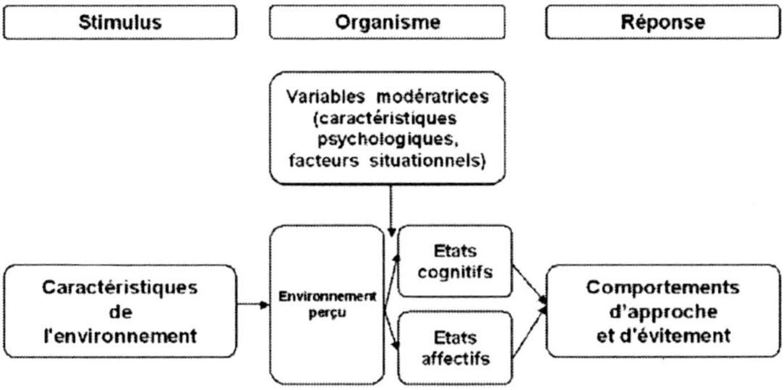

L'influence de l'environnement s'exerce à travers l'état psychologique que celui-ci contribue à créer chez l'individu, tant du point de vue cognitif qu'affectif. L'humeur et l'état émotionnel seront des variables médiatrices importantes : si l'environnement suscite chez le sujet un sentiment positif, ce dernier aura notamment tendance à évaluer plus positivement sa visite du magasin[57]. Il faut également préciser que la réponse comportementale devra être analysée en termes d'approche, c'est-à-dire de tendance à prolonger la relation avec l'environnement, ou d'évitement, c'est-à-dire de tendance à sortir de cet environnement : la mesure du temps passé dans le point de vente constitue un bon indicateur de la réponse comportementale. On soulignera, enfin, que les modèles de psychologie de l'environnement ne suggèrent pas d'influence directe de l'environnement sur le comportement d'achat. Les tests empiriques de ce modèle, dans différents environnements, ne mettent le plus souvent pas non plus en évidence de modification des ventes du magasin.

[57] Ce résultat entraîne une importante conséquence du point de vue méthodologique lors de la réalisation d'enquêtes de satisfaction en magasin. Il est en effet souhaitable de mesurer l'état affectif du répondant afin de tenter de dissocier dans la mesure de la satisfaction ce qui relève de la prestation effective du point de vente et ce qui relève de l'humeur de l'individu durant sa visite du point de vente. Si quelqu'un entre de mauvaise humeur dans un point de vente, il est probable qu'il porte un jugement plus critique sur la même prestation qu'un sujet qui serait entré de bonne humeur dans le même magasin.

B. – l'influence de la musique

La musique diffusée dans le point de vente est une variable aisément manipulable. Des travaux nord-américains[58], mais aussi français, ont tenté de préciser son mode d'influence sur les acheteurs :

- Sibéril a réalisé une importante expérimentation dans des supermarchés à dominante alimentaire où elle a diffusé des musiques différant par leur *tempo*, le volume de diffusion et le degré de sensualité[59]. Cette recherche confirme l'influence de la musique sur les états psychologiques des acheteurs, ainsi que sur les comportements d'achat. Elle met également en évidence d'importants effets d'interactions entre le *tempo* et le type de musique.
- Rieunier a conduit une expérimentation analogue dans une chaîne de boutiques de vêtements pour femmes[60]. Elle met en évidence une influence significative de l'interaction du *tempo* et du moment des achats sur l'humeur, ainsi que sur l'évaluation du point de vente. En revanche, aucune influence sur le temps passé en magasin ni sur les achats n'a été relevée.

C. – l'influence de la densité de la foule

La densité de la foule dans un point de vente est un autre thème de recherche important pour les détaillants. Le caractère très irrégulier de la fréquentation des points de vente induit en effet des contrastes très importants dans le niveau de cette variable selon les jours de la semaine et les heures, et il est essentiel d'évaluer son impact sur la clientèle. Des travaux américains avaient abordé, dès le milieu des années 1970, ce thème important[61]. Une importante recherche a été réalisée par la suite dans le contexte français par Dion-Le Mée. Elle souligne notamment l'existence de comportements d'évitement tels que suggérés par le

---

[58] Milliman R. (1982), « Using background music to affect the behavior of supermarket shoppers », *Journal of Marketing*, Vol. 46, n° 3, pp. 86-91.
Milliman R. (1986), « The influence of background music on the behavior of restaurant patrons », *Journal of Consumer Research*, Vol. 13, n° 2, pp. 286-289.

[59] Sibéril P. (1994), *Influence de la musique sur les comportements des acheteurs en grandes surfaces de vente*, Thèse de doctorat en Sciences de Gestion, Université de Rennes I.

[60] Rieunier S. (2000), *L'influence de la musique d'ambiance sur le comportement des consommateurs sur le lieu de vente*, Thèse de doctorat en Sciences de Gestion, Université Paris IX-Dauphine.

[61] Harrell G. et Hutt M. (1976), « Crowding in retail stores », *MSU Business Topics*, Vol. 24, n° 1, pp. 33-39.

modèle de Bitner : si le client estime que la gêne qu'il perçoit est structurelle, il a tendance à quitter le magasin plus vite que prévu en renonçant à des achats. Si, au contraire, la gêne est perçue comme passagère, il modifie son comportement sans interrompre ses achats[62].

D. – l'influence des parfums d'ambiance

Le parfum particulier de la petite épicerie d'antan est l'une des caractéristiques les plus marquantes de cette forme de distribution traditionnelle. La puissance d'évocation des parfums en fait une variable d'atmosphère particulièrement attrayante pour les détaillants. Leur effet dans le point de vente a fait l'objet de recherches en Amérique du Nord[63]. Daucé a utilisé, dans le cadre d'une expérimentation dans une chaîne française de magasins de vêtements, des diffuseurs de parfums de synthèse pour évaluer l'impact de cette variable sur le comportement des clients. Il conclut à une influence positive sur l'évaluation générale du magasin, l'état émotionnel du client et le temps passé en magasin. En revanche, les achats (montant, nombre d'articles) ne sont pas influencés[64].

Le tableau 3.5 rappelle les principaux résultats auxquels parviennent des recherches expérimentales conduites dans le contexte de la distribution française. Un important apport de ces travaux est la confirmation de l'absence d'influence directe de l'atmosphère du point de vente sur le montant des achats. En revanche, l'atmosphère est valorisée positivement par l'acheteur et devient ainsi, en elle-même, une source de gratification psychologique. Ces travaux contribuent ainsi à renforcer l'intérêt que portent désormais les détaillants à la valorisation de l'expérience que constitue pour le client la visite de leurs magasins, notamment comme source de fidélisation.

---

[62] Dion-Le Mée D. (1999), *La foule dans un contexte commercial : concept, mesure, effets sur les comportements*, Thèse de doctorat en Sciences de gestion, Université de Rennes I.

[63] Spangenberg E., Crowley A. et Henderson P. (1996), « Improving the store environment : do olfactory cues affect evaluations and behaviors ? », *Journal of Marketing*, Vol. 60, n° 2, pp. 67-80.

[64] Daucé B. (2000), *La diffusion de senteurs d'ambiance dans un lieu commercial : intérêts et tests des effets sur le comportement*, Thèse de doctorat en Sciences de Gestion, Université de Rennes I.

tableau 3.5.

revue des résultats de recherches académiques françaises sur l'influence des variables d'atmosphère

Auteur	Domaine	Variable explicative	Effets significatifs	Effets non significatifs
Sibéril, 1994	Supermarchés alimentaires	Musique d'ambiance	Influence de la musique sur l'état émotionnel des chalands	Pas d'influence du *tempo* ni du style de musique sur le temps passé en magasin, ni sur le nombre d'articles achetés
Rieunier, 2000	Boutique habillement	Musique d'ambiance	Interaction du moment des achats et du *tempo* pour influencer l'humeur et l'évaluation de l'atmosphère du magasin	Pas d'influence du *tempo* sur le temps passé en magasin, ni sur le nombre d'articles achetés, ni sur l'interaction avec les vendeurs
Dion-Le Mée, 1999	Hypermarché	Densité de la foule	La densité de la foule induit des comportements d'ajustement (moins de temps passé, moins d'achats)	Réactions différentes selon que la gêne en magasin est perçue comme passagère ou structurelle
Daucé, 2000	Boutique habillement	Parfum d'ambiance	Influence du parfum sur l'appréciation du magasin, l'état émotionnel du client, et le temps passé en magasin	Pas d'influence du parfum sur le comportement d'achat (montant, nombre d'articles), ni sur la stimulation

§ 2. – la construction d'une expérience de magasinage gratifiante pour le chaland

Le développement du commerce électronique a fait prendre conscience aux détaillants en magasin de la menace qui pèse à court terme sur leur activité. En effet, le consommateur interrogé sur ses comportements d'approvisionnement affirme presque toujours que les achats sont une corvée, et qu'il est prêt à adopter une nouvelle forme de vente si elle lui permet de réaliser des gains de temps, notamment en éliminant la visite des magasins. Même si ces résultats doivent être considérés avec prudence, ils attestent de la réalité de la menace que constitue le e-commerce pour les détaillants traditionnels.

Il serait sans doute hasardeux pour un détaillant de fonder l'attractivité de ses magasins seulement sur les freins à l'adoption du e-commerce par les consommateurs. En revanche, il est opportun de s'intéresser aux gratifications que la visite du point de vente peut procurer au chaland, et tenter de définir une stratégie du magasin tournée vers la construction d'une telle expérience gratifiante. Nous présenterons les modalités de mise en œuvre d'une stratégie de positionnement du point de vente valorisant son atmosphère, puis l'élargissement de la réflexion sur le statut du point de vente qui peut en découler.

A. - les stratégies de manipulation de l'atmosphère du point de vente

Deux démarches de valorisation de la fréquentation du point de vente par le chaland ont été développées, d'abord en Amérique du Nord, ensuite en Europe :

- La **première démarche** a guidé les concepteurs des *mega-malls* américains, ces centres commerciaux géants ouverts pendant la décennie 1990, et qui ont pour principale caractéristique de combiner les activités commerciales à une très grande échelle (plusieurs centaines de grandes surfaces et de boutiques) et des activités récréatives : parc à thème, cinéma multiplexe, restauration, spectacles. Les deux exemples les plus aboutis sont incontestablement Mall of America à Minneapolis aux Etats-Unis, et West Edmonton Mall au Canada. La décennie 2000 a vu se dupliquer le modèle en Chine, avec une vigueur sans précédent[65]. Si les magasins implantés dans ces centres commerciaux géants sont assez peu différenciés des autres établissements de la même chaîne, l'ambiance du centre commercial est en revanche sans équivalent (voir l'encadré 3.4). Des réalisations d'une telle ampleur exigent naturellement une zone de chalandise exceptionnelle. On en trouve une application, sur une moindre échelle, dans les centres commerciaux du Val d'Europe et du Carré Sénart, ou le centre Disney Village ouvert près de Disneyland Paris.

---

[65] Uncles M. (2010), « Retail change in China : retrospect and prospects », *International Review of Retail, Distribution and Consumer Research*, Vol. 20, n° 1, pp. 69-84.

encadré 3.4.

Mall of America : un centre commercial conçu comme une destination touristique

Mall of America a ouvert en 1992 à Minneapolis (Minnesota). Le choix de cette ville pour un équipement de cette ampleur s'explique par sa localisation : près de 30 millions de personnes vivent à moins d'une journée de route de Minneapolis, et la conception du centre le positionne délibérément comme une destination touristique. Le service commercial du centre propose d'ailleurs aux agences de voyages des offres globales associant l'hébergement et la visite de toutes les activités proposées par le centre commercial. Pour être attractif, Mall of America combine avec gourmandise tous les superlatifs :

- plus de 300.000 m² de surface de vente,
- 12.550 places de stationnement,
- 520 magasins, dont quatre grands magasins (Macy's, Bloomingdale's, Nordstrom et Sears),
- 12.000 employés,
- 40 millions de visiteurs par an, dont 40 % de touristes,
- une durée moyenne de la visite de 3 h (trois fois la moyenne des centres commerciaux nord-américains),
- 43 restaurants à thème, 21 restaurants fast-food,
- une architecture en quadrilatère, avec au centre le parc de loisirs *Nickelodeon Universe*, comprenant 25 manèges et attractions,
- plus de 5.500 mariages célébrés dans la *Love Wedding Chapel* depuis l'ouverture.

Chacune des quatre galeries reliant les grands magasins développe un thème particulier : une grande rue typique américaine, une place du marché européenne, une synthèse des rues chic des grandes villes européennes, et un quartier à la mode (*upbeat district*).

Source : d'après : http://www.mallofamerica.com, consulté le 15 juillet 2011.

La seconde démarche consiste à appliquer les mêmes principes d'exploitation de l'atmosphère du point de vente afin que sa visite soit une expérience gratifiante pour le chaland. La chaîne française Nature & Découvertes est une excellente illustration de cette stratégie[66]. L'assortiment du magasin combine des familles de produits expérientielles, c'est-à-dire que le chaland est incité à les découvrir, les manipuler, les essayer. L'atmosphère du point de vente combine une ambiance créée par des matériaux naturels (pierre, brique, bois exotiques), des sons (musique, mais aussi sons produits par les articles exposés et manipulés par les clients) et des parfums d'ambiance. Le tableau 3.6 présente des exemples de points de vente exploitant l'atmosphère pour créer une expérience de visite agréable pour le chaland. Une application à plus grande échelle de ces mêmes principes est réalisée dans le centre commercial de la Cour Saint-Emilion, ouvert en 2000 dans les anciens chais de Paris Bercy. L'intérêt d'une telle réalisation est de combiner les principes d'un centre commercial tourné vers la création d'expérience, grâce à son architecture originale, et une combinaison novatrice d'activités de distribution (Sephora, Nature & Découvertes, Résonances, Oxybul, etc.), de loisirs (Club Med World) et de restauration à thème.

---

[66] Hetzel P. (2002), *Planète conso : marketing expérientiel et nouveaux univers de consommation*, Editions d'Organisation, Paris.

tableau 3.6.

valorisation de l'atmosphère du point de vente : quelques illustrations en Europe

Activité	Enseigne	Localisation	Caractéristiques
Producteur	Niketown	Londres, Berlin	– Construction d'une légende de la marque Nike à travers la mise en scène des produits, associés à des sportifs légendaires
Producteur	Swatch Megastore	Paris (Champs-Elysées)	– Création d'une atmosphère congruente avec l'image de mode de la marque – Valorisation de l'éphémère et du ludique
Producteur	Emporio Armani	Paris (Saint Germain)	– Atmosphère de prestige, mise en scène de l'ensemble de l'assortiment de la marque
Détaillant	Décathlon Parc de la Forme	Mulhouse, Lille, Marseille	– Valorisation de l'utilisation des produits grâce à des pistes d'essai – Extension du territoire de l'enseigne du sport à la forme en général
Détaillant	Citadium	Paris (Haussmann)	– Mise en scène d'univers d'activités sportives – Atmosphère s'appuyant sur le positionnement des marques et l'évocation de l'utilisation des produits
Détaillant	Abercrombie & Fitch	Paris (Champs-Elysées)	– Atmosphère de *night club* (bruit, lumière, jeux de rôle du personnel de vente)
Détaillant	Sephora	Paris (Champs-Elysées)	– Atmosphère développant une impression de beauté et de luxe accessibles, mise en scène d'un assortiment de masse
Détaillant	Virgin Megastore	Paris (Champs-Elysées)	– Mise en valeur de l'accès à la musique en facilitant l'écoute des disques, mise en scène de la masse de l'assortiment

B. - la théorie du réenchantement de la consommation : un nouveau statut pour le magasin ?

Faut-il voir dans ces expériences de valorisation de l'atmosphère du point de vente l'effet d'une mode passagère, ou s'agit-il d'une tendance lourde, susceptible d'influencer durablement les pratiques commerciales ? On doit à Ritzer une analyse très stimulante de la place de la distribution dans la société contemporaine[67]. Selon cet auteur, la distribution est un « moyen de consommation » (par analogie avec les « moyens de production »), c'est-à-dire qu'elle est une importante source d'utilité pour le client, non seulement à travers sa fonction d'approvisionnement, mais surtout à travers la stimulation qu'elle peut procurer au consommateur. Elle contribue ainsi à la construction de la « société du spectacle », analysée par Debord, qui doit compenser la monotonie de la vie moderne et de la rationalisation à outrance de la société moderne[68]. Cette recherche massive d'optimisation des processus économiques et sociaux enferme l'individu dans ce que le sociologue Max Weber dénommait « la cage de fer de la rationalité ». Pour stimuler la consommation, indispensable à la croissance économique, le lieu de vente doit procurer le « réenchantement » auquel aspire le consommateur[69].

Une telle analyse peut être rapprochée de l'étude de la consommation dans le contexte de la post-modernité, et notamment de la valorisation par l'individu de ce que Umberto Eco ou Jean Baudrillard appellent « l'hyperréalité », et qu'illustrent aussi bien les casinos de Las Vegas ou les parcs Disneyland[70]. Le point de vente retrouve également une fonction de création de lien social, en favorisant des rassemblements tribaux d'individus partageant les mêmes centres d'intérêt ou recherchant la même gratification hédoniste[71]. La conception du magasin ne doit plus dès lors être dominée seulement par sa fonction d'ap-

---

[67] Ritzer G. (2010), *The McDonaldization of society*, Pine Forge Press, Thousand Oaks (CA), 6e éd.
Ritzer G. (2010), *Enchanting a disenchanted world. Continuity and change in the cathedrals of consumption*, Pine Forge Press, Thousand Oaks (CA), 3e éd.

[68] Debord G. (1967), *La société du spectacle*, Editions Buchet-Chastel, Paris.

[69] Hetzel P. (2002), *op. cit.*

[70] Firat F. et Venkatesh A. (1995), « Liberatory postmodernism and the reenchantment of consumption », *Journal of Consumer Research*, Vol. 22, n° 3, pp. 239-267.

[71] Freitas R. (1996), *Centres commerciaux : îles urbaines de la post-modernité*, L'Harmattan, Paris.

provisionnement en marchandises et les contraintes logistiques qui en résultent. La mise en scène du magasin et de son offre constitue sa principale source de positionnement dans l'environnement concurrentiel[72]. La valeur expérientielle du point de vente devient dès l'instant un nouveau paramètre dans la conception du point de vente et dans l'analyse de sa perception par ses clients[73].

[72] Filser M. (2000), « La valeur du comportement de magasinage : de la conceptualisation aux stratégies de positionnement des enseignes », *Actes du 3e Colloque Etienne Thil, La Rochelle*, p. 1-18 (CD-rom).

[73] Mathwick C., Malhotra N. et Rigdon E. (2001), « Experiential value : conceptualization, measurement and application in the catalog and Internet shopping environment », *Journal of Retailing*, Vol. 22, n° 1, pp. 39-56.

DEUXIEME PARTIE

LA GESTION DES APPROVISIONNEMENTS DES POINTS DE VENTE

Il serait maladroit de s'intéresser à la distribution sans se pencher avec attention sur la manière dont se déroule la gestion des approvisionnements des points de vente, là où le consommateur prend possession de la marchandise. En effet, l'un des aspects essentiels de la distribution en tant que processus économique est de faire subir aux produits finis une transformation spatiale et temporelle au cours de laquelle ils sont rendus disponibles au moment et à l'endroit où la demande finale se manifeste, dans des quantités et qualités requises. Pour cela, il faudra à la fois assortir en constituant des ensembles de produits finis (références) adaptés aux besoins des consommateurs, les transporter depuis un (ou plusieurs) lieu(x) de production jusqu'aux lieux d'acquisition, et les stocker afin de dissocier les rythmes industriels de production des rythmes de consommation.

Ceci renvoie directement à l'organisation du canal de distribution, défini par l'Académie des Sciences Commerciales comme la voie d'acheminement de biens et de services entre le producteur (ou l'importateur) et le consommateur (ou l'utilisateur final), avec l'intervention éventuelle de commerçants et d'intermédiaires. Depuis les travaux de Bowersox *et al.*[1], déjà évoqués dans le chapitre 1, il est désormais admis que l'analyse de la dynamique d'évolution des canaux de distribution s'en trouve simplifiée si l'on distingue le canal transactionnel du canal logistique[2]. Rappelons que le canal transactionnel renvoie à la négociation des termes de l'échange, par exemple entre un industriel et un détaillant, au transfert de titres de propriété, à la commande puis au règlement des biens échangés. Quant au canal logistique, il concerne diverses dimensions liées aux opérations de distribution physique consécutives à la transaction, par exemple afin de savoir si les marchandises doivent ou non transiter par des entrepôts ou des plates-formes, et pourquoi. Les chapitres 4 et 5 traitent successivement de ces thèmes.

---

[1] Bowersox D., Cooper B., Lambert D. et Taylor D. (1980), *Management in marketing channels*, McGraw-Hill, New York (NY).

[2] Filser M. et Paché G. (2008), « La dynamique des canaux de distribution : approches théoriques et ruptures stratégiques », *Revue Française de Gestion*, n° 182, pp. 109-133.

chapitre 4

la politique d'achat du détaillant

L'organisation du réseau de distribution des détaillants connaît de profonds bouleversements depuis plusieurs années, dont l'un des plus significatifs est sans doute la centralisation de diverses procédures de management. D'une certaine façon, ces bouleversements correspondent, en référence à l'analyse de Moati, au passage d'un régime de « croissance extensive », fondé sur l'implantation d'une chaîne de magasins de taille suffisante pour dégager d'importantes économies d'échelle, à un régime de « croissance intensive », fondé sur une rationalisation de l'existant et une amélioration des rendements lorsque l'expansion du réseau de vente devient de plus en plus problématique[1]. Très concrètement, il s'agit de faire « mieux » avec « autant », voire « moins », notamment au niveau de la gestion des activités opérationnelles en magasin.

Le management des achats paraît assez représentatif d'une telle évolution. En effet, dans plusieurs pays d'Europe, les prérogatives décisionnelles liées au choix des produits et des fournisseurs, voire la prise de commande elle-même, sont retirées aux managers des points de vente pour les confier à des acheteurs professionnels rattachés à des centrales, même si cela est moins vrai dans le commerce associé, là où les acheteurs sont également propriétaires du fonds de commerce. Le processus repose sur des arguments objectifs, qu'il s'agisse de l'optimisation des conditions d'achat sur le plan tarifaire (effets de volume) ou encore de l'homogénéisation de l'ensemble de la politique marketing de l'enseigne. Plus largement, le transfert de compétences est justifié par la volonté de définir à un niveau central de rigoureux contrats de référencement, le plus souvent annuels, évitant aux échelons décentralisés que sont les magasins une renégociation des conditions d'achat lors de chaque transaction commerciale.

La centralisation accroît de manière très sensible la puissance d'achat des détaillants par rapport à leurs fournisseurs, et il s'agirait même pour les observateurs attentifs du commerce du but ultime de la concentration horizontale des dernières années. Par-delà certains aspects « opérationnels », la mise en place de centrales s'inscrit ainsi dans une logique d'exercice du pouvoir au sein du canal de distribution, au point que le Législateur, notamment en France, n'a de cesse d'intervenir dans le face-à-face industrie / commerce pour tenter d'empêcher la prolifé-

[1] Moati P. (2001), *L'avenir de la grande distribution*, Editions Odile Jacob, Paris.

ration de comportements prédateurs de la part des détaillants, avec un succès tout relatif au demeurant ! Après avoir restitué l'organisation des achats dans son contexte, nous ferons le point sur les principales dimensions constitutives du processus de sélection des fournisseurs, plus particulièrement en référence aux concepts de destination de l'achat et de type d'achat. Nous terminerons par l'analyse d'un contexte singulier, aux évidents enjeux économiques et sociaux : le développement de l'achat international *(global sourcing)*, symbole du « distributeur sans frontières » en émergence, et qui suppose une totale maîtrise des risques lui étant associés.

section I
le management des achats et ses enjeux

« Savoir acheter à bas prix pour revendre à bas prix... ». Même si le *leitmotiv* des fondateurs du *discount* moderne apparaît abusif, voire caricatural, il n'est pas dénué de fondements. En effet, il souligne que l'un des principaux métiers du distributeur, qu'il gère des formats de vente avec ou sans magasin, consiste à acheter (au mieux) un ensemble de produits et de services associés en vue de les revendre au consommateur, *via* la constitution d'un assortiment. Evoquer ce thème revient à étudier la gestion des interfaces entre détaillants et fournisseurs industriels, puisque ce sont ces derniers qui sollicitent le référencement d'une gamme plus ou moins élargie de produits afin de pouvoir atteindre leurs consommateurs finaux : plutôt que de parler de choix des canaux de distribution par le fabricant, il convient de se référer, sauf pour quelques cas spécifiques, aux mécanismes de sélection des fournisseurs par les distributeurs. Dans la réalité des faits, un tel renversement est particulièrement visible sur les marchés de grande consommation. Il place les fabricants dans une situation de dépendance économique et justifie, selon les Pouvoirs publics, un interventionnisme régulateur.

§ 1. - une nouvelle donne dans les relations verticales

La plupart des pays d'Europe occidentale connaissent depuis une trentaine d'années une radicale évolution des canaux de distribution, notamment alimentaires. Cette évolution, dont Chatriot et Chessel soulignent qu'elle s'inscrit dans un temps historique long[2], se concrétise par la place essentielle qu'occupe une poignée de puissants distributeurs dans la commercialisation des biens de grande consommation. En France, six grands détaillants « tiennent » le marché (voir le tableau 4.1), mais en Belgique, au Royaume-Uni ou en Allemagne, le phénomène de concentration est au moins autant avancé (les cinq premiers groupes y cumulent plus de 70 % des parts de marché). Ce processus d'oligopolisation résulte des fusions, prises de contrôle et autres rapprochements des années 1995-2010. Il pourrait se poursuivre, mais à un rythme plus lent que par le passé. Notons toutefois, à la suite des travaux de Cotta, que le processus est au moins aussi important du côté des industriels, ce qui conduit l'auteur à qualifier la situation actuelle d'oligopole bilatéral, autrement dit un *face-à-face du petit nombre*[3]. La centralisation du référencement est l'un des éléments principaux de la nouvelle donne. Si la réalité de cette structure de marché reste incontestable, elle est toutefois à nuancer en France avec la vitalité des quelque 5.200 PME agroalimentaires travaillant avec la grande distribution.

---

[2] Chatriot A. et Chessel M.-E. (2006), « L'histoire de la distribution : un chantier inachevé », *Histoire, Economie & Société*, Vol. 25, n° 1, pp. 67-82.

[3] Cotta A. (1985), *Distribution, concentration et concurrence*, Institut du Commerce et de la Consommation, Paris.

tableau 4.1.

évolution du chiffre d'affaires des six principaux détaillants dans la grande distribution alimentaire française (en milliards d'euros)

	2004	*2005*	*2006*	*2007*	*2008*	*2009*	*2010*
Carrefour	81,4	82	87,4	92,2	97,5	96,1	101
Auchan	30	33,6	35	36,7	39,5	39,6	42,5
E. Leclerc	28,4	28,5	29,4	30,3	34,7	34,9	37,5
Intermarché	38	30,3	31,5	32,7	34,8	34	34,9
Casino	23,2	22,8	22,5	25	27,1	26,7	29
Système U	14,7	15,1	15,6	16,8	17,5	17,9	19,4

A. - éclairage économique et juridique

Les conditions d'exercice de la concurrence verticale entre les détaillants et leurs fournisseurs sont, aujourd'hui, largement modifiées. En effet, les magasins des grandes enseignes de la distribution sont devenus un point de passage obligé pour accéder aux consommateurs, en attendant une poursuite de la croissance (incontestable) du e-commerce et, plus largement, de la vente sans magasin. Pour certains observateurs, il en découle une dépendance économique des fabricants par rapport aux détaillants, qui peut notamment se mesurer à partir de leurs chiffres d'affaires croisés. Ainsi, malgré la forte concentration industrielle engagée depuis la fin de la Seconde Guerre mondiale, les principaux fabricants ne représentent jamais plus de 2 à 5 % des ventes de leurs principaux clients détaillants. Or, dans le même temps, chaque enseigne va « peser » entre 20 et 30 % du chiffre d'affaires de chacun de ces fabricants, ce qui rendra dramatique, pour ces derniers, toute rupture éventuelle des relations commerciales.

Il convient, cependant, de modérer le propos dans la mesure où, plus l'assortiment du distributeur est large et profond, plus le volume des transactions réalisées avec chaque fournisseur est faible, et moins le pouvoir de négociation s'en trouve renforcé en ce qui concerne les remises sur quantités. C'est d'ailleurs ce qui explique en grande partie l'avantage concurrentiel décisif que possèdent les *hard discounters* en matière d'approvisionnement, par rapport aux super et hypermarchés traditionnels[4]. Leur faible nombre de références renforce le poids de l'enseigne dans le chiffre d'affaires des industriels partenaires et les rend plus vulnérables en cas de déréférencement. De même, si l'on raisonne au niveau plus « microéconomique » des différentes familles de produits de l'assortiment, que se partagent un nombre réduit de fournisseurs, le pourcentage des ventes des fabricants chez leurs clients détaillants (y compris pour les hypermarchés) augmentera de manière significative, en rétablissant un relatif équilibre dans la relation d'échange.

Il n'en reste pas moins que les détaillants occupent désormais une position clé dans le canal de distribution, puisque ce sont eux qui fixent les règles du jeu concernant l'accès des produits au consommateur final : malgré tout son intérêt, que signifierait un nouveau produit innovant n'étant retenu par aucune enseigne ? A cela s'ajoute le fait que la majorité des détaillants se sont progressivement dotés d'une réelle compétence marketing en matière de connaissance des marchés et d'analyse des comportements d'achat[5]. Elle leur confère une *expertise vis-à-vis de leurs fournisseurs*, point capital sur lequel nous reviendrons. Bref, la puissance d'un détaillant se mesure essentiellement à sa capacité d'accompagner la croissance d'une entreprise manufacturière en lui offrant l'opportunité d'accéder de façon efficace aux marchés de consommation (référencement) et à la mettre en difficulté dans le cas contraire (non-référencement, déréférencement total ou partiel).

Les travaux des juristes spécialisés en droit de la distribution mettent, au demeurant, l'accent sur l'importance des contrats de référencement, évoqués pour la première fois en France en 1972, et leur pendant naturel : le déréférencement. Selon Ferrier, le déréférencement s'apparente à la fois à un mode de résiliation d'un contrat et à un mode de rupture des relations commerciales[6]. Dans les deux cas, il manifeste l'effet de

---

[4] L'avantage concurrentiel des *hard discounters* tient également à leur parfaite maîtrise d'un processus de croissance « par contagion » du réseau de magasins, fondé sur une saturation rapide de zones géographiques confinées afin de réduire les coûts d'approvisionnement. Sur ce point, voir Guillo P.-A. (2008), « Les stratégies d'expansion dans la distribution : le cas des maxidiscompteurs en France », *Décisions Marketing*, n° 50, pp. 7-18.

[5] des Garets V. (2007), « Les systèmes d'information et la grande distribution : nécessité ou opportunité ? », *in* Dubois P.-L. et Dupuy Y. (éds.), *Connaissance et management*, Economica, Paris, pp. 203-213.

[6] Ferrier D. (1997), « Le déréférencement d'un fournisseur par une centrale d'achat », in Mestre J. (éd.), *La cessation des relations contractuelles d'affaires*, Presses Universitaires d'Aix-Marseille, Aix-en-Provence, pp. 5-11.

domination qu'exerce une centrale d'achat, indépendamment de sa structure juridique et de ses fonctions (commissionnaire à l'achat ou simple courtier), sur ses fournisseurs industriels. Comme on le verra par la suite, le Législateur tient désormais compte de la vulnérabilité de ces derniers en sanctionnant le déréférencement utilisé comme moyen abusif de pression, voire comme méthode brutale d'élimination. Il faut toutefois se garder de tout jugement manichéen et avancer avec beaucoup de prudence sur un terrain encombré par des prises de position partisanes. La rupture du contrat de référencement, même si elle témoigne d'un certain pouvoir « léonin » du distributeur, s'inscrit finalement dans une logique de sélection des fournisseurs en vue de la constitution d'un assortiment. Comme l'espace de vente des magasins (ou des catalogues), à la différence des sites Internet, n'est pas extensible à l'infini, et que les tentatives de mise sur le marché de nouveaux produits ne cessent de croître depuis vingt ans, les acheteurs du commerce de détail sont obligés de procéder à un tri par nature discriminant.

B. – la question du référencement

De quoi parle-t-on exactement avec le référencement ? Pour répondre à cette question, nous devons en préalable évoquer l'existence des centrales, symbole de la toute-puissance du commerce moderne… et catalyseur des haines qu'il suscite parfois. C'est historiquement la volonté de mettre en œuvre une politique de prix bas, conjuguée au souci de court-circuiter des intermédiaires grossistes peu productifs[7], qui explique en grande partie la création de groupements d'achat dans le commerce associé dès la fin du XIXe siècle puis, plus récemment, de centrales d'achat dans le commerce intégré. En déléguant à une institution spécialisée le rôle d'évaluer et de sélectionner les fournisseurs les plus performants en matière de prix, de service après-vente et de logistique, les détaillants se donnent effectivement les moyens d'accroître leur compétitivité.

---

[7] A l'opposé, les grossistes restent, aujourd'hui encore, toujours très présents dans les canaux de distribution nippons et seraient à l'origine de leur relative inefficience économique, remise toutefois en question si l'on se place au niveau de la construction des réseaux sociaux. Sur ce point, voir Capo C. (2006), *Le contrôle des relations inter-organisationnelles dans le canal de distribution : étude de la grande distribution au Japon*, Thèse de doctorat en Sciences de Gestion, Université de la Méditerranée (Aix-Marseille II).

L'organisation de la fonction achat dans les grandes surfaces alimentaires et spécialisées consacre désormais sa séparation en deux phases interdépendantes mais néanmoins distinctes, le référencement et la commande. Chacune revêt des dimensions singulières :

- Le **référencement** a pour objet de mettre en concurrence les fournisseurs et de recueillir leurs différentes propositions commerciales. Cette phase, qui s'apparente assez souvent à un appel d'offre, permet d'opérer un premier tri parmi un ensemble de fabricants. Pour ce faire, il est courant d'utiliser plusieurs critères permettant de noter l'offre fournisseurs (rentabilité du produit, effort de coopération commerciale, etc.). Le choix terminal obéit, quant à lui, à une règle compensatoire, lexicographique ou disjonctive (voir l'encadré 4.1).
- L'**achat proprement dit**, c'est-à-dire la commande, est ensuite conclu avec l'un ou plusieurs des fournisseurs référencés. Cette fois-ci, les engagements mutuels des cocontractants sont définis avec précision puisque la commande a valeur juridique. Comme on le verra ultérieurement, c'est à ce niveau que peuvent se placer les pénalités financières prises par certaines enseignes à l'encontre de fournisseurs jugés défaillants sur le plan de l'approvisionnement des magasins.

encadré 4.1.

une règle de décision apparemment simple

Le référencement d'un fournisseur par un détaillant repose, le plus souvent, sur une règle de décision simple. Sachant qu'il est possible d'évaluer puis de noter l'offre de produits et de services associés, par exemple de 5 (très satisfaisant) à 1 (très insuffisant), à partir de quelques critères basiques, on pourra recourir alternativement à trois règles :

– de type **compensatoire** : l'entreprise (ou les entreprises) retenue(s) sont celles qui obtiennent le meilleur score global, pondéré ou non, en fonction des notes attribuées pour chacun des critères,

- de type **lexicographique** : l'entreprise (ou les entreprises) retenue(s) sont celles qui obtiennent la (ou les) meilleure(s) note(s) sur le critère jugé le plus important, par exemple l'effort publipromotionnel,
- de type **disjonctif** : l'entreprise (ou les entreprises) retenue(s) sont celles qui obtiennent des notes supérieures aux notes jugées « éliminatoires » pour l'ensemble des critères établis.

Toute la question est évidemment de savoir si les preneurs de décision, en situation de « rationalité limitée », disposent de toute l'information pertinente pour évaluer puis noter de manière convenable les fournisseurs. Par ailleurs, en cas de pondération, il est nécessaire de s'interroger sur les poids respectifs à allouer à chacun des critères, et un tel arbitrage risque fort de refléter les rapports de force au sein de l'organisation (acheteurs *vs.* logisticiens, par exemple), au détriment d'une politique cohérente d'achat.

Des deux phases précédentes, on identifie deux types de centrales dont les prérogatives sont différentes. Par un abus de langage dommageable, mais toléré, il est systématiquement question de centrales d'achat, alors que l'on se retrouve parfois face à de simples centrales de référencement ayant pour mission de sélectionner les produits pour le compte des adhérents ou des magasins en fonction de la constitution de leur zone de chalandise. Ce type de centrale fait uniquement des propositions, rassemblées, de plus en plus fréquemment, sur des bases de données. En revanche, chaque point de vente passe ensuite directement commande aux fournisseurs en fonction de conditions préalablement négociées. Les véritables centrales d'achat, outre la sélection des produits, se chargent de collecter les commandes puis de se porter acquéreur auprès des fournisseurs. Le système est plus ou moins coercitif. Dans certains cas, les associés ou affiliés s'engagent scrupuleusement à faire transiter tous leurs achats par la centrale (dite « autoritaire »). Dans d'autres cas, une fraction des achats peut s'adresser directement aux industriels, voire à des grossistes (centrale dite « libérale »).

Quels que soient leur statut et leurs fonctions réelles, les centrales ont un point commun : elles sont quasiment incontournables pour les fournisseurs souhaitant placer leurs produits en magasin (et plus encore, dans un catalogue de VPC). Pour un nombre réduit d'enseignes, il est certes possible de négocier directement avec les échelons décentralisés. L'accord préalable de la centrale reste cependant nécessaire, sachant que c'est elle qui établit la liste des obligations auxquelles devront se plier les fabricants pour continuer à travailler avec les points de vente, dans une tradition de négociation qui reste, en France, fondée sur le prix. Des canaux de distribution qui étaient restés historiquement à l'écart de cette évolution, en s'appuyant notamment sur de puissants grossistes, évoluent rapidement vers un système de centrale. En France, l'un des cas les plus emblématiques est celui de la distribution en pharmacie des médicaments non remboursables (voir l'encadré 4.2).

encadré 4.2.

le regroupement des pharmaciens français autour de centrales

Depuis le décret du 19 juin 2009, publié au *Journal Officiel* du 21 juin 2009, les pharmaciens titulaires d'officine peuvent constituer des structures de regroupement à l'achat. Ces structures leur donnent un cadre légal pour effectuer des commandes groupées de médicaments non remboursables, et obtenir de meilleures conditions commerciales de la part des laboratoires. Une structure de regroupement à l'achat doit s'adosser à un établissement pharmaceutique (une centrale d'achat pharmaceutique ou un grossiste-répartiteur en cas de réalisation d'opérations logistiques). Les centrales d'achat pharmaceutiques sont des établissements pharmaceutiques dont l'ouverture nécessite une autorisation de l'Agence Française de Sécurité Sanitaire des Produits de Santé (AFSSAPS)[8]. Les activités de la centrale d'achat pharmaceutique doivent être placées sous la responsabilité d'un pharmacien inscrit à la Section C de l'Ordre des Pharmaciens. Une centrale d'achat phar-

[8] La réforme modifiant le système du médicament, lancée en France durant l'été 2011, remplace l'Agence Française de Sécurité Sanitaire des Produits de Santé (AFSSAPS) par l'Agence Nationale de Sécurité du Médicament et des Produits de Santé (ANSM), qui dispose de moyens propres pour assurer son expertise et a désormais toute latitude pour procéder au retrait d'un médicament.

maceutique est une entreprise se livrant à l'achat et au stockage des médicaments non remboursables en vue de leur distribution en gros et en l'état à des pharmaciens titulaires d'officine :

- soit en son nom et pour son compte ;
- soit pour le compte de pharmaciens titulaires d'officine individuels ;
- soit en tant que centrale d'achat de droit commun.

Dans ce dernier cas, deux mécanismes ont été retenus : l'achat et le stockage pour son propre compte (la centrale d'achat achète et revend) ou l'achat et le stockage pour le compte de tiers (la centrale d'achat n'est pas propriétaire des stocks, elle achète pour le compte de tiers). La centrale d'achat pharmaceutique ne peut livrer que des titulaires d'officine, elle n'a pas en outre d'obligation de service public (les grossistes-répartiteurs ont cette obligation), et n'est pas autorisée à exercer des activités d'exportation.

Source : d'après http://www.publipharm.fr, consulté le 26 mai 2011.

§ 2. - le pouvoir des détaillants : une nécessaire clarification

La nouvelle donne dans les relations verticales entre industrie et commerce alimentaire place au cœur de l'analyse le concept béhavioriste de pouvoir, dont la sociologie économique a reconnu depuis longtemps l'importance dans la dynamique des échanges intra et inter-organisationnels[9]. La question du pouvoir et de ses modes d'exercice a donné lieu à de nombreuses recherches en marketing depuis une trentaine d'années. La majorité d'entre elles s'appuient sur les travaux de French et Raven en théorie des organisations. Leur mérite est d'avoir clairement identifié les cinq sources de pouvoir à la disposition d'un acteur : la sanction, la récompense, l'expertise, la légitimité et la valeur de référence[10]. Réexaminées par Hunt et Nevin dans le cadre des canaux

[9] L'un des auteurs de références sur l'analyse du pouvoir dans une perspective managériale est Mintzberg H. (2003), *Le pouvoir dans les organisations*, Editions d'Organisation, Paris.

[10] French J. et Raven B. (1959), « The bases of social power », *in* Cartwright D. (éd.), *Studies in social power*, University of Michigan Press, Ann Arbor (MI), pp. 150-167.

de distribution, ces sources de pouvoir sont désormais regroupées en deux catégories, les sources non coercitives et les sources coercitives[11].

tableau 4.2.
les sources coercitives et non coercitives de pouvoir

Sources coercitives	Sanction
Sources non coercitives	Récompense Expertise Légitimité Valeur de référence

Source : d'après Hunt et Nevin (1974), *op. cit.*

Un agent économique A utilise une source non coercitive de pouvoir vis-à-vis d'un agent économique B lorsqu'il recourt uniquement à des incitations positives pour orienter les comportements de B dans une direction donnée. Il s'agira, par exemple, d'un détaillant alimentaire qui, par sa position privilégiée à l'interface des fabricants et des consommateurs, dispose d'une connaissance fine du processus d'acceptabilité de nouveaux produits ou encore de l'impact des opérations publipromotionnelles sur les ventes[12]. La plupart des analyses privilégient les variables d'action marketing dans l'émergence et la consolidation des différentes **sources non coercitives de pouvoir**, parfois en minorant les variables logistiques pourtant très prégnantes aujourd'hui, et auxquelles nous accorderons une attention toute particulière dans le chapitre 5.

- **La récompense**. En lui permettant d'accéder à un grand nombre de magasins, judicieusement localisés, et ainsi toucher une importante clientèle, le distributeur fait bénéficier l'industriel de multiples synergies puisque, en cas de référencement d'un nouveau produit, ce dernier peut atteindre promptement des volumes significatifs de ventes. La rapidité de la diffusion, dont le rôle majeur est reconnu dans les approches en termes de cycle de vie des produits, devient ici un élément clé des relations verticales, d'ailleurs mis en avant par certains distributeurs pour justifier auprès de leurs fournisseurs des droits de référencement ou des

---

[11] Hunt S. et Nevin J. (1974), « Power in a channel of distribution : sources and consequences », *Journal of Marketing Research*, Vol. 11, n° 2, pp. 186-193.

[12] des Garets V. (2007), *op. cit.*

conditions de vente attractives en termes de remises et ristournes ! De même, ainsi que nous le verrons, en massifiant les flux à destination du réseau de magasins sur quelques entrepôts et plates-formes, le détaillant offre au fabricant l'opportunité de réaliser des gains de productivité sur les opérations de transport, de manutention et de stockage, même si leur rétrocession partielle sous forme de remises quantitatives réduit le montant total de la rétribution, autrement dit de la récompense.

- **L'expertise**. Le pouvoir d'expertise conduit à la reconnaissance de compétences particulières détenues par le détaillant, qui conduisent à la définition de règles de conduite dont l'industriel doit s'inspirer s'il veut atteindre des résultats satisfaisants. Un exemple intéressant est fourni par le *packaging*. Dano, l'une des spécialistes reconnues du sujet, indique clairement qu'un « axe paradigmatique » ordonne et structure ces unités signifiantes en jouant sur des éléments morphologiques liés aux tailles, formes et volumes[13]. La conception d'un *packaging* en tant que composante de la politique marketing d'un industriel dépend donc de la connaissance (et de l'intégration) des contraintes de commercialisation et de livraison des produits acquise par les détaillants. C'est le pouvoir d'expertise dont ceux-ci disposent qui a abouti à la normalisation et la compacification quasi-obligée des emballages de nombreux produits de grande consommation pour une meilleure gestion des linéaires (et de leur approvisionnement).
- **La légitimité**. En tant que source non coercitive de pouvoir, elle découle naturellement de l'expertise. En effet, le détaillant finit par posséder un certain « prestige » dû au pilotage efficace du réseau de distribution, alors que celui des intermédiaires auparavant spécialisés dans cette fonction ne cesse de diminuer. Autrement dit, les détaillants se présentent aujourd'hui, par leurs compétences accumulées, comme les acteurs les plus légitimes pour organiser toute une partie du processus de commercialisation des produits. En référence à la terminologie webérienne, ils ont progressivement démontré des qualités de management supérieures qui leur confèrent une autorité de type « charismatique ». La tentative actuelle de reprise en main du canal de distribution

---

[13] Dano F. (1996), « Packaging : une approche sémiotique », *Recherche et Applications en Marketing*, Vol. 11, n° 1, pp. 23-25.

par les industriels au travers de l'implantation de centres de consolidation, sur laquelle nous reviendrons dans le chapitre 5, ne pourra ainsi faire l'économie d'une justification de son bien-fondé en termes de gains de productivité[14].

- **La valeur de référence**. Lorsqu'un agent économique B souhaite s'identifier à un agent économique A, il est admis que A possède par rapport à B un pouvoir de référence (ou d'identification). Les exemples les plus étudiés dans la littérature marketing renvoient à l'organisation des canaux contractuels, par exemple les franchises commerciales ou une affiliation à un groupement d'achat sans droit d'entrée, comme on le voit souvent dans le commerce associé à dominante alimentaire. Ainsi, l'adhésion à une franchise tend à faciliter l'identification du franchisé à un système de réussite commerciale initié par un franchiseur ayant une image très positive grâce aux investissements commerciaux et logistiques consentis, notamment en matière de communication, de gestion des stocks et d'aide à la vente[15].

Les quatre sources non coercitives de pouvoir évoquées ci-dessus ne revêtent pas la même importance pour le membre du canal voulant affirmer un certain *leadership* en son sein. Au contraire, il existe des variantes significatives en fonction du type de canal considéré (voir l'encadré 4.3). Ainsi, selon Erdem et Harrison-Walker, les pouvoirs de récompense et d'expertise semblent les plus usités dans les canaux administrés, tandis que les pouvoirs de légitimité et de référence se retrouvent plutôt dans les canaux intégrés, voire contractuels, là où « un *leader* efficace est celui qui dispose de la connaissance nécessaire pour gagner la confiance et la coopération des autres »[16]. Mais comme l'ajoutent les auteurs, il faut aussi savoir user de sources coercitives quand le besoin s'en fait sentir : « il est capital pour le *leader* de ne pas hésiter à exercer un pouvoir coercitif quand une situation exige esprit de décision et action immédiate ».

---

[14] La tendance récente à la mutualisation des opérations logistiques conduites par certains industriels trouve ainsi sa légitimité dans une volonté de réduire l'impact écologique des activités d'acheminement des produits. On peut citer ici l'exemple de Pepsi et Orangina, repris dans *Management* de mars 2011, qui ont décidé de mutualiser leurs transports vers les plates-formes Auchan.

[15] Boulay J. et Chanut O. (2010), *Les réseaux de franchise*, La Découverte, Paris.

[16] Erdem S. et Harrison-Walker L. (1998), « An examination of exercised power in vertically integrated distribution channels for goods and services », *Journal of Marketing Channels*, Vol. 6, n° 3-4, pp. 109-130.

encadré 4.3.

une typologie des canaux de distribution selon leur forme d'organisation

Il est possible de classer les canaux de distribution en fonction de leur mode d'organisation, ou plus exactement en fonction du degré de formalisation des relations qui existent entre leurs membres. Depuis les travaux conduits par Bert McCammon au début des années 1970, il est courant de distinguer sur cette base quatre types de canaux :

– le **canal traditionnel**, caractérisé par une absence totale de coordination entre ses membres, une décentralisation du processus de prise de décision et une renégociation des conditions de l'échange lors de chacune des transactions (par exemple, les commerçants du Sentier à Paris) ;
– le **canal administré**, caractérisé par la présence d'un *leader* qui, grâce à sa taille ou ses compétences, oriente les décisions des autres membres et coordonne leurs activités pour améliorer sa rentabilité et, le cas échéant, celle de ses « partenaires » (par exemple, un grossiste fournissant aux détaillants une aide au *merchandising*) ;
– le **canal contractuel**, caractérisé par la mise en place d'un contrat liant les membres pour une durée déterminée, sous l'impulsion d'un *leader*, et qui spécifie les droits et obligations de chacun afin de donner à l'ensemble une relative stabilité dans le temps (par exemple, la coopérative de détaillants Intermarché) ;
– le **canal intégré**, caractérisé par l'existence d'une « institution » qui se charge de l'ensemble des fonctions transactionnelles et logistiques, mais aussi parfois de production, et s'assure ainsi d'un contrôle des ressources nécessaires à la commercialisation d'un produit (par exemple, le sucrier Tate & Lyle, longtemps propriétaire de plantations de cannes à sucre, d'unités de raffinage, de magasins, etc.).

Les **sources coercitives de pouvoir** correspondent aux sanctions que peut prescrire un agent économique à l'encontre d'un ou plusieurs autres agents économiques. Il en résulte une forme singulière de pouvoir selon laquelle ces derniers sont persuadés que l'institution dominante est apte à les priver d'un certain nombre d'avantages. Par exemple, comme on l'a noté, un distributeur disposera d'un pouvoir évident sur un fournisseur si celui-ci est convaincu que ses produits peuvent être retirés de l'assortiment des magasins d'une année sur l'autre. En effet, le déréférencement risque d'entraîner à court terme une perte importante de son chiffre d'affaires pouvant menacer la pérennité de l'entreprise et, à plus long terme, une disparition de l'ensemble évoqué des marques qui viennent immédiatement à l'esprit du consommateur lors de l'achat[17]. Dans le même temps, la dépendance économique du détaillant vis-à-vis de son fournisseur sera moins vitale de par la présence de produits et marques de substitution. C'est la prise de conscience des relations de pouvoir et de dépendance, exercées au détriment des industriels dans un jeu subtil de « contraintes verticales », qui explique sans doute la volonté des Pouvoirs publics d'intervenir en tant qu'autorité régulatrice.

§ 3. - l'intervention régulatrice (?) des Pouvoirs publics en France

Jusqu'au milieu des années 1980, les hommes politiques français ont observé avec une certaine bienveillance le développement des structures modernes du commerce et la multiplication des grandes surfaces, car la grande distribution alimentaire participait alors à une lutte contre l'inflation qui, rappelons-le, était le principal objectif des gouvernements, bien avant la lutte contre le chômage. Si plusieurs textes sont intervenus durant cette période (Loi Royer de 1973, Circulaire Scrivener de 1978), c'est surtout depuis le milieu des années 1980, quand l'inflation fut maîtrisée, que les Pouvoirs publics se sont émus des conséquences de la multiplication des GMS sur le devenir du petit

---

[17] L'ensemble évoqué correspond à l'ensemble des marques vis-à-vis desquelles le consommateur développe une préférence et qui sont prises en considération en vue d'un achat. Un déréférencement récurrent pourrait finir par exclure une marque de l'ensemble évoqué, faute d'une présence régulière sur les linéaires.

commerce ou sur l'équilibre du pouvoir de négociation entre les nouveaux distributeurs, de plus en plus puissants, et les industriels.

Il s'en est suivi une multitude de textes, qui se sont succédé au rythme moyen d'un tous les 18 mois, et qui ont eu pour objectifs affichés la régulation à la fois des structures commerciales et des relations industrie-commerce, pour limiter la prolifération de comportements abusifs à l'encontre des industriels. Plus récemment, d'autres mesures ont été prises avec désormais pour mission de restituer du pouvoir d'achat au consommateur (par une baisse des prix), en favorisant la concurrence entre groupes de distribution. Il est vrai que l'intervention de l'Autorité, sous forme de règles concurrentielles, est traditionnellement justifiée par la présence d'imperfections dans le fonctionnement des marchés. Nous présenterons rapidement les règles relatives à l'urbanisme commercial avant de nous focaliser sur les nombreuses dispositions prises pour tenter de rééquilibrer les relations verticales, en intégrant les intérêts du consommateur final. Ceci permettra de nous interroger rapidement sur l'efficacité réelle de l'intervention régulatrice des Pouvoirs publics[18].

A. - règles relatives à l'urbanisme commercial

La réglementation de l'urbanisme commercial a connu beaucoup moins de réformes que celle encadrant la négociation commerciale entre industriels et distributeurs. En fait, trois textes de loi ont été adoptés en 35 ans. La Loi Royer du 27 décembre 1973 crée une procédure d'autorisation d'ordre économique, différente des permis de construire, pour toute ouverture ou agrandissement de surfaces de vente supérieure à 1.000 m^2. Adoptée pour protéger le petit commerce, elle favorise en fait le développement du format supermarché, tout en ralentissant celui des hypermarchés. La Loi Raffarin du 6 juillet 1996 va abaisser le seuil d'autorisation administrative à 300 m^2 ; elle aboutit à contrôler et à freiner la création de nouvelles surfaces de vente. Cette disposition constitue, de fait, une barrière à l'entrée pour tout nouvel entrant dans la grande distribution, notamment pour les distributeurs étrangers, réduits à n'ouvrir que des surfaces inférieures à 300 m^2, ou à subir des délais pouvant aller jusqu'à quatre ans pour implanter un nouveau point de vente.

---

[18] Les développements sur l'évolution de la réglementation en France au cours des années 2000 doivent beaucoup aux conseils et remarques d'Odile Chanut (CRET-LOG, Aix-Marseille Université).

C'est la raison pour laquelle la France a été mise en demeure en juillet 2006, par la Commission Européenne, de modifier la législation Raffarin, jugée non conforme à la liberté d'établissement. La Commission avait été saisie par Aldi, qui cherchait, à l'instar de son compatriote Lidl depuis 1988, à pénétrer le marché français avec un parc de magasins de *hard discount*. Notons que le seuil d'autorisation en vigueur en Allemagne est de 700 m², ce qui correspond à la superficie moyenne des magasins du format *hard discount* (690 m² en France). Aussi, la Loi de Modernisation de l'Economie du 6 août 2008, dite LME, entérina-t-elle un retour au seuil d'autorisation à 1.000 m². Elle opère en même temps une modification de la composition des commissions, devenues Commissions Départementales ou Nationales d'Aménagement Commercial (CDAC, ou CNCA), pour donner plus de pouvoir aux élus locaux, et une modification des critères à prendre en compte pour accorder les autorisations de manière à intégrer des objectifs d'aménagement du territoire et de développement durable (respect d'espaces verts et de normes « haute qualité environnementale », ou HQE, économies d'énergie).

B. – régulation des relations verticales

Face à la concentration des firmes de distribution et à leur puissance d'achat accumulée, force est de constater que le pouvoir de négociation s'est déplacé entre les mains des distributeurs, au détriment des industriels. Aussi, les Pouvoirs publics ont-ils adopté de nombreux textes depuis le milieu des années 1980 (voir le tableau 4.3), avec pour objectif de rééquilibrer les relations verticales et d'éviter la propagation de pratiques abusives des distributeurs à l'encontre des industriels, notamment des plus fragiles d'entres eux (PME et autres industriels n'ayant pas dans leur portefeuille des marques incontournables plébiscitées par les consommateurs). La prolifération de textes fait dire, dès 1995, à Claude Villain, ancien Directeur Général de la concurrence, que « la législation française sur les rapports verticaux producteurs-distributeurs est, de loin, la plus développée. Son pointillisme, c'est-à-dire son intrusion dans le détail de la transaction bilatérale commerciale, est unique »[19]. Ces textes ont en commun leur volonté de préciser les règles du jeu d'une saine

[19] Villain C. (1995), *Rapport sur les relations entre l'industrie et la grande distribution*, Rapport présenté au Ministre de l'Economie et des Finances, Paris, janvier.

concurrence entre industrie et commerce. Sans développer ici l'ensemble de l'arsenal juridique en vigueur, ni le détail de chaque loi ou circulaire[20], nous présentons néanmoins les dispositions phares du droit positif en France, relatives à la transparence, à l'encadrement de pratiques potentiellement abusives de la part de la grande distribution, ou encore aux mécanismes originaux de contrôle et de sanction adoptés.

tableau 4.3.
quinze années de régulation des relations verticales en France

	Principaux objectifs et dispositions relatives aux relations verticales
Loi Galland sur la loyauté et l'équilibre des relations commerciales 1er juillet 1996	• Modifier les règles de facturation pour rendre effective l'interdiction des pratiques de revente à perte et de prix d'appel • Créer la notion de « prix abusivement bas », accompagné d'un dispositif répressif, pour les produits transformés sur le point de vente (qui échappaient jusqu'alors à l'interdiction de revente à perte) • Sanctionner les pratiques discriminatoires (instauration des conditions générales de ventes, les CGV) et l'abus de dépendance économique • Libéraliser le refus de vente entre professionnels
Loi NRE relative aux Nouvelles Régulations Economiques 15 mai 2001	• Moraliser les pratiques commerciales en définissant les comportements abusifs engageant la responsabilité civile de leur auteur (tel que l'abus de la relation de dépendance, le déréférencement brutal) ; • Créer une commission d'examen des pratiques commerciales (CPEC) chargée de rendre des avis sur les relations entre fournisseurs et distributeurs • Créer une obligation de négocier entre distributeurs et producteurs de fruits et légumes, en cas de crise (innovation juridique)
Circulaire Dutreil I sur la négociation commerciale entre fournisseurs et distributeurs 16 mai 2003	• Affirmer la nécessité de mettre un terme à la hausse des marges arrière, dont le niveau est jugé excessif • Définir précisément la coopération commerciale, afin de la distinguer de la « fausse coopération », prétexte à rémunération des distributeurs
Loi Jacob-Dutreil en faveur des petites et moyennes entreprises (titre VI relatif à la modernisation des relations commerciales) 2 août 2005	• Plafonner les marges arrière à 20 % en 2006 (et 15 % en 2007), donner une nouvelle définition du SRP afin de favoriser la baisse des prix de vente aux consommateurs • Renforcer le formalisme des conditions de coopération commerciale et les moyens de lutte contre les pratiques abusives • Autoriser la différenciation tarifaire justifiée par une contrepartie réelle (distinguer des catégories d'acheteurs, ou des services rendus spécifiques) • Limiter les accords de gamme pouvant conduire à l'éviction des linéaires des PME • Réglementer les enchères électroniques inversées pour lutter contre les abus

[20] Pour une analyse approfondie, voir Ferrier D. (2009), *Droit de la distribution*, Litec, Paris, 5e éd.

tableau 4.3.

quinze années de régulation des relations verticales en France (suite)

	Principaux objectifs et dispositions relatives aux relations verticales
Circulaire d'application de la Loi Dutreil II relative aux relations commerciales 8 décembre 2005	• Préciser le formalisme des contrats de coopération commerciale (calendrier impératif, obligations d'information du distributeur sur la facturation des services de l'année, etc.) • Créer la notion de « services distincts » pour les services qui n'entrent pas dans la définition stricte des services de coopération commerciale
Loi Châtel 3 janvier 2008	• Achever le basculement des marges arrière vers l'avant • Reconnaître désormais les tarifs en « triple net » (net des remises acquises lors de l'achat, net des ristournes conditionnelles obtenues lorsque la condition est atteinte et net des montants de coopération commerciale)
Loi de Modernisation de l'Economie (LME) (volet négociations commerciales) 23 juillet 2008	• Supprimer l'obligation de non-discrimination et autoriser la négociabilité des conditions générales de vente • Imposer des délais de paiements plus courts sur les produits secs • Créer une autorité de la concurrence avec des moyens et objectifs élargis
Loi de Modernisation de l'Agriculture et de la Pêche (LMAP) 27 juillet 2010	• Stabiliser le revenu des agriculteurs grâce à la contractualisation des relations entre producteur et acheteur (contrat écrit obligatoire fixant les modalités de fixation des prix et quantités échangées pour plusieurs années) • Renforcer le pouvoir de négociation collective des agriculteurs (rôles accrus de l'Observatoire des Prix et des Marges et des organisations de producteurs) • Renforcer la sécurité alimentaire et la traçabilité des produits alimentaires

■ la transparence

La transparence a envahi nos règles juridiques dans de nombreux domaines, par exemple en matière d'appels d'offre pour les marchés publics. Pour ce qui concerne la négociation commerciale et les rapports verticaux entre distributeurs et industriels, elle est un instrument de prévention et de contrôle des pratiques commerciales. Elle se traduit par l'obligation d'émettre des factures entre professionnels, permettant ainsi à la DGCCRF de contrôler le respect de l'interdiction de revendre à perte (par exemple, que seules les remises acquises au moment de l'émission de la facture soient déduites). Par-dessus tout, la Loi Galland du 1er juillet 1996 impose une facturation séparée des services dits de coopération commerciale (encore appelés marges arrière), c'est-à-dire des services facturés par les distributeurs aux industriels pour mettre en avant leur produits (catalogues et autres actions publipromotionnelles, animation sur le lieu de vente, conseil à la clientèle et service après-vente, mise à disposition de têtes de gondole, etc.). La jurisprudence exige que ces factures de coopération commerciale soient précises quant à la définition des services facturés, permettant un contrôle de la réalité des prestations fournies.

Auparavant, les marges arrière, dont les montants pouvaient atteindre jusqu'à 40 % des facturations de produits dans certains secteurs, étaient imputées sur les factures d'achat de produits, ce qui rendait opaque la facturation des services et encourageait les acheteurs en centrale à solliciter toujours plus d'avantages, sans aucune contrepartie parfois. Elles font désormais l'objet d'émission de factures séparées, envoyées par le distributeur aux industriels (alors que les factures de produits font le chemin inverse). Ces factures doivent être précises et mentionner le détail des services facturés, avec les prix unitaires (par exemple, le nombre de semaines en tête de gondole), de manière à autoriser le contrôle de la réalité de ces services, qui ne peuvent plus être fictifs. La transparence concerne également les conditions générales de vente des fabricants, érigées comme le socle des négociations commerciales. Ce principe, associé à celui d'interdiction de revente à perte[21], permet aux industriels de contrôler le prix de vente final aux consommateurs. Avec ces dispositions, on retrouve l'idée généreuse d'une intervention de l'autorité publique garante d'une certaine « transparence » du marché.

---

[21] Si le principe de l'interdiction de revente à perte est ancien en France puisqu'il date de la Loi Royer de décembre 1973, la définition du seuil de revente à perte a varié dans le temps, en fonction des objectifs de transparence, mais aussi des objectifs de restitution de pouvoir d'achat au consommateur. En 1996, le seuil de revente à perte est défini par la différence entre le prix de vente au consommateur et le prix d'achat. En 2006, 2007 et 2008, sa définition est modifiée pour faire basculer les marges arrière vers l'avant. Sur ce point, voir Chanut O. (2007), « La Loi Dutreil-Jacob, nouvel épisode de l'encadrement juridique des négociations tarifaires entre la grande distribution et le monde industriel », *Décisions Marketing*, n° 47, pp. 79-92.

■ **l'encadrement de pratiques potentiellement abusives**

L'encadrement de pratiques potentiellement abusives[22] de la grande distribution constitue le deuxième volet de l'action impulsée par le Législateur pour tenter de limiter les effets du rapport de force déséquilibré entre distributeurs et industriels. Par exemple, est sanctionné, depuis la Loi NRE de 2001, le fait d'obtenir ou de tenter d'obtenir d'un partenaire commercial « un avantage quelconque ne correspondant à aucun service commercial effectivement rendu ou manifestement disproportionné au regard de la valeur du service rendu ». Ainsi, si le référencement est libre, répondant au principe constitutionnel de la liberté de contracter (et de choisir son contractant), la perception d'un droit de référencement pour autoriser l'industriel à avoir accès aux linéaires du distributeur n'est licite que s'il est assorti d'un engagement de volume d'achat minimum, proportionné et stipulé au contrat. Au-delà, si le déréférencement est libre au regard du même principe de liberté contractuelle, il ne peut être utilisé comme menace pour exiger de nouveaux avantages. Surtout, le déréférencement est encadré ; il ne doit pas être brutal mais faire l'objet d'un préavis écrit suffisant, proportionnel à la durée de la relation commerciale antérieure.

Les juges saisis de litiges font référence à de multiples autres critères pour apprécier si le délai de préavis en cas de déréférencement est suffisant : la proportion du chiffre d'affaires du distributeur dans le chiffre d'affaires de l'industriel déréférencé, la progression de ce chiffre d'affaires pendant la relation commerciale, l'existence d'investissements spécifiques réalisés par l'industriel pour répondre à la demande du distributeur, la motivation de la rupture en elle-même. Lorsque les produits concernés sont vendus sous MDD, le préavis de déréférencement est doublé, pour permettre à l'industriel d'écouler ses stocks de produits packagés à la marque de l'enseigne, entre autres. D'autres pratiques sont dorénavant encadrées :

---

[22] Le terme d'« abusif » a été employé pour qualifier les clauses d'un contrat entre un professionnel et les consommateurs ; il n'était pas habituellement utilisé pour les rapports entre entreprises. Le vocabulaire emprunté au droit de la consommation est pourtant de plus en plus repris dans les textes relatifs aux relations verticales. Par exemple, la Loi LME introduit la notion de « déséquilibre significatif entre les droits et obligations des parties » emprunté aux textes sur les clauses abusives entre professionnels et consommateurs.

- D'une part, l'obligation de terminer les négociations commerciales (qui doivent être écrites) le 1er mars de chaque année, pour éviter la tentation des distributeurs de les faire traîner et d'exercer des pressions sur les fournisseurs. La sanction est sévère : 75.000 euros d'amende en cas de dépassement.
- D'autre part, la contraction des délais de paiement pour les produits secs de 60 jours à 45 jours fin de mois par la loi LME de 2008, représentant une économie de trésorerie pour les PME françaises chiffrée à environ quatre milliards d'euros (ils étaient anormalement longs en France par rapport aux pratiques des autres distributeurs européens).

■ la création des mécanismes originaux de contrôle ou de sanction

Au-delà de l'exigence de transparence et de l'encadrement de pratiques potentiellement abusives, le Législateur a fait preuve d'innovation juridique pour tenter d'améliorer les relations verticales. Nous citons trois exemples : le développement de la contractualisation, la création d'instances pour analyser les pratiques et être force de propositions, des sanctions adaptées avec des mécanismes originaux.

- Le Législateur encourage le **développement d'un droit négocié entre les acteurs de la distribution**. L'idée est que la contractualisation est plus efficace que les dispositions venant du Législateur pour créer des solutions originales. Elles sont d'autant plus acceptées qu'elles résultent de concertation, de négociation entre acteurs aux intérêts divergents. La loi NRE avait ainsi créé une nouvelle obligation, celle de négocier entre producteurs de fruits & légumes et distributeurs, en cas de crise dans ce secteur très sensible à la fluctuation des prix. Plus récemment, la loi de Modernisation de l'Agriculture et de la Pêche (2010) va plus loin, avec pour objectif affiché la stabilisation des revenus des agriculteurs. Elle prévoit que si les distributeurs ne s'engagent pas dans des accords de modération de leurs marges lors des crises dans le secteur des fruits & légumes, ils devront acquitter une taxe additionnelle à la taxe sur les surfaces commerciales. Elle impose comme règle l'obligation d'établir des contrats écrits entre producteurs et acheteurs dans les négociations commerciales. Les contrats sont, par exemple, rendus obligatoires par décret dans le secteur du lait et des fruits & légumes. Ils doivent comporter des clauses sur la durée (qui doit être comprise entre un et cinq ans), sur le volume et les modalités de détermination du prix, ainsi que sur les caractéristiques des produits et les conditions de livraison, et prévoir les modalités de révision et de préavis. Un médiateur peut aussi être saisi en cas de litige lors de la conclusion ou de l'exécution du contrat. La loi renforce également le pouvoir de négociation collective des agriculteurs à travers la consolidation du rôle des organisations de producteurs et des interprofessions.

- Le Législateur a créé de **nouvelles instances chargées d'analyser les pratiques entre producteurs, fournisseurs et distributeurs et de formuler des propositions pour les faire évoluer**. La Loi NRE (2001) a créé la Commission d'Examen des Pratiques Commerciales (CEPC), chargée de rendre des avis sur les relations entre fournisseurs et distributeurs, d'étudier les documents commerciaux ou publicitaires et d'émettre des recommandations quant aux bonnes pratiques commerciales. Elle décortique, par exemple, les contrats signés entre les acteurs. Certes, la commission, composée d'experts, ne rend que des avis et n'a pas de pouvoir de sanction. Mais, à l'instar de la Commission des Clauses Abusives qui épluche depuis 1978 les contrats d'adhésion entre professionnels et consommateurs en vue de dénoncer les clauses abusives entraînant un déséquilibre significatif dans les droits et obligations des parties, il est probable que les avis de la CEPC seront suivis d'effet. L'encadré 4.4 présente deux exemples d'avis émis par la commission. Par ailleurs, un Observatoire de la Formation des Prix et des Marges a été créé. Son rôle est d'étudier les coûts de production agricole ainsi que les coûts de transformation et de distribution. Son premier rapport annuel, publié fin juin 2011, souligne l'importance des marges brutes des distributeurs (différence entre le prix de vente au détail HT et le prix d'achat du produit HT par le distributeur), et leur permanence en période de crise agricole : elles représentent entre 35 % et 59 % du prix au détail selon les espèces, mais seraient très élevées pour des produits relativement peu chers : banane (136 %), pomme (143 %), carotte (110 %), laitue (103 %).

encadré 4.4.

exemples d'avis et observations de la CEPC

Saisie par l'Association nationale des industries alimentaires et Coop de France, la CEPC a émis, le 3 juin 2010, une Recommandation (n° 10-01) visant à valoriser les bonnes pratiques commerciales dans la relation commerciale des MDD. Après avoir rappelé le poids économique des MDD (part de marché multipliée par deux entre 1993 et 2008, atteignant 34 %) et leur production à 85 % par des PME, la commission énonce plusieurs recommandations concernant différentes clauses du contrat : la durée des contrats, avec une convention annuelle peu adaptée dans la mesure où des investissements spécifiques amortis sur des périodes supérieures à un an sont nécessaires ; la durée du préavis en cas de rupture du contrat, double de celle des produits sous marque de fabricants et devant tenir compte de l'antériorité de la relation et des actifs spécifiques engagés ; des marges arrière non justifiées pour des MDD ; les engagements de volume (le fournisseur n'est pas obligé de produire plus de produits que les volumes d'achat mentionnés dans le contrat) ; les audits qualité qui doivent recevoir l'accord préalable du fournisseur, être annoncés avec un délai raisonnable de prévenance, être réalisés par des laboratoires extérieurs, reconnus par la profession, et être financés soit par l'industriel, selon des modalités clairement exposées dans les appels d'offre pour permettre aux producteurs de tenir compte de leurs coûts dans le prix de cession des produits, soit par le distributeur.

L'autre exemple est relatif à la pratique des accords de garantie de marge. En 2009, le président de la CEPC avait réagit vivement à la tentative du GALEC (Leclerc) d'imposer à ses fournisseurs un contrat garantissant au distributeur une marge de 25 % sur leurs produits, quel que soit son prix de vente (devant par ailleurs être aligné sur le concurrent le moins cher). Il soulignait qu'une « telle pratique ruinerait toute l'économie de marché » et que « les premières victimes seraient les salariés et les consommateurs ». Dans des observations en date du 4 novembre 2010, la CEPC « rappelle que les bonnes pratiques interdisent des accords de garantie de marge et empêchent de définir des objectifs de marge ». Elle répond ainsi aux « engagements de clarification des relations commerciales », adoptés le 5 octobre 2010, dans un texte écrit par six groupes de distribution (Carrefour, Intermarché, Casino, Cora, Auchan et Système U, avec l'absence notable de Leclerc), suite à une initiative des Pouvoirs publics, illustrant la méthode nouvelle de contractualisation des pratiques commerciales.

Trois engagements sont pris par les distributeurs et portent respectivement sur les stocks déportés, sur les pénalités logistiques et sur la compensation de perte de rentabilité ou de marge. Dans cette troisième série d'engagements, les distributeurs énoncent qu' « aucune garantie de marge ne pourra être demandée à un fournisseur ou à un distributeur et ce qu'elle qu'en soit la forme ». Ils ajoutent toutefois qu'« un plan d'affaires peut en revanche stipuler un objectif commun de marge et/ou de chiffres d'affaires » sous certaines conditions, ce que n'approuve pas la CEPC qui a tenu très vite à rappeler que les « bonnes pratiques interdisent les objectifs de marge ».

Source : d'après http://www.pratiques-commerciales.minefi.gouv.fr et http://lefigaro.fr, consultés le 5 décembre 2011.

- Constatant qu'il est très compliqué pour un fournisseur d'attaquer en justice un distributeur, par peur des représailles (déréférencement par ce distributeur, mais aussi éventuellement par d'autres clients), **des solutions ont été imaginées par le Législateur pour protéger, malgré eux, les fournisseurs**. Ainsi, dans l'affaire opposant Leclerc et 28 de ses fournisseurs de produits alimentaires frais, à propos de contrats de coopération commerciale signés rétroactivement pour des prestations non fournies, le tribunal, condamnant Leclerc à rembourser aux fournisseurs 23,3 millions d'euros, prévoyait que cette somme serait restituée par l'intermédiaire du Trésor Public. Concrètement, ce dernier recouvrerait les sommes et les verserait ensuite aux industriels, car 17 de ces derniers avaient annoncé qu'ils renonçaient à réclamer cette somme à Leclerc[23]. Dans le même objectif, la Loi LME permet aux Pouvoirs publics de se substituer aux producteurs pour contester telle ou telle clause devant les Tribunaux de Commerce. Et elle fixe des amendes au civil, pouvant atteindre 2 millions d'euros ou trois fois le préjudice causé par tel ou tel contrat. De fait, l'Etat a assigné neuf enseignes en novembre 2009 pour des pratiques abusives. Un exemple symptomatique est exposé dans l'encadré 4.5.

encadré 4.5.

condamnation de Castorama pour clause abusive

Pour compenser la réduction des délais de paiement imposés par la Loi LME, l'enseigne de bricolage Castorama a eu l'idée de demander à des fournisseurs le paiement d'acomptes de ristournes et remises mensuels, payables en fin de mois par virement, et de les maintenir même lorsque les chiffres de vente réalisés baissaient, conséquence de la crise économique de 2008. Cette nouvelle pratique a entraîné une dégradation des fonds de roulement des fournisseurs concernés. Saisi par la Direction Générale de la Concurrence, de la Consommation et de la Répression des Fraudes (DGCCRF), le Tribunal de Commerce de Lille a jugé que cette pratique entraînait un déséquilibre significatif entre les parties, défavorable aux fournisseurs, car elles étaient sans contrepartie et a condamné Castorama à payer une amende civile de 300.000 euros.

---

[23] Cette affaire a fait l'objet de nombreux rebondissements judiciaires : le jugement initial, du Tribunal de Commerce de Nanterre (15 novembre 2005), avait été infirmé en appel pour vice de procédure sur cette question de l'introduction de l'action en justice par le Ministre de l'Economie (en fait, la DGCCRF), sans associer des industriels (Cour d'Appel de Versailles, 3 mai 2007). La Cour de Cassation, en désaccord avec la Cour d'Appel, a cassé son arrêt, renvoyant le litige à nouveau devant la Cour d'Appel de Versailles (Cour de Cassation, juillet 2008). La Cour d'Appel de Versailles a finalement confirmé, dans un arrêt du 29 octobre 2009, le jugement initial du Tribunal de Commerce de Nanterre condamnant le GALEC à restituer 23,3 millions d'euros aux 28 fournisseurs, et à payer 500.000 euros à l'Etat au titre d'une amende civile, sanctionnant des pratiques anti-concurrentielles. Leclerc a versé les 23 millions à l'Etat en septembre 2010, pour des marges arrière perçues en 1999-2001, au titre de la coopération commerciale des années 1998-1999 !

Dans son argumentation, le Tribunal souligne que cette pratique « traduit une stratégie délibérée visant à améliorer sa propre trésorerie et à reprendre une partie des améliorations obtenus par les fournisseurs avec la LME ». Il dénonce également les pénalités de retard, imposées sans concertation dans les contrats, à un taux journalier de 1 % : « Même assorti d'un plafond de 10 %, ce taux est exorbitant et peut être qualifié d'usuraire ». L'amende peut sembler modérée (la Loi prévoit un maximum de 2 millions d'euros), le Tribunal la justifie par la nécessaire période d'adaptation après le vote d'une Loi et parce que « Castorama a fait preuve de loyauté au cours de l'enquête de la DGCCRF et d'une relative souplesse lors des difficultés rencontrées en 2009 avec ses fournisseurs ».

Source : d'après http://www.faitsetcause.fr et http://www.concurrences.com, consultés le 29 décembre 2010.

■ une nouvelle actualité : la restitution du pouvoir d'achat au consommateur

Au-delà de l'équilibre des relations commerciales entre industriels et distributeurs, les Pouvoirs publics ont affiché, à partir de 2002, un objectif de restitution de pouvoir d'achat au consommateur. Il est vrai que la Loi Galland avait aussi abouti à une inflation des prix des produits de grande marque vendus en grandes surfaces, par l'harmonisation, à la hausse, des prix de vente au consommateur. L'interdiction de la discrimination et le mécanisme des conditions générales de vente avaient, en effet, réduit à la fois la concurrence inter-marques et la concurrence intra-marque, mettant fin à la guerre des prix entre distributeurs. Précédées par l'accord interprofessionnel dit « Sarkozy » du 17 juin 2004, les Lois Jacob-Dutreil et Châtel annonçaient un objectif de baisse des prix au consommateur. En vain, car le mécanisme de basculement des marges arrière vers l'avant, avec une nouvelle définition du seuil de revente à perte, n'a pas permis de baisser significativement les prix de vente du panier de la ménagère. Aussi, la réforme de 2008 (Loi LME) a-t-elle signifié l'abandon de l'interdiction de la discrimination et le retour de la négociabilité des conditions générales de vente. L'espoir est d'obtenir un rééquilibrage dans le partage des économies d'échelle avec le consommateur final. Si les premiers chiffres ont permis d'énoncer que la Loi LME avait effectivement permis de réduire les marges arrière de 36 à 11 % en moyenne[24], l'effet sur les prix de vente au consommateur final reste incertain, notamment dans un contexte de hausse du prix des matières premières.

C. – l'efficacité contestable de l'intervention régulatrice des Pouvoirs publics

Beaucoup d'auteurs s'interrogent sur l'efficacité réelle de telles mesures. Ainsi que le précisent Benoun et Héliès-Hassid, les Pouvoirs publics n'ont eu de cesse de rappeler et de préciser l'esprit de la réglementation établie, sachant que les différents protagonistes n'ont pas toujours voulu (ou pu) en assimiler ses implications en matière de gestion des relations commerciales[25]. Par-dessus tout, le monde du commerce et de la distribution dispose d'une capacité d'adaptation très forte, il innove en permanence en matière de pratiques commerciales pour contourner les effets des évolutions législatives. On peut citer, à titre illustratif, les acomptes sur coopération commerciale dont l'objet est de contrebalancer les effets de la réduction des délais de paiement.

Aussi, si la dimension volontariste de l'action politique ne peut être niée, si des avancées sont certaines en termes de transparence, force est d'admettre que Législateur peine à suivre et à rétablir l'équilibre des relations verticales. Il peut toutefois créer les conditions de la prise de conscience des pratiques et difficultés, et encourager, voire imposer aux parties de trouver des solutions concertées. C'est en tout cas la philosophie de la voie de la contractualisation empruntée depuis quelques années. Il est vrai que tant que les structures de marché seront oligopsoniques, avec peu de distributeurs et un grand nombre d'industriels de type PME, il paraît difficile d'espérer rétablir l'équilibre dans les négociations commerciales. Dans la mesure où les structures de marché sont marquées par de puissants phénomènes d'inertie et d'hystérésis, notamment dans le développement du commerce en ligne et l'accès au marché français de nouveaux distributeurs étrangers, un relatif *statu quo* semble inévitable. Mais après tout, comme le dit Philippe Chalmin, auteur du premier rapport de l'Observatoire de la Formation des Prix et des Marges, « l'Etat ne peut pas tout, il est là pour faire dialoguer »[26].

---

[24] *LSA*, 14 octobre 2010.

[25] Benoun M. et Héliès-Hassid M.-L. (2003), *La distribution : acteurs et stratégies*, Economica, Paris, 3e éd.

[26] Déclaration reprise sur *latribune.fr*, 27 juin 2011.

section II

le processus de sélection des fournisseurs

Les analyses économiques, juridiques et béhavioristes des relations industrie-commerce ont souligné la place centrale qu'occupe aujourd'hui la politique d'achat du distributeur dans la dynamique d'évolution des canaux de distribution de masse. Il y a là une rupture par rapport à une certaine littérature qui, de longue date, a mis quasi-exclusivement l'accent sur les « contraintes verticales » impulsées imposées par les industriels pour contrôler le partage de la rente au sein du canal, ignorant les capacités du distributeur à influencer, à son avantage, différentes variables stratégiques[27]. L'une des principales d'entre elles concerne son aptitude à proposer au consommateur un assortiment diversifié de produits – et de services – dont la constitution exige de moins en moins le recours à des compétences extérieures (grossistes, négociants, etc.). L'objectif est ici de présenter les grands principes qui structurent le processus de sélection des fournisseurs, en fonction des types de produits présents dans les formats de vente avec magasin, puis les quatre configurations standard que les acheteurs en centrale ont à gérer.

§ 1. - composantes de l'assortiment et choix des fournisseurs

Comme nous l'avons vu dans le chapitre 3, le détaillant conduit une politique d'assortiment en tant qu'élément de sa politique marketing d'enseigne. Pour restituer les principaux enjeux du processus de sélection des fournisseurs, il est nécessaire, en préalable, de rappeler quelques points essentiels sur la façon dont un assortiment est composé. De manière générale, les détaillants essaient de travailler leur offre en l'ordonnant autour de trois segments : les marques nationales ou internationales (leaders ou secondaires), les MDD et les produits premier prix, qui occupent respectivement environ 50 %, 30 % et 20 % des linéaires des

[27] Dietsch M. (2007), *L'équilibre des relations fournisseurs-distributeurs : le cas des marchés de produits de grande consommation*, Rapport pour la Commission d'Examen des Pratiques Commerciales, Paris.

grandes surfaces. Chacun de ces segments joue un rôle précis et va induire des mécanismes spécifiques de référencement et d'achat.

Après avoir contribué à la réussite des stratégies marketing des industriels dans les années 1960 et 1970, les marques nationales (et secondes marques) sont une source importante de gains financiers pour le détaillant par le biais des budgets de référencement consentis. Le budget de référencement s'apparente à un droit d'entrée préalable que doit payer un fournisseur pour que son ou ses produits soient acceptés par les centrales d'achat. Ce droit d'entrée, qui dépend notamment du volume des ventes espéré par les détaillants et du degré d'innovativité des produits, se négocie au niveau de chaque référence commerciale et pour chacun des magasins. Malgré une telle « manne » financière, on observe une hésitation de plus en plus grande à référencer les marques nationales, à la fois faute de place dans les magasins et d'une trop faible rentabilité. Mais si les détaillants sont réticents à leur égard, ils ne peuvent se passer d'elles lorsque le client final y est fortement attaché.

La riposte a pris la forme d'une commercialisation de MDD, du moins pour les produits banalisés à faible implication. Développées à l'origine pour contrebalancer le poids des marques nationales, elles poursuivent désormais un triple objectif de fidélisation du consommateur, de valorisation de l'enseigne et d'augmentation des bénéfices. Elles dégagent effectivement, du moins en France, une marge brute de 22 % en moyenne, contre 14 % pour lesdites marques nationales (voir le tableau 4.4). A la différence du Royaume-Uni, la France a longtemps connu une faible progression des ventes de MDD, due en grande partie à l'absence de politique volontariste de la part de certains détaillants. Ce n'est plus le cas aujourd'hui. De nombreuses marques internationales et nationales, surtout secondaires dans ce cas, semblent sous la menace des MDD dont le capital-marque ne cesse de s'affermir[28], mais aussi d'une variante dynamique de ces dernières : le premier prix (voir le chapitre 3).

Prenant la relève des MDD, dont certaines cherchent aujourd'hui à s'identifier de plus en plus souvent aux marques connues, les produits premier prix souhaitent s'affirmer comme un outil privilégié de (re)conquête des consommateurs en période de crise, même si l'on peut

[28] Jara M. (2009), « Le capital-marque des marques de distributeurs ; une approche conceptuelle différenciée », *Revue Française du Marketing*, n° 221, pp. 47-61.

douter de leur impact en termes de fidélisation de la clientèle. S'ils contribuent à satisfaire la demande, en développant l'image de « tueur de prix » chez les super et hypermarchés traditionnels, force est de reconnaître qu'ils sont loin de répondre à un souci de rentabilité. En effet, les produits premier prix ne dégagent qu'une marge brute de 7 %, soit la plus faible des trois familles de produits, malgré l'existence de filières d'approvisionnement privilégiant des fabricants aux coûts de production très bas (PECO, pays de l'Océan Indien, du Sud-Est asiatique, etc.), et sur lesquelles nous reviendrons.

tableau 4.4.

principales caractéristiques des trois familles de produits de grande consommation

	Niveau de prix	**Marge distributeur**	**Ventes / références**
Marques leaders	Elevé	14,5 % du CA	Très élevées
Secondes marques	– 10 % / *leader*		Moyennes
MDD	– 20 % / *leader*	23 % du CA	Assez élevées
Produits premier prix	– 40 % / *leader*	15 % du CA	Elevées

Source : Institut du Commerce et de la Consommation, janvier 2005.

Procéder à la sélection des fournisseurs ne peut se comprendre sans une référence explicite aux trois familles de produits composant l'assortiment. Ces trois familles sont le catalyseur des objectifs que poursuivent les distributeurs en matière d'attractivité et de rentabilité : l'**attractivité** va mesurer la capacité d'une famille de produits à faire se déplacer le consommateur jusqu'au point de vente, puis à l'y fidéliser le cas échéant ; la **rentabilité**, pour sa part, intègre une dimension plus financière, à savoir la capacité d'une famille de produits à générer des profits. Un assortiment « équilibré » tient compte de ces deux dimensions, sachant que les détaillants se distingueront ensuite en fonction de l'accent mis sur une dimension plutôt que sur l'autre. Dans la relation verticale qui s'établit entre industriels et détaillants, au niveau du référencement puis de la commande, la destination d'achat tient ainsi une place importante qui influence directement le processus de prise de décision.

§ 2. - l'importance du type d'achat et de la destination de l'achat

Dans son ensemble, la littérature managériale aborde la problématique du référencement en tentant de repérer les critères invariants utilisés par les acheteurs en centrale (ou en magasin), mais d'une étude à l'autre, le nombre et la nature des paramètres évoluent significativement[29]. A titre illustratif, le tableau 4.5 indique les cinq principaux critères de référencement utilisés au milieu des années 1990 par les grandes surfaces alimentaires et spécialisées en France. Il en souligne la relative hétérogénéité si l'on se réfère aux familles de produits.

[29] Le lecteur pourra notamment consulter les travaux suivants : Johansson U. et Burt S. (2004), « The role of private brands and manufacturer brands in grocery retailing : a comparative study of buying processes in the UK, Sweden and Italy », *Journal of Marketing Management*, Vol. 20, n° 7-8, pp. 799-824 ; Varley R. (2006), *Retail product management : buying and merchandising*, Routledge, Londres, 2e éd. ; Abbad H. (2009), « Le choix des PME par la grande distribution alimentaire : quel poids pour les critères logistiques ? », *Management & Avenir*, n° 24, pp. 49-64 ; Skallerud K. et Grønhaug K. (2010), « Chinese food retailers' positioning strategies and the influence on their buying behaviour », *Asia Pacific Journal of Marketing and Logistics*, Vol. 22, n° 2, pp. 196-209.

tableau 4.5.

critères principaux de référencement utilisés par les détaillants alimentaires et non alimentaires en France

Familles de produits	Critères retenus et notes attribuées
Produits d'épicerie sèche	Qualité des produits (8.71) Rentabilité + marges (8.71) Innovations + lancements (8.14 Qualité des approvisionnements (7.71) Rapport qualité-prix (7.43)
Produits frais	Qualité des produits (8.79) Rentabilité + marges (8.71) Innovations + lancements (8.50) Rapport qualité-prix (8.07) Transparence de la politique commerciale (7.43)
Hygiène et beauté	Rentabilité + marges (9.00) Qualité des produits (8.86) Publicité grand public (8.57) Transparence de la politique commerciale (8.57) Innovations + lancements (8.43)
Bazar	Qualité des approvisionnements (9.25) Rapport qualité-prix (9.13) Qualité des produits (9.00) Rentabilité + marges (8.63) Vitesse de réaction (8.13)

Nota : L'échelle va de 0 (faible importance) à 10 (forte importance).
Source : d'après *LSA*, 9 novembre 1995.

D'autres perspectives sous-estimées par les données du tableau 4.5 restent envisageables, par exemple l'intégration de la dimension satisfaction dans la relation nouée entre les acheteurs en centrale et les responsables de comptes clé chez les fabricants. Dans une recherche conduite en Allemagne auprès de 146 managers de distributeurs alimentaires et non alimentaires, Schellhase *et al.* concluent ainsi que le processus de sélection des fournisseurs est largement conditionné par la qualité de l'interface relationnelle, reposant notamment sur l'expertise technique et l'esprit d'ouverture que possèdent les responsables de comptes clé en vue de répondre aux attentes des acheteurs en centrale[30].

---

[30] Schellhase R., Hardock P. et Ohlwein M. (1999), « Customer satisfaction in business-to-business marketing : the case of retail organizations and their suppliers », *Journal of Business & Industrial Marketing*, Vol. 14, n° 5-6, pp. 416-432.

Il n'en reste pas moins que la recherche de critères explicatifs du référencement apparaît comme une constante, ce qui s'explique par les enjeux économiques et sociaux que pourrait avoir une mauvaise compréhension des mécanismes de référencement pour les industriels (pertes de marché, communication publicitaire inutile en l'absence des produits en magasin, etc.). En l'état, force est d'admettre une absence de consensus, tant dans le choix des critères que dans le modèle d'évaluation des produits à partir de ces critères : existe-il une hiérarchie claire entre les critères retenus ? Les détaillants utilisent-ils une procédure fondée sur un modèle compensatoire ou plutôt sur un modèle non compensatoire avec effet de seuil ?

Le principal écueil des approches « traditionnelles » tient au fait qu'elles ignorent les circonstances du référencement. Un même acheteur en centrale (ou un même comité d'achat) peut se comporter différemment avec un fournisseur déjà référencé depuis longtemps et un autre qu'il ne connaît pas encore, avec une puissante entreprise multinationale et une PME régionale exploitant une niche étroite. De même, les caractéristiques des marchés influenceront la démarche de l'acheteur, en particulier selon leur degré de concentration ou selon le taux de croissance des ventes. Enfin, si le distributeur est à l'origine de la consultation des fournisseurs, par exemple pour faire élaborer des MDD ou des produits premier prix, son comportement divergera du cas classique où il est directement sollicité par un fabricant.

Partons du principe que le processus de référencement constitue le reflet d'une stratégie d'enseigne, et notamment celui d'un positionnement voulu par les équipes dirigeantes de la firme de distribution. Dans cette optique, les modalités de sélection du couple fournisseurs / produits subiront l'influence de multiples variables modératrices. Selon Amine *et al.*, elles sont plus particulièrement liées à la destination de l'achat et au type d'achat[31] :

- La **destination de l'achat** concerne, par exemple, les produits de marques appartenant à des industriels (*branded products*), que ces marques soient internationales, nationales ou régionales. Par souci de simplification, nous parlerons de marques nationales et

[31] Amine A., Fady A. et Pontier S. (1997), « L'acheteur professionnel de la distribution face aux nouveaux produits : pour une nouvelle approche », *Recherche et Applications en Marketing*, Vol. 12, n° 2, pp. 23-38.

de secondes marques. Mais un tel cas de figure n'épuise pas le sujet. En effet, de plus en plus de détaillants se tournent vers divers fournisseurs-façonniers pour faire élaborer en sous-traitance des MDD et/ou des produits premier prix. L'initiative revenant ainsi au détaillant, celui-ci fera peut-être appel à des façonniers connus de lui parce qu'ils fabriquent déjà ce type de produits et qu'ils disposent, en conséquence, d'un relatif savoir-faire. La négociation avec l'acheteur en centrale se déplacera alors sur un terrain spécifique : la capacité du fournisseur à respecter un strict cahier des charges, intégrant des dimensions industrielles (volume) et logistiques (délai, réactivité).

- Le **type d'achat** est un second paramètre qui va vraisemblablement influencer le processus de référencement. Quand un produit donné est déjà commercialisé par l'enseigne (référencement répété), la discussion avec le fournisseur est sans doute rapide et simple, en ne portant que sur les résultats commerciaux et financiers dudit produit. En revanche, en cas de modification de l'un des éléments de la politique marketing (prix de l'article, positionnement sur le marché, forme ou nature du conditionnement, etc.), la discussion est plus longue et complexe, concerne un plus grand nombre d'intervenants et peut conduire exceptionnellement à une rupture de référencement, en cas de désaccord majeur. Le type d'achat le plus périlleux reste, dans cette logique, le nouveau référencement (première sélection) puisque les bases de comparaison manquent à chacune des parties.

schéma 4.1.

destination de l'achat et type d'achat : quatre configurations envisageables

		DESTINATION DE L'ACHAT	
		Marques nationales et secondes marques	*MDD et premier prix*
TYPE D'ACHAT	*Référencement répété à l'identique*	1	2
	Référencement modifié ou nouveau référencement	3	4

Ainsi, selon la destination de l'achat et le type d'achat, les critères permettant de faire le tri entre les fournisseurs et leurs produits ne sont pas nécessairement identiques. Les critères indiqués dans l'encadré 4.6 sont ainsi à contextualiser. Par exemple, un budget de référencement de plusieurs millions d'euros est un préalable indispensable au référencement de produits à marques connues appartenant à des industriels, ce qui n'est pas le cas pour les fabricants de MDD, démarchés par le détaillant lui-même dans de nombreux cas. Mais il se peut également qu'une marque ayant une forte notoriété ne justifie pas le versement de budget de référencement car le potentiel de ventes (la rotation) qu'elle permet d'escompter satisfait l'enseigne... et que le rapport de force est plutôt en faveur du fabricant. La réalité du processus de sélection des fournisseurs s'en trouve singulièrement complexifiée. Dans un souci de pédagogie, nous proposons de décrire rapidement les quatre configurations envisageables et les principales caractéristiques du processus de prise de décision.

encadré 4.6.

quels critères de choix des fournisseurs ?

Les acheteurs en centrale doivent prendre en considération des critères qui permettent de choisir avec objectivité les produits proposés par les fournisseurs. Il est usuel de distinguer trois grandes familles de critères, à savoir les critères relatifs au fournisseur, les critères relatifs au produit et les critères relatifs à la logistique :

– Parmi les **critères relatifs au fournisseur**, on note sa réputation, sa taille, sa fidélité, son ancienneté, son organisation commerciale et ses services, son budget publicitaire, sa distribution numérique et la valeur des produits déjà vendus.
– Concernant les **critères liés au produit**, ils renvoient à sa qualité, son degré d'innovation, son prix de vente public, son positionnement vis-à-vis de la concurrence, sa notoriété et son image de marque, son espérance de profit, la relation avec les autres produits de l'assortiment comme les MDD par exemple, ainsi que les conditions financières proposées.

> – Quant aux **critères logistiques**, ils sont liés à la capacité du fournisseur à respecter des contraintes de livraison et à mettre en place des systèmes d'information adaptés (fiches produits et passation des commandes par EDI).
>
> Le choix des enseignes concernant le développement et le référencement de leurs MDD se distingue de la sélection des produits de marques nationales et internationales. Il se fonde sur des critères de performance économique (conquête de part de marché), de performance financière (rentabilité et profit), de fidélité (construction d'une relation durable avec les clients) et d'image (soutien au positionnement du détaillant).
>
> *Source* : d'après http://distripedie.com, consulté le 13 juillet 2011.

§ 3. – les quatre configurations en matière de prise de décision

Force est de constater que les logiques d'action des acheteurs en centrale restent mal appréhendées, de même que la structure organisationnelle au sein desquelles ils agissent. Rien d'étonnant à cela car le « culte du secret » entoure très souvent les négociations d'affaires. Il est néanmoins possible de brosser à grands traits les fondamentaux de la prise de décision. Sachant que l'assortiment est constitué de trois familles de produits, et que le référencement peut en être nouveau ou répété, le croisement qui en résulte débouche sur des cas de figure spécifiques permettant, selon une démarche à visée heuristique, d'avancer dans la connaissance des processus[32].

■ configuration n° 1

Prenons le cas de la sélection de fournisseurs pour une famille donnée de produits à marque nationale (ou seconde marque régionale). Globalement, lors des phases successives de négociation, les acheteurs ont le choix entre des fournisseurs déjà référencés et de nouveaux fournisseurs qui souhaitent l'être, sachant que l'évaluation de l'offre pro-

---

[32] Les développements contenus dans ce paragraphe s'inspirent directement de discussions avec André Fady (IGR-IAE de Rennes) et Suzanne Pontier (IRG-IAE Gustave Eiffel).

duit / service dépend fortement de l'information accessible sur les marchés amont. En l'absence de référencement antérieur, le détaillant en sera réduit à recueillir des informations éparses, plus ou moins fiables, sur la réputation du fournisseur (respecte-t-il habituellement ses engagements contractuels ?), sur la qualité de son (ou ses) produit(s) et sur l'efficacité des services associés. En revanche, lorsque le détaillant a l'expérience d'achats répétés à l'identique avec un fournisseur, il dispose de données objectives et *a priori* peu contestables provenant à la fois des acheteurs en centrale et des points de vente, entre autres sur ses performances en matière de traitement d'éventuels problèmes lors du déroulement des transactions.

Bref, avec un fournisseur déjà référencé, le distributeur va bénéficier d'un effet d'expérience dans la relation d'échange. D'une certaine façon, il a « fait ses preuves » en acceptant parfois une série d'ajustements qui permettent d'améliorer la qualité du service rendu, par exemple dans la redéfinition des emplacements de produits en magasin. Pour peu que le fournisseur développe une faible « volatilité » de sa gamme de produits, c'est-à-dire en assure une relative stabilité dans le temps en évitant les entrées (adjonction de références) et les sorties (suppression de références) récurrentes, la firme de distribution finira par disposer d'une expertise marketing incontestable réduisant le risque perçu[33]. Il est très probable que cette trajectoire d'apprentissage organisationnel facilite le référencement ultérieur de nouveaux produits proposés par l'industriel en question.

■ configuration n° 2

Qu'en est-il lorsque ce même fournisseur régulier est sollicité pour élaborer des MDD et des produits premier prix ? Les données du problème sont différentes car le détaillant semble beaucoup plus s'impliquer dans ce type d'achat, notamment lorsqu'il poursuit une stratégie de différenciation par rapport à ses concurrents. Dans la mesure où les MDD et les produits premier prix jouent un rôle majeur dans la création d'une image d'enseigne singulière, par exemple en mettant en valeur une politique à caractère « consumériste », le suivi des différentes étapes de conception, de fabrication et de commercialisation des

---

[33] Cadeaux J. (1997), « A closer look at the interface between the product lines of manufacturers and the assortments of retailers », *International Journal of Retail & Distribution Management*, Vol. 25, n° 6, pp. 197-203.

produits sera particulièrement rigoureux. En effet, tout dysfonctionnement va rejaillir sur un détaillant qui ne dispose que de peu de solutions de rechange à court terme (l'évaluation d'un nouveau fournisseur est un processus long et dispendieux...).

La part croissante des MDD et des produits premier prix au sein des assortiments modifie les prérogatives des centrales d'achat. Confrontées au défi d'une demande finale fluctuante, elles se heurtent sans cesse à la menace de stocks excessifs... ou de ruptures, sans parler de la qualité perçue du produit qui va engager l'enseigne en termes d'image. Il n'est donc plus question pour elles de chercher simplement à réaliser la meilleure affaire par une mise en concurrence systématique des fournisseurs. Au contraire, elles doivent s'impliquer durablement dans la gestion la plus efficace des tâches marketing (prévision des ventes) et logistiques liées à la commercialisation des MDD. Le recours à des industriels connus, déjà référencés à l'identique avec leurs propres marques, peut alors réduire en partie l'incertitude comportementale inhérente aux contrats de façonnage[34]. Compte tenu de l'importance des MDD pour son image d'enseigne, le distributeur doit toutefois s'assurer que le fournisseur sélectionné traite les commandes de MDD de manière aussi satisfaisante que ses propres marques, et ne cherche pas à privilégier ces dernières.

■ **configuration n° 3**

La situation du détaillant paraît moins confortable lorsqu'il s'agit d'évaluer *a priori* les compétences et la réputation d'un nouveau fournisseur. En effet, les approches dites néo-institutionnelles rappellent que les agents économiques peuvent être à l'occasion opportunistes, que leur opportunisme se manifeste avant la signature d'un contrat (opportunisme précontractuel) ou après (opportunisme postcontractuel). Par exemple, ils n'hésiteront pas à dissimuler ou déformer des informations en leur possession pour bénéficier de conditions d'échange plus favorables. Sachant que les acheteurs en centrale négocient des contrats annuels, et non chacune des transactions successives, cette asymétrie informationnelle fait peser sur eux un risque non négligeable pour une période assez importante. Tout naturellement, afin de le limi-

---

[34] Cadenat S. et Pacitto J.-C. (2009), « Contraintes et opportunités à fabriquer des marques de distributeurs : une étude exploratoire », *Décisions Marketing*, n° 55, pp. 29-40.

ter, ils vont essayer d'anticiper le plus précisément possible la capacité du nouveau fournisseur à approvisionner de façon efficace les quantités, tailles et styles de produits retenus.

L'absence d'expérience antérieure commune aux deux partenaires de la dyade n'est pas un inhibiteur complet aux relations commerciales. En revanche, elle rend le processus de référencement plus complexe à gérer. Afin de se prémunir de l'opportunisme potentiel du nouveau fournisseur, le détaillant devra notamment mettre en place des « procédures de sauvegarde » allant jusqu'à la réalisation d'audits spécifiques pour les fabricants de faible visibilité (de type PME). Les audits évaluent notamment l'aptitude du fournisseur à respecter les conditions de service et de réactivité préalablement édictées, même s'il est vrai que de trop fréquents dysfonctionnements au niveau de la gestion des flux pourront toujours se conclure par un retrait pur et simple du produit de l'assortiment. Les audits ont également pour objet de vérifier si le fournisseur ne développe pas un opportunisme postcontractuel, par exemple en ne respectant pas le cahier des charges formalisé dans le cadre de la production à façon de MDD[35].

■ configuration n° 4

Le risque encouru par l'acheteur en centrale s'accroît encore lorsqu'il sollicite un nouveau fournisseur pour élaborer des MDD et des produits premier prix. En effet, comme nous l'avons indiqué précédemment, ceux-ci contribuent à la création d'une image d'enseigne singulière. Il est donc indispensable de totalement sécuriser les sources d'approvisionnement, par exemple en utilisant les fournisseurs réguliers de marques nationales dont on aura déjà testé les performances par le passé, tant en matière de qualité des produits que de fiabilité des approvisionnements. Pourtant, depuis le milieu des années 1990, les détaillants se tournent de plus en plus systématiquement vers des producteurs régionaux à marques secondaires pour le façonnage des MDD. Cette stratégie s'explique en partie par la volonté délibérée d'échapper à un début de dépendance vis-à-vis des entreprises multinationales qui dominent les marchés des biens de grande consommation. Giacomini *et al.* resituent ce mouvement stratégique de grande ampleur dans une

---

[35] Paché G. (2007), « Private label development : the large food retailer faced with the supplier's opportunism », *The Service Industries Journal*, Vol. 27, n° 2, pp. 175-188.

logique de captation de la valeur fondée sur un contrôle vertical de la chaîne de valeur[36].

En tout état de cause, le nouveau fournisseur devra démontrer sans ambiguïté son excellence dans la gestion opérationnelle et, plus particulièrement, sa capacité à ordonnancer la production et les expéditions vers les magasins ou vers les entrepôts et plates-formes du détaillant selon des cadenciers prédéfinis. Les précautions dont s'entourent les acheteurs en centrale à ce niveau découlent du fait que les contrats de façonnage de MDD impliquent les partenaires dans la durée à travers des relations de confiance construites pas à pas, selon un processus itératif « essais-erreurs » bien connu en management stratégique. S'assurer dès la phase précontractuelle que le nouveau fournisseur satisfera à des exigences minimales de respect des délais et des quantités à approvisionner se présente souvent comme une étape critique. Le détaillant peut s'en exonérer s'il initie des démarches de coopération entre nouveaux fournisseurs en vue, par exemple, de mutualiser des tournées de ramassage des produits et de centraliser les produits sur des centres de collaboration et de consolidation ; cette question sera notamment abordée dans le chapitre 5.

section III
le « distributeur sans frontières » : une illustration

Le terrain d'affrontement entre les détaillants alimentaires et non alimentaires, autrefois confiné aux frontières nationales, est aujourd'hui mondial. Ceci est vrai des stratégies d'implantation des magasins, mais aussi (et surtout ?) des politiques d'achat. Le « distributeur sans frontières », figure emblématique des années 2000 et 2010, ne peut en effet se contenter de sources domestiques d'approvisionnement, au risque d'ignorer des opportunités d'achat à bas prix que représentent les four-

[36] Giacomini C., Mancini M.-C. et Modesti P. (2010), « Large retailers and vertical control of the supply chain : private labels and private certification standards », *International Journal of Applied Management Science*, Vol. 2, n° 4, pp. 305-320.

nisseurs étrangers, sans parler des opportunités de différenciation de l'assortiment[37]. Toute la question est de savoir si une stratégie de *global sourcing*, autrement dit d'achat international, est si simple à mettre en œuvre au double plan opérationnel et organisationnel.

Ainsi que le rappellent la plupart des ouvrages sur le thème, l'achat mondialisé de composants et de sous-ensembles revêt une dimension critique pour l'industriel car ceux-ci conditionnent en grande partie la performance perçue du produit fini par le consommateur ou l'utilisateur final. Il en va de même pour le distributeur, bien que les données du problème ne soient pas tout à fait identiques : d'une part, le cycle d'approvisionnement y est beaucoup plus court et volatil, notamment depuis l'introduction de l'ECR (voir le chapitre 7) ; d'autre part, le poste achat représente un poids largement supérieur dans le chiffre d'affaires. Pratiquer une stratégie d'achat international n'est donc pas sans danger. D'où l'urgence de reconnaître l'importance du risque transactionnel, puis de se donner les moyens de mieux le maîtriser, des questions que le développement des places de marché électroniques n'élude pas entièrement.

§ 1. - l'évaluation du risque transactionnel

Pour de nombreux chercheurs européens étudiant les évolutions des distributeurs, l'internationalisation des sources d'approvisionnement correspond à une volonté clairement annoncée et désormais bien connue : susciter un contre-pouvoir vis-à-vis des oligopoles industriels et créer une diversité accrue des assortiments proposés aux consommateurs dans les magasins, en tirant bénéfice de leur position de « *strategic gatekeepers* » entre fournisseurs et consommateurs[38]. En revanche, peu de choses sont dites et écrites sur la complexité du management des transactions inhérentes au processus lui-même. Pourtant, l'utilisation de fournisseurs étrangers fait peser sur l'acheteur en centrale un risque considérable. Il concerne le non-respect éventuel des clauses contractuelles sur un triple plan technique, financier et juridique, par exemple, la qualité du produit livré qui n'est pas conforme aux spécifications

[37] Varley R. (2006), *op. cit.*

[38] Caprice S. et von Schlippenbach V. (2008), « Competition policy in a concentrated and globalized retail industry », *Applied Economics Quarterly*, Vol. 54, n° 3, pp. 183-202.

préalablement négociées. L'achat international exige ainsi de détenir une expérience minimale dans trois domaines complémentaires :

– l'identification des sources d'approvisionnement et des produits (forces et faiblesses du partenaire) ;
– la fiabilité des activités d'entreposage, de gestion des stocks et d'acheminement sur de longues distances ;
– le maintien d'un contact commercial permanent avec les fournisseurs et/ou les intermédiaires pour ajuster l'offre en cas de besoin[39].

La globalisation des achats du détaillant mêle en fait des dimensions à la fois transactionnelles et logistiques selon trois étapes successives. La première étape porte sur une évaluation grossière des prix et des conditions commerciales proposés, puis un référencement des fournisseurs et des produits en fonction des objectifs, notamment de positionnement, poursuivis par le détaillant. Dans une deuxième étape, il s'agira de gérer les ordres, y compris de lancement de fabrication, avant de regrouper les commandes grâce à une rigoureuse organisation des ramassages dans le pays d'exportation. Enfin, la troisième étape consiste à mettre à disposition les produits auprès de leur destinataire en identifiant les moyens les mieux adaptés en matière d'acheminement[40]. Le schéma 4.2 détaille le contenu de ces différentes phases.

[39] Sur ces différents points, voir l'ensemble des contributions rassemblées dans Coe N. et Wrigley N., éds. (2009), *The globalization of retailing*, Edward Elgar, Cheltenham.

[40] Macquin A. et Lacrampe S. (2000), « Globalisation de la distribution et besoins logistiques », *Market Management*, n° 1, pp. 69-78.

schéma 4.2.

***global sourcing* : trois étapes clé**

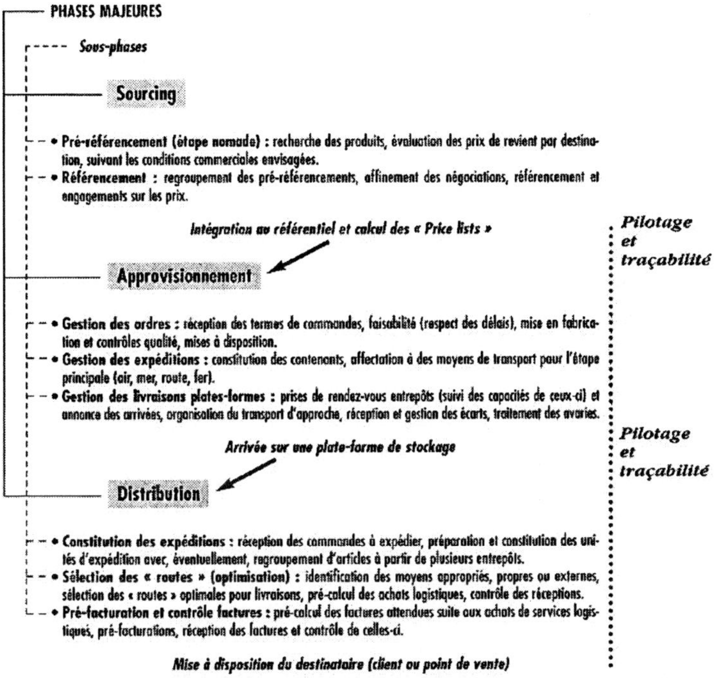

Source : d'après Macquin et Lacrampe (2000), *op. cit.*

Parmi les facteurs clé de succès du *global sourcing*, il est essentiel d'atténuer les « facteurs inhibiteurs » aux échanges internationaux nés, entre autres, de la distance culturelle entre les opérateurs de la chaîne d'approvisionnement. Chaque culture nationale participe effectivement à la définition et à la structuration d'une culture d'entreprise entendue comme un ensemble de comportements et de codes de conduite en matière de relations d'affaires. Dans certains pays, la communication non verbale joue ainsi un rôle si important que, lors de la négociation de contrats commerciaux, le discours implicite peut prendre le pas sur le discours explicite. En outre, les contrats eux-mêmes n'y sont pas nécessairement considérés *a priori* comme infaillibles par les décideurs ! Méconnaître ou sous-estimer les dimensions culturelles de l'environnement du fournisseur avec lequel on veut travailler risque dès lors de s'avérer dangereux à moyen terme[41].

Par exemple, Allix-Desfautaux a observé les comportements opportunistes déployés lors de négociations internationales dans une recherche de grande ampleur menée auprès de 41 importantes entreprises françaises[42]. Pour l'auteur, en référence explicite au paradigme transactionnel formalisé par Williamson[43], l'opportunisme correspond à « toute attitude visant à divulguer sur le marché des informations fausses, omettre la transmission de données importantes pour la conclusion d'un contrat ou toute attitude visant à privilégier les intérêts d'une partie au détriment d'une autre ». Il ressort de son travail que les comportements opportunistes revêtent des formes spécifiques en fonction des zones géographiques. Là où certains pratiqueront, de manière privilégiée, la divulgation d'informations erronées (Afrique du Nord), d'autres préfèreront l'introduction de clauses contractuelles exorbitantes (Asie du Sud-Ouest) ou la complexification exagérée des négociations (PECO).

Dans ces conditions, on comprend que pour limiter les risques afférents au déroulement de la transaction, outre une parfaite organisation des flux de produits, les décideurs doivent préalablement obtenir le maximum d'informations fiables sur les futurs partenaires, notamment en vue de connaître leur réputation sur le marché local, et ce quelle que soit la qualité intrinsèque de leurs produits. D'autres éléments interviennent évidemment dans le processus d'achat international. Il s'avère nécessaire d'additionner les coûts administratifs, marketing et logistiques induits par la sélection de fournisseurs étrangers, puis l'approvisionnement de leurs produits. Le coût total de possession est ainsi

---

[41] Parallèlement, les fournisseurs souhaitant exporter en direction de détaillants étrangers devront tenir compte des dimensions culturelles liées à la sélection des sources d'approvisionnement. Par exemple, dans le contexte chinois, il est entendu que le *guanxi*, ce réseau hiérarchique (et très structuré) de relations personnelles auquel tout décideur se réfère dans ses choix, a un impact direct sur le processus de sélection des fournisseurs et, plus largement, de gouvernance des relations inter-entreprises. Sur ce point, voir notamment Chen Z., Huang Y. et Sternquist B. (2011), « Guanxi practice and Chinese buyer-supplier relationships : the buyer's perspective », *Industrial Marketing Management*, Vol. 40, n° 4, pp. 569-580.

[42] Allix-Desfautaux E. (1992), « Comportements opportunistes et négociations d'affaires internationales : une approche par la théorie des coûts de transaction », *in* Allouche J. et Le Duff R. (éds.), *Annales du management*, Economica, Paris, Vol. 2, pp. 637-657.

[43] Williamson O. (1975), *Markets and hierarchies : analysis and antitrust implications*, The Free Press, New York (NY).

influencé par les politiques achat et logistique de la firme, affectées elles-mêmes par la nature des produits et le pays d'origine des fournisseurs, et le fait de se tourner vers des pays *low cost* peut s'avérer être une solution finalement hasardeuse[44] :

- les produits importés réclament, dans leur élaboration, des actifs plus ou moins spécifiques, notamment en matière d'équipements, ce qui joue sur l'opportunisme potentiel que pourront développer les fournisseurs ;
- le pays d'origine des fournisseurs est caractérisé par des conditions économiques (variation des taux de change, tarifications douanières) et des infrastructures qui jouent fortement sur la profitabilité de l'achat international, de façon positive ou négative.

Combinées les unes aux autres, les variables précitées définissent un profil de performance financière envisageable en fonction de facteurs endogènes et exogènes. Elles définissent également quelles seront les configurations favorables à un achat international. Par exemple, une spécificité des actifs élevée crée une situation plutôt défavorable, à moins qu'existe un système fiable de recueil des informations sur les performances et les comportements des fournisseurs étrangers, ce qui apparaît cohérent avec les fondements de la théorie des coûts de transaction. L'intérêt de ce type d'analyse est de permettre une meilleure compréhension des outils de gestion qui sont progressivement conceptualisés en vue de conduire une politique active d'internationalisation des sources d'approvisionnement, et dont les distributeurs alimentaires fournissent une intéressante illustration.

§ 2. - la maîtrise du risque transactionnel

Opter pour une stratégie d'achat international soulève de multiples difficultés opérationnelles, tant au niveau de l'identification des sources que de la logistique associée aux produits importés. Au demeurant, il est tout à fait symptomatique de constater que la plupart des manuels de référence consacrent de longs développements à ce thème. Pour y faire face, le détaillant a traditionnellement le choix entre deux types de solutions :

---

44 Ruamsook K., Russell D. et Thomchick E. (2009), « Sourcing from low-cost countries : identifying sourcing issues and prioritizing impacts on logistics performance », *International Journal of Logistics Management*, Vol. 20, n° 1, pp. 79-96.

– le recours (partiel ou total) à des **intermédiaires indépendants**, qu'il s'agisse de négociants internationaux ou de grossistes spécialisés,
– le développement autonome de **circuits d'importation directe** découlant d'un processus progressif d'assimilation de compétences marketing et logistiques.

La première solution présente l'avantage de reporter sur un prestataire extérieur la responsabilité de l'évaluation de l'éventuel opportunisme pré et/ou postcontractuel des fournisseurs et de l'organisation des activités de livraison. En d'autres termes, une agence spécialisée prend en charge la plus ou moins forte incertitude attachée aux transactions, en contrepartie de coûts d'intermédiation facturés au détaillant. Ce dernier ne sera cependant pas libre de conduire sa propre stratégie d'assortiment puisqu'elle dépendra en partie des choix préalables faits par l'agence. Notons également que le prestataire extérieur peut être lui-même une source d'incertitude comportementale. Selon Fernie *et al.*, les intermédiaires, dénommés « *international hubs* », peuvent ainsi faire preuve de niveaux d'opportunisme relativement élevés, d'autant plus élevés d'ailleurs qu'ils se sentent libres de leurs mouvements[45].

Ceci explique que certains détaillants soient tentés par la seconde solution – le circuit d'importation directe – qui préserve intacte leur marge de manœuvre. Celle-ci passe par la mise en place de centrales d'achat supranationales, parfois communes aux détaillants de plusieurs pays n'étant pas en concurrence frontale. Cette mise en place, aujourd'hui largement généralisée, traduit un souci de contrôler le canal de distribution sur un espace économique élargi, et ce afin d'en retirer des bénéfices financiers. Le contact direct avec les fournisseurs étrangers doit permettre de réaliser d'importantes économies d'échelle et de champ en matière de gestion physique et administrative des transactions, surtout pour les produits premier prix et les MDD. En effet, ceux-ci se prêtent aisément à une politique de standardisation des assortiments et, par conséquent, à l'utilisation de sources identiques pour une multiplicité de formats et de pays[46]. Le potentiel de globalisation des achats reste toutefois différencié selon les types de produits : les parti-

[45] Fernie J., Maniatakis P. et Moore C. (2009), « The role of international hubs in a fashion retailer's sourcing strategy », *International Review of Retail, Distribution and Consumer Research*, Vol. 19, n° 4, pp. 421-436.

[46] Kumar N. et Steenkamp J.-B. (2007), *Private label strategy : how to meet the store brand challenge*, Harvard Business School Press, Boston (MA).

cularismes locaux et les contraintes logistiques constituent encore un frein significatif pour les détaillants alimentaires. En outre, la tendance au « *locavorisme* » pourrait remettre en cause la tendance à l'internationalisation des achats (voir l'encadré 4.7).

encadré 4.7.

des achats locaux de plus en plus importants pour la distribution alimentaire ?

C'est la dernière idée à la mode, comme les dirigeants des grandes surfaces en raffolent. Le terreau consumériste est en train de devenir favorable au locavorisme. Le néologisme vient du terme local (proche de) et du suffixe vore (qui mange). Le Ministre de l'Agriculture porte une réelle affection à ce qu'il appelle le « *circuit court* » et y apporte un soutien subventionné. Les grandes enseignes entendent bien profiter de la tendance aussi. Tout s'y prête. Elles misent déjà des millions d'euros sur le développement durable. Elles sont en pointe sur le bio. La crise financière et la mondialisation génèrent des positions de repli de leurs clients qui sont favorables à l'achat local. Elles-mêmes recherchent, après les années de conquête, à cimenter leur implantation locale, aux points de vue économique, social et sociétal.

Leclerc n'est pas la dernière enseigne à chevaucher les valeurs sociétales. Elles lui permettent de mettre en avant des producteurs satisfaits, quand d'autres envahissent ses magasins pour y dénoncer les prix trop bas ou des marges trop élevées ! Lors de la convention Leclerc 6.0 en septembre 2010, un montant de 15 % du chiffre d'affaires avec du local d'ici à dix ans a été cité, un objectif que confirme le cofondateur de Produit en Bretagne, qui a permis de créer « 30.000 emplois ». Toutes les régions y viennent : Gourmandie en Normandie, Aquitaine Gourmets, Saveur en Or dans le Nord.

Les marques régionales répondent-elles à la tendance du locavore ? Aux Etats-Unis, ce serait le cas. Mais pour l'Hexagone, Leclerc ou Carrefour penchent plutôt pour un rayon de 30 à 50 km. Il faut aussi faire « *vivre* » l'achat local. Leclerc s'appuie sur une structure juridique, TLC, financée par 3 % du chiffre d'affaires répartis à parité entre les producteurs et l'enseigne, qui sert à la fois de pare-feu pour les risques sanitaires et d'outil pour la mise en scène de l'offre. Pour que l'offre locale s'ancre vraiment, peut-être faudra-t-il que les directeurs de magasins se rendent chez les producteurs, visitent les acteurs économiques locaux. Renverser l'histoire, en quelque sorte, des paysans qui s'invitent dans les magasins !

Source : d'après http://www.lsa.fr, consulté le 27 janvier 2011.

Le paradigme transactionnel éclaire également le choix entre les deux solutions en présence, à savoir les structures intégrées d'importation directe *vs.* les structures externalisées d'importation. Manifestement, un distributeur aura avantage à déléguer les fonctions d'achat international auprès d'une agence indépendante si l'incertitude comportementale et les coûts de transaction diminuent grâce à son utilisation. En effet, un prestataire extérieur présente l'intérêt d'optimiser l'ensemble des opérations en identifiant, pour plusieurs détaillants, les fournisseurs les plus fiables à partir d'un processus partagé de recherche d'information. Au contraire, si les fonctions d'achat international contribuent au positionnement de l'entreprise, tandis que les transactions sont récurrentes et réclament des actifs spécifiques, il sera préférable de les intégrer.

L'internationalisation des sources d'approvisionnement en l'absence d'agences indépendantes oblige évidemment à acquérir les compétences que celles-ci possèdent, notamment par la création de bureaux d'importation près des lieux de production. Ces derniers agissent comme des réducteurs d'incertitude permettant de tendre vers une sorte de « symétrie informationnelle » vis-à-vis des fournisseurs étrangers. A ce titre, leur présence paraît indispensable au développement des circuits d'importation directe, tout comme celle des centrales d'achat internationales situées en Europe, dont la mission complémentaire est de gérer les contrats avec la couverture des risques de change, l'ouverture des lignes de crédit, etc. La recherche conduite par Poissonnier sur la globalisation des achats initiée par les détaillants dans la filière textile-habillement confirme ce point structurant[47]. Comme nous l'indiquerons ci-après, la rapide diffusion de places de marché électroniques, impulsée par les détaillants, modifie toutefois en partie les règles du jeu.

Le développement des circuits d'importation directe suppose bien évidemment d'être capable d'assurer la continuité physique de la chaîne d'approvisionnement. La description des outils logistiques utilisés dans le cadre de l'achat international témoigne au demeurant de l'extrême diversité des configurations envisageables. Pour tel détaillant, une partie de la chaîne logistique sera en partie intégrée[48], tandis que tel autre détaillant en confiera entièrement la gestion à des commissionnaires et des transitaires ou à des courtiers, voire aux deux à la fois. Le recours à des prestataires spécialisés hautement qualifiés semble toutefois se généraliser en Europe, à l'exemple de Norbert Dentressangle avec les hypermarchés Carrefour pour le textile. Toutes les configurations obéissent néanmoins au même désir du détaillant d'échapper à la mainmise des sociétés de *trading* et d'import-export, en menant de manière autonome sa propre politique.

A l'avenir, la vague de concentration dans la grande distribution européenne, en vue d'atteindre une taille critique suffisante dans la compétition horizontale, amplifiera sans doute le phénomène de mondialisation des achats. En effet, l'émergence de véritables « méga-entreprises », avec un objectif de court terme d'un chiffre d'affaires minimal de 100 milliards d'euros, va justifier la mise en place de réseaux très sophistiqués dédiés à l'achat international, compte tenu de l'extraordinaire massification des flux. En l'espace d'une génération, les distributeurs seront ainsi passés d'une sorte de tâtonnement intuitif avec quelques pays frontaliers à une véritable stratégie générique, mutation majeure dont de nombreux fabricants nationaux n'ont pas encore pris la juste mesure, et qui est amplifiée avec les opportunités technologiques offertes par la maîtrise des outils du e-commerce.

---

[47] Poissonnier H. (2010), « Globalisation des achats et contrôle inter-organisationnel dans la filière THD française », *Revue Française de Gestion*, n° 201, pp. 121-139.

[48] Par exemple, avec la construction d'un ou plusieurs entrepôts de regroupement situés dans le pays d'importation.

§ 3. - le développement des places de marché électroniques

En mars 2000, lors de la signature du contrat liant son entreprise avec le groupe Carrefour dans le cadre d'une place de marché électronique, le Président de Sears déclarait sur un ton assuré : « Nous allons révolutionner la distribution ! ». Une décennie s'est écoulée, et force est de reconnaître que son enthousiasme sans limite doit être modulé. Certes, le développement des places de marché électronique, ou encore places internationales de commerce interentreprises (B to B), n'a pas été négligeable, loin de là. Mais si l'on pouvait penser qu'elles allaient transformer en profondeur, et de manière irréversible, les procédures d'achat des détaillants, par voie de conséquence, leurs relations avec les marchés fournisseurs, il faut reconnaître qu'une partie des espoirs a été déçue. Les places de marché électroniques complètent les centrales de référencement et d'achat traditionnelles, elles ne s'y substituent pas réellement.

A. - définition et bénéfices attendus

Concrètement, une place de marché électronique s'apparente à une sorte de portail utilisant Internet pour accéder, dans de brefs délais, aux offres provenant d'une multitude de fournisseurs localisés aux quatre coins de la planète. Les distributeurs qui l'utilisent peuvent notamment procéder à des enchères descendantes afin de réduire le coût d'acquisition. Pour cela, il leur suffit de lancer un appel d'offre en ligne, pour un produit spécifique, auprès des fournisseurs retenus par le portail. Tout l'intérêt des distributeurs est évidemment d'atteindre une masse suffisante en se regroupant au sein de places de marché électroniques communes, et ainsi bénéficier mutuellement des meilleures conditions d'achat. Le facteur clé de succès des places de marché électroniques repose sur la maîtrise des enchères inversées, connu dans la littérature anglo-saxonne sous le terme de *electronic reverse auctions*, et qui est l'objet d'un incontestable intérêt auprès des praticiens et des chercheurs en management. Mais de quoi parle-t-on exactement ?

Contrairement à une enchère classique pendant laquelle le vendeur d'un bien cherche à obtenir le meilleur prix de vente auprès des acheteurs potentiels, l'enchère inversée est conduite par un acheteur qui cherche à minimiser le prix d'achat en faisant jouer la concurrence entre vendeurs. L'enchère inversée est dite descendante car chaque soumissionnaire surenchérit à la baisse par rapport aux offres des concurrents. La notion d'enchère hollandaise est également parfois utilisée compte tenu des similitudes avec le processus ancestral de ventes aux enchères de tulipes aux Pays-Bas. Si la dimension « électronique » ne modifie pas fondamentalement les règles du jeu de l'enchère inversée, les procédures techniques de soumission le sont. En effet, les vendeurs émettent, par le biais de messages électroniques, des offres successives pendant un laps de temps prédéfini auprès d'un acheteur qui dispose d'une salle de marché virtuelle pour les traiter, et retenir l'offre jugée la plus attractive à la clôture de l'enchère (pas nécessairement le prix le plus bas).

Certains observateurs pourront s'étonner de l'engouement particulier pour les enchères électroniques inversées. Sans doute faut-il y voir l'attrait pour des gains financiers immédiats lors du processus d'achat[49]. Comme tout engouement pour un nouvel outil de gestion, les excès sont nombreux, notamment en ce qui concerne le caractère soi-disant universaliste de ses applications. Force est d'admettre que l'enchère électronique inversée ne donne en fait sa pleine mesure que pour des composants, semi-produits produits finis et services spécifiques dont le risque à l'achat est faible et l'impact financier élevé, ce que van Weele dénomme les « *composants levier* »[50]. Ceux-ci sont disponibles auprès d'un grand nombre de fournisseurs à des niveaux standard de qualité, et représentent une partie importante du coût du produit fini mis sur le marché.

En fonction de ses caractéristiques techniques, économiques et organisationnelles propres, chaque secteur d'activité doit apprendre à gérer des « *composants levier* » différents ; l'enchère électronique inversée est par conséquent à contextualiser pour être réellement efficace. Tout au plus peut-on définir un certain nombre de conditions nécessaires pour une mise en œuvre réussie : une position clairement dominante de l'entreprise acheteuse dans la négociation d'affaires, une offre relativement standardisée et excédentaire de la part des fournisseurs (facilitant les comparaisons et la mise en concurrence), une forte volatilité des prix d'achat en fonction des facteurs d'environnement externe[51].

[49] Yeniyurt S., Watson S., Carter C. et Kay Stevens C. (2011), « To bid or not to bid : drivers of bidding behavior in electronic reverse auctions », *Journal of Supply Chain Management*, Vol. 47, n° 1, pp. 60-72.

[50] van Weele A. (2010), *Purchasing and supply chain management. Analysis, strategy, planning and practice*, Thomson Learning, Londres, 5e éd.

[51] Arbin K. et Hultman J. (2003), « Reversed electronic auctions B2B successful for which products ? », *Proceedings of the 12th International IPSERA Conference*, Budapest, pp. 405-414.

Lorsque toutes ces conditions sont réunies, il est possible d'en inférer sans doute une utilisation de plus en plus intensive des enchères électroniques inversées, compte tenu des avantages qu'elles recèlent à la fois pour l'entreprise acheteuse et pour ses fournisseurs[52]. Le tableau 4.6 en précise la teneur.

tableau 4.6.
principaux avantages du recours aux enchères inversées

Avantages du côté de l'entreprise acheteuse	– Réduction des prix d'achat couramment comprise entre 15 et 20 %, voire plus – Réduction des délais administratifs liés au déroulement du processus d'appel d'offres comprise entre 25 et 35 % – Baisse significative du niveau des stocks (notamment de sécurité) due à des réapprovisionnements rapides
Avantages du côté du fournisseur	– Meilleure connaissance des marchés ouvrant des opportunités nouvelles de développement – Réduction du cycle d'affaires se déroulant entre la soumission d'une offre lors d'une enchère et la signature du contrat – Meilleure planification des opérations industrielles et logistiques

Source : d'après Smeltzer et Carr (2002), *op. cit.*

La fascination qu'exerce l'enchère électronique inversée tend à faire passer au second plan le fait qu'il s'agit d'un outil de gestion au service d'une politique d'achat et, surtout, que cet outil est l'une des facettes d'un modèle d'affaires plus large : la place de marché électronique. Une place de marché électronique s'apparente à une sorte de centrale d'achat virtuelle dont la mission est d'organiser une mise en concurrence efficace des fournisseurs, le plus souvent à l'échelle de la planète. Sur un plan technique, une place de marché électronique développe le plus souvent trois fonctionnalités : (1) une **fonctionnalité d'optimisation des chaînes logistiques multi-acteurs** (gestion partagée des approvisionnements, conception collaborative des produits, etc.) ; (2) une **fonctionnalité de développement de services à valeur ajoutée** (sécurisation des transferts de fonds) ; et (3) une **fonctionnalité de sélection des**

[52] Smeltzer L. et Carr A. (2002), « Reverse auctions in industrial marketing and buying », *Business Horizons*, Vol. 45, n° 2, pp. 47-52.

fournisseurs. Cette dernière regroupe des activités de veille et d'information sectorielle, de création de catalogues électroniques, spécialisés ou généralistes, et bien évidemment, d'organisation d'enchères.

Ceci explique la rapide montée en puissance de GlobalNetXchange (GNX), la place de marché électronique formée à l'origine par Carrefour et Sears, au début des années 2000. En quelques mois, le nombre de ses membres passe alors de deux à neuf. Faisant face à une place de marché aussi puissante (sinon plus !), dénommée Worlwide Retail Exchange (WWRE), et qui connaît une expansion comparable, les deux opérateurs finissent par fusionner et créer Agentrics en novembre 2005. Cette dernière dispose aujourd'hui d'une remarquable puissance de feu dans la mesure où elle conduit des enchères électroniques inversées pour cinquante des plus puissants détaillants de la planète, dont Rewe, Kingfisher, Walmart, Asda, Carrefour, Auchan, Casino, Leclerc, Sainsbury's, Tesco, Aeon, Delhaize et El Corte Ingles. Il est d'ailleurs intéressant de noter que, dans ce mouvement de concentration des achats, qui conduit à l'émergence de structures d'oligopsone à l'échelle mondiale, même le *leader* incontesté de la distribution à dominante alimentaire, à savoir l'américain Walmart, qui fit longtemps cavalier seul avec sa propre place de marché électronique, a fini par rejoindre Agentrics, ce que n'avait pas anticipé Tran dans son analyse du secteur[53]. Il faut dire que les avantages que retire un détaillant de son affiliation à un portail d'envergure planétaire sont nombreux :

- **L'accès à une offre de produits et de fournisseurs démultipliée**. Ainsi, les membres d'Agentrics peuvent se tourner aujourd'hui vers un réseau potentiel de plus de 60.000 fournisseurs, à comparer avec les 5.000 à 10.000 fournisseurs d'une centrale de référencement traditionnelle (encore moins pour les *hard discounters*). Comme chaque membre du portail a développé une expertise singulière dans la sélection de telle ou telle famille de produits, les autres membres peuvent indirectement en bénéficier. Par exemple, El Corte Ingles apporte ses compétences accumulées dans les secteurs de la mode et des articles de sport à des détaillants très « alimentaires » comme Carrefour ou Tesco.

[53] Tran S. (2007), « TIC et jeu concurrentiel : le cas des places de marché électroniques », *Revue Française de Gestion*, n° 173, pp. 157-169.

• **Des économies d'échelle en matière de facturation et d'achat.** Par principe, une place de marché électronique consolide les appels d'offre en ligne de ses membres, ce qui permet d'accroître pour chacun des fournisseurs le volume d'achat. Le distributeur profite alors d'une baisse des coûts administratifs et de barèmes hiérarchisés beaucoup plus attractifs que ceux obtenus par sa seule centrale, même de dimension mondiale. En outre, il peut s'appuyer sur des outils de *global sourcing* dont la polyvalence lui garantit un usage quasi-mondial[54]. Dans ces conditions, on comprend mieux pourquoi GNX et WWRE ont fusionné en novembre 2005 en vue de générer des « effets d'agrégation » d'un niveau jamais atteint par le passé[55].

B. – quelles limites pour les places de marché électroniques ?

Les avantages de nature opérationnelle liés aux places de marché électroniques sont suffisamment importants pour avoir justifié, tout au long des années 2000, une véritable prolifération de réalisations, y compris chez les industriels. Par exemple, à la suite de Procter & Gamble, Unilever, Coca-Cola, et bien d'autres, Danone, Nestlé et Henkel ont lancé un portail commun d'*e-procurement* sur le site Internet CPGmarket.com, portail racheté par Accenture en février 2005. L'objectif est aussi de permettre aux adhérents d'accéder à des services de *global sourcing*, à des appels d'offre et à des enchères descendantes, mais pour les matières premières, les emballages et les biens d'équipement. Il serait cependant maladroit de passer sous silence des risques stratégiques associés aux places de marché électroniques :

• D'une part, le recours massif à ce type de structures menace les distributeurs adhérents d'une **uniformisation à outrance des assortiments**. Ainsi, il semble peu pertinent que deux détaillants en concurrence frontale dans un même pays choisissent un portail commun, du moins pour l'ensemble des références qui jouent un rôle majeur dans une stratégie de différenciation de l'enseigne. En revanche, concernant les produits premier prix, pour lesquels massification et économies d'échelle sont primordiales compte tenu de

[54] Cambra-Fierro J. et Ruiz-Benitez R. (2011), « Notions for the successful management of the supply chain : learning with Carrefour in Spain and Carrefour in China », *Supply Chain Management : An International Journal*, Vol. 16, n° 2, pp. 148-154.

[55] Kaplan S. et Sawhney M. (2000), « E-hubs : the new B2B marketplaces », *Harvard Business Review*, Vol. 78, n° 3, pp. 97-103.

la faiblesse des marges (voir le tableau 4.4), les places de marché électroniques apparaissent pertinentes, entre autres en non alimentaire. Bref, en fonction des objectifs de politique générale de l'entreprise, des choix diamétralement opposés seront peut-être faits au même moment.

- D'autre part, et cela rejoint le point précédent, l'attribution aux enchères descendantes de marchés commerciaux privilégie la diminution du prix d'achat par **mise en concurrence systématique et organisée des fournisseurs**. Une telle philosophie à dominante spéculative s'oppose à toute construction de relations plus partenariales, point sur lequel nous reviendrons dans le chapitre 7, et rend difficile l'émergence d'un projet commun aux cocontractants. D'ailleurs, comme l'indiquent Morrison et Wise, chercher à s'approvisionner au tarif le plus bas n'est pas toujours un bon calcul : des facteurs tels que la fiabilité des livraisons, la qualité des produits livrés, les possibilités de « personnalisation » qu'offre un fournisseur, etc., se révèlent souvent plus déterminants que le simple prix d'achat si l'on raisonne en termes de valeur globale fournie[56], voire de coût total d'acquisition pour le distributeur.
- Enfin, les places de marché électroniques n'éliminent pas, comme par enchantement, la **gestion du risque transactionnel** évoqué ci-dessus. En tout état de cause, un appel d'offre ou une enchère ne doivent concerner que des fournisseurs soigneusement sélectionnés, et dont le portail s'est assuré en préalable de la fiabilité et de la réputation afin d'éradiquer tout comportement opportuniste. Autrement dit, une place de marché électronique ne peut faire l'économie d'un processus traditionnel d'évaluation *ex ante* des fournisseurs, tel que décrit dans le présent chapitre, en vue de canaliser les offreurs autorisés à répondre aux appels d'offre. Plutôt que d'être condamnés à disparaître, les bureaux d'importation pourraient ainsi occuper une fonction de veille stratégique pour le compte des portails, en récoltant l'information utile à un filtrage efficace avant enchère.

Le dernier point évoqué est essentiel pour comprendre que les places de marché électronique ne participent pas à l'émergence d'un marché totalement « fluide » et contestable, comme on pourrait parfois le

[56] Morrison D. et Wise R. (2001), « Un modèle pour l'évolution du B2B », *L'Expansion Management Review*, n° 100, pp. 33-40.

croire. Retenir des fournisseurs fiables et loyaux conduit en effet, en amont, à une rigoureuse prospection qui génère des frais importants, sans parler de ceux liés à la surveillance de leurs comportements après la signature du contrat. Le processus d'enchères dans son intégralité est donc lourd et complexe à piloter. Pour arriver à une baisse de quelques points d'un prix d'achat, la place de marché électronique devra s'engager dans une démarche en plusieurs étapes dont le tableau 4.7 donne un aperçu. La phase de pré-qualification joue notamment un rôle significatif car elle permet la construction d'une sorte de *benchmarking* qui filtre les vendeurs sur le base de critères objectifs, d'ailleurs parfois nombreux[57].

tableau 4.7

la complexité du processus d'enchères

Étapes	*Activités*
1) Analyse du marché	Spécification des composants, semi-produits, produits finis ou services
	Identification des fournisseurs potentiels
2) Pré-qualification des fournisseurs	Démarche préalable à la prise de décision : – définition des clauses contractuelles – évaluation des capacités de mise à disposition des composants, semi-produits, produits finis ou services – performances techniques et logistiques antérieures – constitution d'un cahier des charges
	Liste des fournisseurs accrédités
	Formalisation des conditions commerciales
	Invitation des fournisseurs accrédités à soumissionner
3) Planification du processus d'enchère	Formulation de l'enchère : – précisions sur le contenu de l'enchère – enregistrement des soumissionnaires – programmation des réactions face à tout imprévu ou aléa
	Intégration de l'enchère dans la stratégie du fournisseur
4) Processus d'enchère proprement dit	Conduite de l'enchère : – enregistrement en temps réel des différentes offres – désignation du ou des gagnants
5) Conclusion de l'enchère	Signature du contrat

Source : d'après Stein *et al.* (2003), *op. cit.*

[57] Stein A., Hawking P. et Wyld D. (2003), « The 20 % solution ? A case study on the efficacy of reverse auctions », *Management Research News*, Vol. 26, n° 5, pp. 1-20.

Encore faut-il que l'acheteur (ou plutôt le collectif que constitue la centrale d'achat virtuelle) identifie de façon claire la nature de ses besoins pour formuler le plus précisément possible les contours de la demande à satisfaire en termes de performances attendues. Si l'enquête de terrain conduite par Wagner et Schwab conclut à l'importance de la taille des lots négociés, de la complexité du *package* produits-services et du degré élevé de compétition entre vendeurs comme facteurs clé de succès d'une enchère, elle souligne aussi que l'élément central reste sans doute une rigoureuse spécification des attentes, par exemple sous la forme d'un strict cahier des charges[58]. Pour cela, l'entreprise acheteuse doit s'appuyer sur un personnel qualifié dans la conduite d'une enchère (définition des règles de fonctionnement, du prix d'ouverture, etc.), mais aussi et surtout dans sa préparation minutieuse (analyse du marché, étude concurrentielle des fournisseurs, etc.). Il s'agit là d'un défi majeur que la place de marché électronique doit relever, au risque de générer des dysfonctionnements pouvant remettre en question son devenir en tant que « facilitateur transactionnel ».

[58] Wagner S. et Schwab A. (2004), « Setting the stage for successful electronic reverse auctions », *Journal of Purchasing & Supply Management*, Vol. 10, n° 1, pp. 11-26.

chapitre 5

les enjeux de la distribution physique

A plusieurs reprises, dans le chapitre 4, nous avons été conduits à évoquer des questions relatives à la logistique et, plus précisément, à la distribution physique des produits. En effet, la manière dont s'organise le transfert de titres de propriété au sein du canal transactionnel ne peut être isolée de la manière dont sont gérées physiquement les opérations d'approvisionnement. Par exemple, si un détaillant souhaite se tourner vers des fournisseurs étrangers, ne pas engager de façon concomitante une réflexion sur les modalités logistiques les plus appropriées au *global sourcing* avec tel ou tel pays risque d'être suicidaire. De même, toute politique d'élimination des intermédiaires de type grossiste obligera à repenser le réseau de distribution physique afin d'attribuer sur de nouvelles bases les prérogatives logistiques en matière de transport et de stockage.

Longtemps réduite à une intendance sans grands enjeux stratégiques, l'organisation de la distribution physique connaît en Europe de profonds bouleversements depuis les années 1980 et 1990. Pour certains observateurs, la maîtrise du canal logistique constituerait même un levier majeur dans l'obtention d'un avantage concurrentiel durable... Quelle que soit la réelle validité de cette position, la dynamique des canaux de distribution apparaît fortement conditionnée par un certain nombre d'innovations logistiques, qu'il s'agisse d'ailleurs d'innovations technologiques ou managériales. Nous en présenterons les dimensions qui semblent les plus représentatives, après avoir fourni quelques indications générales sur les activités liées à la distribution physique.

section I
éléments sur les activités liées à la distribution physique

Les activités de distribution physique peuvent être étudiées selon un double angle d'attaque : celui des flux de marchandises et celui des flux d'information associés. En effet, pour s'assurer de la parfaite maîtrise de l'écoulement des produits en vue de satisfaire au mieux les marchés de consommation, il est nécessaire de déclencher dans les meilleures conditions un ensemble de séquences logistiques élémentaires, qu'il est possible de regrouper globalement autour du transport, du stockage-entreposage et de la manutention. Bien évidemment, la gestion des réseaux de distribution physique ne peut être déconnectée de celle de l'amont, tant au niveau de la gestion de la production que des approvisionnements de matières et composants[1]. Quel que soit l'angle d'attaque retenu, large (la chaîne logistique) ou étroit (la distribution physique), l'objectif central restera d'obtenir un déclenchement juste-à-temps de chacune des opérations pour éviter les ruptures (respect de la contrainte de continuité) comme les engorgements (respect de la contrainte de fluidité).

§ 1. - les flux de marchandises

La logistique de distribution (ou encore distribution physique) joue un rôle important dans le processus de mise en contact de la demande avec l'offre. En effet, elle a en charge le transfert des produits entre différents points de l'espace, par exemple d'une usine vers un entrepôt, puis de l'entrepôt vers les magasins. Longtemps cantonnée à une sorte d'intendance au service du marketing (ou de la production), la distribution physique est désormais reconnue comme une activité essentielle qui, gérée de manière efficace, est une source de performance, notamment grâce à une maîtrise des coûts de mise à disposition des produits dans les meilleures conditions de service. Pour comprendre les enjeux en présence, et pourquoi différents acteurs du canal de distribution s'en disputent la maîtrise, il est d'abord nécessaire de décrire rapidement la nature de ses composantes.

A. - les moyens de transport

En l'état actuel de la technologie, la commercialisation d'un pot de moutarde fabriqué dans une usine dijonnaise et vendu dans une grande surface aixoise exige que celui-ci soit acheminé par un ou plusieurs modes de transport. Il est pertinent de rappeler cette réalité triviale dans la mesure où elle souligne que les canaux de distribution, de plus en plus sophistiqués dans leur organisation, sont tributaires de chaînes de

[1] L'importance d'une vision globale et multi-acteurs de la chaîne logistique en vue d'en améliorer ses performances est clairement introduite par Christopher M. (2011), *Logistics and supply chain management*, FT Prentice Hall, Harlow, 4e éd.

transport, hélas parfois marquées à l'opposé par un certain archaïsme. Si l'on se limite à la logistique terrestre en Europe, qui assume plus de 80 % des frets intra-communautaires, et compte tenu de la déliquescence du fluvial, deux modes principaux sont à la disposition des chargeurs, c'est-à-dire des expéditeurs de marchandises : la route et le rail, auxquels s'ajoute la technique mixte du transport combiné (encore dénommé ferroutage). Sans entrer dans une description technique des opérations, nous donnerons ici quelques indications générales sur les tendances d'évolution.

tableau 5.1.

évolution des trois principaux modes de transport en France (2001-2008)

	tonnes transportées							
	2001	**2002**	**2003**	**2004**	**2005**	**2006**	**2007**	**2008**
Fer	80 910	82 825	78 261	74 243	65 769	70 578	71 027	73 013
Voie navigable	24 775	26 527	27 230	27 500	28 936	30 555	29 917	29 570
Route compte d'autrui	1 133 003	1 129 152	1 115 750	1 200 249	1 212 448	1 270 651	1 371 879	1 351 001
Route compte propre	783 301	839 199	798 392	806 475	784 915	843 098	819 176	793 290
Total France métropolitaine	**2 021 989**	**2 077 703**	**2 019 633**	**2 108 467**	**2 092 068**	**2 214 882**	**2 291 999**	**2 246 874**
	tonnes-kilomètres réalisées							
	2001	**2002**	**2003**	**2004**	**2005**	**2006**	**2007**	**2008**
Fer	29 874	29 819	27 795	26 572	23 518	24 569	25 192	26 063
Voie navigable	3 594	3 902	4 021	4 163	4 640	4 645	4 377	4 475
Route compte d'autrui	138 255	138 164	139 431	148 858	147 214	150 843	161 471	152 661
Route compte propre	30 401	31 792	31 726	30 386	30 233	31 989	30 036	29 270
Total France métropolitaine	**202 124**	**203 677**	**202 973**	**209 979**	**205 605**	**212 046**	**221 076**	**212 469**

Source : d'après des statistiques SoeS et SITRAM.

■ le transport ferroviaire

Historiquement, le transport ferroviaire occupe une place à part. Symbole de la Révolution Industrielle, c'est lui qui a « porté » la croissance du capitalisme naissant puis triomphant, en permettant aux entreprises d'atteindre de plus en plus rapidement de nouveaux marchés de consommation de plus en plus éloignés des lieux de fabrication. Le fait que les entreprises puissent s'affranchir de leurs espaces de proximité tient ainsi, en grande partie, au développement du mode ferroviaire et aux progrès importants qu'il va connaître en termes de vitesse d'acheminement. Cette supériorité se maintiendra d'ailleurs jusqu'à la Seconde Guerre mondiale, seulement contrariée par l'arrivée d'un puissant concurrent : le transport routier (voir le schéma 5.1). Depuis les années 1980, le transport ferroviaire de marchandises connaît un incontestable déclin en Europe en termes de part de marché, mais s'il reste encore très présent dans certaines filières industrielles (sidérurgie, bois, etc.), et il a su s'adapter aux attentes récentes de certains de ses clients chargeurs.

schéma 5.1.

grandeur et décadence du transport ferroviaire

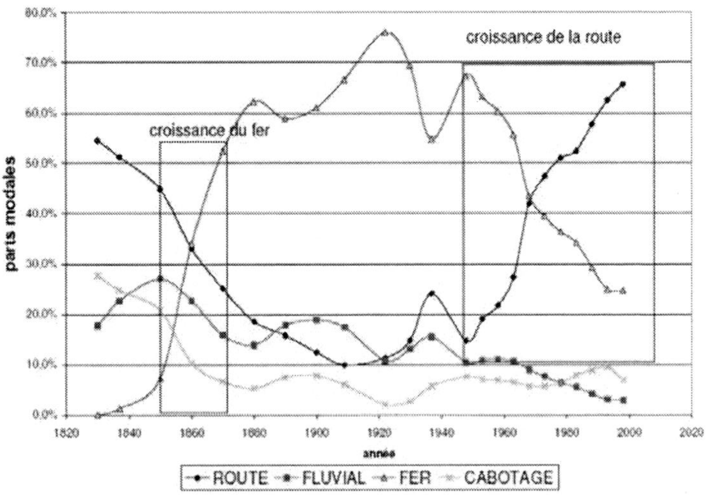

Source : Cabinet Jonction, décembre 2009.

Ainsi, en France, la technologie et l'organisation du fer ont fait d'énormes progrès puisque la prestation ne se réduit plus à une simple traction de gare à gare, charge aux expéditeurs et destinataires de s'occuper des pré et post-acheminements, mais s'apparente à un véritable « service complet » de poste à poste intégrant activités routières et ferroviaires[2]. En outre, dans le cadre d'un développement durable plus respectueux de l'environnement, le transport par trains complets (plutôt que par camions complets) tend à nouveau à se développer. Une parfaite illustration est donnée par l'entrepôt que gère le prestataire ID Logistics sur la zone Clésud de Miramas (Bouches-du-Rhône), depuis mars 2011, pour le compte de Carrefour et de Danone Eaux France[3]. ID Logistics dispose de 40.000 m^2 de surfaces d'entreposage dédiées aux produits Danone Eaux France (marques Volvic et Evian) en vue de leur livraison par route sur les 35 hypermarchés Carrefour et les 80 supermarchés Carrefour Market du Sud de la France. L'entrepôt est approvisionné par transport ferroviaire, ce qui a réduit d'environ 500 tonnes l'empreinte carbone en 2011, et de 25 % les émissions de CO_2 sur toute la zone Sud-Est de la France. Les usines d'embouteillage d'Evian et de Volvic livrant l'entrepôt en trains complets, ce sont en effet près de 1.000 camions par an qui n'empruntent plus les axes routiers (un train complet équivaut à 40 camions).

■ le transport routier

Le pont construit entre les deux modes, ferroviaire et routier, ne fait que conforter l'exceptionnelle croissance que connaît le transport routier de marchandises depuis quarante ans. Les raisons en sont multiples, de nature externe et interne : baisse du prix du pétrole en monnaie constante (sauf lors des « chocs » pétroliers, assez rapidement résorbés par le passé), amélioration continue des infrastructures routières et autoroutières, plus grande flexibilité d'utilisation, etc. L'émergence des systèmes de production et de distribution fondés sur les flux tendus, qui privilégient des approvisionnements fréquents mais en faibles quantités, reste toutefois le facteur explicatif majeur de l'emprise actuelle du mode routier sur la logistique terrestre en Europe.

---

[2] Savy M. (2006), *Le transport de marchandises*, Eyrolles-Les Editions d'Organisation, Paris.

[3] Chanut O. et Paché G. (2012), « Stratégies logistiques émergentes : de la grande distribution alimentaire aux réseaux contractuels », *Marché et Organisations*, n° 15, à paraître.

Notons cependant que la croissance du transport routier est différenciée si l'on se réfère aux deux catégories juridiques que sont le compte propre (le chargeur possède ses propres moyens de transport) et le compte d'autrui (le chargeur sous-traite les moyens de transport auprès de transporteurs publics affrétés ou sous contrat de longue durée). En effet, à l'exception de certains trajets inférieurs à 150 km, le compte d'autrui se substitue petit à petit au compte propre, ce dernier étant perçu par les chargeurs comme un facteur de rigidité important. Ce faisant, la profession de transporteur public en ressort consolidée, mais non sans fracture en son sein. La déréglementation des marchés, conjuguée à la faiblesse des barrières à l'entrée, multiplie les nouveaux entrants, la plupart de taille artisanale, qui se livrent une lutte commerciale féroce pour capter des frets... au plus grand bénéfice des chargeurs. Ce qui explique que d'aucuns militent pour une régulation « durable » du secteur[4].

■ le transport combiné rail-route

Reste à évoquer la combinaison du transport ferroviaire et du transport routier dans le cadre d'un système original : le transport combiné rail-route. Si les deux modes sont souvent présentés comme concurrents, il n'empêche qu'ils apparaissent techniquement complémentaires, le « bon sens » voulant peut-être que l'on réserve les acheminements de longue distance au transport ferroviaire et les dessertes régionales au transport routier, en cumulant les avantages de l'un (vitesse) et de l'autre (flexibilité). Sujet sensible sur le plan politique, le transport combiné consiste ainsi à associer à un parcours ferroviaire principal des pré et post-acheminements routiers sans transborder les marchandises (suppression des ruptures de charge) et en accélérant le passage du rail à la route, et vice versa. Le système, aujourd'hui très au point, s'appuie sur la manipulation d'unités de transport intermodal de trois types : la semi-remorque, le conteneur et la caisse mobile, cette manipulation ayant lieu sur des chantiers de transport combinés judicieusement localisés près de grandes aires de production et/ou de consommation.

---

[4] Abraham C., éd. (2008), *Pour une régulation durable du transport routier de marchandises*, Rapports et Documents n° 14 du Centre d'Analyse Stratégique, La Documentation Française, Paris.

Malgré la maîtrise technologique acquise en la matière (voir l'encadré 5.1), le transport combiné a connu en France une tendance à la baisse dans les années 2000, en contradiction avec la situation dans le reste de l'Europe. Pour Antoniazzi, seule une stratégie de rationalisation et de gouvernance améliorée des chantiers, ce qui renvoie d'ailleurs au rôle clé joué par le gestionnaire de l'infrastructure, propriétaire du foncier des terminaux, pourrait permettre de relancer la croissance du trafic[5]. Il n'en reste pas moins que le transport combiné rail-route se heurte à deux grands freins plus ou moins rédhibitoires :

- d'une part, il fonctionne sur un principe de cadencier dont la fréquence ne peut être augmentée indéfiniment pour des raisons de capacités d'infrastructures, ce qui contraint les opérateurs à s'insérer dans un nombre réduit d'horaires de départ parfois incompatibles avec les exigences des chargeurs ;
- d'autre part, les pré et post-acheminements d'unités de transport intermodal astreignent à une présence physique aux deux bouts de la chaîne, ce qui représente un investissement technique et organisationnel hors de portée de nombreux petits transporteurs (dont la clientèle est, au demeurant, plutôt régionale).

encadré 5.1.

les trains d'axes du transport combiné, une technologie maîtrisée

En acheminant une marchandise, dans le même contenant et sans rupture de charge, le transport combiné tire le meilleur parti des modes de transport : rail, route, maritime... L'association la plus fréquente est celle du transport ferroviaire sur le parcours central et du transport routier sur les parcours initiaux et terminaux. Le combiné maritime (fer + mer) est également répandu en France, en raison d'une forte activité portuaire. Le transport combiné rail-route réunit les avantages fondamentaux des deux modes : la fiabilité du rail et la souplesse de la route. Il permet une prise en

[5] Antoniazzi F. (2010), « La gestion des chantiers de transbordement rail-route en France : une problématique de rationalisation et de gouvernance », *Transports*, n° 461, pp. 152-162.

charge des envois de « porte-à-porte ». Peu dépendant des impondérables (intempéries, circulation ralentie...), l'acheminement peut être planifié avec précision.

Partout où un volume de trafic le justifie, des trains d'axes permettent l'acheminement direct entre les terminaux de transbordement. Ces trains circulent la nuit à 120, 140, voire 160 km/h, dans des délais très performants en « saut de nuit », avec une livraison le lendemain matin pour un envoi confié le soir, en France et dans les zones européennes frontalières. Des trains d'axes ont été mis en place dans toute l'Europe, en intégrant le trafic trans-Manche. Désormais, des liaisons comme Liverpool-Paris ou Londres-Avignon sont assurées en moins de 24 heures.

Source : d'après un document de la Direction du Fret de la SNCF, décembre 2005.

B. – l'entreposage-stockage et la manutention

La distribution physique ne se réduit pas au choix d'un mode de transport par un chargeur industriel ou commercial. En effet, entre deux séquences d'acheminement des marchandises, celles-ci vont être manutentionnées et stockées. Or, pendant de nombreuses années, les activités de manutention et de stockage ont été négligées ou, au mieux, réduites à une optimisation très technique dont la présentation récente de Cousture, encore fortement axée sur les dimensions opérationnelles, constitue une sorte d'archétype[6]. Nous verrons, dans la section suivante, qu'une telle vision réductrice ne permet pas de prendre la réelle mesure des enjeux stratégiques en présence.

■ l'organisation de l'entreposage-stockage

Il est traditionnellement admis que la gestion de la distribution physique renvoie à trois options distinctes, mais qu'il est possible de mixer : la livraison directe, le passage par plate-forme et le passage par entrepôt. Chacune de ses options, qui dépend de la nature des produits, de leur taux de rotation, de la taille des magasins, etc., conditionne un certain partage des tâches en ce qui concerne l'entreposage et le stockage des produits :

---

[6] Cousture M. (2009), *La logique de disgrâce ou l'émergence de la logistique*, Editions Amalthée, Nantes.

- La **livraison directe** consiste à approvisionner les magasins depuis des usines ou des entrepôts importateurs. Comme l'intérêt économique exige de transporter les marchandises par unités de charge complètes afin de réduire les coûts fixes unitaires, il s'ensuit que le magasin devra passer commande au fournisseur de quantités permettant de remplir un camion complet. Cette condition est parfois satisfaite lorsque le magasin décide de s'approvisionner pour une période importante, quitte à stocker dans des réserves encore existantes, ou lorsque le taux de rotation des marchandises est extrêmement élevé. Nous constaterons par la suite que la pratique de livraison directe est en voie de disparition dans les canaux de distribution de masse car elle n'optimise pas la gestion des stocks, notamment en magasin.
- La **plate-forme** est une infrastructure de simple éclatement, sans stockage de longue durée. Les marchandises provenant de plusieurs fournisseurs y sont d'abord groupées par lots complets homogènes. Sachant que les magasins souhaitent recevoir tous les jours des lots hétérogènes constitués de plusieurs familles de produits, par exemple afin de supprimer les stocks en réserves, les lots complets sont fractionnés (dégroupés) en fonction de leur destination, puis livrés. La plate-forme est un simple lieu de transit (ou de *cross docking* pour reprendre la terminologie anglo-saxonne)[7], où les produits, surtout frais mais pas seulement, ne sont « entreposés » tout au plus que quelques heures.
- L'**entrepôt**, enfin, est une infrastructure de stockage intermédiaire entre une usine et des magasins, appartenant à un industriel, à un grossiste, à un détaillant ou à un prestataire de services logistiques (PSL). Les marchandises provenant de plusieurs fournisseurs y sont acheminées, ici aussi, par lots complets, puis vont être stockées sur l'entrepôt pendant plusieurs jours, voire plusieurs semaines en cas d'achat spéculatif ou d'achat d'importation par un détaillant. On prélève ensuite,

---

[7] Le *cross docking* est en fait une opération qui permet de consolider les colis par commande en les concentrant sur une plate-forme jouant le rôle de *hub*. Cette technique suppose une grande technicité tant au niveau du regroupement des colis qu'au niveau du transport en amont de la plate-forme. En effet, celui-ci doit être parfaitement maîtrisé afin que les flux physiques convergent vers la plate-forme en respectant les délais exigés par les clients. Sur ces points, voir notamment Kreng V. et Chen F.-T. (2008), « The benefits of a cross-docking delivery strategy : a supply chain collaboration approach », *Production Planning & Control*, Vol. 19, n° 3, pp. 229-241.

petit à petit, les quantités correspondant aux besoins de réassortiment des magasins, marchandises que l'on regroupe dans un même véhicule en prenant garde de respecter des critères techniques d'agrégation (par exemple, en ne mélangeant pas biscuits d'apéritif et surgelés !). Le chargement sera alors livré en une seule fois vers tel ou tel magasin, en s'appuyant soit sur des tournées, soit sur un groupage destinataire (un seul magasin réapprovisionné par un seul camion).

schéma 5.2.

les principaux circuits logistiques

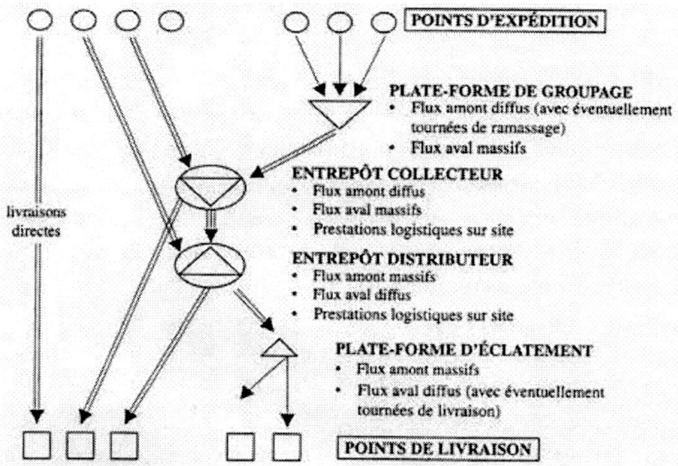

Un canal de distribution peut se caractériser, à un instant t, par la présence simultanée ou exclusive de ces trois types d'organisation. Selon la rotation des marchandises, mais également selon la stratégie d'approvisionnement retenue par l'entreprise qui a la maîtrise logistique du canal, on pourra ainsi se trouver face à des livraisons directes, des livraisons *via* plate-forme et des livraisons *via* entrepôt. Jusqu'au milieu des années 1990, Leclerc a été un excellent exemple de ce dualisme. Avant toute prise de décision, il conviendra de comparer les avantages et inconvénients de chaque option. Ainsi, les frais de fonctionnement induits par la présence de plates-formes et entrepôts devront être comparés aux économies de coûts de transport et de stockage envisageables en cas de suppression des livraisons directes.

■ les modalités de la manutention

Le déplacement des produits dans l'espace géographique est indispensable chaque fois que le lieu de consommation ne coïncide pas avec le lieu de production. Ce déplacement fait intervenir, comme on l'a dit, des séquences de transport, et entre deux séquences de transport, des activités d'entreposage-stockage. Les manutentions vont se placer à l'interface de deux séquences de transport et/ou à l'interface d'une séquence de transport et d'une activité d'entreposage-stockage. On y recourt donc dans trois situations :

- lorsqu'il s'agit de manutentionner des matières ou produits d'un moyen de transport à un autre moyen de transport, comme le montre le cas du transport combiné rail-route,
- lorsqu'il s'agit de manutentionner des matières ou produits d'un moyen de transport à une infrastructure de stockage (entrepôt) ou d'éclatement (plate-forme),
- lorsqu'il s'agit, plus exceptionnellement, de manutentionner des matières ou produits entre deux infrastructures de stockage, par exemple d'un entrepôt usine à un entrepôt produits finis par convoyeur.

Les opérations de manutention semblent relativement secondaires puisqu'elles concernent uniquement la manipulation des produits et de leur support. Pourtant, il est rapidement apparu que, gérées de manière efficace et pensées en fonction d'une gestion globale des flux, elles recelaient d'importants gisements de productivité. C'est dans cette perspective que l'on peut resituer le processus de normalisation des unités de charge en œuvre depuis plus de cinquante ans. Les exemples les plus connus en sont la palette et le conteneur[8]. En effet, tous deux permettent d'utiliser des matériels standard de transport, de stockage et, surtout, de manutention, accélérant et fiabilisant tout à la fois les différentes opérations de distribution physique. La palette, d'abord mise au point dans un objectif d'optimisation des opérations de manutention, a fini par conditionner directement le dimensionnement des *racks* de stockage en entrepôt, celui des véhicules de transport et des linéaires de grandes surfaces, et même la forme des *packagings*. Aujourd'hui, lorsque de nouveaux produits de grande consommation sont mis sur le

---

[8] Gibson B., Langley J. Jr., Bardi E., Novack R. et Coyle J. (2008), *Managing supply chains : a logistics approach*, West Publishing, St Paul (MN), 8e éd.

marché, c'est en faisant directement référence dans leur forme aux contraintes de manutention qui s'exercent le long de la chaîne logistique[9].

§ 2. - les flux d'information associés

L'objectif des opérations de distribution physique est de satisfaire la demande finale à servir dans les meilleures conditions de coût, de service et de réactivité. A cette fin, doit être mis en œuvre un réseau complexe de communication logistique dont la mission est d'assurer un pilotage optimal des flux, d'aval en amont. Ceci est possible parce que tout produit fini en circulation dans le canal de distribution émet potentiellement des informations telles que la quantité et les caractéristiques physiques le concernant, ou encore son origine et son lieu de destination. Ces informations sont essentielles dans un objectif de traçabilité globale des flux au service des clients, mais aussi d'une gestion plus efficace des stocks[10].

En positionnant des « récepteurs » aux points principaux du parcours physique du produit (points de vente, points de transit, points de stockage intermédiaire, points de manutention, voire engins de transport munis d'une informatique embarquée), chaque information potentielle peut alors donner lieu à des opérations de saisie, d'émission et de transmission. Une fois traitée, celle-ci permet de prendre des décisions optimales de pilotage. Citons, parmi d'autres, le cas de Décathlon qui, grâce aux sorties aux caisses enregistrées puis traitées en temps réel, pratique une multi-livraison quotidienne vers les points de vente proches de ses entrepôts. L'intérêt d'un langage comme l'EAN-13 (codes-barres), ou les puces électroniques (RFID), est d'automatiser l'ensemble des opérations, en unifiant les procédures de transaction entre les différents acteurs d'une même chaîne logistique.

---

[9] Rundh B. (2009), « Packaging design : creating competitive advantage with product packaging », *British Food Journal*, Vol. 111, n° 9, pp. 988-1002.

[10] Alfaro J. et Rábade L. (2009), « Traceability as a strategic tool to improve inventory management : a case study in the food industry », *International Journal of Production Economics*, Vol. 118, n° 1, pp. 104-110.

A. - l'importance opérationnelle de la standardisation

Le pilotage et la coordination des flux de produits impliquent la mise en place d'un système d'information logistique commun à plusieurs partenaires commerciaux, par exemple un industriel, un distributeur et un transporteur. Pour permettre un fonctionnement juste-à-temps des opérations de distribution physique, débouchant sur une politique de réduction des stocks, il apparaît indispensable en préalable de contourner les éventuelles barrières à la communication, c'est-à-dire les différents obstacles qui gênent plus ou moins durablement la transmission des données et créent des discontinuités dans les flux. Il est entendu que les barrières peuvent être physiques, mais aussi découler de divergences socioculturelles, politiques ou linguistiques. Dans le cas du canal logistique, les principales barrières concerneront plutôt l'absence d'un langage unidimensionnel, accepté par tous et interprété sans ambiguïté.

Le raisonnement est à l'origine de l'introduction de l'échange de données informatisé (EDI) à la fin des années 1970. Il consiste à transférer d'ordinateur à ordinateur des données nécessaires au pilotage fiable et économique d'activités commerciales, industrielles et logistiques. Ceci passe notamment par un marquage des unités logistiques (cartons, palettes). Une telle approche technique axée sur l'outil reste encore très vivace dans certaines recherches académiques… et dans la vision que peuvent en avoir quelques entreprises. Tout le problème consiste alors à procéder de telle sorte que les partenaires commerciaux acceptent de partager le même langage et les mêmes protocoles. Ceci revient à passer sous silence les freins et obstacles à l'adoption d'une innovation qui remet radicalement en question des modes anciens de gestion des transactions[11].

On peut également regretter que l'analyse du processus de standardisation oriente parfois de façon exclusive la réflexion sur des dimensions intra-organisationnelles, alors que les véritables enjeux sont sans doute ailleurs. Ainsi, peut-on se contenter d'analyser les modalités d'adoption de l'EDI chez le détaillant ou chez l'industriel, alors que cette éventuelle adoption va justement modifier la gestion des transactions entre eux ? C'est pourtant le parti pris implicite ou explicite de nom-

---

[11] Gottardi G. et Bolisani E. (2009), « A critical perspective on information technology management : the case of electronic data interchange », *International Journal of Information Technology*, Vol. 12, n° 4, pp. 369-390.

breux chercheurs. Par exemple, dans leur enquête sur les détaillants américains spécialisés dans les maisonneries et leurs fournisseurs de produits à base de bois, Volsky *et al.* notent que les raisons de l'adoption de systèmes d'information inter-organisationnels (SIIO) par les détaillants sont, assez classiquement, la réduction des erreurs de saisie, l'amélioration du cycle d'approvisionnement et la mise en œuvre d'un *quick response*. Se plaçant ensuite du côté des fournisseurs, les auteurs constatent qu'un SIIO efficace leur permet d'identifier plus rapidement les besoins des différents clients, ce qui représente une source importante d'avantage concurrentiel[12]. Mais rien n'est dit sur la co-construction éventuelle du SIIO entre l'industriel et le détaillant, et les bénéfices qu'ils pourraient en tirer.

La question se pose désormais pour l'application récente de la RFID (*radio frequency identification*), utilisée pour stocker et récupérer des données à distance en utilisant des balises métalliques, ou encore tags RFID (voir l'encadré 5.2). Ces balises, collées ou incorporées dans des produits, et qui sont composées d'une antenne et d'une puce électronique, réagissent aux ondes radio et transmettent des informations à distance, par exemple lors du passage des consommateurs aux caisses ou sous des portiques. Censée remplacer à terme les codes-barres, la RFID n'introduit pas de réelle rupture managériale (mais sans doute une rupture technologique). Elle s'appuie sur une architecture système qui rend la traçabilité plus aisément déployable le long d'une chaîne logistique et qui favorise une vision plus transversale des flux[13]. L'Américain Walmart en a d'ailleurs compris toute l'importance en imposant à ses fournisseurs un « puçage » de leurs produits comme préalable au référencement. Depuis août 2010, la traçabilité totale de tous les produits textiles comme les jeans et les sous-vêtements s'appuie ainsi sur des *tags* RFID amovibles qui sont lus par un lecteur UHF portable.

---

[12] Volsky R., Smith P. et Wilson D. (1994), « Electronic data interchange implementation strategies : a case study », *Journal of Business & Industrial Marketing*, Vol. 9, n° 4, pp. 5-18.

[13] Kelepouris T., Pramatari K. et Doukidis G. (2007), « RFID-enabled traceability in the food supply chain », *Industrial Management & Data Systems*, Vol. 107, n° 2, pp. 183-200.

schéma 5.3.

la RFID au service de la chaîne logistique

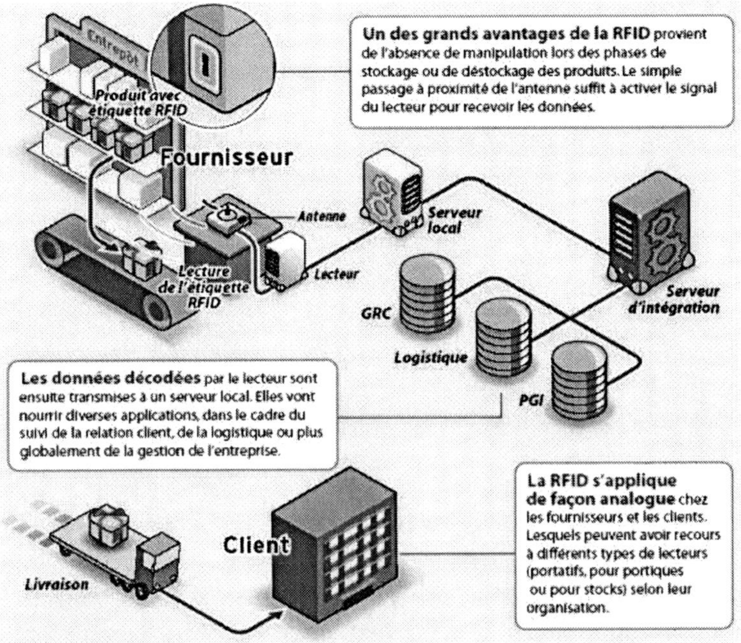

Source : d'après http://www.01net.com, consulté le 10 mai 2011.

encadré 5.2.

la RFID et ses impacts sur le commerce

La RFID se présente comme une technologie d'identification par fréquence radio qui, grâce à la miniaturisation et à la baisse des coûts des composants, connaît un regain de vitalité dans les secteurs du transport et de la grande distribution. Cette technologie permet une communication sans contact ni visibilité, ce qui permet une automatisation des tâches, la communication simultanée avec plusieurs étiquettes pour une lecture « en volume » (par exemple une palette entière de différentes références), la pénétration des différents matériaux et la lecture dans un environnement dégradé (température, humidité, etc.), une capacité de mémoire importante permettant de stocker des informations relatives à plusieurs acteurs de la chaîne de transport (chargeurs, transporteurs, douanes, etc.), la possibilité de ré-inscrire sur la puce...

Au-delà des aspects logistiques, la RFID ouvre aussi de nombreuses opportunités sur l'organisation de la vente. On peut notamment envisager des magasins quasi-automatiques où chaque produit serait équipé d'une puce RFID, et où les caisses des magasins seraient remplacées par des portiques au travers desquels les consommateurs passeraient avec leur chariot, déclenchant le calcul automatique de réassortiment. Evolution fort probable, à condition qu'il soit possible de réduire significativement le coût d'implantation des puces électroniques.

Source : d'après un document du Service d'Etudes Techniques des Routes et Autoroutes, juin 2008.

B. – qui a vocation à « piloter » le canal logistique ?

Il paraît évidemment difficile de se contenter d'une vision cloisonnée alors même que les SIIO ont pour objet d'améliorer la transmission et le traitement des données entre partenaires commerciaux. Plus largement, l'implantation de l'EDI, et plus encore de la RFID, aura sans doute un impact sur la politique d'assortiment du détaillant, et donc sur ses relations avec les fournisseurs : certains industriels (PME) ont-ils toujours les moyens de s'adapter à la nouvelle donne et, si non, quelle sera la réaction des acheteurs en centrale lors du référencement ? A l'image de Walmart, ils pourraient être tentés de se tourner uniquement vers les fournisseurs aptes à s'intégrer dans la logique des SIIO au sein de marchés électroniques, sachant qu'en procédant ainsi, ils réduiront la diversité potentielle de l'assortiment et perdront des opportunités de différenciation par rapport aux autres détaillants. On le constate, pardelà des questions de standards et de protocoles, l'EDI et la RFID posent le problème de leur mode d'appropriation par les acteurs.

A l'heure actuelle, la tentation est grande de les analyser exclusivement comme les catalyseurs de nécessaires collaborations entre les membres d'un canal de distribution. Cela reviendrait à oublier que le contrôle de l'information, notamment sur la demande à servir, revêt une dimension plus stratégique. Il permet à celui qui l'exerce d'être en quelque sorte le « pilote » légitime du canal de distribution en y imposant ses propres normes de fonctionnement : si l'EDI a d'abord été marqué par une volonté de collaboration entre les industriels et distributeurs, il n'exclut pas ainsi des logiques de rapport de force fondées sur la présence d'asymétries informationnelles[14]. Certains acteurs en savent sans doute plus que d'autres sur la gouvernance de la relation d'affaires, et ils seront tentés d'en tirer un bénéfice, par exemple lors du processus de négociation commerciale. C'est le cas incontestablement des détaillants de la grande distribution alimentaire et spécialisée.

En effet, ces détaillants détiennent aujourd'hui un nombre considérable de données de sortie aux caisses sur les produits vendus jour après jour, voire heure après heure, et par extension, sur le comportement du consommateur en magasin : comment réagit-il aux opérations promotionnelles, à l'introduction de nouveaux produits, au positionnement sur des têtes de gondole, etc. ? Dans le même temps, les industriels sont de plus en plus éloignés d'une demande finale estimée de façon agrégée en cas de simple approvisionnement sur entrepôt ou plate-forme. Les détaillants finissent dès l'instant par en savoir beaucoup plus que leurs fournisseurs sur les comportements d'achat, ce qui les place en situation idéale pour diriger le canal de distribution à leur seul avantage s'ils le souhaitent.

Il reste à savoir dans quelle mesure les SIIO seront ou non utilisés en vue d'améliorer le pilotage des flux de produits. Dans un article qui rend compte des évolutions d'un important détaillant du marché du bricolage, Burden et Proctor concluent que l'introduction de nouvelles technologies de l'information cherche systématiquement à satisfaire en priorité les buts de l'entreprise en termes de satisfaction de la clientèle et de performance marketing et financière (marges, niveaux de vente, etc.)[15]. Le détaillant a, certes, conscience que l'amélioration du service rendu à la clientèle dépend du degré de réactivité des fournisseurs et, en dernier ressort, de la qualité des liens entretenus avec eux en matière d'engagement et de confiance. Ils ne sont cependant qu'une sorte de levier utilisé par le détaillant pour atteindre ses propres objectifs d'effi-

---

[14] des Garets V. (2007), « Les systèmes d'information et la grande distribution : nécessité ou opportunité ? », *in* Dubois P.-L. et Dupuy Y. (éds.), *Connaissance et management*, Economica, Paris, pp. 203-213.

[15] Burden R. et Proctor T. (1997), « Information systems development in retailing », *Marketing Intelligence & Planning*, Vol. 15, n° 2, pp. 106-111.

cacité et d'efficience. Preuve, s'il en était besoin, que la mise en œuvre d'un SIIO peut aussi être une source de pouvoir afin d'infléchir dans une direction donnée les conduites des « partenaires » commerciaux.

section II
d'un système contrôlé par l'industriel à un système contrôlé par le distributeur

La gestion des canaux de distribution, notamment pour les produits de grande consommation vendus en libre-service, connaît depuis plusieurs années une sorte de « révolution silencieuse ». Dans la plupart des pays d'Europe du Nord, et dans une moindre mesure en Espagne, en Italie, au Portugal et en Grèce, les détaillants ont choisi de se charger de l'approvisionnement de leurs magasins en « remontant » le canal, alors que cette prérogative appartenait encore majoritairement aux industriels et/ou aux grossistes dans les années 1970. La remontée du canal se traduit par la mise en place d'un réseau d'entrepôts et de plates-formes par lequel transite une part plus ou moins importante des marchandises à destination des magasins. En d'autres termes, les livraisons directes sont en voie de disparition, après avoir été au centre du « paysage logistique » pendant plusieurs décennies.

Au Royaume-Uni, où le processus est sûrement le plus avancé en Europe, le passage par un centre de distribution représente ainsi, en 2011, plus de 98 % des flux pour toutes les enseignes du commerce de détail alimentaire, le chiffre ne cessant de croître depuis les années 1980. Les livraisons directes n'y portent plus guère que sur des produits dont la distribution physique est fortement régionalisée, tels que le lait et le pain. Il est en fait possible de distinguer deux grandes périodes dans la gestion des opérations de distribution physique, dominées successivement par l'industriel (et dans une moindre mesure, le grossiste) et par le détaillant, même si la mise en place récente de centres de consolidation et de *pools* pourrait en partie rebattre les cartes. Par-delà des explications purement instrumentales, la transition entre les deux modèles se justifie en recourant à des concepts issus des approches béhavioristes.

§ 1. - la distribution physique sous la maîtrise du fabricant

La volonté d'exercer un contrôle sur les opérations de distribution physique débute chez les industriels après la Première Guerre mondiale. Quelques-uns d'entre eux décident de créer leurs propres réseaux de distribution physique pour desservir des marchés en rapide expansion, une expansion qui se poursuivra et s'amplifiera lors des « Trente Glorieuses ». Ces réseaux s'appuient sur des dépôts régionaux et locaux articulés entre eux, dont l'objectif est de se substituer à ceux des grossistes et des négociants, seuls capables d'approvisionner un secteur commercial atomisé où dominent les commerçants indépendants isolés, à de rares exceptions près. Le premier ouvrage de référence en langue française sur l'optimisation de la logistique, pourtant publié au début des années 1970, se place d'ailleurs encore quasi-exclusivement du côté de l'industriel, qui doit apprendre à surmonter la contrainte spatiale issue de l'éloignement entre points d'expédition et points de livraison[16].

Quelques lieux de regroupement et de stockage des produits en provenance des usines, relayés par des structures locales de livraison finale : telle est l'architecture standard qui se met en place, puis s'impose au fil du temps comme forme organisationnelle soumise à un effet d'isomorphisme, ou encore de mimétisme (voir le schéma 5.4)[17]. La distribution physique se présente alors comme une sorte d'appendice du système de production, son « bras séculier » pour entrer en contact avec les consommateurs. Un bon exemple en est donné par Bahlsen France qui livre jusqu'à la fin des années 1970 ses 40.000 clients hexagonaux à partir de 15 dépôts régionaux détenus en propre, eux-mêmes approvisionnés par deux dépôts nationaux localisés près des usines. Il serait possible de multiplier les illustrations de ce type, dont le point commun est de penser le management de la distribution physique comme un mal nécessaire, le plus souvent source de difficultés majeures en matière de gestion des ressources humaines.

---

[16] Kolb F. (1972), *La logistique : approvisionnement, production, distribution*, Entreprise Moderne d'Edition, Paris.

[17] Pour plus de détails, voir Paché G. et Sauvage T. (2004), *La logistique : enjeux stratégiques*, Vuibert Entreprise, Paris, 3e éd.

schéma 5.4.

la distribution physique sous contrôle des industriels : le schéma dominant jusqu'aux années 1960

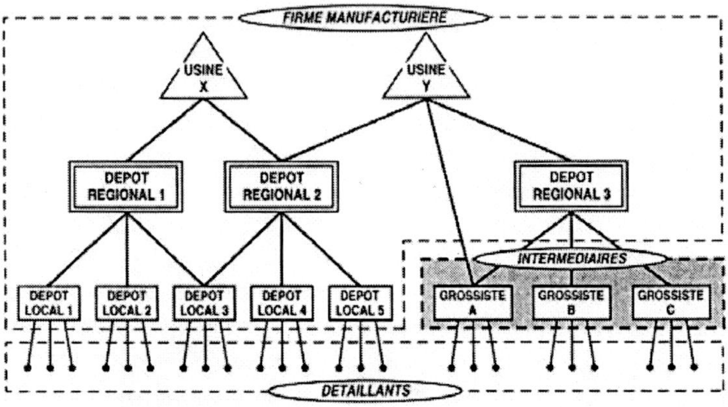

Source : d'après Paché et Sauvage (2004), *op. cit.*

Assez paradoxalement, la concentration commerciale des années 1960, marquée par l'apparition puis la croissance des hyper et supermarchés, n'introduit pas de rupture par rapport à cette vision. Certes, comme la taille moyenne des commandes par magasin augmente sensiblement, elle rend superflu le passage par les dépôts des industriels, surtout si l'approvisionnement dans telle ou telle catégorie de produits correspond à un camion complet. Il y a donc un intérêt évident à développer les livraisons directes puisqu'il s'agit de la meilleure manière d'accroître la productivité des opérations de transport par une massification extrême des flux (et donc maximisation des économies d'échelle). Ceci est surtout vrai pour les firmes de distribution spécialisées dans l'hypermarché puisque les volumes de vente, et donc d'approvisionnement, y sont les plus importants du commerce moderne, sachant *a contrario* que les détaillants gérant des magasins de proximité disposent parfois d'une infrastructure logistique. Le groupe Casino illustre bien ce dualisme car, s'il possède alors des moyens de transport et d'entreposage-stockage dédiés aux supérettes et à certains supermarchés, il maintient une logique de livraisons directes pour ses hypermarchés[18].

[18] Sur l'histoire de la logistique du groupe Casino, voir Savy M., Colin J. et Lazzeri A. (1984), *Régions et transports des marchandises*, La Documentation Française, Paris.

En contrepartie, le magasin apparaît comme un lieu privilégié de stockage de produits standard peu sujets à des risques d'obsolescence, dans un espace inaccessible aux consommateurs. Ceci tend d'ailleurs à rassurer les responsables des magasins, obsédés par les pertes éventuelles de vente dues à des ruptures. Un tel état d'esprit est très vivace au Royaume-Uni dans les années 1960 et 1970, notamment chez Tesco. Les responsables des magasins, en position de force dans les processus de prise de décision, considèrent alors la proximité physique du stock comme indispensable pour répondre le plus rapidement possible aux demandes de la clientèle[19]. Rien de vraiment étonnant ici puisque de multiples travaux, notamment en recherche opérationnelle, ont souligné l'étroite corrélation entre la diminution des temps de réponse et l'accroissement du niveau des stocks.

Au Royaume-Uni, mais aussi en France, la place consacrée au stockage en magasin est ainsi prépondérante puisqu'elle parvient à représenter près de la moitié de la surface totale au sol dans les hypermarchés Carrefour au début des années 1970. Elle est le symptôme d'une incertitude environnementale mal maîtrisée, résultat de systèmes d'information inadaptés ou défaillants, mais aussi et surtout d'une politique *push* qui accorde une valeur capitale au stock dans une logique purement commerciale (et de négociation des meilleures remises quantitatives par les acheteurs en centrale). Il apparaît que plus le stock de produits présentés au consommateur dans le magasin est important, plus il stimulera les ventes. A l'inverse, un « état de manque » ou une pénurie – volontaire ou involontaire – risque de le faire fuir. Or, ce stock psychologique relève d'une stratégie *merchandising* et non d'une stratégie logistique[20]. Son rôle est de stimuler la demande, non de la servir, comme c'est le cas pour les stocks-outils et les stocks de sécurité (voir le schéma 5.5). Tout se passe comme si les détaillants confondaient alors ces deux dimensions, en considérant que le stock invisible aux yeux du consommateur (en réserves) peut avoir une influence positive sur les ventes. Erreur d'autant plus funeste qu'une stratégie performante de *désenchantement* fondée sur une théâtralisation du prix bas,

---

[19] Smith D. et Sparks L. (2004), « Logistics in Tesco : past, present and future », *in* Fernie J. et Sparks L. (éds.), *Logistics and retail management: insights into current practice and trends from leading experts*, Kogan Page, Londres, 2e éd., pp. 101-120.

[20] Larson P. et DeMarais R. (1990), « Psychic stock : an independent variable category of inventory », *International Journal of Physical Distribution & Logistics Management*, Vol. 20, n° 7, pp. 28-34.

en contrepartie de ruptures récurrentes, est envisageable pour certains formats de magasin[21].

schéma 5.5.

deux manières complémentaires d'envisager les stocks

Source : d'après Larson et DeMarais (1990), *op. cit.*

Le contrôle du canal logistique par les industriels revêt un autre aspect problématique, plus particulièrement en matière de suivi du service rendu (fiabilité et réactivité). Reprenant certains principes de la théorie de l'agence, Collins *et al.* considèrent que la décentralisation d'opérations logistiques dans chacun des magasins permet d'améliorer le suivi des performances des fournisseurs, en réduisant les risques d'aléa moral[22]. Rappelons que l'aléa moral désigne l'opportunisme dont feront preuve des agents après la signature d'un contrat (risque post-contractuel), sachant que certaines actions exigées par ce contrat ne seront pas toujours observables, par exemple si les informations communiquées après coup sont insuffisantes ou trop coûteuses à obtenir. Pour Collins *et al.*, les livraisons directes permettraient alors de gérer au plus près du terrain les interfaces logistiques avec les fournisseurs et de prendre des mesures adaptées en cas de dysfonctionnement avéré.

---

[21] Badot O. et Paché G. (2006), « Une logistique expérientielle pour la firme de distribution : du "zéro défaut" au "zéro ennui" », *Management & Avenir*, n° 11, pp. 11-28.

[22] Collins A., Henchion M. et O'Reilly P. (1999), « The impact of coupled-consolidation : experiences from the Irish food industry », *Supply Chain Management : An International Journal*, Vol. 4, n° 2, pp. 102-111.

Ce raisonnement est critiquable et sans doute erroné par rapport aux réalités du terrain. En effet, le cloisonnement institutionnalisé entre les différents magasins les empêche de prendre conscience de l'importance réelle des dysfonctionnements car ils seront incapables de se comparer les uns aux autres (les multiples erreurs de préparation de commande que je supporte sont-elles courantes ailleurs ?). En d'autres termes, la décentralisation introduit une situation de forte asymétrie informationnelle au bénéfice des fournisseurs, qui se traduit finalement par des écarts importants de performance entre les magasins d'un même détaillant. En outre, sur un plan opérationnel, les ruptures constatées à un endroit pourront donner lieu à des transbordements latéraux récurrents entre magasins, dont on connaît la difficulté d'organisation et les coûts induits[23].

§ 2. - la distribution physique sous la maîtrise du distributeur

Au tournant des années 1970, de radicales mutations sont en œuvre dans l'organisation et la gestion de la distribution physique, du moins pour ce qui est des *convenience goods*. En effet, de manière progressive, les détaillants alimentaires du commerce intégré et associé vont identifier les limites inhérentes au schéma d'approvisionnement des magasins imposé par les industriels et mettre en application un autre schéma fondé sur la centralisation des flux. Certes, il n'est pas question de rejeter toute idée de stock dans l'organisation de l'amont du canal, mais plutôt de s'interroger sur leur niveau et sur leur localisation idéale. Il s'agit d'une première étape essentielle vers une approche de la distribution physique en tant que processus dynamique, c'est-à-dire s'intéressant au mouvement des produits dans une double logique de continuité et de fluidité des flux.

---

[23] Les transbordements latéraux, ou *lateral transshipments* en anglais, consistent à procéder à des mouvements de stocks entre deux structures localisées au même niveau d'une chaîne logistique (entre deux entrepôts, entre deux magasins, par exemple). Pour une synthèse récente, voir Chiou C.-C. (2008), « Transshipment problems in supply chain systems : review and extensions », *in* Kordic V. (éd.), *Supply chain, theory and applications*, I-Tech Education, Vienne, pp. 427-448.

A. - description rapide du phénomène

Plutôt que de recevoir les marchandises en direct sur leurs magasins, aux bons soins de leurs fournisseurs et/ou de grossistes répartiteurs, les détaillants vont se doter d'infrastructures logistiques de regroupement et de livraison, qu'il s'agisse d'entrepôts centraux collecteurs ou de plates-formes d'éclatement, en vue d'améliorer à leur avantage le pilotage des flux[24]. La restauration rapide s'aligne d'ailleurs de plus en plus systématiquement sur ce modèle, preuve de son caractère universaliste ; l'exemple de McDonald's France indique ainsi parfaitement comment les grossistes, opérateurs historiques de la vente hors domicile, perdent progressivement de leur influence (voir l'encadré 5.3). La mise en place d'entrepôts et de plates-formes décompose ainsi le canal logistique en deux sous-ensembles distincts, mais étroitement interconnectés :

– la distribution dite **primaire**, des usines jusqu'aux entrepôts et plates-formes ;
– la distribution dite **secondaire**, des entrepôts et plates-formes jusqu'aux magasins.

encadré 5.3.

quand McDonald's renforce son outil logistique

Beauvais, base arrière de l'un des plus grands symboles de la culture à l'américaine ? Depuis quelques jours, c'est chose faite. LR Services, entreprise de logistique d'envergure nationale, vient d'ouvrir un nouvel entrepôt (son septième en France) dans la zone du Haut-Villé, entre la rocade nord et la A 16. Son rôle : approvisionner les restaurants McDonald's du nord de la France. Quand on franchit les grilles de LR Services, difficile de croire qu'on est ici dans un lieu stratégique pour le géant de la restauration rapide. Pas l'ombre d'un Ronald assis sur un banc, pas même un « M » jaune si caractéristique de l'enseigne. Ici, on est dans la logistique pure et dure, pas dans le hamburger. Pourtant, à y voir de plus près, le pain de mie et ses graines de sésame ne sont pas si loin. Preuve

[24] Senkel M.-P. (2005), « Evolutions logistiques dans la grande distribution : de l'optimisation à la coordination des flux », *Décisions Marketing*, n° 39, pp. 67-78.

en est la présence, hier, lors de l'inauguration officielle de la société, de deux représentants du restaurateur américain. Une présence pas si étonnante quand on connaît l'histoire commune des deux partenaires.

« Cela fait maintenant seize ans que McDonald's a confié l'intégralité de sa logistique à LR Services », explique le directeur achat et logistique chez McDo. « Et je dirais même que nous avons tissé des liens avec McDonald's il y a maintenant quarante ans, aux Etats-Unis », ajoute le représentant du groupe Keystone Foods, la maison mère de LR Services. Car c'est effectivement l'originalité de leur union. LR Services est l'unique fournisseur des restaurants McDonald's en France pour la partie logistique. Une caractéristique lourde de conséquences pour LR Services, qui doit sans cesse innover pour répondre aux attentes de son unique client. C'est d'ailleurs en raison de ce contexte que le logisticien est venu dans l'Oise. « Notre entrepôt de Fleury-Mérogis (Essonne) arrivait à saturation, explique le directeur général de LR Services. Pour le déconcentrer et assurer une meilleure qualité de service, nous avons décidé de nous installer à Beauvais ».

Source : d'après *Le Parisien*, 28 septembre 2005.

Si les détaillants alimentaires puis non alimentaires se sont d'abord assurés du contrôle de la distribution secondaire, la tendance actuelle consiste à se charger également de la distribution primaire en développant une politique d'enlèvements-usines à partir de ramassages auprès des fournisseurs. Même si une telle politique est loin d'être généralisée pour l'instant, elle témoigne d'un total renversement du partage des tâches dans la gestion de la distribution physique, obligeant à un ajustement sous contrainte des deux acteurs les plus menacés : les grossistes, dont une partie du métier de base consiste à gérer des flux, mais aussi les fabricants, dépossédés de tout contact physique avec les points de vente. Ces derniers doivent s'en remettre au détaillant dans l'espoir que leurs produits accèdent au consommateur final dans les meilleures conditions. Bref, l'acteur en aval apparaît en position de force pour dicter à l'acteur situé en amont ses « normes de circulation », par exemple en termes de fréquence de réassortiment des entrepôts.

B. - avantages retirés par le distributeur

La question récurrente est de savoir pourquoi les détaillants ont intérêt à prendre le contrôle du canal logistique, en lieu et place des intermédiaires grossistes et de leurs fournisseurs industriels. Depuis les travaux de synthèse menés par McKinnon à la fin des années 1980, la réponse fait l'objet d'un relatif consensus dans le milieu académique, mais aussi dans le milieu professionnel, en se référant à trois grandes raisons à la fois opérationnelles et stratégiques[25] :

- **Une meilleure efficacité des opérations au niveau du canal**. La massification des flux sur quelques entrepôts et plates-formes permet d'optimiser le taux de remplissage des véhicules de livraison en agrégeant différents produits d'une même famille à destination d'un même point de vente selon le principe du groupage destinataire. Ceci accroît la productivité du travail en matière de manutention, mieux planifié, tout en conduisant à une réduction du niveau global et du coût des stocks, de l'usine jusqu'aux caisses. En effet, en les « déportant » vers des zones périurbaines, là où le prix du sol est beaucoup plus abordable, le détaillant réalise d'importantes économies financières, à l'image du groupement Intermarché dont 70 % des entrepôts et plates-formes sont localisés dans des communes de moins de 10.000 habitants.
- **Une meilleure efficacité des opérations au niveau des magasins**. La maîtrise de la distribution secondaire facilite la programmation des réassortiments et des mises en rayon selon un cadencier rigoureux, lui-même synchronisé au débit réel des ventes. Idéalement, le groupage destinataire augmente la fréquence des réassortiments de telle sorte que les réserves en magasin, devenues inutiles, soient converties de façon progressive en surfaces de vente. Il en résulte une amélioration du service rendu aux consommateurs grâce à une extension significative de l'assortiment, couplée à une forte disponibilité en linéaire (réduction des ruptures). Ce dernier point est particulièrement important lorsque la sensibilité du consommateur à la rupture en magasin est forte, sous l'influence de variables situationnelles, et se traduit par des changements brutaux de fréquentation d'enseignes[26].

---

[25] McKinnon A. (1989), *Physical distribution systems*, Routledge, Londres.

[26] Connan-Ghesquiere C. (2007), « Comportement du consommateur et facteurs d'influence en cas de rupture de stock », *Revue Française de Gestion*, n° 172, pp. 15-31.

- **Une optimisation des approvisionnements par effet de volume**. Le contrôle du canal renforce la position des distributeurs vis-à-vis des fabricants en termes de négociation tarifaire. En effet, le regroupement des approvisionnements de plusieurs centaines de magasins sur un nombre réduit d'entrepôts et de plates-formes permet de bénéficier de remises quantitatives correspondant aux économies de conditionnement et de facturation que réalise le fabricant en n'ayant plus à assurer des livraisons fractionnées sur chacun des magasins. Dans la mesure où le détaillant assume des tâches logistiques en lieu et place du fournisseur industriel, celui-ci lui consentira en outre des remises dites de fonction. Au total, si le passage par entrepôt et plate-forme génère en moyenne un coût équivalent à 3,5 % du prix de vente des marchandises concernées, le détaillant peut en escompter – après négociation – des remises logistiques allant jusqu'à 15 % dans les cas les plus favorables !

tableau 5.2.
principaux avantages d'un contrôle du canal logistique par les détaillants

Renforcement de la position du détaillant vis-à-vis des fournisseurs	– Remises quantitatives et de fonction liées aux livraisons sur entrepôts et/ou plates-formes – Efficience accrue des achats centralisés – Liaison informatique facilitée entre le détaillant et l'industriel
Amélioration de l'efficacité des opérations commerciales	– Meilleure productivité du travail en matière de manutention des produits – Contraction du niveau global des stocks et des coûts induits (administratifs et financiers) – Disparition progressive des réserves en magasin – Réduction du taux de démarque inconnue (vol, casse)
Amélioration du service à la clientèle	– Forte disponibilité des produits – Sophistication du contrôle qualité des références placées en linéaire – Accroissement significatif du choix offert au consommateur en termes d'assortiment

Source : d'après McKinnon (1989), *op. cit.*

Il apparaît finalement que, par-delà une simple collection d'outils et d'investissements matériels en entrepôts, équipements de manutention, etc., le management de la distribution physique renvoie à une logique d'acteurs pour qui le contrôle du canal, par la mobilisation de ressources appropriées, permet de conforter (ou non) leur pouvoir, entendu comme la capacité à influencer le comportement d'autrui, c'est-à-dire à infléchir les décisions qui sont prises par d'autres acteurs en usant d'une certaine autorité[27]. Comme nous l'avons vu dans le chapitre 4, le concept de pouvoir renvoie à des sources d'exercice, de nature coercitive ou non coercitive. La logistique de distribution s'y prête, selon nous, à une application intéressante, mais rarement conduite dans la littérature. La tendance actuelle à voir certains industriels mettre en place des centres de consolidation en amont des plates-formes des détaillants pourrait signifier, pour eux, une velléité de reprise en main du canal de distribution par le biais d'une nouvelle expertise de mutualisation en cours d'assimilation.

C. - vers un retour en force des industriels ?

Depuis le milieu des années 2000, de nouveaux schémas logistiques d'approvisionnement, reposant sur des concepts de massification et de mutualisation, se multiplient dans le secteur de la distribution alimentaire. Ils se caractérisent par une présence accrue des industriels, à partir d'un système original fondé sur deux séquences connectées : dans un premier temps, les industriels livrent un entrepôt multi-fournisseurs (ou *entrepôt primaire*) au sein duquel les flux sont massifiés ; dans un second temps, les industriels livrent – à plusieurs – les entrepôts de distributeurs (ou *entrepôts secondaires*) en fonction de leurs besoins, entrepôts qui livreront ensuite les magasins. Au sein de ces nouveaux schémas, il est possible de distinguer deux démarches différentes mais complémentaires : les *pools* et les centres de collaboration et de consolidation, selon la terminologie spécifique utilisée par le groupe Carrefour.

Dans le cadre des *pools* (une dizaine en France, composés de deux à quatre fournisseurs), la mise en place d'entrepôts de massification reste à l'initiative d'industriels de taille moyenne, parfois concurrents entre

---

[27] Jameux C. (1998), « Pouvoir et confiance : retour sur la nature et le rôle de l'autorité dans le fonctionnement des organisations », *Economies et Sociétés*, série Sciences de Gestion, n° 8-9, pp. 87-98.

eux, qui décident de regrouper leurs livraisons au sein d'un même entrepôt pour mutualiser le transport, le stockage, voire la gestion des approvisionnements en amont de l'entrepôt du distributeur. Ils procèdent alors à un *pooling* industriel ou à une gestion mutualisée des approvisionnements (voir le schéma 5.6) :

- Le ***pooling* industriel** consiste en un co-chargement de produits à partir d'une même plate-forme d'éclatement vers des points de livraison identiques, avec pour objectif la mutualisation des moyens de stockage et du transport. Les industriels valident un schéma logistique commun et choisissent un PSL également commun. Ils partagent de fait les mêmes entrepôts ; les produits sont stockés au même endroit et les commandes pour certains clients sont chargées à plusieurs. Il en ressort que les industriels forment un *pool*.
- Dans le cas de la **gestion mutualisée des approvisionnements**, un coordinateur regroupe les propositions de commandes reçues par chaque industriel et optimise le remplissage des camions à destination des magasins de chaque distributeur. L'optimisation des flux proprement dite est réalisée au moment des propositions de commandes gérées par le coordinateur. La gestion mutualisée des approvisionnements s'inscrit naturellement dans la continuité des démarches collaboratives initiées dès le début des années 1990 sous l'égide du Food Marketing Institute aux Etats-Unis.

Dans le cadre des centres de collaboration et de consolidation, développés à l'origine par Carrefour en partenariat avec ID Logistics, mais dupliqués depuis avec Kuehne+Nagel et Deutsche Post DHL, le transport amont entre les usines et le centre de collaboration et de consolidation est à la charge des industriels. Carrefour s'occupe de son côté des commandes mutualisées de x industriels pour livrer ses différentes plates-formes. Le transfert de la propriété du stock se fait en sortie du centre de collaboration et de consolidation, tandis que le transport aval est géré et payé par Carrefour. Les centres de collaboration et de consolidation s'inscrivent dans une démarche très industrialisée, pouvant impliquer jusqu'à 70 fabricants dans un même entrepôt. Les avantages immédiats sont de plusieurs ordres : diminution de l'immobilisation financière chez le distributeur, amélioration de la disponibilité des produits et donc du chiffre d'affaires pour l'industriel, optimisation du taux de remplissage du transport amont.

schéma 5.6.
mutualisation logistique : une représentation stylisée des flux

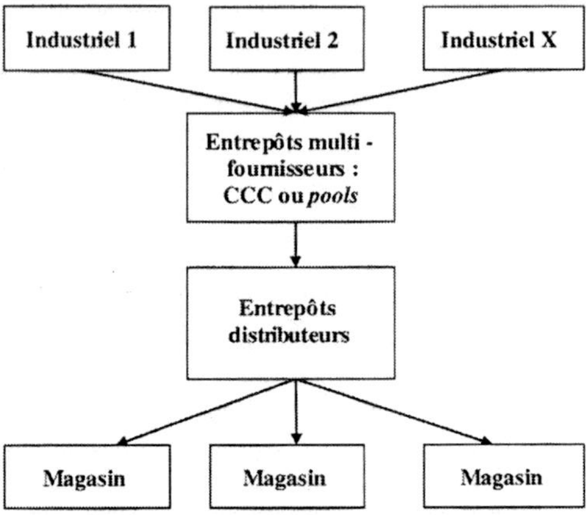

En bref, la rationalisation des coûts logistiques est ici au cœur des préoccupations des industriels comme des distributeurs, dans la mesure où leur maîtrise permet d'accroître les marges et d'améliorer le résultat net. Comme on l'a noté, les enseignes de la grande distribution alimentaire demandent depuis quelques années aux industriels de livrer plus souvent pour réduire le nombre de jours de stocks de produits au sein des entrepôts, mais également d'améliorer le taux de service rendu, quitte à ce que le fractionnement induit des flux augmente fortement les coûts de la distribution primaire. Si les industriels les plus puissants sont peu inquiétés par une telle situation car ils génèrent des volumes suffisants pour livrer régulièrement, et par camions complets, les entrepôts de distributeurs, ce n'est pas le cas des industriels de taille moyenne et des PME. Certains d'entre eux ont ainsi décidé de former des *pools* afin de livrer les entrepôts de distributeurs par camions complets, tout en respectant les fréquences de livraison élevées imposées par le détaillant.

Le contexte de crise n'est pas étranger à l'accélération des expériences de mutualisation. Des enseignes comme Carrefour, Auchan et Casino veulent réduire leurs capitaux investis en diminuant leurs jours de stocks en entrepôt, puis en transformant à terme les entrepôts en plates-formes d'éclatement à partir desquelles les produits provenant des entrepôts amont de massification seront redirigés directement vers les magasins.

Cet objectif oblige évidemment les industriels à se réorganiser et la logistique mutualisée paraît une solution économiquement viable. En effet, l'augmentation de coûts occasionnés par le fait de livrer plus régulièrement les plates-formes de détaillants peut avoir deux conséquences néfastes pour l'industriel : soit il va répercuter la hausse des coûts logistiques sur le prix de vente et détériorer sa relation d'affaires avec le détaillant ; soit il va voir sa marge, ainsi que son résultat net, diminuer. La mise en œuvre d'une nouvelle architecture organisationnelle est donc essentielle pour maintenir un niveau élevé de compétitivité.

Les démarches logistiques de type *pool* ou centre de collaboration et de consolidation permettent finalement aux industriels d'impulser de puissants *effets de taille*. La mutualisation augmente de façon mécanique le pouvoir de négociation des industriels sur la base d'une consolidation des volumes. En proposant à la grande distribution alimentaire une architecture organisationnelle mutualisée, les membres du *pool* contribuent à résister au sens de Pras[28] ; même si leurs motivations restent économiques, ils cherchent sans doute à contrarier l'exercice d'un pouvoir d'influence de l'aval sur l'amont, qui a émergé puis s'est renforcé tout au long des années 1980 et 1990. Par ailleurs, en améliorant significativement le taux de service des industriels, les *pools* et les centres de collaboration et de consolidation neutralisent la source coercitive de pouvoir du distributeur alimentaire en matière de sanctions financières (liées à un niveau trop élevé de ruptures). En bref, les démarches logistiques collaboratives peuvent être interprétées comme des stratégies de résistance permettant de rééquilibrer les relations d'échange au sein du canal.

§ 3. – logistique et pouvoir, une association singulière

Réduire l'organisation de réseaux de distribution physique à un ensemble d'équipements fixes et circulants conduit à privilégier une approche instrumentale qui peut d'ailleurs avoir une certaine légitimité.

[28] Pras B. (1991), « Stratégies génériques et de résistance dans les canaux de distribution : commentaire et illustration », *Recherche et Applications en Marketing*, Vol. 6, n° 2, p. 111-123.

En effet, le contrôle du canal logistique par les détaillants apparaît plus efficace dans l'affectation d'un certain nombre de ressources. L'un des exemples les plus frappants est la disparition de files d'attente, et son cortège de chauffeurs excédés, devant les quais de déchargement des hyper et supermarchés grâce au passage par entrepôt ou plate-forme. Or, à la fin des années 1970, ces files d'attente étaient devenues un problème endémique en termes de coûts, tant pour l'industrie que pour le commerce, sachant que chacun des fournisseurs et grossistes assurait ses propres livraisons directes dans la plus totale anarchie. L'exemple des *pools* et des centres de collaboration et de consolidation indique qu'une lecture complémentaire, de nature plus béhavioriste, est possible en mobilisant les concepts de pouvoir et de contre-pouvoir.

A. - le pouvoir vu du côté du détaillant

Le contrôle du canal logistique constitue une facette du pouvoir aux mains des détaillants. En effet, ces derniers disposent aujourd'hui d'une réelle capacité à menacer et à exercer des sanctions auprès des fabricants, consignée par écrit dans des cahiers des charges rigoureux qui indiquent les fréquences et quantités d'approvisionnements des entrepôts et plates-formes, ainsi que les délais à respecter, sous peine de pénalités financières plus ou moins sévères. En France, un tel mouvement a été enclenché au début des années 1990 par des enseignes comme Auchan ou Leclerc, avant d'être poursuivi par d'autres. L'encadré 5.4, issu d'un document d'entreprise confidentiel, précise ainsi le caractère très contraignant que peut avoir un contrat de référencement pour la fourniture de produits de grande consommation.

encadré 5.4.
un pouvoir de sanction (financière) aux mains du détaillant

En fonction de la nature et des caractéristiques techniques des produits, l'industriel s'engage à garantir leur totale traçabilité dans la chaîne logistique, y compris au niveau des ingrédients. Ceci doit permettre le rappel rapide des produits, si nécessaire. Ceux-ci seront soumis à des contrôles par un laboratoire agréé afin de s'assurer de leur qualité et de leur conformité à la réglementation en vigueur. Des contrôles de conformité seront également conduits afin de vérifier si l'industriel recourt à des moyens de production conformes à ses engagements contractuels. Compte tenu du préjudice subi par le distributeur en cas de retard de livraison, l'industriel devra s'acquitter d'une pénalité financière d'un montant égal à 7 % (plafonné à 14 %) de la valeur HT des produits non livrés ou livrés avec retard, par jour ouvré de retard, à compter du jour de la livraison convenu entre les parties. Pour les produits commandés ayant fait l'objet d'une campagne publicitaire dans les médias et/ou dans des catalogues promotionnels, la rupture en magasin constitue un risque de tromperie aux yeux des clients. C'est pourquoi le montant des pénalités sera alors porté à 25 % HT des produits non livrés ou livrés avec retard.

Source : Extrait d'un contrat de référencement de l'entreprise X par le détaillant Y, janvier 2010.

Pour les responsables logistiques des détaillants, les sanctions financières sont justifiées par l'existence d'une forte concurrence intra et intertype qui oblige à assurer une disponibilité élevée des produits au consommateur. Des ruptures répétitives en magasin risquent de générer des transferts de clientèle, du moins si le coût physique du déplacement et le coût psychologique relatif à l'obligation d'effectuer l'achat ailleurs sont jugés supportables. Le pouvoir coercitif de sanctionner les déviances par rapport à un niveau attendu de service s'apparente alors à une sorte d'aiguillon dont l'objectif est de modifier le comportement des fabricants concernés, en les dissuadant de reproduire à l'avenir tout manquement aux contraintes d'approvisionnement édictées par le détaillant.

Les rares recherches menées sur le lien entre logistique et sources coercitives de pouvoir conduisent toutefois à relativiser le propos dans deux directions : d'une part, les sanctions éventuelles s'appliquent à la phase de la commande plutôt qu'à la phase préalable du référencement ; d'autre part, les dysfonctionnements constatés *a posteriori* ne vont pas jusqu'à déréférencer un fournisseur et tous ses produits. La menace reste cependant crédible car les détaillants se sont dotés d'un outil et d'une expertise logistiques leur permettant de s'affranchir de toute contrainte dans la constitution de leur portefeuille de fournisseurs. N'ayant plus à s'en remettre à la compétence logistique des fabricants (ou des grossistes), comme cela était le cas avec les livraisons directes, ils ont l'opportunité de diversifier leurs sources d'approvisionnement sans difficulté majeure.

Toutefois, il paraît ici opportun de distinguer sources coercitives et sources non coercitives de pouvoir. En général, ces dernières demeurent tolérables pour la plupart des fabricants dans la mesure où elles s'appuient sur des compétences reconnues comme légitimes et mettent en avant les bénéfices retirés de la relation d'échange. Ainsi, en massifiant les flux à destination du front de vente sur quelques entrepôts et plates-formes, le détaillant offre au fabricant l'opportunité de réaliser des gains de productivité sur les opérations de transport, de manutention et de stockage, même si leur rétrocession partielle sous forme de remises quantitatives et de fonction réduit le montant total de la rétribution[29]. Plus largement, en le déchargeant de l'organisation de la distribution secondaire, il accompagne la politique de recentrage dudit fabricant sur ses compétences clé que sont l'innovation-produit, la gestion des flux industriels, le pilotage d'un réseau étendu de fournisseurs de matières premières et composants, etc. La généralisation des enlèvements-usines actuellement en cours devrait conforter cette source de récompense.

En revanche, il en va tout autrement pour les sources coercitives de pouvoir. Celles-ci se fondent sur une logique de menace, voire de « punition », qui suscitera d'ailleurs en retour des réponses alternant entre l'évitement, l'affrontement et les tentatives plus ou moins fructueuses de coopération. Comme le note Kœnig, en s'inspirant de la doctrine militaire, l'emploi de la force peut cependant n'être que virtuel[30], notamment chez un distributeur. L'objectif sera alors de convaincre l'industriel des implications néfastes d'un hypothétique rapport de force conduisant au déréférencement pour non-respect des clauses logistiques. Les fabricants sont ainsi placés, *via* la logistique, dans une situation de dépendance durable découlant de leur perte de contrôle du canal de distribution. A moins qu'en développant une judicieuse stratégie de contre-pouvoir, ils puissent faire valoir un autre type d'expertise apte à contrebalancer celle des détaillants.

---

[29] Une étude approfondie de l'évolution des marges dans la filière agroalimentaire en France sur une vingtaine d'années tend toutefois à indiquer que le rapport de force favorable aux détaillants lors du processus de référencement pèse très fortement sur la rentabilité des industriels. Sur ce point, voir Chantrel E. et Lecocq P.-E. (2009), « Les marges dans la filière agroalimentaire en France », *Economie & Prévision*, n° 189, pp. 141-149.

[30] Kœnig G. (1996), *Management stratégique : paradoxes, interactions et apprentissages*, Nathan, Paris.

B. - le contre-pouvoir vu du côté du fabricant

Dans ses travaux consacrés à l'évolution du capitalisme moderne, Galbraith introduit le concept fondamental de contre-pouvoir (*countervailing power*) pour expliquer à la fois la structure des canaux de distribution et les pratiques des entreprises[31]. Sa théorie repose sur l'idée que tout pouvoir économique est ou sera inéluctablement mis en échec par un contre-pouvoir émanant de ceux qui le subissent. Pour certaines grandes firmes manufacturières, le raisonnement s'applique à la gestion de la distribution physique : l'heure semble venue de contrer les sources coercitives et non coercitives de pouvoir dont disposent les détaillants en développant un contre-pouvoir crédible. La mise en place des centres de collaboration et de consolidation peut être interprétée à partir de cette grille de lecture. La maîtrise des flux d'information jusqu'au magasin constitue l'autre facette du contre-pouvoir que les industriels veulent initier. C'est en tout cas l'une des interprétations possibles de l'ECR-EWR.

Introduite aux Etats-Unis en 1992, la notion d'*efficient consumer response* (ECR), ou encore « réponse optimale au consommateur », connaît depuis lors un succès sans précédent. Même si ses domaines d'optimisation ne se réduisent nullement à une question de logistique, force est de constater que l'échange d'informations nécessaires au pilotage des flux physiques y tient une place prépondérante. En effet, l'objectif principal est d'améliorer le processus d'approvisionnement par une meilleure synchronisation des plans d'action des détaillants et des fabricants[32]. De manière idéale, les sorties aux caisses vont déclencher d'aval en amont une série d'opérations en vue d'assurer le réassortiment des magasins dans les meilleures conditions de coût et de service. En fait, seules les sorties entrepôts et plates-formes sont aujourd'hui transmises, les détaillants préférant conserver la totale maîtrise physique et informationnelle de la distribution secondaire. Ce qui explique que d'aucuns préfèrent parler d'*efficient warehouse replenishment* (EWR), sans doute plus près de la réalité.

---

[31] Galbraith J.-K. (1956), *American capitalism : the concept of countervailing power*, Houghton Mifflin, Boston (MA), 2e éd.

[32] Finne S. et Sivonen H. (2009), *The retail value chain : how to gain competitive advantage through efficient consumer response (ECR) strategies*, Kogan Page, Londres.

Certains fabricants ont compris que l'ECR-EWR pourrait s'avérer une source durable de contre-pouvoir vis-à-vis des détaillants, sous condition d'une stricte redéfinition des prérogatives logistiques en matière de programmation des flux. C'est tout l'intérêt du débat actuel sur une éventuelle gestion partagée des approvisionnements (GPA), adaptation française du *continuous replenishment planning* (CRP). Sommairement, deux modèles s'opposent : une planification des approvisionnements par le commerce ; une planification des approvisionnements par le fournisseur (ou un PSL agissant en son nom). Dans le premier modèle, le détaillant assure toujours le contrôle du canal logistique car il ne fait que transmettre à son fournisseur un plan d'approvisionnement sur plusieurs semaines. En revanche, dans le second modèle, le détaillant lui communique chaque jour les sorties entrepôts, un état des stocks, les quantités en transit et les promotions à venir, et c'est l'industriel qui détermine la commande à partir des prévisions de ventes. Ceci lui permet d'acquérir une réelle expertise logistique conditionnant directement le niveau de service rendu aux magasins. Son amélioration se couple avec une réduction significative des coûts d'approvisionnement[33].

La gestion mutualisée des approvisionnements (GMA), apparue au milieu des années 2000, est l'ultime facette de la GPA. Elle consiste à confier à des industriels la gestion de l'approvisionnement vers un détaillant, et correspond ainsi au modèle générique sur lequel se fondent les *pools* et les centres de collaboration et de consolidation. La GMA part du principe que le maintien d'un niveau de stock bas et la forte réactivité à une demande volatile exige de livrer des produits plus souvent, et en plus faibles quantités, ce qui implique une augmentation des livraisons et une baisse importante du taux de remplissage des camions. Dans sa configuration la plus aboutie, la GMA conduit à agréger les informations nécessaires à l'approvisionnement du détaillant (sorties de stock, manquants, en cours, etc.), et pour les produits de plusieurs industriels, dans un même système de pilotage. L'objectif final est de disposer d'une vision globale des besoins cumulés à approvisionner vers le détaillant. Le tableau 5.3 résume les avantages et

---

[33] Claassen M., van Weele A. et van Raaij E. (2008), « Performance outcomes and success factors of vendor managed inventory », *Supply Chain Management : An International Journal*, Vol. 13, n° 6, pp. 406-414.

inconvénients de la GMA. En tout état de cause, ces tendances lourdes, dont Senoble fournit une excellente illustration (voir l'encadré 5.5), signifient que les détaillants voient une partie des sources de pouvoir leur échapper. Ainsi, au-delà de techniques de management souvent présentées comme les fondements d'un partenariat industrie-commerce, se profile à nouveau le jeu subtil de l'exercice du pouvoir et du contre-pouvoir dont les cocontractants ne pourront jamais totalement faire l'économie.

tableau 5.3.
avantages et inconvénients de la GMA

	Avantages	Inconvénients
Global	– Collaboration ECR optimisée – Mise en place d'objectifs communs – Standardisation des processus entre organisations – Massification des flux – Prévisions et réactivité améliorées – Optimisation du taux de service client / couverture de stock	– Mise en place d'un processus d'approvisionnement complexe – Difficultés de mise en œuvre – Augmentation des contraintes
Distributeurs	– Lissage des flux des produits – Augmentation des fréquences de livraison (nombre de livraisons) – Homogénéisation des niveaux de couverture de stock – Baisse du coût de transport par palette	– Augmentation du poids des industriels dans la négociation ECR – Augmentation du nombre de manipulations par article : problèmes pour des unités à faible rotation et à petits prix
Industriels	– Hausse des ventes – Baisse des coûts de transport pour un service amélioré – Baisse des émissions de CO_2 – Augmentation du pouvoir des industriels dans la négociation ECR – Avantages concurrentiels sur les industriels n'entrant pas dans la collaboration	– Engagement à long terme – Augmentation des coûts opérationnels (baisse du nombre de palettes homogènes) – Exposition à la concurrence

Source : d'après http://www.gclgroup.com, consulté le 4 juin 2011.

encadré 5.5.

Senoble : une gestion mutualisée comme stratégie gagnante

L'histoire de Senoble remonte à 1921 lorsque Sophie Senoble crée à Jouy, dans l'Yonne, la fromagerie qui allait porter son nom. Depuis, la famille Senoble perpétue son savoir-faire et propose une gamme de produits laitiers frais et de desserts qui privilégient le goût. En 1980, Claude Senoble, son petit-fils, prit le tournant de l'ultra-frais avec les MDD qui allaient permettre au groupe familial de progresser. Aujourd'hui, Senoble fournit des MDD à toute la grande distribution, en conservant une stratégie de marques nationales comme Senoble pour les desserts gourmands.

La croissance de Senoble se poursuit avec l'ouverture de filiales en Europe (Allemagne, Benelux, Italie, Royaume-Uni, Slovaquie), la création en septembre 2005 de la plate-forme logistique de Villeroy, près de Sens, à 120 km de Paris et, en 2010, la construction d'un centre de R&D à Jouy. Cette plate-forme logistique a connu une extension d'environ 6.000 m^2 réalisée par Elcimaï, d'octobre 2008 à juin 2009. Avec 400 salariés, le site implanté sur un terrain de 10 ha, stocke 27.000 palettes sur 26.000 m^2 et expédie quelque 500.000 t/an de produits ultra-frais (température positive inférieure à +6° C).

En créant Iris Logistique, sa holding logistique, Senoble souhaitait développer un outil ultra-moderne, une méthode de préparation vocale des commandes, des plans optimisés de chargement des véhicules, le respect du service client. « Nous voulions mutualiser et partager les coûts d'exploitation », ajoute le président d'Iris Logistique. « Nous avons décidé de faire profiter certains industriels du secteur des produits frais de notre expertise logistique, en l'occurrence aujourd'hui des entreprises comme CODAP Euro Fresh Food, Comexo, Deveurop, Grandi Pastai Italiani, Gü, Innocent, Knorr Vie, Michel et Augustin, POM Wonderful, Sunny Delight, Urban ».

Senoble devient ainsi le premier industriel à offrir des services mutualisés de logistique et de transport en camions complets. Son objectif ? Consacrer les deux-tiers de l'activité d'Iris Logistique à Senoble, un tiers aux clients externes. On n'en est certes pas encore là puisque 90 % de l'activité (soit environ 450.000 t/an) sont pour l'heure dédiés à l'interne, 10 % à l'externe. Les distributeurs ayant eu vent de la capacité d'Iris Logistique de pratiquer des opérations logistiques pour des tiers ont proposé à certains industriels qui devaient recevoir un référencement national de consulter ce prestataire d'un nouveau genre afin d'être également accueillis sur sa plate-forme de Villeroy.

Source : d'après le *Livre Blanc GMA* de l'ASLOG, février 2011.

section III
un nouvel acteur : le PSL

Les canaux de distribution de masse ont vu apparaître, depuis une trentaine d'années, un nouvel acteur qui s'intercale entre les industriels et les distributeurs : le PSL. Longtemps absent du continent nord-américain et du sud-est asiatique, celui-ci est très présent en Europe, tout particulièrement en France. Le statut du « nouvel entrant » a donné lieu à des interprétations parfois erronées, notamment sur son rôle précis d'intermédiaire. Contrairement à des apparences trompeuses, le fait que des PSL prennent aujourd'hui en charge un certain nombre d'opérations logistiques dans les canaux de distribution n'introduit pas un intermédiaire supplémentaire de type grossiste. En référence à la notion de transfert de titres de propriété, le PSL assure la gestion de marchandises en circulation, des usines vers les magasins, là où un grossiste sélectionnera un assortiment de produits, puis les achètera aux producteurs, pour les revendre à des utilisateurs professionnels (dont les détaillants) et à des collectivités. Les deux acteurs exercent cependant des fonctions similaires en matière d'allotissement, de stockage et d'éclatement, ce qui explique peut-être la confusion dont ils sont souvent l'objet. Il s'avère donc urgent de clarifier la situation en termes de positionnement dans le canal et de stratégie, mais aussi en termes de gestion des relations contractuelles entre chargeurs et PSL.

§ 1. - la prestation logistique : opérations et stratégies

Il suffit de consulter régulièrement la presse professionnelle spécialisée en distribution et logistique pour voir relater de façon récurrente des *success stories* reposant sur un partenariat actif entre tel industriel et son PSL, à l'image de la relation symbiotique nouée entre McDonald's et LR Services. Pour en comprendre les enjeux actuels et futurs, un effort de clarification préalable s'impose, à la fois sur la nature des opérations que gèrent les PSL et sur les stratégies de conquête des marchés qu'ils développent au sein des canaux de distribution. L'analyse marketing en termes de segmentation permet de faire le point en ce qui concerne les subtilités de la prestation logistique et, plus spécifiquement, la portée des différents types de contrats d'externalisation actuellement repérables.

A. - opérations prises en charge par le PSL

Si l'on se place dans une perspective historique, les entreprises manufacturières ont été, de longue date, des adeptes d'une logistique de distribution en moyens propres. Ainsi, dès les années 1920, de nombreux fabricants manifestent la volonté d'organiser leur structure commerciale en abandonnant les grossistes et négociants indépendants, accusés d'entraver la mise en œuvre d'une politique de vente active. Etudiant le cas des eaux embouteillées en France, Marty souligne ainsi combien les grossistes entrepositaires resteront présents jusqu'aux années 1960, avant que l'emballage perdu (sans consignation) ne soit massivement adopté[34]. La rationalisation logistique ne sera pas à l'ordre du jour avant plusieurs décennies chez les industriels, mais la possession d'entrepôts régionaux, bien qu'ayant une aire de marché assez étroite, permet alors de toucher les détaillants sans se heurter à l'écran opaque que constituent les intermédiaires.

De leur côté, et pratiquement au même moment, quelques groupes succursalistes français comprennent tout l'intérêt de prendre le contrôle de la fonction de gros. L'augmentation significative des capacités de

---

[34] Marty N. (2008), « L'eau embouteillée : histoire de la construction d'un marché », *Entreprises & Histoire*, n° 50, pp. 86-99.

stockage de marchandises (et donc d'achat) donne en effet la possibilité d'accroître leur pouvoir de négociation vis-à-vis des fournisseurs en s'approvisionnant directement auprès d'eux. Là encore, l'option choisie est celle de la **logistique patrimoniale**, faute d'une offre d'entreposage locatif relativement performante, à l'exception de quelques Magasins Généraux de province. La tendance s'inverse dans le courant des années 1970, dans un premier temps au Royaume-Uni. En effet, de très nombreux détaillants britanniques ayant pris le contrôle de la fonction de gros commencent à se tourner vers des PSL (*third-party logistics service providers* selon la terminologie anglo-saxonne) pour assurer l'ensemble des tâches liées à l'approvisionnement des points de vente. On peut identifier Exel Logistics comme étant le premier PSL moderne, à la suite du montage d'une opération de partenariat avec Marks & Spencer au milieu des années 1970.

A l'instar des pratiques impulsées outre-Manche, le mouvement d'**externalisation logistique** se propage progressivement à la France. Les principaux bénéficiaires en sont de puissantes entreprises de transport routier ayant su enrichir leur offre et, dans une moindre mesure, des entrepositaires dynamiques[35]. Pourquoi ? Parce que ces opérateurs ont très vite saisi que le phénomène s'inscrivait dans un mouvement de grande ampleur, à savoir le « recentrage » des chargeurs industriels et commerciaux sur leur(s) métier(s) de base et la recherche corrélative de compétences extérieures en matière de distribution physique. Pour les transporteurs routiers les plus dynamiques, comme Norbert Dentressangle ou Géodis, la diversification vers des services logistiques à forte valeur ajoutée permet de déplacer la négociation avec les chargeurs sur des dimensions hors prix, par exemple la qualité et la fiabilité des prestations connexes à l'acheminement proprement dit des produits, en échappant ainsi pour partie au processus d'hyper-compétition ruineuse que connaissent les activités de traction. L'industrie de la prestation logistique apparaît assez hétérogène pour au moins deux raisons :

---

[35] Des développements sur les modes d'émergence des PSL, la structuration actuelle de la profession et les composantes du système d'offre sont présentés dans l'ouvrage de Fulconis F., Paché G. et Roveillo G. (2011), *La prestation logistique : origines, enjeux et perspectives*, Editions Management & Société, Caen.

– d'une part, y convergent des entreprises qui ont des appartenances sectorielles diverses (transporteurs, ex-grossistes, filiales logistiques de distributeurs[36], etc.) ;
– d'autre part, les exigences des chargeurs sont de plus en plus singulières en fonction des caractéristiques des familles de produits commercialisées.

Globalement, une prestation logistique peut comprendre tout un ensemble de composantes modulaires susceptibles d'être choisies par les expéditeurs et/ou les destinataires des marchandises, c'est-à-dire les industriels et/ou les firmes de distribution, et assemblées en fonction de leurs besoins singuliers. Ces composantes modulaires, qui définissent les contours du métier, se regroupent traditionnellement en quatre catégories :

- Les **opérations de transport et auxiliaires** : groupage / dégroupage, organisation des tournées de livraison, location de véhicules avec ou sans chauffeur, etc.
- Les **opérations techniques de distribution physique** : manutention, préparation de commandes, reconditionnement, étiquetage et marquage des prix, etc.
- Les **opérations de gestion proprement dites** : entreposage et tenue des stocks, gestion des dates de péremption, traitement des commandes, etc.
- Les **opérations à caractère industriel ou commercial** : facturation, gestion du service après-vente, assemblage terminal et bancs d'essai, etc.

Toutes ces opérations n'ont ni la même importance stratégique, ni le même potentiel de croissance. Ainsi, les activités traditionnelles de transport (et auxiliaires) sont une composante que les PSL préfèrent souvent confier en sous-traitance à de petits transporteurs routiers, placés dans une relation de dépendance, dans la mesure où l'acheminement n'est que faiblement différenciateur et peu rémunérateur. A l'opposé, d'autres services connexes à haute valeur ajoutée sont considérés comme des axes majeurs de développement, transformant certains PSL en des sortes d'ensembliers proches de façonniers industriels. L'encadré 5.6 donne un exemple de cette surprenante évolution en référence au système d'offre de Norbert Dentressangle, notamment en matière de *co-packing*.

---

[36] C'est le cas par exemple d'Easydis, filiale logistique du groupe Casino depuis 2000, ayant en charge la gestion des entrepôts et plates-formes, qui agit comme PSL pour le compte de quelques entreprises du secteur agroalimentaire.

encadré 5.6.

l'offre de Norbert Dentressangle : bien au-delà du transport

De l'assemblage à l'étiquetage, Norbert Dentressangle est en mesure d'intervenir sur les produits réceptionnés en entrepôts en température ambiante ou dirigée. Objectif : apporter une valeur ajoutée au produit initial. L'entreprise assure la préparation des commandes et intervient sur les produits de façon plus ou moins complexe :

- assemblage simple ;
- *kitting* (assemblage jusqu'à six composants différents, notamment pour le secteur de la téléphonie mobile) ;
- préparation des produits selon les « recettes » des industriels pour le secteur de l'agroalimentaire, ;
- emballage (mise sous film, reconditionnement à façon, mise sous *box*) ;
- étiquetage (en braille, dans toutes les langues).

Parallèlement, l'entrepôt peut proposer des services d'échantillonnages et des tests qualité. Pour les actions promotionnelles de ses clients, Norbert Dentressangle est en mesure de fabriquer un nouveau produit à partir de plusieurs composants : c'est le *co-packing*. Pour ces opérations, l'entreprise automatise certaines opérations techniques ou fait appel à ses équipes pour les opérations simples, comme la mise en *box*. Exigeant des délais courts, ces opérations nécessitent par conséquent une gestion serrée des plannings. Pour l'entreprise, le *co-packing* réalisé par le PSL présente trois avantages :

- disposer d'un entrepôt unique pour le stockage et pour l'assemblage ;
- réduire les délais et les coûts de façon significative en évitant les transports d'un site à l'autre ;
- augmenter la réactivité et la flexibilité de la préparation de commande.

Source : d'après http://www.norbert-dentressangle.com, consulté le 11 mars 2011.

B. – stratégies conduites par le PSL

Une étude menée sur le marché français de la logistique par Eurosiris Conseil montre que les PSL cherchent rarement à prendre en charge, pour une pluralité de familles de produits, l'intégralité des composantes modulaires. Leur politique est plutôt de constituer un portefeuille d'activités s'adressant seulement à quelques segments de marché en fonction des compétences requises. La partition est alors de nature **organisationnelle**, avec un positionnement sur un ou plusieurs maillons de la chaîne logistique (approvisionnement usine, distribution physique, service après-vente, etc.), dans diverses filières d'expédition, ou de nature **technico-commerciale**, avec un positionnement sur un canal de distribution privilégié (grandes surfaces alimentaires, grandes surfaces spécialisées, vente en ligne, etc.). On pourrait également ajouter que leur champ d'intervention sur un plan plus géographique varie entre un confinement aux frontières nationales, une politique de diversification multi-domestique et une stratégie de globalisation[37].

■ couplage de la dimension managériale avec la dimension capacitaire

Ayant pour ambition de donner une vue synthétique de la prestation logistique, en partie dégagée des contingences nationales, Cooper *et al.* ont choisi d'intégrer les choix du client (le chargeur industriel ou commercial) dans leur analyse[38]. Plus précisément, l'idée des auteurs est de construire une matrice stratégique s'appuyant sur son degré d'implication dans le processus de production du service. Toute prestation logistique peut ainsi être étudiée à partir de deux niveaux distincts :

- Le premier niveau **managérial** reflète le partage des tâches entre le fournisseur et l'utilisateur du service. Autrement dit, il s'agira de définir qui organise le travail et ordonnance les opérations, que l'on parle de transport ou d'une offre élargie associant des activités sur entrepôt.
- Le second niveau **capacitaire** indique si la prestation est dédiée à un seul client, concerne un faible nombre de clients éprouvant le

[37] Juga J., Pekkarinen S. et Kilpala H. (2008), « Strategic positioning of logistics service providers », *International Journal of Logistics : Research and Applications*, Vol. 11, n° 6, pp. 443-455.

[38] Cooper J., Browne M. et Peters M. (1993), *European logistics : markets, management and strategy*, Blackwell Publishers, Oxford, 2e éd.

même besoin ou, enfin, se destine à un grand nombre d'utilisateurs n'ayant aucune attente spécifique. En d'autres termes, il s'agira de savoir sous quelles conditions les capacités logistiques peuvent – ou non – être partagées.

schéma 5.7.

une typologie de la prestation logistique

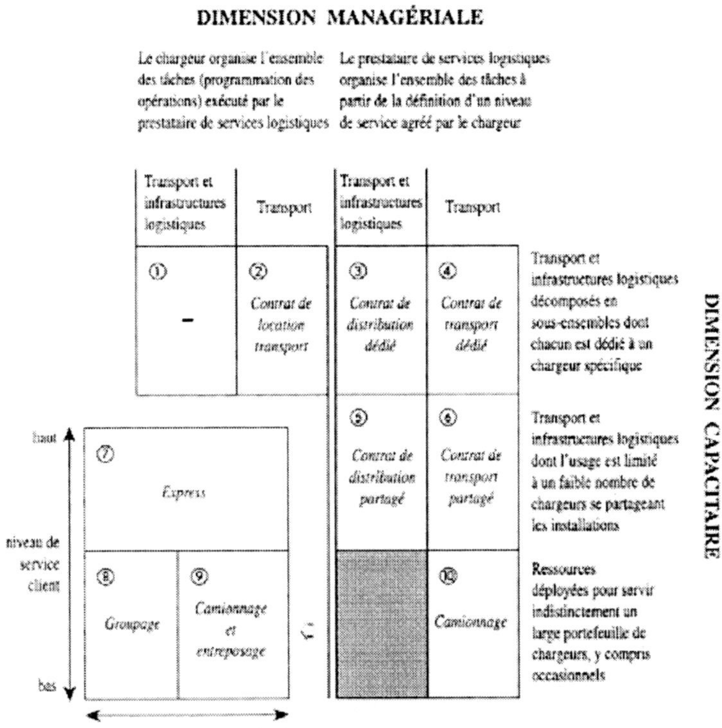

Source : d'après Cooper *et al.* (1993), *op. cit.*

Comme le précise le schéma 5.7, le croisement de ces deux niveaux aboutit au repérage des contours du métier de PSL à partir d'une série de contrats : dédiés (*customer-dedicated*, 3 et 4), partagés (*shared user*, 5 et 6) ou communs (*common user*, 7 à 10). Il est à noter qu'à la différence des autres contrats de transport et de distribution, les contrats dédiés conduisent souvent à des investissements *ad hoc*, mais n'excluent pas un recours simultané à d'autres formules en fonction de considérations techniques ou stratégiques, voire en tant que simple héritage de l'histoire. Par exemple, le groupe Carrefour a opté pour des contrats partagés pour les produits de grande consommation ne réclamant aucun savoir-faire particulier, comme les biscuits, tandis qu'il a opté pour un contrat dédié pour les produits textiles avec Norbert Dentressangle, qui met à disposition une infrastructure de 85.000 m^2, localisée Coudray-Montceaux (Essonne) depuis début 2011, après avoir quitté Vert-Saint-Denis (Seine-et-Marne). Ainsi, alors que la logique d'économies d'échelle voudrait que les PSL travaillent avec le plus grand nombre possible de chargeurs, l'unité d'œuvre semble être de plus en plus souvent une dyade, ou plutôt de multiples dyades indépendantes les unes des autres. Moins qu'une logistique de masse, consolidant par nécessité des trafics hétérogènes quant à leurs origines et destinations, il est question d'une logistique « sur mesure » qui désire fidéliser le client en lui proposant des services personnalisés[39]. Des outils issus de l'analyse marketing permettent de mieux comprendre cette évolution.

■ **formalisation d'une segmentation logistique**

Les PSL sont en mesure de concevoir et mettre en œuvre un ensemble de composantes modulaires que se partagent un faible nombre de chargeurs, voire un seul lorsqu'il y a contrat dédié. Il en résulte une gestion simultanée de plusieurs relations d'échange, mais sur la base d'un processus segmenté de production du service logistique. Par exemple, un PSL pourra réserver l'usage d'un entrepôt à la livraison nationale de surgelés de tel fabricant, tandis qu'un autre entrepôt sera chargé d'approvisionner en produits d'épicerie sèche les magasins de trois enseignes différentes sur une zone géographique délimitée. L'unique contrainte est que les différents chargeurs aient des attentes communes suffisamment spécifiques pour justifier le déploiement de moyens logistiques singuliers.

La démarche précédente converge fortement avec celle de la segmentation par avantages recherchés dans le champ du comportement du consommateur, même s'il semble douteux que les équipes dirigeantes

---

[39] Large R. (2007), « The influence of customer-specific adaptations on the performance of third party logistics relationships–Document studies and propositions », *International Journal of Logistics : Research and Applications*, Vol. 10, n° 2, pp. 123-133.

des PSL en soient conscientes ! L'idée originelle est que les consommateurs ne sont pas tous sensibles aux mêmes attributs d'un produit ou d'un service. Certains leur apparaissent plus importants que d'autres, compte tenu des bénéfices personnels qu'ils espèrent retirer de l'utilisation dudit produit ou service. Il paraît donc possible, et même souhaitable pour une meilleure efficacité de la stratégie marketing, de regrouper les consommateurs ayant un profil similaire d'avantages recherchés. L'un des exemples les plus connus, et les plus étudiés dans la littérature académique, est celui des avantages attendus de la part des consommateurs lors du choix d'une destination touristique, ou encore du choix de la fréquentation de Spa[40].

Implicitement, Fuller *et al.* considèrent qu'un tel raisonnement s'applique à la logistique, après un certain nombre d'aménagements[41]. Reprenant les principes fondateurs de la segmentation et de l'analyse typologique, les auteurs constatent que les entreprises industrielles et commerciales nord-américaines les plus compétitives ont d'abord agrégé des clients aux besoins logistiques comparables, avant de mettre en place à leur intention une gestion des opérations « sur mesure ». Ils en concluent qu'il s'avère indispensable de réfléchir à l'organisation de la distribution physique sur la base d'**activités logistiquement distinctes**. D'autres recherches, menées dans le cadre plus restreint du choix d'un mode de transport, confirment la pertinence de ce type d'analyse. Le succès de sociétés comme FedEx ou UPS s'expliquerait ainsi par leur repérage précoce de la sensibilité de certains chargeurs à la notion d'acheminement rapide sous délais garantis à l'échelle de la planète, l'avantage recherché étant ici la fiabilité absolue des expéditions urgentes[42].

La décomposition par activités logistiquement distinctes n'implique pas que les PSL doivent rejeter toute idée d'optimisation des flux s'appuyant sur une mise en commun simultanée de moyens matériels et humains pour plusieurs segments de marché. Disons plutôt que cette mise en commun,

---

[40] Koh S., Jung-Eun Yoo J. et Boger Jr. C. (2010), « Importance-performance analysis with benefit segmentation of spa goers », *International Journal of Contemporary Hospitality Management*, Vol. 22, n° 5, pp. 718-735.

[41] Fuller J., O'Conor J. et Rawlinson R. (1993), « Tailored logistics : the next advantage », *Harvard Business Review*, Vol. 71, n° 3, pp. 87-95.

[42] Ling T.-K., Lee C. et Ho W. (2009), « The analysis and case studies of successful express logistics companies », *International Journal of Value Chain Management*, Vol. 3, n° 1, pp. 20-35.

dans l'objectif de réaliser des économies significatives de champ (ou de variété), n'est plus systématique mais conçue centre d'activité par centre d'activité[43]. Par exemple, alors que la normalisation des unités de charge (palettes, conteneurs) permet d'utiliser des matériels de manutention pour une pluralité de clients, rien n'empêche que des moyens de stockage ou de transmission des données soient destinés à quelques groupes cibles. Dans ces conditions, comment faire la part des choses ?

tableau 5.4.

une démarche de segmentation logistique en six étapes

1)	Identification des facteurs clé de succès en matière de service client (délais, fréquences de réassortiment, etc.)
2)	Evaluation de l'importance relative de chacun des facteurs clé, par exemple pour un canal de distribution donné
3)	Positionnement singulier de l'entreprise (forces et faiblesses) sur chacun des facteurs clé
4)	Segmentation du marché en fonction des niveaux de service attendus par la clientèle
5)	Conception d'une offre homogène de service, sous la forme d'un « package » de distribution
6)	Mise en œuvre opérationnelle de la politique de service et de ses procédures d'audit

Source : d'après Christopher (1986), *op. cit.*

Les travaux conduits depuis une trentaine d'années sur le thème de la segmentation logistique se réfèrent très souvent à un attribut saillant : le niveau de service attendu par le(s) chargeur(s). Les performances des entreprises industrielles et commerciales dépendent, certes, des frais de circulation qu'elles supportent (coût financier du stock et traitement des commandes, transport, entreposage), surtout dans la perspective d'une stratégie de domination par les coûts. Mais elles sont aussi conditionnées par la capacité à livrer des commandes complètes, dans les délais impartis et sans litige d'aucune sorte. Toute défaillance risque ici de générer des ruptures le long de la chaîne logistique, avec les conséquences que l'on imagine : des marchés perdus, faute d'avoir été servis correctement et à temps, du moins lorsque la sensibilité du destinataire à un haut niveau de service est élevée.

---

[43] Une excellente réflexion sur ce thème est proposée par Christopher M. (1986), *The strategy of distribution management*, Heinemann, Londres.

Bref, un PSL ne verra son influence commerciale s'étendre qu'à la condition nécessaire, mais non suffisante, de conduire une rigoureuse politique de service. Si les attentes de sa clientèle sont différenciées, il devra alors segmenter sa prestation, quitte à standardiser les éléments de son système d'offre qui peuvent l'être (stockage ?, moyens de transport ?, etc.). En effet, la pire erreur serait de fournir aux différents groupes de clients un service médian (ou standard) quels que soient les bénéfices recherchés et les attributs déterminants du choix. Ce service médian induira simultanément une sous et une sur-satisfaction, source de multiples dysfonctionnements :

- la **sous-satisfaction** concerne les chargeurs qui exigent un meilleur service et vont pour cela se tourner vers la concurrence ;
- la **sur-satisfaction**, quant à elle, émane de chargeurs qui se contenteraient d'un moindre service et vont également se tourner vers la concurrence pour trouver moins cher.

Un service client « sur mesure », outre qu'il facilite le positionnement du PSL dans son univers stratégique, permet d'accompagner son effort de rationalisation au niveau du pilotage des flux et de la politique d'investissement. Ainsi, plutôt que de poursuivre une démarche de réduction homothétique du niveau de service rendu à l'ensemble de sa clientèle pour contracter ses coûts d'exploitation, il pourra agir de manière plus pondérée en se concentrant prioritairement sur les groupes de clients peu ou pas sensibles à cet attribut. Par exemple, les clients qui ont choisi de conduire une stratégie de théâtralisation du prix bas compatible avec un niveau plus élevé de rupture en magasin[44].

§ 2. – tendances d'évolution des contrats logistiques

L'externalisation logistique correspond à la volonté qu'ont les chargeurs industriels et commerciaux de se recentrer sur leur(s) métier(s) de base, sachant toutefois que les seconds se sont préalablement assurés du contrôle de l'amont du canal. La nouveauté réside simplement dans le fait que ce contrôle ne passe plus par la possession de moyens logistiques. Mais externaliser ne signifie pas ici abandonner l'activité sans

[44] Badot O. et Paché G. (2006), *op. cit.*

vigilance, bien au contraire. Les PSL, à l'interface entre expéditeurs et destinataires des marchandises, gèrent désormais un portefeuille de composantes modulaires qui conditionnent directement la réussite des politiques commerciales des firmes clientes. La délégation oblige, par conséquent, à une sélection rigoureuse des partenaires, puis leur surveillance continue afin de s'assurer une qualité de service optimale. Ceci explique les évolutions que connaît l'achat de services logistiques depuis la fin des années 1990 :

- Le **nombre de PSL** auxquels il est fait appel se réduit de façon drastique. La tendance est au recours à un nombre restreint de partenaires spécialisés par zones géographiques ou par types de produits. A cela une triple raison : simplifier le suivi des performances, réduire les coûts d'agence et pouvoir intervenir rapidement en cas de dysfonctionnement ponctuel.
- Les **procédures de sélection** deviennent beaucoup plus strictes. Elles intègrent des critères précis, notamment au niveau de la qualité du service rendu, et des méthodes d'évaluation s'appuyant sur des règles de décision compensatoire, lexicographique ou disjonctive (voir l'encadré 4.1). En effet, la responsabilité du (des) PSL est grande puisqu'une défaillance nuira immédiatement à la commercialisation d'une famille de produits sur une zone géographique étendue.
- Les partenaires sont retenus sur la base de contrats dont les clauses spécifient un **niveau de performance attendu**, plutôt que de décrire la nature et les modes d'exécution des opérations. Comme le choix d'externaliser s'accompagne souvent d'une restructuration interne chez le chargeur, une liberté d'action est laissée aux PSL pour qu'ils proposent, à partir de leur expertise, les solutions les mieux adaptées.
- Les relations nouées entre les co-contractants débouchent sur une **implication mutuelle et durable** dans le processus de production du service. Les collaborations verticales qui en résultent conduisent à des formes de coordination hybrides, entre le marché et la hiérarchie, dont l'objet est de réduire le degré d'incertitude inhérent au système de transactions. La démarche engagée conduit à une plus forte intégration des PSL dans le pilotage des chaînes logistiques[45].

---

[45] Fabbe-Costes N., Jahre M. et Roussat C. (2008), « Towards a typology of the roles of logistics service providers as supply chain integrators », *Supply Chain Forum : An International Journal*, Vol. 9, n° 2, pp. 28-43.

Il serait peu pertinent de tirer des règles générales sur les modes de contractualisation des relations entre chargeurs et PSL, et notamment de trancher en matière de récursivité et de longévité des contrats, compte-tenu des situations particulières qu'il est possible de rencontrer dans les chaînes logistiques. Par exemple, selon que l'exécution des opérations logistiques exige ou non des actifs spécifiques qui « encapsulent » un savoir-faire particulier, la nature et la durée des contrats n'auront pas la même forme. Ayant opté pour une étude monographique en profondeur de PSL suédois et norvégiens, Virum a repéré trois configurations qui constituent des archétypes désormais relativement courants en Europe[46] :

- Les **coopérations formelles** (de quelques mois à une année). Elles sont fondées sur un accord ponctuel par lequel un PSL propose un service logistique rigoureusement borné, souvent constitué de composantes modulaires banalisées (transport, entreposage), et que se partagent quasi-systématiquement une pluralité de chargeurs.
- Les ***joint-ventures* logistiques** (de trois à quatre années). Elles témoignent d'une forte interdépendance entre les parties, sachant que les services logistiques concernés sont nombreux et réclament du PSL d'importantes ressources. En contrepartie, le chargeur lui autorise l'accès à des informations sur ses stratégies et plans d'activité.
- La **logistique dédiée** (cinq années et au-delà). Découlant des contrats du même nom (voir le schéma 5.7), elle repose sur la mise en œuvre de moyens logistiques pour un seul client, qu'il s'agisse d'entrepôts, de matériels de manutention ou de véhicules de transport. Le rapprochement entre les partenaires est tel que l'on peut parler de partenariat stratégique.

La multiplication des *joint-ventures* logistiques et des contrats dédiés signale une modification majeure dans la relation chargeur / PSL : l'interpénétration progressive des systèmes de gestion des co-contractants. Elle apparaît comme la réponse la plus appropriée en présence d'actifs spécifiques. En effet, lorsqu'il possède de tels actifs, le PSL attitré a tout intérêt à voir les relations d'échange perdurer, voire à « s'enraciner »[47], compte tenu de l'existence de dépenses irrécupérables. C'est le cas des investissements logistiques dédiés puisqu'ils seront difficile-

[46] Virum H. (1993), « Third-party logistics development in Europe », *Logistics and Transportation Review*, Vol. 29, n° 4, pp. 355-361.

[47] Fulconis F., Paché G. et Roveillo G. (2011), *op. cit.*

ment redéployables à court terme vers d'autres clients, voire pas du tout si aucune demande solvable n'existe en dehors des transactions concernées. Pour sa part, le chargeur a sans doute autant avantage à une continuation des relations d'échange car l'abandon éventuel de son partenaire impliquera un effort de sélection et d'évaluation d'un nouveau PSL apte à lui proposer le même actif dédié. Ceci débouche sur une situation de co-dépendance, propice à la mise en œuvre d'un partenariat stratégique « gagnant-gagnant ».

§ 3. - un partenaire « incontournable » de la logistique urbaine ?

Les PSL, dans leur quête de nouveaux vecteurs de croissance, ne restent pas indifférents au développement de nouveaux formats de vente, dont le commerce électronique B to C apparaît comme l'élément le plus emblématique. Avant d'analyser le rôle qu'ils peuvent y jouer, il est nécessaire de rappeler en préalable un certain nombre de données. Assez paradoxalement, la vente sans magasin de type commerce électronique pose de redoutables problèmes logistiques n'ayant été abordés que tardivement pour trois raisons principales :

- il existe aujourd'hui de puissants transporteurs dénommés *integrators*, au premier rang desquels FedEx et UPS, dont on admet sans discussion qu'ils sont capables de livrer de manière fiable et rapide autour du monde n'importe quel colis ;
- on ne sait pas vraiment si le consommateur intègre le respect d'un court délai de livraison lors de sa prise de commande, plutôt que le respect d'une « fenêtre » de livraison originellement négociée lors de la prise de commande ;
- les coûts de traitement des ordres et, par extension, les coûts logistiques, sont peu élevés en rapport avec la forte valeur économique et/ou symbolique des produits majoritairement concernés par le commerce électronique.

Nous indiquerons d'abord en quoi un tel mode de pensée est remis en question par la reconnaissance des enjeux de distribution physique attachés au e-commerce. Ceci nous permettra de comprendre l'importance d'une intermédiation logistique et de ses applications, au moment même où la notion de « désintermédiation » est de plus en plus utilisée pour décrire ce nouveau canal de distribution. Ceci nous permettra également de comprendre que les enjeux dépassent la question de la seule vente en ligne pour s'inscrire dans des problématiques plus générales de logistique urbaine dès lors que les livraisons s'effectuent au domicile des internautes. Le commerce électronique génère en effet une forte capillarité, au même titre que les réseaux contractuels s'appuyant sur des boutiques de petite taille localisées en centre ville.

A. - la logistique au cœur du e-commerce B to C

L'approche plutôt passive de la logistique est remise en cause par un nombre croissant d'observateurs du commerce. Ainsi, il serait dangereux de croire que l'internaute restera toujours indifférent aux coûts logistiques, même si ceux-ci sont faibles dans l'absolu. En effet, lorsqu'il fréquente des magasins en tant que client conventionnel, il n'a pas ou peu conscience du coût de son déplacement et du coût du temps afférent. A l'inverse, avec le commerce électronique B to C, les coûts logistiques lui sont facturés et influeront sans doute sur ses arbitrages en termes d'achat. L'importance relative du délai de livraison doit également y être réévaluée : tant que les internautes sont captifs vis-à-vis d'un site Web très spécialisé, le niveau de disponibilité des produits leur apparaît comme un critère de choix relativement mineur. Cela n'est plus le cas avec la prolifération de sites en concurrence directe, la réactivité aux demandes se présentant comme un facteur critique, de même qu'un faible niveau de rupture, au risque de voir se réduire les intentions de réachat[48].

Enfin, le développement du commerce électronique B to C est en voie de totalement bouleverser la gestion des livraisons terminales, comme nous l'avons indiqué dans le chapitre 2, et l'absence de réflexion préalable à ce niveau pourrait s'avérer dramatique. La présence de magasins de grande taille a permis, depuis une quarantaine d'années, de centraliser les flux en laissant au consommateur le soin d'assurer sa propre logistique, du magasin au domicile. Le commerce électronique rompt avec ce schéma puisque l'ensemble des consommateurs reçoit à leur domicile les produits commandés. Pour éviter la totale paralysie des zones urbaines, certains auteurs suggéraient, dès le

---

[48] Dadzie K. et Winston E. (2007), « Consumer response to stock-out in the online supply chain », *International Journal of Physical Distribution & Logistics Management*, Vol. 37, n° 1, pp. 19-42.

début des années 2000, la mise en place d'un réseau de points d'enlèvement, situés sur des lieux de passage quotidien des consommateurs, et vers lesquels les produits seraient acheminés puis retirés[49]. On doit reconnaître la justesse de l'analyse avec la multiplication des expériences de *drive* dans le commerce alimentaire en ligne (voir l'encadré 5.7). Ce type d'évolution indique clairement que l'organisation du canal logistique doit devenir très rapidement un thème majeur d'investigation, sous peine de déclencher de nombreuses frustrations.

encadré 5.7.

visite guidée au pays merveilleux du *drive*

Finies les files d'attentes interminables aux caisses, depuis une semaine, Auchan a lancé son 25e drive sur le site du Grand Cap au Havre. Moi qui ai une sainte horreur des courses, je saute sur l'occasion pour tester le système. Et je ne suis pas la seule ! Avec une moyenne de 400 commandes par jour, Aurélie Leveneur, responsable du *drive* du Havre ne cache pas sa surprise et son enthousiasme « Nous avions demandé des pré-inscriptions pour évaluer le nombre de clients intéressés mais là, ça dépasse nos espérances». Dès le premier jour, les commandes ont afflué et « Le Havre a battu le record national ». Alors, comment ça marche ?

Je m'inscris d'abord sur www.auchandrive.fr. Attention d'ailleurs à ne pas confondre le site du *drive* et le portail d'Auchan. Devant mon ordinateur, je visite les rayons virtuels du supermarché. Les points fidélité que l'on engrange dans le magasin fonctionnent aussi ici. Plusieurs allers-retours entre ma cuisine et mon salon sont nécessaires pour faire ma liste de courses. Je remplis mon caddie : 6.000 références sont disponibles, rien que pour l'alimentaire et la droguerie.

Je remarque que les premiers prix sont là, pas obligée de subir les grandes marques. Les produits frais aussi sont proposés, mais il

[49] Paché G. et Colin J. (2000), « Recherche et applications en logistique : des questions d'hier, d'aujourd'hui et de demain », *in* Fabbe-Costes N., Colin J. et Paché G. (éds), *Faire de la recherche en logistique et distribution ?*, Vuibert-Fnege, Paris, pp. 31-53.

peut y avoir des ruptures de stock. Bientôt, ce sont 8.500 références qui seront présentes dans les rayons virtuels. Bonne idée : au fur et à mesure que je remplis mon panier virtuel, je vois ma note augmenter. Le système permet donc de maîtriser sa dépense... et ses envies. Au dernier moment, avant de valider, je peux augmenter les quantités ou mémoriser mon panier pour revenir plus tard. Je peux aussi créer plusieurs listes de course avec les « indispensables » qu'il me faudra lors de mes prochaines commandes.

Je valide ma commande et je paye par carte bancaire. « Nous refusons les paiements en espèce à la caisse du *drive* pour éviter tout problème de sécurité », assure la responsable. Deux heures plus tard, direction le quai numéro 3 au centre commercial du Mont Gaillard, mes courses m'attendent et, bonne surprise, tout est bien emballé prêt à embarquer. « Nous offrons les sacs verts et surgelés, il faut dire que ça nous facilite le travail aussi », sourit Magali, une employée. Et tout ça en deux temps, trois mouvements. Rien à voir avec les deux heures que je passe d'habitude à déambuler dans les rayons en oubliant toujours quelque chose.

Source : d'après *Le Havre Infos*, 17 novembre 2010.

Une distinction est nécessaire en fonction des caractéristiques des produits. Certains d'entre eux n'auront pas besoin d'une infrastructure lourde en matière de transport et d'entreposage. L'offre peut donc y être envisagée d'entrée à l'échelle de la planète. A l'inverse, d'autres produits nécessiteront une logistique beaucoup plus complexe rendant difficile (voire impossible) un approvisionnement direct des consommateurs. Pour optimiser les coûts de transport, il est alors indispensable de mettre en place des infrastructures régionales ou nationales de stockage, faute de quoi l'aire commerciale du vendeur risque d'être confinée au pays d'origine. Le cas des produits de grande consommation vendus dans des « supermarchés en ligne » présente, quant à lui, un certain nombre de spécificités, notamment étudiées par Durand depuis le milieu des années 2000[50].

[50] Durand B. (2007), « La logistique de l'épicerie en ligne : vers une différenciation des solutions », *Décisions Marketing*, n° 45, pp. 75-89.

Le commerce alimentaire en ligne questionne naturellement la logistique traditionnelle fondée sur des livraisons en magasin au niveau de la dernière étape du contact (physique) entre les consommateurs et l'assortiment de produits. En effet, il oblige les entreprises du secteur à résoudre le problème crucial de la mise à disposition des paniers de produits au domicile de l'internaute, ou sur son lieu de travail, dans les meilleures conditions de coût, de service et de réactivité. Le problème majeur est celui d'une récurrence des livraisons de produits à forte rotation dans un espace urbain confiné, qui exige des solutions logistiques adaptées. Les recherches consacrées à la logistique du commerce alimentaire en ligne ont identifié les différentes options possibles pour faire face aux défis techniques, à la fois au niveau de la préparation des commandes et au niveau des livraisons terminales :

- Concernant la **préparation des commandes**, les distributeurs alimentaires en ligne ont le choix entre prélèvement des produits en entrepôt (*warehouse picking*), prélèvement des produits en magasin (*store picking*) et modèle hybride combinant les deux. Selon Hovelaque *et al.*, le basculement du prélèvement des produits en magasin, tel qu'il est pratiqué par Intermarché ou Casino, vers le prélèvement des produits en entrepôt dépend directement (et exclusivement) du volume d'activité de l'entreprise, sachant pour les auteurs que seul un prélèvement des produits en entrepôt est tenable à long terme[51]. Sans doute faudrait-il, pour rendre l'analyse plus pertinente, tenir compte du nombre de commandes hebdomadaires et des caractéristiques de l'assortiment (présence ou non de produits frais, par exemple).
- Concernant les **livraisons terminales**, les solutions à proposer à l'internaute alternent entre livraison sur rendez-vous, livraison sans rendez-vous et enlèvement par l'internaute lui-même dans un point relais, une solution originale sur laquelle nous allons revenir. Si aucun modèle ne semble pour l'instant l'emporter sur les autres, du moins en Europe[52], notons que de plus en plus de distributeurs alimentaires en ligne offrent une livraison sur rendez-vous (à partir d'un prélèvement des produits en entrepôt), permettant à l'inter-

---

[51] Hovelaque V., Soler L.-G. et Hafsa S. (2007), « Supply chain organization and e-commerce, a model to analyze store-picking, warehouse-picking and drop-shipping », *4OR : A Quarterly Journal of Operations Research*, Vol. 5, n° 2, pp. 143-155.

[52] Murphy A. (2007), « Grounding the virtual : the material effects of electronic grocery shopping », *Geoforum*, Vol. 38, n° 5, pp. 941-953.

naute de sélectionner librement une « fenêtre de temps » pour réceptionner à son domicile les produits commandés en ligne.

Tous les observateurs du commerce alimentaire en ligne considèrent que l'organisation de la livraison à domicile des produits est complexe et coûteuse, quel que soit le modèle de préparation des commandes retenu : pour établir un contact physique avec les internautes, il est nécessaire de planifier des tournées afin de desservir des zones résidentielles, souvent difficiles d'accès, pendant des « fenêtres de temps » étroites (soirée, début de week-end). En fait, la livraison à domicile est devenue un défi majeur auquel est confrontée la majorité des distributeurs alimentaires en ligne, et l'un des éléments de leur performance, dont la défaillance peut conduire à l'échec.

Comme Park *et al.* le notent, « les besoins logistiques associés au commerce en ligne, qui étend l'extrémité de la chaîne logistique jusqu'au domicile de chaque consommateur, peut générer de nombreux problèmes dans les zones urbaines, et potentiellement conduire à des coûts plus élevés dans les opérations de transport. Cela est principalement dû à la petite taille et à la faible densité des livraisons dans le cadre du commerce en ligne. La réduction de la taille moyenne des livraisons conduit à un accroissement du nombre de tournées par véhicule… aboutissant en conséquence à une augmentation du trafic urbain. La faible densité est aussi problématique dans la mesure où elle génère des arrêts beaucoup plus fréquents et un accroissement du nombre moyen de kilomètres parcourus »[53].

La gestion du dernier kilomètre (voire du dernier hectomètre) retient tout particulièrement l'attention de la recherche académique dans la mesure où les coûts de transport induits sont les plus importants de toute la chaîne logistique, capillarité extrême des flux oblige. La tentation est alors grande de reporter sur l'internaute la phase ultime des opérations de mise à disposition des produits en l'amenant à les retirer dans des points de récupération astucieusement localisés dans l'espace[54]. Browne *et al.* donnent plusieurs exemples concrets pour permettre l'enlèvement de petits colis sans avoir à les livrer au domicile de

[53] Park M., Min J.-U. et Lee S.-Y. (2006), « Implications of growing electronic commerce for freight transportation : a case study of the United States », *Journal of International Logistics and Trade*, Vol. 4, n° 2, pp. 37-52.

[54] Augereau V., Curien R., et Dablanc L. (2009), « Les relais-livraison dans la logistique du e-commerce, l'émergence de deux modèles », *Les Cahiers Scientifiques du Transport*, n° 55, pp. 63-95.

l'internaute : stations services, centres de loisirs (comme des piscines ou des clubs de tennis), gares routières ou ferroviaires, etc.[55] Encore plus sophistiqué, à Dortmund (Allemagne), a été implanté le système Tower 24 qui permet aux internautes de venir récupérer leurs commandes 24 h sur 24 dans une installation de stockage entièrement automatisée, un peu sur le modèle des « boîtes aux lettres intelligentes » des pays scandinaves. Quant au *drive* précédemment évoqué, ne correspond-t-il pas, dans sa nature, à un point relais ?

En Europe, la société Kiala est connue pour mettre en œuvre une politique de distribution très dynamique qui supprime le problème du dernier kilomètre sur le même modèle. Créée en 2001 au Benelux, Kiala s'appuie aujourd'hui sur 4.700 points relais en Belgique, en Autriche, aux Pays-Bas et en France (3.630 points-relais sont localisés en France). Les points relais sont en fait de petits commerçants de centre ville chez qui les internautes viennent chercher les produits commandés en ligne. Sur un plan logistique, ces produits sont récupérés par un transporteur qui les achemine vers le *hub* national de Kiala, dont le management est confié à un PSL. Ils sont ensuite expédiés vers 280 plates-formes locales qui s'occupent de la préparation des commandes avant livraison terminale vers les points relais. Selon le PDG de Kiala France, le système de points relais est particulièrement efficient à un double niveau. Au niveau des coûts, la suppression du dernier kilomètre permet une économie de 10 à 15 % par rapport à une livraison à domicile classique[56]. Au niveau de la qualité de service, la parfaite traçabilité des produits, grâce à un flashage systématique des étiquettes, réduit les erreurs de livraison à moins de 0,2 %.

Il faut admettre que le modèle d'affaires de Kiala est une réussite pour des produits à forte implication dont la fréquence d'achat reste assez faible (quelques fois par an). Mais il est peu probable que les internautes acceptent d'utiliser systématiquement des points relais pour des produits de grande consommation, quand le recours à un site Web est justement une manière d'éliminer ces tâches logistiques chronophages. En fait, la généralisation de la livraison à domicile demeure le scénario le plus probable d'évolution de la logistique du commerce alimentaire en ligne, caractérisé par une fréquence d'achat plus ou moins

---

[55] Browne M., Allen J., Anderson S. et Jackson M. (2001), @ *Your home : new markets for customer service and delivery*, UK Retail Logistics Task Force, Londres.

[56] *Logistiques Magazine*, mai 2008.

hebdomadaire, même si le succès du *drive* n'est pas à négliger. Ceci explique l'attention soutenue portée aux décisions de préparation des commandes et de programmation des tournées dans la littérature académique puisqu'il faudra bien organiser, contraint et forcé, le dernier kilomètre de milliers de produits commandés en ligne.

Finalement, la logistique du commerce électronique B to C est loin de se réduire au service de livraison *express* proposé par les quelques *integrators* présents sur le marché ou par les postes européennes, dont on sait pourtant qu'elles multiplient les « grandes manœuvres » depuis le début des années 2000 pour bien s'y positionner. Au contraire, elle réclame la présence d'une lourde et complexe intermédiation logistique. Si la gestion des flux de produits et d'informations associées revêt une dimension essentielle dans le succès du commerce électronique, il pourrait sembler naturel que l'opérateur qui développe un site Web en assure le contrôle en internalisant les différentes activités logistiques, y compris de préparation des commandes. Le raisonnement n'est pas aussi simple, notamment en référence aux évolutions qu'ont connues d'autres canaux de distribution utilisant massivement des PSL.

B. - de la désintermédiation à la réintermédiation logistique

Pour Sarkar *et al.*, la décision de recourir à des PSL dans le canal du commerce électronique B to C dépend à la fois du niveau de complexité de l'intermédiation logistique précédemment évoquée et du niveau des coûts de coordination[57]. Ainsi, lorsque la complexité de management des interfaces augmente et les coûts de mise en contact diminuent, la situation sera plutôt favorable à l'émergence de *cybermediaries* spécialisés dans la prestation logistique sur les marchés électroniques. En effet, les compétences requises pour gérer les flux seront alors tellement particulières que seuls des spécialistes reconnus de la logistique (et disposant donc d'un pouvoir d'expertise à ce niveau) pourront s'en charger efficacement, à condition que les coûts de coordination des activités externalisées supportés par l'opérateur qui développe un site Web restent faibles.

Il y a là un apparent paradoxe dans la mesure où, d'après de nombreux auteurs, le commerce électronique B to C se caractériserait principalement par un processus de « désintermédiation généralisée », les

[57] Sarkar M., Butler B. et Steinfield C. (1998), « Cybermediaries in electronic marketspace : toward theory building », *Journal of Business Research*, Vol. 41, n° 3, pp. 215-221.

représentations commerciales locales n'étant plus d'aucune utilité malgré la distance qui sépare les industriels et les consommateurs[58]. Dans les faits, cela n'est pas si simple. S'il est possible d'éliminer du canal transactionnel les divers intermédiaires engagés dans la commercialisation de biens ou de services, tels que les grossistes et les détaillants, les fonctions logistiques qu'ils remplissent devront malgré tout être exécutées ; entre un produit élaboré en Chine et un consommateur assis devant son écran à Tours, il existe une non-coïncidence spatiale qui oblige à l'acheminer sur une longue distance dans des conditions satisfaisantes de coût. Il s'agit d'ailleurs de l'un des principes majeurs de la gestion des canaux de distribution : en cas d'élimination de l'un des membres, les fonctions qui sont de son ressort devront être réparties sur de nouvelles bases et assumées par un ou plusieurs des autres membres[59].

Ceci est encore plus vrai pour le commerce électronique B to C qui exige une intermédiation logistique lourde pour assurer les opérations de personnalisation finale, sans oublier la mise en place d'un réseau d'entrepôts et/ou de points de réception où les produits seront retirés par les internautes, comme on l'a indiqué ci-dessus. En se fondant sur le savoir-faire accumulé dans la gestion d'autres chaînes logistiques, comme la VPC, certains PSL devraient y occuper à terme une place centrale, même si Joong-Kun Cho *et al.* s'interrogent sur leur capacité à réellement améliorer la performance de l'entreprise externalisatrice[60]. Mieux encore, pourquoi ne pas envisager que ces PSL évoluent ensuite vers une identité nouvelle de courtiers électroniques chargés de constituer des assortiments originaux à partir d'offres émanant de différents sites Web, la maîtrise d'actifs logistiques spécifiques se présentant comme l'élément clé du glissement vers une activité plus commerciale ? Plus que jamais, les tendances d'évolution seront à observer avec grande attention.

---

[58] Ahearne M. et Rapp A. (2010), « The role of technology at the interface between salespeople and consumers », *Journal of Personal Selling and Sales Management*, Vol. 30, n° 2, pp. 111-120.

[59] Rosenbloom B. (2003), *Marketing channels : a management view*, The Dryden Press, Fort Worth (TX), 7e éd.

[60] Joong-Kun Cho J., Ozment J. et Sink H. (2008), « Logistics capability, logistics outsourcing and firm performance in an e-commerce market », *International Journal of Physical Distribution & Logistics Management*, Vol. 38, n° 5, pp. 336-359.

A l'évidence, seul un nombre restreint de PSL possède aujourd'hui les capacités financières et organisationnelles pour atteindre cet objectif, et il est probable que l'accroissement des exigences des internautes en matière de fiabilité et de qualité des livraisons ne rende encore plus difficile l'accès au marché. Une telle évolution, si elle se confirme, va à l'encontre de la position traditionnellement admise selon laquelle le commerce électronique B to C génère un marché contestable, sans véritables barrières à l'entrée et à la sortie. Cette position est peut-être valide pour l'activité concernant le développement des sites Web, mais elle ne concerne en aucun cas la chaîne logistique. Bien au contraire, la gestion des flux y réclame des compétences et des investissements matériels et immatériels trop importants pour être supportés par des opérateurs de petite taille. Seuls des « *méga-PSL* » seront sans doute capables de tirer leur épingle du jeu, à l'abri des puissantes barrières à l'entrée qu'ils contribuent activement à ériger.

C. – la logistique des réseaux contractuels

Les réseaux contractuels, et notamment les réseaux de franchise, sont devenus en quelques années un phénomène économique incontournable du paysage commercial dans de nombreux pays occidentaux[61]. Ils posent, tout comme le commerce électronique, des questions sensibles en matière de gestion du dernier kilomètre vers les boutiques de centre ville dans des espaces urbains saturés. En effet, à la différence notamment des hypermarchés, les approvisionnements de ces boutiques sont caractérisés par un fractionnement extrême des flux et la gestion complexe de tournées de livraison. Certes, on compte parmi les franchiseurs quelques entreprises multinationales comme McDonald's, Speedy ou Carrefour, qui sont souvent des réseaux mixtes, s'appuyant à la fois sur des succursales et des magasins franchisés. Mais les têtes de réseaux (franchiseurs) sont le plus souvent des entreprises de taille plus modeste, de type PME, avec des équipes de quelques dizaines de salariés et des ressources limitées[62].

Le franchiseur apporte dans la « corbeille de la mariée », outre une marque enseigne susceptible de rallier la clientèle, un concept de vente distinctif (assortiment et services, *marketing mix* et théâtralisation du

---

[61] Boulay J. et Chanut O. (2010), *Les réseaux de franchise*, La Découverte, Paris.

[62] Ces développements s'inspirent largement de Chanut O. et Paché G. (2012), *op. cit.*

magasin), mais aussi un savoir-faire qui fonde le contrat de franchise et rend l'activité du franchisé plus efficace. Au-delà des savoir-faire strictement codifiés et enseignés aux franchisés, par exemple en termes de méthodes de vente d'un parfum haut de gamme, de procédures standardisées de production d'un hamburger garantissant l'hygiène alimentaire ou de révision d'un véhicule automobile, le système de réussite proposé par le franchiseur s'appuie sur un ensemble de savoir-faire dits « organisationnels », au rang desquels figure sa capacité à gérer de manière performante la chaîne logistique au service de ses franchisés. La gestion du dernier kilomètre dans le tissu urbain repose notamment sur une expertise singulière du chauffeur livreur qui doit associer connaissances spatiales, connaissances matérielles et connaissances des usages de l'espace[63], et le franchiseur capable de former ces professionnels dans des conditions optimales pourra espérer fidéliser plus aisément ses franchisés.

Il n'est donc pas surprenant que, dans les réseaux contractuels, la logistique soit perçue, depuis de nombreuses années, comme une source d'avantage concurrentiel. Venant en soutien du processus d'achat, elle est organisée par le franchiseur dans le but d'optimiser la livraison vers les magasins. Il est ici possible de parler de mutualisation verticale dans la mesure où le franchiseur met en place des infrastructures et des procédures logistiques à l'intention de son réseau. Il lui dédie une préparation de commandes commune qui irrigue du haut (entrepôt) vers le bas (boutiques) l'ensemble du réseau. Certains réseaux contractuels ont ainsi créé des entrepôts et plates-formes pour leurs magasins et possèdent parfois leur propre flotte de camions, même si le recours à des PSL reste monnaie courante.

Les enjeux liés à une parfaite maîtrise de la logistique dans un réseau contractuel sont multiples. En termes d'efficacité économique et d'avantage concurrentiel, la logistique participe à la réussite du modèle d'affaires ; une modélisation récente des problématiques logistiques en contexte de franchise souligne ainsi leur impact sur les flux de trésorerie pour l'ensemble du réseau[64]. Le contrôle de la chaîne logistique et

---

[63] Cholez C. (2008), « Compétences spatiales, compétences d'action dans l'espace : la tournée du chauffeur-livreur », *Revue d'Anthropologie des Connaissances*, Vol. 2, n° 1, pp. 37-62.

[64] Fenies P., Lagrange S. et Tchernev N. (2010), « A decisional modelling for supply chain management in franchised networks : application in franchise bakery networks », *Production Planning & Control*, Vol. 21, n° 6, pp. 595-608.

de ses coûts de fonctionnement, une expertise clé pour le franchiseur, constitue pour lui une source de pouvoir. C'est une manière d'adresser un message clair à ses partenaires sur l'intérêt d'adhérer entièrement à son projet et ne pas être tentés de faire ponctuellement cavalier seul. Rappelons, en effet, que les franchisés, en tant que commerçants indépendants, conservent au final une certaine liberté d'approvisionnement auprès des industriels et/ou des grossistes, l'exclusivité d'approvisionnement exigée par le franchiseur étant le plus souvent partielle.

Une logistique efficiente permet ainsi d'accroître la fidélisation des franchisés et leur taux d'approvisionnement auprès de la centrale d'achat. Le pilotage efficace des flux s'apparente ainsi clairement à une sorte de « catalyseur » du réseau contractuel qui évite la propagation d'effets centrifuges. En outre, la centralisation des commandes offre au franchiseur la possibilité d'accéder aux données de vente de chaque magasin et d'établir des comparaisons entre les commerçants indépendants selon une démarche de *benchmarking*. Dans un objectif de réduction de l'empreinte carbone et d'augmentation des économies d'échelle, ne pourrait-on pas imaginer alors que des expériences de mutualisation horizontale entre réseaux contractuels concurrents soient conduites, avec le soutien de PSL ? Plusieurs expériences sont initiées en France, notamment des tournées de livraison communes à McDonald's, Courtepaille et Class'Croûte, trois entreprises de restauration qui n'ont aucun lien capitalistique entre elles, entreprises certes concurrentes mais occupant des positionnements différents. Le rapprochement de concurrents directs autour de systèmes logistiques mutualisés constitue incontestablement une tendance lourde ; il offre et il offrira aux PSL de nouvelles opportunités de croissance sur le marché de la logistique urbaine.

TROISIEME PARTIE

LES RELATIONS ENTRE MEMBRES DU CANAL : ASPECTS STRATEGIQUES

La fonction distribution est très souvent – sans doute trop souvent – perçue de façon restrictive dans sa composante opérationnelle, tant en matière de gestion du canal que de gestion du point de vente. Les deux premières parties de l'ouvrage ont montré, en adoptant différents angles d'attaque complémentaires, qu'il n'est plus possible de négliger une dimension stratégique, notamment au niveau des relations qui se nouent entre les différents acteurs du canal de distribution. La troisième partie s'inscrit dans cette perspective et souhaite élargir la réflexion dans une double direction, qui concerne d'ailleurs autant les produits que les services.

D'une part, il semble aujourd'hui important de revaloriser la place de la variable distribution au sein de la stratégie marketing du fabricant. Le processus de désintermédiation repose en effet, avec acuité, la question du choix du canal, ouvrant de nouvelles perspectives et soulevant de nouveaux enjeux abordés dans le chapitre 6 ; le fabricant sera élargi ici au producteur de services qui rencontre également des problèmes de distribution. D'autre part, la question du partage de la valeur créée lors de l'échange est d'une grande actualité. Dans une vision « traditionnelle », que le chapitre 7 explore, les relations entre membres du canal relèvent d'un jeu à somme nulle porteur de conflits, où ce que gagne l'un est perdu par l'autre. En rupture avec ce raisonnement, nous analyserons les terrains possibles de coopération dans une perspective de jeu « gagnant-gagnant ».

chapitre 6

la place de la variable distribution dans la stratégie marketing

Pour atteindre le consommateur ou l'utilisateur final, le producteur ne peut faire l'économie de la définition d'une rigoureuse politique de distribution. Celle-ci doit être cohérente avec l'ensemble des éléments de sa politique marketing, et passe notamment par le choix d'un ou plusieurs canaux de distribution. Le schéma 6.1, issu d'une recherche conduite par Lambert, propose un modèle particulièrement intéressant de processus de création d'un canal par un industriel, suite à une modification de variables internes (produit) ou externes (insatisfaction quant au canal existant, évolution du marché)[1]. Il indique que les choix se font dans le cadre plus large d'une politique générale d'entreprise, position confirmée par Dubois et Jolibert pour lesquels les enjeux stratégiques liés à la distribution dépassent la simple sélection d'une voie d'acheminement des produits jusqu'à l'utilisateur final ou la constitution d'un portefeuille de formats de vente[2]. L'objet du chapitre est de mettre en avant cette dimension stratégique dans la prise de décision, avant d'analyser les relations entre la politique de distribution et les variables d'action marketing traditionnelles que sont le produit, le prix et la communication publicitaire.

---

[1] Lambert D. (1978), *The distribution channels decision*, National Association of Accountants, New York (NY).

[2] Dubois P.-L. et Jolibert A. (2005), *Le marketing : fondements et pratique*, Economica, Paris, 4e éd.

schéma 6.1.

modèle de création d'un canal de distribution

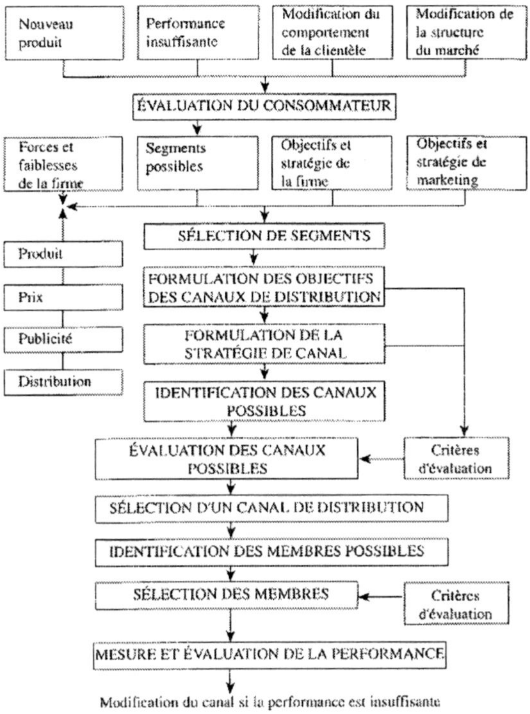

Source : d'après Lambert (1978), *op. cit.*

section I
dimensions stratégiques de la distribution

De nombreux succès d'entreprise sont construits sur la préconisation judicieuse d'un canal de distribution conduisant à un avantage compétitif durable. Ces choix dépendent du produit ou service proposé, mais aussi de l'ampleur et du type de présence désirés sur le marché. Les travaux sur les conditions de réussite d'une stratégie d'innovation soulignent le rôle clé joué par la distribution dans son succès[3]. Au demeurant, les théories économiques se sont très tôt intéressées à l'organisation du canal, en justifiant entre autres le rôle majeur joué par les intermédiaires situés entre le producteur et le consommateur final.

§ 1. - le canal de distribution : avantage compétitif et facteur clé de succès

Une compétence ou un savoir-faire particulier en matière de distribution peuvent-ils constituer un facteur clé de succès pour une entreprise manufacturière ou une entreprise de services? De nombreux cas connus permettent de répondre par l'affirmative :

- Tupperware a construit sa réussite sur le développement de la vente par réunion. Le pouvoir d'influence des hôtesses d'accueil, soutenues par les démonstratrices de l'entreprise, a assuré une croissance significative des ventes. Cette stratégie de différenciation a été, depuis, maintes fois copiée !
- Ryanair a privilégié la vente de ses services par Internet. La compagnie aérienne *low cost* a ainsi pu développer une politique de prix agressive très réactive au marché. Cette stratégie de domination par les coûts a permis à l'entreprise de devenir l'un des *leaders* du secteur (voir l'encadré 6.1).
- Yves Rocher a concentré ses activités sur les produits de beauté vendus dans un réseau intégré, donc contrôlé par le fabricant, notamment au niveau de l'image. Cette stratégie de focalisation (ou concentration) a pour intérêt d'associer les avantages de la domination par les coûts à ceux de la différenciation.

---

[3] Sikdar A. et Vel P. (2010), « Getting the customer interested in your innovation : role of distribution and promotion strategies », *Business Strategy Series*, Vol. 11, n° 3, pp. 158-168.

encadré 6.1.

chérie, as-tu bien imprimé nos cartes d'embarquement et préparé nos valises ?

Faire un tour d'Europe pour 500 euros. Fouler le sol de neuf pays en cinq jours. Bronzer (succinctement) sur une plage de Sicile, assister à la relève de la garde à Buckingham Palace, flâner dans les quartiers populaires de Porto. Dans une même journée, prendre son petit-déjeuner en Lettonie, manger des frites à midi en Belgique et se délecter de tapas le soir en Catalogne. Une seule compagnie aérienne rend possible un tel périple : Ryanair. Celle-ci a mis au point un modèle d'affaires très performant fondé en fait sur de nombreux « extras » au tarif particulièrement attractif annoncé sur Internet : taxes d'aéroport, frais d'enregistrement en ligne, frais d'administration dus à l'utilisation d'une carte bancaire, etc.

Ainsi, chaque client doit avoir lui-même imprimé *via* Internet sa carte d'embarquement. Un oubli, et son impression sur place (par Ryanair) coûtera 40 euros, ce qui fait cher la feuille de papier A4. Le même montant sera réclamé pour tout bagage cabine ne répondant pas aux dimensions (55 cm x 40 cm x 20 cm) et au poids (10 kg) autorisés par la compagnie. Au demeurant, la crainte de voir son bagage rejoindre les soutes en échange de 40 euros n'est pas sans provoquer d'étranges scènes. Comme ces deux universitaires distingués, de retour d'une conférence internationale, se mettant à quatre pattes en plein aéroport afin de transvaser des affaires d'une valise à l'autre !

Source : d'après *Le Mensuel (Le Monde)*, août 2011.

On pourrait multiplier les exemples de réussite dont la presse professionnelle se fait souvent l'écho. Ainsi, Ikea, Walmart, Carrefour ou encore FedEx sont autant de succès construits sur des concepts pionniers de distribution pour ce qui concerne les biens intermédiaires ou de grande consommation, sans oublier la distribution de services bouleversée depuis quelques années par de profondes mutations. Voyages, assurances et autres placements financiers étaient encore, à la fin des années 1990, distribués majoritairement par des réseaux traditionnels. Le développement d'Internet tout au long des années 2000 a marginalisé de nombreux intermédiaires historiques, tels les agences de voyages, intermédiaires auxquels se sont substitués de nouveaux « cybermédiaires ». La distribution de services est particulièrement touchée par cette généralisation d'Internet, et pose la redoutable question de la gestion multicanal[4], largement abordée dans la première partie de l'ouvrage.

Dans les chapitres 4 et 5, nous avons noté que le canal de distribution peut s'appréhender dans une double perspective transactionnelle et logistique. Les exemples précédents montrent qu'il est aussi une source d'avantages concurrentiels, en référence aux trois stratégies génériques de Porter[5] :

- La **stratégie de domination par les coûts** vise à obtenir une part de marché importante afin de bénéficier d'économies d'échelle tout en réduisant les coûts de fonctionnement du canal. La gestion en flux tendus des réapprovisionnements des magasins, couplée à des phénomènes de massification des produits sur des entrepôts et plates-formes judicieusement localisés, permet ainsi de réduire les stocks et par conséquent les coûts logistiques. La plupart des détaillants alimentaires britanniques et français entrent dans ce cas de figure. La distribution de services est également concernée par cette stratégie : les compagnies aériennes *low cost* choisissent la stratégie de domination par les coûts dans toutes les composantes de leur activité, y compris la variable distribution, en ne commercialisant leurs prestations qu'en ligne afin de réduire les coûts.
- La **stratégie de différenciation** vise à distinguer le produit (ou le service) des produits (ou services) concurrents afin qu'il paraisse avoir des caractéristiques uniques. Le canal de distribution contribue à cette différenciation. Par exemple, un industriel se démarquera durablement de ses principaux compétiteurs en apportant un service original, qu'il s'agisse d'un mode de distribution particulier (vente à domicile) ou d'une fine adaptation du produit ou service aux attentes du client.

[4] Seck A.-M. (2010), « L'impact de l'émergence du multi-canal sur la gestion de la distribution des services », *Economies et Sociétés*, Série Economie et Gestion des Services, n° 11, pp. 231-250.

[5] Porter M. (1998), *Choix stratégiques et concurrence*, Economica, Paris.

- La **stratégie de focalisation** conduit l'entreprise à concentrer ses activités dans un domaine précis, en sélectionnant un groupe de consommateurs ou un groupe de produits sur lequel elle se spécialise, et vis-à-vis duquel elle va tenter d'obtenir un avantage concurrentiel, à défaut de le posséder pour l'ensemble d'un secteur. Le canal de distribution peut servir la stratégie en aidant l'industriel à atteindre la cible visée, par exemple grâce à la mise en œuvre de ressources marketing lui étant entièrement dédiées. Dans le domaine de la distribution de services financiers, BforBank, créée en 2009 par le Crédit Agricole, a ainsi choisi une cible haut de gamme désirant gérer en ligne son patrimoine de façon autonome. Elle est positionnée comme la seconde banque de cette catégorie de consommateurs, ne proposant que des produits de placement.

Il n'en reste pas moins que les trois options stratégiques alternatives ne suffisent pas, à elles seules, à garantir le succès d'une entreprise. Elles doivent être replacées dans la perspective des objectifs de distribution que cette entreprise se fixe. En d'autres termes, c'est de la congruence entre politique générale et politique de distribution que naîtront d'éventuelles stratégies « gagnantes ».

§ 2. - les objectifs de la politique de distribution

Les objectifs de la politique de distribution sont issus des choix stratégiques de l'industriel ou du fournisseur de services. Le choix du canal de distribution répond à un certain nombre de contraintes pour assurer la livraison de la proposition de valeur au client (voir le schéma 6.2). Pour Anderson *et al.*, le choix du canal doit répondre à quatre questions : le canal choisi permet-il de répondre à la demande potentielle des clients ? ; le consommateur final va-t-il trouver la valeur recherchée dans l'offre de l'entreprise ? ; l'entreprise peut-elle justifier le rapport coût-efficacité du canal choisi en tenant compte de l'impact de ce choix sur les autres variables marketing ? ; à plus long terme, le canal pourra-t-il évoluer dans sa forme pour distribuer de nouveaux produits ou services ?[6] Dans le domaine du marketing, les choix concernent principalement la cible concernée par le produit, ainsi que son positionnement voulu :

---

[6] Anderson E., Day G. et Kasturi Rangan V. (1997), « Strategic channel design », *Sloan Management Review*, Vol. 38, n° 4, pp. 59-69.

- La **segmentation du marché** conduit l'entreprise à diviser le marché en sous-groupes homogènes de consommateurs et à choisir un certain nombre de segments qui constituent la cible. La politique de distribution est alors adaptée à la taille et aux caractéristiques du segment envisagé.
- Le **positionnement** consiste à donner au produit une place singulière dans l'esprit du consommateur lui permettant de se différencier de ses concurrents. Le choix d'un positionnement est également associé au choix d'un canal de distribution : peut-on commercialiser sans risque un produit haut de gamme dans un supermarché, peut-on tout commercialiser *via* Internet ? On trouve ici les deux premières étapes du modèle proposé par Coughlan *et al.*, l'accent étant mis sur les besoins des consommateurs[7].

schéma 6.2.

processus de choix d'un canal de distribution par un fabricant

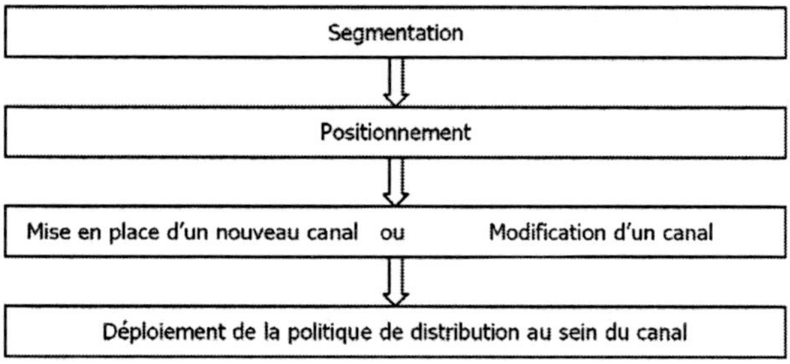

Source : d'après Coughlan *et al.* (2006), *op. cit.*

L'objectif majeur du fournisseur est de satisfaire la demande du consommateur final pour se développer sur le marché. Il est donc nécessaire d'analyser cette demande pour définir le canal de distribution le mieux adapté, au moindre coût. Dans un souci d'aide à la décision, Stern et Sturdivant posent cinq questions qui définissent autant de catégories de services proposés par la distribution permettant de distinguer les clients (voir le tableau 6.1)[8]. Les réponses apportées aux diffé-

[7] Coughlan A., Anderson E., Stern L. et El-Ansary A. (2006), *Marketing channels*, Pearson Education, Upper Saddle River (NJ), 7e éd.

[8] Stern L. et Sturdivant F. (1987), « Customer-driven distribution systems », *Harvard Business Review*, Vol. 65, n° 4, pp. 34-41.

rentes questions aboutissent, pour l'industriel, à retenir le ou les canaux de distribution appropriés. Par exemple, un fabricant d'ordinateurs segmentera sa clientèle en groupes de consommateurs ayant des demandes homogènes (en termes de délais, de service après-vente, etc.), positionnera son produit dans l'esprit du consommateur, choisira ses cibles et proposera à chacune un canal spécifique.

tableau 6.1.

cinq questions en préalable à la prise de décision

Question posée	**Service associé**
Le client préfère-t-il acheter par unité ou par lot ?	Volume acheté
Le client désire-t-il trouver le produit près de chez lui ou accepte-t-il de se déplacer ou de commander à distance ?	Proximité
Le produit doit-il être immédiatement disponible ou le client accepte-t-il un délai de livraison ?	Disponibilité
Quelle est la largeur du choix désiré par le client ?	Assortiment
Quel niveau de service faut-il proposer avec le produit ?	Services complémentaires au produit

Source : d'après Stern et Sturdivant (1987), *op. cit.*

De façon classique, il est entendu que deux variables majeures caractérisent la présence d'un industriel sur le marché. Il s'agit, d'une part, de la densité de la présence de son ou ses produits auprès des consommateurs finaux, d'autre part, du nombre d'intermédiaires conduisant les produits jusqu'à eux.

A. - la présence sur le marché

On distingue traditionnellement trois grands types de politique de distribution selon la cible visée et le positionnement voulu : la distribution intensive, la distribution exclusive et la distribution sélective. Rappelons rapidement les caractéristiques de chacune d'entre elles.

1) La **distribution intensive** est une politique adaptée aux produits courants de grande consommation, que le consommateur final doit pouvoir se procurer aisément. Elle consiste à proposer le produit dans le plus grand nombre de points de vente possible, car le critère principal

de choix du consommateur est la facilité d'achat (disponibilité, proximité). On peut citer les produits alimentaires de base (par exemple, le lait, le sucre), mais également certains services (par exemple, les recharges de cartes téléphoniques). L'industriel se fixe alors des objectifs de distribution numérique (DN) et distribution valeur (DV) élevés :

- La DN est le pourcentage de points de vente d'un canal donné référençant le produit considéré, par exemple le pourcentage de supermarchés offrant dans leurs linéaires les chewing-gums Hollywood. Il s'agit d'un indicateur utile pour évaluer une pénétration commerciale.
- La DV est le pourcentage du chiffre d'affaires total des produits réalisé par les points de vente qui référencent la marque, indiquant ainsi leur importance sur le marché dans la distribution des produits considérés. Il s'agit donc d'un indicateur de performance du réseau de points de vente choisi, qui complète utilement la DN lorsque l'on désire analyser l'efficacité d'une politique de distribution.

2) La **distribution exclusive** consiste pour l'industriel à réserver à certains points de vente le bénéfice de commercialiser ses produits dans une région donnée. Les points de vente s'engagent parfois, en contrepartie, à ne pas distribuer de produits directement concurrents. Le fabricant peut exiger la participation à des séminaires de formation ou des investissements dans l'aménagement du point de vente, dans la présentation des produits ou dans les services rendus au consommateur (service après-vente, stocks de pièces détachées, etc.). On trouve notamment ce type de distribution dans les vêtements ou l'alimentation de luxe.

3) La **distribution sélective**, enfin, est une politique intermédiaire entre la distribution intensive et la distribution exclusive. Elle est associée à une cible plus étroite et souvent un positionnement haut de gamme. Elle correspond à la vente de produits à forte image ou nécessitant des services associés particuliers. La parapharmacie ou la parfumerie sont les secteurs les plus concernés par ce type de politique. La distribution sélective est plus large que la distribution exclusive, mais l'industriel conserve le contrôle du mode de distribution et de la présentation des produits au consommateur final. Maintes fois remise en cause par des distributeurs alimentaires ou spécialisés désirant proposer des produits à l'image valorisante, elle reste protégée par un cadre législatif restrictif. Ce contrôle des industriels s'oppose aux distributeurs qui sou-

haitent proposer ces produits en vente à distance *via* Internet ; en effet, un distributeur agréé qui bénéficie d'un accord de distribution sélective peut avoir la volonté d'élargir son marché par des ventes en ligne. Le conseil de la concurrence a été amené à statuer sur ces situations en condamnant certains industriels qui interdisaient dans leur contrat l'extension de la distribution au réseau en ligne (voir l'encadré 6.2).

encadré 6.2.

distribution sélective et droit de la concurrence

Le choix fait par le fabricant de limiter la distribution de son produit à certains intermédiaires, sélectionnés en fonction de leur aptitude à le commercialiser de manière jugée adéquate, peut constituer une entrave à la concurrence en matière de droit communautaire. Le principe de libre concurrence doit être respecté. La licéité d'un système de distribution sélective, au regard du droit français et du droit communautaire de la concurrence, dépend des critères de sélection ; les critères retenus doivent être objectifs, en rapport avec la nature des produits distribués, et ne pas dépasser ce qui est nécessaire à leur distribution efficace. Ils peuvent être divers, la jurisprudence reconnaît des critères de compétence professionnelle du distributeur, d'horaires d'ouverture, de standing du point de vente, ou encore d'assortiment des produits vendus. La question a été posée dans l'affaire opposant Pierre Fabre à ses distributeurs agréés. Dans une décision du 29 octobre 2008, le Conseil de la Concurrence a estimé contraire au droit de la concurrence l'interdiction faite par la société Pierre Fabre Dermo-cosmétique, à ses distributeurs agréés, de vendre des produits de marques Klorane, Avène, Ducray et Galénic sur Internet.

En mars 2007 déjà, l'autorité française régulatrice de la concurrence avait posé le principe d'une telle « interdiction d'interdire » dans le cadre de contrats de distribution sélective pour le secteur de la distribution de produits cosmétiques et d'hygiène corporelle, et avait pris acte des engagements proposés par une dizaine d'entreprises visant à mettre fin à l'interdiction de revente sur Internet, les rendant obligatoire tout en classant sans suite l'affaire en question. La société Pierre Fabre avait, à l'époque, refusé de supprimer la clause interdisant à ses 23.000 distributeurs agréés installés sur le territoire français de vendre sur Internet. Ces derniers sont astreints contractuellement à réaliser leurs ventes dans un espace physique, avec la présence obligatoire d'un spécialiste qualifié, docteur en pharmacie, apte à conseiller efficacement et individuellement les clients, ce qui rend de fait impossible toute vente en ligne. Le système vise, pour la tête de réseau, à protéger l'image de marque des produits et à assurer la renommée du réseau. Par ailleurs, le développement des ventes en ligne pourrait conduire les pharmaciens à refuser de donner le conseil.

Le Conseil de la Concurrence a jugé que la clause rend les accords verticaux qui la contiennent contraires au droit communautaire de la concurrence, aucune exemption n'étant concevable en l'espèce. Il a donc ordonné à la société Pierre Fabre Dermo-cosmétique de modifier ses contrats pour autoriser son réseau de distribution sélective à vendre ses produits en ligne, confirmant sa sévérité à l'égard de telles clauses, jugées anti-concurrentielles. La tête de réseau reste toutefois autorisée, à certaines conditions, à contrôler le contenu du site Internet de ses distributeurs.

Source : d'après *Lamy Droit Economique* (2008), Editions Lamy, Paris, et http://www.droit-technologie.org, consulté le 5 août 2011.

D'une manière plus générale, les réseaux de distribution sélectifs ou exclusifs constituent des ententes d'entreprises, en principe interdites par le traité de Rome (1956). Toutefois, des règlements d'exemption de la Commission des Communautés Européennes autorisent ces ententes, appelées **accords verticaux**, sous certaines conditions, notamment sous la condition que ces accords (concession, franchise, ou autres partenariats) ne comportent pas de restrictions caractérisées pour le distributeur. Le dernier règlement d'exemption, entré en vigueur le 1er juin 2010 pour une durée de 11 ans, a élargi les clauses interdites, appelées *clauses noires*, afin de tenir compte de leur caractère dangereux pour la concurrence effective. Il a ainsi modernisé le texte pour intégrer en particulier la montée en puissance des ventes par Internet. Sont ainsi prohibées les clauses imposant des prix minimaux de revente aux distributeurs (la tête d'un réseau peut seulement conseiller des prix à ses distributeurs, qui doivent conserver une certaine liberté). Sont prohibées également les clauses interdisant aux distributeurs de vendre par Internet, ou aboutissant à limiter leurs volumes de vente en ligne.

B. - la longueur du canal

La longueur du canal est représentée par le nombre d'intermédiaires qui sont partie prenante de l'acheminement du produit, du fabricant au consommateur final. Dès la fin des années 1950, de nombreux chercheurs ont tenté de définir la longueur idéale du canal selon différents facteurs. L'un des tous premiers est Aspinwall, qui a proposé de distinguer trois types de produits conduisant à un choix spécifique de canal[9]. Selon l'auteur, cinq facteurs conditionnent la définition d'une longueur optimale : le taux de renouvellement du produit, la marge financière apportée par le produit, les services associés demandés par le consommateur final (livraison, conseils, etc.), la durée de vie du produit et le temps nécessaire au consommateur pour trouver le produit. Ces cinq variables permettent alors de classer les produits en trois catégories : rouges, oranges et jaunes (voir le tableau 6.2). Outre son aspect totalement descriptif, cette première analyse est insuffisante pour expliquer la longueur du canal. En outre, elle omet les facteurs comportementaux.

tableau 6.2.

la longueur du canal, fonction des caractéristiques des produits

Caractéristiques des produits	**Produits rouges**	**Produits oranges**	**Produits jaunes**
Taux de renouvellement	Elevé	Moyen	Faible
Marge bénéficiaire	Faible	Moyenne	Elevée
Niveau de services associés au produit	Faible	Moyen	Elevé
Durée de vie du produit	Faible	Moyenne	Elevée
Durée de recherche du produit	Faible	Moyenne	Elevée
Taille recommandée du canal	*Long*	*Moyen*	*Court*

Source : d'après Aspinwall (1958), *op. cit.*

[9] Aspinwall L. (1958), « The characteristics of goods and parallel systems theories », *in* Lazer W. et Kelly E. (éds.), *Managerial marketing : perspectives and viewpoints*, Richard D. Irwin, Homewood (IL), pp. 434-450.

En revanche, il semble intéressant de retenir la contribution de Berman, qui synthétise un certain nombre de travaux sur le thème en signalant l'existence de relations entre la longueur du canal et quatre variables d'analyse : le marché, le produit, le fabricant et les intermédiaires (voir le tableau 6.3)[10]. Ainsi, des produits destinés à un grand nombre de clients dispersés géographiquement seront avantageusement distribués par un canal de distribution long qui autorise une présence multiple à coût réduit. A l'inverse, des produits ou services à forte valeur ajoutée et/ou au fort contenu technologique seront, de préférence, distribués par un canal court. La commercialisation d'équipements industriels ou de conseils en gestion du patrimoine, dans laquelle la préparation de la vente est très importante pour garantir un produit ou un conseil parfaitement adapté au client, relève de ce dernier cas de figure.

[10] Berman B. (1996), *Marketing channels*, John Wiley & Sons, New York (NY).

tableau 6.3.

relations entre la longueur du canal et le marché, le produit, le fabricant et les intermédiaires

	Canal court si...	Canal long si...
Le marché		
• Taille du marché	étroit	large
• Dispersion géographique	faible	élevée
• Densité des clients	élevée	faible
• Préparation de la vente*	longue	courte
• Niveau hiérarchique de client*	élevé	faible
• Taille moyenne des commandes*	importante	faible
Le produit		
• Volume du produit	élevé	faible
• Périssabilité	élevée	faible
• Valeur unitaire	élevée	faible
• Standardisation	faible	élevée
• Technicité	élevée	faible
• Marge brute	faible	élevée
Le producteur		
• Taille	importante	faible
• Capacité financière	élevée	faible
• Volonté de contrôle	élevée	faible
• Expertise managériale	élevée	faible
• Connaissance du client final	élevée	faible
Les facteurs liés aux intermédiaires		
• Distributeurs disponibles	peu	beaucoup
• Coût des intermédiaires	élevé	faible
• Qualité des intermédiaires	faible	élevée
* spécifique à la vente en milieu industriel.		

Source : d'après Berman (1996), *op. cit.*

On trouve aujourd'hui des produits empruntant ces deux types de canaux, y compris pour une seule et même entreprise. Par exemple, lorsque le matériel informatique IBM est vendu sous forme standard au client individuel pour un usage familial (ou pour une petite activité professionnelle), le canal long est envisageable. Lorsque l'usage professionnel est plus important (station de travail), lorsqu'il faut l'adapter à l'environnement de l'entreprise et/ou lorsque des spécificités sont demandées par les clients, l'entreprise propose sa force de vente intégrée, ou des distributeurs contrôlés et agréés pour leur savoir-faire. Soulignons cependant que la distribution de services présente quelques spécificités. Le service est constitué d'une prestation de base et de services annexes, ce que Lovelock *et al.* appellent la « fleur du service »[11]. La plupart des services supplémentaires sont en fait des services informationnels qui peuvent être distribués par le canal électronique.

§ 3. - des théories économiques explicatives du choix du canal

L'étude de l'organisation du canal de distribution a bénéficié, à plusieurs reprises, de l'apport d'analyses économiques justifiant la présence d'intermédiaires entre le producteur et le client final. Deux notions sont ici au centre des réflexions : l'utilité et le coût.

A. - de l'utilité au coût : les prémices

Les premiers modèles marketing expliquent le recours à un canal long en référence à la notion de création d'utilité. C'est le cas de la fameuse « théorie du dépôt » d'Aspinwall[12], que Bucklin prolonge en proposant un modèle dans lequel la présence des intermédiaires le long du canal se justifie par une maximisation de l'utilité apportée au consommateur. Ces intermédiaires sont alors rémunérés par un profit de distribution, motivé par la prise de risques lors de la constitution du stock de marchandises pour optimiser le service rendu[13].

Le raisonnement de l'auteur est le suivant : dans une économie concurrentielle, tout canal de distribution remplit trois fonctions : une fonction de transport (T), une fonction de stockage (I) et, en amont, une fonction de production (P). Cette dernière est prise en compte car elle est à l'origine du canal, elle trouve sa concrétisation dans une consommation (C). Dans ce cadre, le canal le plus simple est celui pour lequel on aura la séquence suivante : P > T > C. Idéalement, il n'y a ici aucun stock, hormis au domicile du consommateur. C'est le cas, par exemple,

---

[11] Lovelock C., Wirtz J., Lapert D. et Munos A. (2008), *Marketing des services*, Pearson Education, Paris, 6e éd.

[12] Aspinwall L. (1962), « The depot theory of distribution », *in* Lazer W. et Kelly E. (éds.), *Managerial marketing : perspectives and view points*, Richard D. Irwin, Homewood (IL), 2e éd., pp. 652-659.

[13] Bucklin L. (1965), « Postponement, speculation and the structure of distribution channels », *Journal of Marketing Research*, Vol. 2, n° 1, pp. 26-31

des biens non stockables comme l'électricité. On reconnaît également là l'un des objectifs de mise en tension des flux dans l'industrie et le commerce depuis les années 1980 (voir le chapitre 5).

Mais des stocks peuvent être nécessaires pour assurer un approvisionnement régulier, et avec un faible niveau de rupture, des consommateurs finaux. Dans ce cas précis, le canal de distribution se transforme en adoptant la séquence suivante : P > I > T > I > C. Ceci n'est évidemment possible que si l'avantage proposé au consommateur est suffisant pour qu'il accepte d'en payer le prix.

Finalement, lorsque les consommateurs souhaitent acquérir les produits en petite quantité et de manière fractionnée, comme c'est le cas sur Internet aujourd'hui, la présence d'un intermédiaire supplémentaire peut s'avérer nécessaire. Celui-ci aura pour rôle de détailler les achats effectués en gros chez l'industriel. Deux fonctions de transport apparaissent, en créant la séquence suivante : P > I > T > I > T > I > C. Les fonctions d'intermédiation auront tendance à être intégrées par l'industriel dès l'instant où il se juge capable de les effectuer à un coût moindre que des opérateurs extérieurs.

B. - un affinement : le modèle de décalage-spéculation

Bucklin va néanmoins plus loin dans l'analyse avec son modèle théorique, dénommé « décalage-spéculation »[14] . Le comportement de décalage conduit à repousser le plus en aval possible les opérations de différenciation et de stockage. L'idéal, dans cette optique, serait un système de production à la demande (sur commande), dans lequel il n'existe aucun stock de produits finis. Le comportement de spéculation conduit, au contraire, à réaliser le plus tôt possible les opérations de différenciation et de stockage, entraînant des économies d'échelle mais, en parallèle, une anticipation risquée des ventes.

■ principes de base

S'appuyant sur les travaux menés par Wroe Alderson dès le début des années 1950, Bucklin montre que l'intermédiaire d'un canal de distribution aura intérêt à retarder au maximum la différenciation de ses produits, et donc décaler les modifications effectuées dans leur forme et leur identité, en repoussant le plus loin possible vers le consommateur

[14] Bucklin L. (1965), *op. cit.*

la constitution du stock. Il réduit ainsi le risque d'une prise de décision erronée, par exemple la mise en fabrication puis en stock d'une quantité trop importante d'un produit finalement non vendu ! Pourtant, il existe bien des stocks importants à certains niveaux du canal. Ainsi, pourquoi des distributeurs alimentaires (en tant qu'intermédiaires) achètent-ils parfois par anticipation de grandes quantités de produits, en les entreposant ensuite dans de gigantesques entrepôts, avant de les vendre quelques mois plus tard ?

La réponse renvoie à une subtile dialectique entre « décalage » et « spéculation ». En effet, spéculer, c'est-à-dire anticiper une demande future, permet de réduire certains coûts en jouant sur des logiques de massification. L'agent qui prend le risque de commander en grandes quantités réalise notamment des économies d'échelle, tant au plan transactionnel que logistique. Un intermédiaire « rationnel » peut donc avoir tout intérêt à pratiquer le plus tôt (et non le plus tard) possible certaines transformations, ainsi qu'un stockage massif, pratiques que son aversion pour le risque ne lui permettait pas jusque-là de réaliser.

Dans les faits, Bucklin associe l'analyse en termes de décalage et de spéculation, et la prise de décision en matière d'organisation du canal doit se référer à la somme des coûts relatifs à chacune des deux options. L'arbitrage optimal dépendra plus particulièrement des délais de livraison négociés, sachant que le vendeur (par exemple, un industriel) et l'acheteur (par exemple, un grossiste) ont des intérêts divergents. En effet, plus les délais de livraison s'élèvent, plus les coûts pour le vendeur sont faibles et les coûts pour l'acheteur élevés :

- Les **coûts supportés par le vendeur** renvoient, d'une part, à des coûts de stockage, qu'ils soient liés à des installations techniques ou à une incertitude concernant la demande réelle, d'autre part, à des coûts de transport.
- Les **coûts supportés par l'acheteur** renvoient aux coûts de fonctionnement des entrepôts donc de stockage et aux risques pris. En effet, plus le volume de produits stockés est important, plus les risques sont grands d'une détérioration ou d'une péremption.

En situation de longs délais de livraison, l'acheteur doit constituer des stocks importants de sécurité, fonction de sa consommation et du risque de rupture qu'il anticipe. En revanche, ils permettent au vendeur de ne pas devancer la demande future des clients et d'avoir, dans l'idéal, une production uniquement vendue sur commandes fermes.

■ **formalisation**

A partir cette approche, Bucklin propose une formalisation de la question du choix entre canal direct et canal indirect. Son modèle repose sur trois hypothèses :

– la vente de biens est réalisée entre un groupe de producteurs et un groupe de consommateurs suffisamment importants pour que les conditions de concurrence soient respectées ;
– les producteurs sont rassemblés dans un lieu assez éloigné du lieu où les consommateurs résident, production et consommation étant régulières et donc indépendantes de phénomènes saisonniers ;
– les coûts de production ne sont pas modifiés par la présence d'un entrepôt.

Le schéma 6.3 constitue une représentation graphique du modèle. Elle permet de déterminer et visualiser à partir de quel moment la création d'entrepôts par des intermédiaires est justifiée au sein d'un canal de distribution. Sachant que le coût de distribution varie selon les délais de livraison acceptés par le consommateur, on dispose d'un ensemble de courbes mettant en relation le coût moyen de la fonction de distribution avec le délai de livraison exprimé en jours :

- La **courbe AD'** représente le coût supporté par un vendeur en l'absence d'intermédiaire : plus les délais de livraison sont longs, moins les coûts sont élevés suite à une réduction des coûts d'incertitude.
- La **courbe DB** représente le coût de distribution si un vendeur recourt à un intermédiaire qui prend en charge le stockage des produits.
- La **courbe C** représente les coûts de l'acheteur associés au stockage du produit : plus les délais de livraison sont élevés, plus ces coûts sont importants suite à une augmentation du stock de sécurité.
- La **courbe DD'** représente le coût minimal de distribution pour tous les délais de livraison : si le consommateur accepte un long délai de livraison, il est préférable de choisir un canal direct ; en revanche, si le consommateur préfère un délai de livraison plus court, le vendeur choisira de faire appel à des intermédiaires.

schéma 6.3.

la structure du canal de distribution selon le modèle de décalage-spéculation

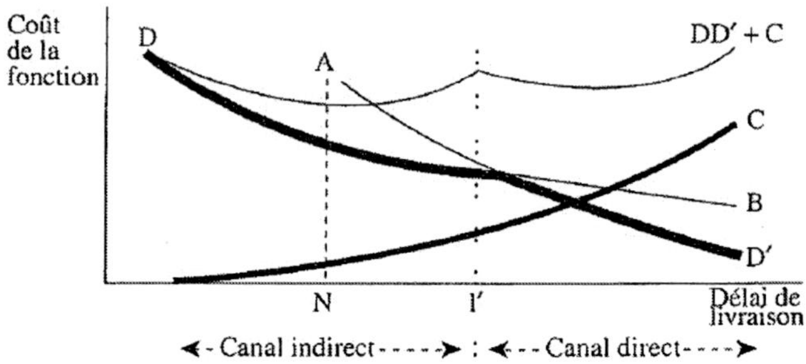

Source : d'après Bucklin (1965), *op. cit.*

Le coût total de distribution est indiqué par la courbe DD' + C. Elle montre notamment que la structure optimale pour l'ensemble du canal ne correspond pas toujours à la structure optimale pour le vendeur. Ce modèle a également pour avantage de souligner que la présence d'intermédiaires ne se traduit pas toujours par un alourdissement des coûts de distribution. Ils peuvent, au contraire, contribuer à leur réduction étant donné le niveau de service demandé par le consommateur final. Voilà de quoi relancer un débat récurrent sur l'utilité des grossistes dans certaines filières comme les fruits & légumes, grossistes régulièrement tancés par certaines associations professionnelles !

Depuis les travaux de Bucklin, un courant de recherche s'interroge sur la répartition optimale des fonctions au sein du canal entre ses différents participants. Citons, entre autres, le modèle développé par Mallen, qui explique dans quel cas un industriel aura intérêt à déléguer une fonction donnée à un intermédiaire à partir du niveau relatif des économies d'échelle[15]. Même si ce courant s'est quelque peu tari depuis quelques années, son actualité reste entière. Le mode d'organisation logistique dans les canaux de distribution de masse peut, par exemple, trouver un terrain d'application original et aujourd'hui sous-estimé (internalisation *vs.* externalisation des opérations de distribution physique).

---

[15] Mallen B. (1973), « Functional spin-off : a key for anticipating change in distribution », *Journal of Marketing*, Vol. 37, n° 3, pp. 18-25.

L'intermédiaire joue le rôle de point de découplage et justifie sa place par les services apportés aux fabricants et aux consommateurs finaux[16].

section II
distribution et marketing mix

Comme on l'a écrit, la cible et le positionnement choisis orientent fortement la définition du canal de distribution par l'industriel. Si la variable distribution apparaît, à ce titre, comme l'une des composantes de la politique marketing, il ne faudrait pas oublier qu'elle entre naturellement en relation avec les autres variables du *mix* popularisées par McCarthy, à savoir le produit, le prix et la communication publicitaire[17]. Malgré le caractère parfois restrictif et cloisonné d'une approche en termes de *mix*, nous nous proposons d'indiquer dans cette section un certain nombre d'éléments de réflexion.

§ 1. - politique de produit et distribution

Le modèle classique de cycle de vie du produit[18], tel qu'on le présente dans tous les manuels de gestion, établit que les ventes évoluent dans le temps selon quatre phases : le lancement, la croissance, la maturité et le déclin. La vie du produit est alors représentée par une courbe en forme de cloche, même si des variantes atypiques ont été de nombreuses fois signalées[19]. Bien évidemment, la structure et la dynamique du canal de distribution vont également évoluer dans le temps, le long du cycle de vie. Le tableau 6.4, inspiré de Berman, fournit une liste non exhaustive de décisions à prendre dans la gestion du canal en fonction de l'étape à laquelle l'entreprise se trouve[20].

---

[16] Ng T. et Chung W. (2008), « The roles of distributor in the supply chain–Push-pull boundary », *International Journal of Business and Management*, Vol. 3, n° 7, pp. 28-40.

[17] McCarthy E., Perreault W. Jr. et Cannon J. (2006), *Basic marketing : a marketing strategy planning approach*, McGraw Hill, New York (NY), 16e éd. [1e éd. en 1960].

[18] Levitt T. (1965), « Exploit the product life cycle », *Harvard Business Review*, Vol. 43, n° 6, pp. 81-94.

[19] Fenneteau H. (1998), *Cycle de vie des produits*, Economica, Paris.

[20] Berman B. (1996), *op. cit.*

tableau 6.4.
gestion du canal et cycle de vie du produit

Phase	Gestion du canal
Préparation du nouveau produit	• Faire appel aux membres du canal pour avoir des idées et tester les concepts • Etudier l'adaptation des canaux existants au nouveau produit • S'assurer de la coopération des intermédiaires pour le lancement du nouveau produit
Lancement du nouveau produit	• Définir le rôle des intermédiaires dans le lancement du produit • S'assurer de la coopération des intermédiaires pour le stockage du produit • Connaître les critères de choix des nouveaux produits par les • intermédiaires • Comparer les performances relatives des intermédiaires dans le • lancement de nouveaux produits
Croissance	• Revoir la couverture du marché • Vérifier la pertinence des canaux de distribution retenus
Maturité	• Revoir la couverture du marché • Motiver les revendeurs et obtenir plus d'espace linéaire • Envisager la fabrication sous MDD • Développer de nouveaux segments de marché
Déclin	• Réduire le nombre de distributeurs • Arrêter la production en informant les vendeurs • Prévoir de nouveaux produits et une nouvelle stratégie de distribution

Source : d'après Berman (1996), *op. cit.*

Il est aujourd'hui entendu que l'étape originelle de préparation et de lancement d'un nouveau produit est l'une des principales clés de son futur succès (du moins escompté...). Nous y apporterons donc une attention toute particulière. La **phase de lancement** d'un nouveau produit et sa préparation sont des moments importants de la vie d'une entreprise dans la mesure où ils permettent de rajeunir son portefeuille de produits en renforçant une position concurrentielle sur le marché. Or, la collaboration d'autres acteurs du canal de distribution s'avère nécessaire si l'on veut réussir cette étape critique. En amont du lancement, les acheteurs en centrale peuvent notamment aider l'industriel dans la définition du produit (recherche d'idées, connaissance du marché, choix d'un positionnement, etc.). En tout état de cause, l'appui du distributeur devrait faciliter le processus de référencement évoqué dans le chapitre 4.

Ainsi, une étude conduite au milieu des années 1990, mais toujours d'actualité, sur l'évolution des relations logistiques et marketing entre les détaillants et leurs principaux fournisseurs en Europe[21] a souligné l'étendue des collaborations potentielles lors du lancement d'un nouveau produit. Cinq zones sont envisagées pour en améliorer l'efficacité :

- la définition de l'emballage ;
- la définition de la gamme de produits ;
- la fixation du prix par des tests parallèles sur le marché ;
- la prévision des ventes ;
- le *merchandising* et l'allocation d'espace en rayon.

Ce besoin de collaboration est réel tout au long de la vie du produit. La réduction globale des coûts de distribution et une meilleure connaissance des clients finaux sont des objectifs communs et des terrains de collaboration possibles. La meilleure connaissance des clients permet une adaptation de l'offre aux profils et aux comportements des consommateurs, ou encore une définition commune de programmes de fidélisation. Distributeurs et fournisseurs travaillent ensemble également pour définir des zones de collaboration en matière de logistique. La Global Commerce Initiative, structure de réflexion stratégique établie en 1999, a tout particulièrement proposé en 2008 sept domaines de collaboration[22] :

- la **logistique en magasin**, en améliorant la visibilité des produits et en facilitant la mise en rayon ;
- la **collaboration sur les flux physiques**, en mutualisant le transport, l'entreposage et les infrastructures ;
- la **logistique des retours**, en développant le recyclage des produits, des emballages et des actifs consignés ;
- la **gestion de la fluctuation de la demande**, en initiant une planification, une exécution et un suivi communs ;
- l'**identification et l'étiquetage des produits**, en recourant notamment de manière intensive aux techniques RFID ;
- l'**amélioration de l'efficacité des infrastructures**, en accentuant le recours à des sources d'énergie alternatives, à des véhicules économiques / aérodynamiques, à des modes de commutation, à des bâtiments écologiques ;

[21] Coca-Cola Retailing Research Group-Europe (1994), *Collaboration fournisseur-détaillant dans la chaîne d'approvisionnement*, GEA Consulenti Associata, Milan.

[22] Global Commerce Initiative et Capgemini (2008), *2016, la chaîne logistique du futur*, Capgemini Consulting, Paris.

– la **mise en place d'un tableau de bord commun**, comprenant des outils d'évaluation qualitatifs et quantitatifs d'évaluation de la performance de la collaboration.

Ces collaborations existent clairement dans le cadre des MDD, ainsi que le notent différents auteurs[23]. Pendant longtemps l'apanage de puissants fabricants nationaux, voire multinationaux, l'innovation-produit implique de plus en plus désormais les distributeurs donneurs d'ordres. Certes, les industriels possédant un portefeuille de marques connues tentent de garder le contrôle du processus de création de nouveaux produits à haute valeur ajoutée pour rentabiliser leurs coûts de développement. Mais de profondes transformations sont en cours. Si, il y a quelques années, il fallait attendre l'avancée du produit dans le cycle de vie, vers la phase de maturité, pour qu'ils acceptent plus facilement de collaborer avec leurs clients dans la fabrication de MDD, y compris en participant à la co-construction du cahier des charges, ce n'est plus le cas dorénavant. Lesdites MDD s'avèrent effectivement de plus en plus innovantes, comme on l'a noté dans le chapitre 3, et les enseignes valorisent de manière croissante l'innovativité potentielle de l'industriel façonnier retenu pour l'élaboration de MDD (voir l'encadré 6.3).

encadré 6.3.

les MDD : de la copie à l'innovation

L'époque où les MDD ne faisaient que copier les grandes marques est révolue. En 2008, un distributeur, Intermarché, a été pour la première fois récompensé par le grand prix Tendances et Innovations pour deux produits à marque propre : un steak haché grillé microondable provenant d'une de ses usines, SVA-Jean Rozé à Vitré (Ille-et-Vilaine), et des pâtes à tarte provençale et chocolat, fabriquées par l'Alsacienne de Pâtes Ménagères (APM) à Hoerdt (Bas-Rhin). Ce prix

---

[23] Manzano-Mannarelli M. (2000), *Le développement de la coopération entre les institutions du canal de distribution : le cas de l'évolution de la relation entre les producteurs et les grands distributeurs français*, Thèse de doctorat en Sciences de Gestion, Conservatoire National des Arts et Métiers.
Cadenat S. et Pacitto J.-C. (2009), « Contraintes et opportunités à fabriquer des marques de distributeurs : une étude exploratoire », *Décisions Marketing*, n° 55, pp. 29-40.

est révélateur de la forte présence des MDD dans le lancement de nouveaux produits. Une étude du cabinet XTC, présentée lors du Salon International de l'Alimentation (SIAL) a montré que 21,2 % des produits innovants lancés entre juillet 2007 et juin 2008 sont le fait de MDD et non de marques nationales. Contre 17,6 % l'année précédente et 7 à 8 % il y a cinq ans. « Certains produits MDD arrivent sur le marché sans équivalent en marque nationale. C'est du jamais vu », explique Xavier Terlet, PDG de la société de *consulting* XTC.

Les distributeurs utilisent leurs MDD pour différencier leur offre et fidéliser les clients ; Intermarché a ainsi sorti 100 nouveaux produits en 2008 sous marque propre. Les sous-traitants industriels sont choisis pour leur capacité à innover et les distributeurs se sont dotés de moyens d'innovation et de tests. Des « ateliers de créativité » sont organisés chez Intermarché ; des *brief* produits sont réalisés chez Système U avant d'être soumis à quelques fournisseurs puis testés en interne. « Nous travaillons quotidiennement avec nos réseaux pour définir les nouveaux produits. Nous sollicitons ensuite les fournisseurs puis réalisons des tests d'échantillonnage dans des centres d'analyses sensorielles sur les produits innovants ou ceux destinés à être distribués en grande quantité », détaille Elodie Raguet, chef de la marque Casino pour l'alimentaire.

Parfois, les fournisseurs sont mis en compétition dès le début des projets comme chez Monoprix. Pour la première fois, l'enseigne de centre ville (300 magasins) a organisé en septembre un « challenge innovation », où 50 fournisseurs étaient conviés. Un comité de sélection a ensuite identifié 25 produits jugés en phase avec les attentes des clients de l'enseigne. Quinze ont été retenus pour un lancement courant 2009. Pour suivre cette soif d'innovation souhaitée par les distributeurs, les industriels, dont 80 % sont des PME, doivent s'adapter. Certains se sont même dotés de cellules de R&D dédiées pour proposer des nouveautés à leurs clients. C'est le cas du glacier Rolland, qui réalise 85 % de ses 122 millions d'euros de chiffre d'affaires en MDD. « Nous avons créé en 2005 un pôle innovation de quatre personnes avec un conseiller culinaire, ce qui nous permet d'être proactifs vis-à-vis de la distribution », explique Fabienne Jain, chef de marché.

Source : d'après *L'Usine Nouvelle*, 16 octobre 2008.

S'intéressant à la place qu'occupent plus généralement les distributeurs dans le lancement de nouveaux produits, Jean a pu repérer trois cas de figure (voir le tableau 6.5)[24]. Il en ressort que le premier cas (n° 1) ne correspond pas véritablement à des produits innovants ; s'il se fonde bien sur un travail de développement en commun, le contexte de la relation d'échange reste fortement concurrentiel. Selon l'auteur, il s'agissait de la situation la plus courante il y a quelques années. En revanche, les deux autres processus (n° 2 et n° 3) sont adaptés au lancement de nouveaux produits apportant une valeur réelle au consommateur. On remarquera que les deux cas de figure en question s'appuient sur un partenariat durable entre le détaillant et son fournisseur.

tableau 6.5.
analyse des processus de lancement de nouveaux produits

Cas n° 1	Cas n° 2	Cas n° 3
1. *Cahier des charges* • Spécifications techniques • Objectifs de prix 2. *Appel d'offres avec pré sélection des fournisseurs sur la base de :* • Notoriété • Taille de l'entreprise 3. *Sélection des fournisseurs* • Critères liés au produit • Critères liés à la situation financière et de l'entreprise	1. *Proposition d'un produit innovant et exclusif par un fabricant* 2. *Sélection du produit* • Adéquation / positionnement de la marque • Vérification de la fiabilité du fournisseur 3. *Adaptation du produit au contexte de la grande distribution* • Conditionnement • Prix • Communication 4. *Rédaction du cahier des charges*	1. *Cahier des charges* • Définition du positionnement marketing • Avantage concurrentiel : valeur pour le client final 2. *Sélection d'un partenaire sur la base de* : • Compétences clé par rapport à l'avantage recherché 3. *Conception du produit* Critères liés à la valeur perçue par le client final au coût
Travail de développement dans un contexte concurrentiel fondé essentiellement sur les prix et la qualité	**Partenariat de distribution**	**Partenariat de conception avec une approche fondée sur la valeur pour le consommateur et le client de l'enseigne**

Source : d'après Jean (1998), *op. cit.*

[24] Jean C. (1998), « Les marques de distributeurs : vers de nouvelles relations entre producteurs et distributeurs », *Décisions Marketing*, n° 15, pp. 47-57.

Les autres étapes du cycle de vie du produit demandent également une gestion *ad hoc* du canal de distribution. En **phase de croissance**, l'industriel est amené à élargir la distribution de son produit. Une stratégie de segmentation permet alors de l'adapter à chaque cible en sélectionnant le canal le plus adéquat. A titre d'illustration, le secteur de l'informatique et de la téléphonie mobile sont ainsi passés d'une distribution sélective à une distribution plus intensive permettant un élargissement du marché. En **phase de maturité**, le produit est remis en cause par les distributeurs, qui demandent des budgets publicitaires et promotionnels croissants pour dynamiser des ventes qui s'essoufflent. Enfin, en **phase de déclin**, il est nécessaire que l'industriel négocie le remplacement du produit ancien par un nouveau produit afin de conserver une présence suffisante de la gamme en rayon.

§ 2. - politique de prix et distribution

Longtemps négligé par les analyses marketing[25], le prix apparaît comme l'un des éléments critiques de la négociation entre acheteurs en centrale et industriels, notamment en ce qui concerne les biens de grande consommation. Le contexte de crise des années 2009-2011 a accentué l'importance de cette variable lors des négociations commerciales annuelles[26]. La hausse du coût des matières premières, associée à la baisse du pouvoir d'achat, a durci les négociations, les fabricants étant soucieux de répercuter lesdites hausses et les distributeurs de limiter l'augmentation de leurs prix en magasin pour préserver leur image *discount* et ménager leur clientèle. Le prix est un aspect fondamental du jeu concurrentiel, dans un environnement réglementaire évolutif. De nouvelles tendances en la matière ont émergé dans le courant des années 1990, puis se sont confirmées dans les années 2000, tant sur le plan des stratégies tarifaires que sur celui de la mesure des coûts de distribution qui conditionnent directement la faisabilité d'une politique de prix bas.

---

[25] Pour une analyse sur le prix en tant que variable marketing de première importance, voir Desmet P. et Zollinger M. (1997), *Le prix : de l'analyse conceptuelle aux méthodes de fixation*, Economica, Paris.

[26] Bobot L. (2010), « Fournisseurs-distributeurs, une relation destructrice », *Les Echos*, 12 novembre 2010.

A. – le prix, élément de négociation entre industriel et distributeur

Comme nous l'avons indiqué dans les chapitres 3 et 4, les distributeurs spécialisés dans la commercialisation des produits de commodité (*convenience goods*) ont utilisé pendant longtemps le levier du prix pour construire une politique *discount* afin de fidéliser leurs consommateurs finaux, plus particulièrement en France. Par-delà le simple prix d'achat, le tableau 6.6, qui complète le schéma 3.1, liste les multiples rabais ou remises – plus ou moins occultes – obtenus par les acheteurs en centrale auprès des fournisseurs lors du processus de référencement et leur permettant de revendre à bas prix les produits sélectionnés[27].

tableau 6.6.

le détail des marges avant, marges arrière et prestations de service facturées par un distributeur

Marges avant (rabais et remises)	Marges arrière (ristournes)	Prestations de services facturées par le distributeur
• Remise de fin d'année à taux fixe ou multiple • Remise de groupe • Rabais intégré dans un tarif en fonction d'un barème quantitatif • Remises de fonctions (prestations logistiques) • Remise d'assortiment à la commande • Remise de référencement versée à l'acheteur ou à la centrale pour le comte de l'acheteur • Engagement ferme du distributeur sur un chiffre d'affaires accepté par le fournisseur • Escompte	• Ristourne de sur progression objectifs périodiques d'augmentation du chiffre d'affaires • Ristourne à taux multiple ou progressif au chiffre applicables d'affaires • Ristourne de maintien en exposition d'une gamme complète • Ristourne de collaboration à la politique marketing du fournisseur	• Diffusion de messages sonores • Exposition d'affichettes et de PLV • Têtes de gondoles ou présentoirs spéciaux • Création d'un stand • Présence d'un animateur • Prospectus • Communication de statistiques de venet selon un contenu, une présentation ou un détail spécifique • Installation d'armoires réfrigérées personnalisées • Etudes de marché • Location de panneaux de parking • Location d'emplacement spécifique du linéaire

Source : d'après Colla et Dupuis (1997), *op. cit.*

[27] Colla E. et Dupuis M. (1997), *Le défi mondial du bas prix*, PubliUnion, Paris.

Au milieu des années 1990, les Pouvoirs publics ont à nouveau souhaité développer une relative « transparence » au sein du canal en clarifiant les conditions tarifaires dans les relations industrie-commerce. Les différentes lois encadrant les relations industrie-commerce depuis la Loi Galland de juillet 1996, dont nous avons rappelé la teneur dans le chapitre 4, s'attachent ainsi à la politique de prix ; elles ont toutes pour objectif de rééquilibrer les relations entre les distributeurs et les fabricants, tout en favorisant les prix bas pour les consommateurs. Les marges arrière sont remises en cause dans chacune de ces lois, soit pour les clarifier, soit pour les encadrer.

La Loi Galland établit que les réductions de prix portées sur la facture doivent être acquises et pas seulement anticipées, comme il en était l'usage auparavant, les coûts de la collaboration commerciale ne pouvant plus venir réduire le prix d'achat du produit. Elle rend aussi impossible la pratique dite de la « cagnotte » qui consistait à reporter sur une seule facture, celle du mois d'octobre, par exemple, les ristournes conditionnelles versées rétroactivement lorsque était atteint un volume de vente ; l'objectif du Législateur était de supprimer la revente à perte jugée défavorable aux producteurs et aux consommateurs. La conséquence de cette loi a été une forte augmentation des prix à la consommation[28]. En réaction, la Loi Dutreil d'août 2005 limite et clarifie les marges arrière en intégrant dans le calcul du seuil de revente à perte une part croissante de ces marges arrière, puis la Loi Châtel de janvier 2008 autorise la prise en compte de la totalité de ces ristournes dans un souci de contrôle de l'augmentation des prix à la consommation.

Force est d'admettre que la Loi Galland a conduit à un rapprochement des prix de vente dans l'ensemble du secteur de la grande distribution, rendant difficile le positionnement *discount* de certaines enseignes *via* les marques nationales. Les MDD ont profité de ce nouveau contexte pour devenir un élément de différenciation encore plus important dans le cadre de la politique d'assortiment, élément de la politique marketing des enseignes qui n'a pas été remis en cause depuis.

---

[28] Colla E. (2010), « La "bulle" des marges arrière en France va-t-elle éclater ? L'impact de la législation sur la stratégie de négociation fabricants / distributeurs », *Economies et Sociétés*, Série Systèmes agroalimentaires, n° 32, pp. 1557-1575.

B. - vers une stabilité de la politique tarifaire avec l'EDLP ?

Depuis quelques années, certains industriels proposent à leurs clients distributeurs une politique tarifaire marquée par la stabilité dans le temps et dénommée *every day low price* (EDLP), ou encore *always low price* (ALP). Elle est fondée sur une négociation des prix de vente à long terme avec les acheteurs en centrale et s'oppose en cela à la politique traditionnelle du *high-low* (voir le chapitre 3). Selon cette dernière, il est entendu que les distributeurs ont intérêt à acheter par à-coups de grandes quantités de produits lorsqu'ils sont l'objet de spectaculaires promotions tarifaires de la part des fournisseurs. Ce faisant, ils constituent des stocks spéculatifs (ou d'opportunité) qu'ils revendent pendant plusieurs semaines, voire plusieurs mois, au prix habituel ou à un prix promotionnel lors d'opérations commerciales en magasin. Une telle pratique est évidemment profitable tant que les coûts de stockage et de gestion des stocks ne dépassent pas les avantages financiers obtenus lors de l'achat. Elle devient, à l'inverse, moins intéressante pour le distributeur en situation de baisse durable de l'inflation.

Les principes qui régissent la stratégie *high-low* tendent à fausser le jeu concurrentiel dans le canal de distribution, ou plutôt à concentrer à tort l'attention du couple vendeur-acheteur sur une seule variable : le prix. Ainsi, tout au long des années 1980 et 1990, les détaillants alimentaires français ont conduit leurs négociations de référencement en privilégiant la minimisation du coût d'acquisition des produits, plutôt qu'une optimisation globale du processus d'achat / vente dans ses dimensions marketing et logistique. Il s'agissait d'ailleurs d'un comportement tout à fait rationnel pour des entreprises finançant alors leur croissance par la fonction d'achat et non par la fonction vente[29], principe illustré par l'importance des marges arrière obtenues lors des négociations. L'effet pervers de la stratégie *high-low* est cependant connu : elle favorise la constitution de stocks pléthoriques et entraîne, par contrecoup, des mouvements d'accordéon dans les activités de production, de transport et de manutention le long de la chaîne d'approvisionnement.

Le souci de mieux synchroniser les flux afin d'accroître l'efficacité globale du canal logistique conduit, à partir du milieu des années 1990, à envisager une autre option qui va déboucher sur la conceptualisation

---

[29] Dupuis M. et de Maricourt R. (1989), *France Etats-Unis Japon : trois mondes, trois distributions*, Etude ESCP-LSA, Paris

de l'EDLP. Cette démarche vise en fait à renverser certaines tendances jugées désormais insupportables, y compris par les distributeurs : les prix doivent se rapprocher de la réalité des coûts, la rationalisation de l'ensemble du canal doit conduire à une réduction des frais administratifs et logistiques, les gammes doivent être réorganisées afin de mieux répondre à la demande des consommateurs finaux.

Pour les industriels, l'EDLP présente d'abord pour avantage de leur permettre de « lisser » leur production, en évitant d'entrer dans la spirale infernale du stockage-déstockage massif. On aurait pu s'attendre à ce que tous les distributeurs, à la suite des expérimentations de Walmart avec Procter & Gamble, trouvent aussi un intérêt évident à lisser leurs approvisionnements en synchronisant au plus juste les réassortiments des magasins aux ventes réelles enregistrées. Ce n'est pas toujours le cas, comme l'indique une recherche américaine menée sur les freins au développement de programmes EDLP dans le commerce[30] :

- le positionnement promotionnel de l'enseigne est considéré par certains distributeurs comme un avantage compétitif qui ne peut être remis en cause, sachant qu'en France, l'image prix est ici en jeu ;
- l'EDLP est incompatible avec l'environnement marketing de certains acteurs : procédures d'achat, logique du rapport de force, engagement historique dans les achats anticipés (spéculatifs), c'est l'ensemble de la culture d'entreprise qui doit parfois évoluer ;
- le renoncement solitaire à la stratégie *high-low* au profit de l'EDLP risque de faire perdre des parts de marché, d'où une attitude d'attentisme et de veille commerciale par rapport aux actions des concurrents directs.

Pour autant, il est utile d'évaluer l'impact d'une stratégie EDLP d'un distributeur sur les intentions du client afin de s'assurer de sa pertinence. Des études ont montré que les clients ayant un gros panier d'achat, et se rendant peu souvent en grandes surfaces, préfèrent un point de vente pratiquant l'EDLP. Les enseignes peuvent choisir de communiquer sur la promesse du meilleur prix et des engagements de remboursement pour garantir ce prix. Borges démontre ainsi qu'un distributeur ne suivant pas une stratégie EDLP peut offrir la garantie du prix le plus bas,

---

[30] Manning K., Bearden W. et Rose R. (1998), « Development of a theory of retailer response to manufacturers' everyday low cost programs », *Journal of Retailing*, Vol. 74, n° 1, pp. 107-137.

ou encore *low price guarantee* (LPG), mais il doit la limiter à la différence de prix trouvée par le client, alors qu'un distributeur qui applique une stratégie EDLP doit offrir une garantie prix avec un remboursement élevé ; cette garantie augmente la valeur perçue et l'intention d'achat dans le magasin[31]. De son côté, la recherche conduite par Ho *et al.* indique que la stratégie LPG tend à favoriser la construction d'une puissante image prix par rapport aux compétiteurs, alors que la stratégie EDLP n'exclut pas une recherche continue d'information de la part des consommateurs, souvent circonspects, pour savoir si, effectivement, c'est bien toujours le prix le plus bas qui est proposé en magasin[32].

Une approche par produit propose de segmenter le portefeuille de produits, en distinguant ceux pour lesquels la sensibilité aux promotions est élevée de ceux pour lesquels la consommation s'avère plus stable, indépendamment des variations de prix. Les programmes EDLP pourraient être implantés, dans un premier temps, sur ces derniers, en y associant une action de type ECR. Ceci permettrait de réduire le coût de gestion de la relation en concentrant l'effort qu'implique la mise en œuvre de l'EDLP sur quelques fournisseurs privilégiés, choisis pour leur capacité à répondre aux exigences des distributeurs en termes de prix et de qualité de service.

Walmart se distingue parmi les distributeurs en affirmant son choix stratégique de l'EDLP, l'entreprise entraînant dans ce choix ses fournisseurs. Pour Procter & Gamble, partenaire « historique » de l'enseigne, pourtant en avance dans l'application de stratégies de coopération verticale, le développement de l'EDLP ne s'effectue pas sans difficulté. En effet, comment imposer cette stratégie prix à d'autres distributeurs clients qui veulent garder une stratégie promotionnelle dominante ? Les promotions sont donc conservées pour animer les ventes alors que la stratégie EDLP permet d'affirmer un positionnement prix concurrentiel. Cette stratégie est communiquée aux consommateurs par la comparaison de chariots de course composés de produits courants et indiquant uniquement une valeur *globale* des achats.

---

[31] Borges A. (2009), « La garantie du meilleur prix : les effets du montant du remboursement et le rôle modérateur de la stratégie-prix du distributeur », *Recherche et Applications en Marketing*, Vol. 24, n° 1, pp. 29-41.

[32] Ho H., Ganesan S. et Oppewal H. (2011), « The impact of store-price signals on consumer search and store evaluation », *Journal of Retailing*, Vol. 87, n° 2, pp. 127-141.

C. - quelques éléments d'analyse des coûts de distribution

Le prix est finalement à la fois composante à part entière du produit pour le consommateur final, facteur de rentabilité ou non-rentabilité pour l'industriel et élément de la marge pour le détaillant ou le grossiste. Bien évidemment, la faisabilité d'une politique de prix donnée, par exemple une politique *discount*, dépend de la structure des coûts de distribution. Le contrôle des coûts permet un effet de levier sur les marges des distributeurs. Ces coûts concernent non seulement les coûts d'achat des produits[33], mais également les coûts globaux de fonctionnement de la chaîne d'approvisionnement. La théorie traditionnelle de la roue de la distribution a bien montré que les nouveaux formats de vente se développaient à partir d'une structure de coûts très contrôlés. C'est pourquoi de nombreuses recherches, analysant la performance du canal, ont plus particulièrement porté sur ce point[34]. Plusieurs méthodes se proposent d'évaluer les coûts de distribution. Elles se révèlent toutes, à des degrés divers, insatisfaisantes, mais fournissent un certain nombre de pistes de réflexion. Nous nous inspirerons ici de la remarquable recension réalisée par Lebraty[35].

■ le profit direct par produit (PDP)

Dès la fin des années 1980, les distributeurs ont manifesté un fort intérêt pour des méthodes de calcul des coûts directement liés à la vente d'un produit, en croisant des standards de productivité avec des données lui étant spécifiques (caractéristiques physiques, rotation, fragilité, etc.). Le Food Marketing Institute aux Etats-Unis, puis l'Institut Français du Merchandising en France, se sont notamment faits les défenseurs d'une méthode censée évaluer la rentabilité réelle liée à la vente de chaque produit en magasin, une fois retirés les coûts liés à sa distribution physique, de l'usine aux linéaires. Dénommée profit direct par produit (PDP), cette méthode permet d'appréhender de façon très claire les différents éléments des coûts liés à la distribution, et s'avère à ce titre un intéressant outil d'analyse et de réflexion.

---

[33] Calvi R., Paché G. et Jarniat P. (2010), « Quand la fonction achats devient stratégique : de l'éclairage théorique à la mise en pratique », *Revue Française de Gestion*, n° 205, pp. 119-138.

[34] Kumar N., Stern L. et Achrol R. (1992), « Assessing reseller performance from the perspective of the supplier », *Journal of Marketing Research*, Vol. 29, n° 2, pp. 238-253.

[35] Lebraty J. (2000), « S'intéresser à la logistique : un pari scientifique, managérial et pédagogique », *in* Fabbe-Costes N., Colin J. et Paché G. (éds), *Faire de la recherche en logistique et distribution ?* Vuibert-Fnege, Paris, pp. 5-28.

Le PDP consiste à soustraire à la marge brute dégagée par la vente d'un produit les coûts logistiques détectés le long du canal. Il apprécie ainsi des différentiels de rentabilité, par exemple entre la vente d'un yaourt Danone et la vente d'un yaourt Senoble, indépendamment de la marge brute qu'ils dégagent. Les coûts logistiques (ou encore coûts directs) intègrent les activités de transport, de stockage et de manutention, sur entrepôt ou plate-forme, mais aussi en magasin. Les coûts liés à la réception des produits et les coûts de mise en linéaire en font ainsi partie, tout comme les charges liées à l'achat de matériels de manutention (voir l'encadré 6.4). La connaissance de l'intégralité de ces coûts permet d'en déduire le PDP, soit :

PDP = Prix de vente consommateur – Prix d'achat – Coûts directs de distribution.

encadré 6.4.

le calcul du PDP

La marge brute, constituée par la différence entre le prix de vente unitaire et le coût unitaire, est d'abord corrigée de tous les effets qui l'augmentent : marges arrière, budgets de coopération commerciale, etc. Puis on impute sur cette marge corrigée les coûts directs. Trois catégories de coûts directs sont supportées par le produit :

- Des coûts avant mise sur le rayon :
  - temps de main-d'œuvre pour transférer le produit de l'entrepôt ou la plate forme vers le rayon ;
  - temps d'ouverture des conditionnements ;
  - temps de remplissage des rayons ;
  - coût d'élimination des conditionnements.
- Des coûts de conservation en rayon :
  - énergie (produits conservés à température contrôlée) ;
  - démarque (produits endommagés) ;
  - coût de l'espace perdu en linéaire (un conditionnement cylindrique fait perdre plus de place qu'un conditionnement rectangulaire) ;
- Des coûts de vente :

– temps de manipulation en caisse.

Ces coûts directs sont estimés à partir de mesures en magasin. Leur connaissance permet de mieux évaluer la rentabilité réelle d'un produit et d'agir en amont, en concertation avec le fabricant, pour réduire les coûts directs. C'est ainsi qu'un produit emballé sous film plastique permettra d'éliminer le coût d'ouverture et le coût d'élimination du conditionnement par rapport à un emballage carton. De même, un produit dont la dimension est l'exact sous-multiple de la taille d'une palette 80 x 120, produit par ailleurs directement vendu sur ce support sans manipulation (par exemple, les briques de lait), offre l'opportunité d'un usage rationnel de l'espace de vente, et donc une réduction des coûts de conservation en rayon.

Si la méthode présente l'intérêt de mesurer la véritable contribution de chacun des produits aux bénéfices du distributeur, la complexité de sa mise en œuvre et le volume d'informations nécessaires pour y parvenir ont nui jusqu'à présent à sa mise en place. A partir d'une étude conduite sur le rayon des produits surgelés d'une enseigne de distribution, Bultez et Leiber sont, par exemple, très réservés quant à la capacité du PDP d'estimer la rentabilité des produits[36].

Ajoutons que les multiples remises ou ristournes obtenues par les distributeurs auprès de leurs fournisseurs rendent illusoire une « vérité des coûts », à laquelle personne ne trouvera d'ailleurs avantage dans une logique de négociation gagnant-perdant ! Enfin, l'application sans mesure de la méthode peut conduire à des constitutions d'assortiment modifiant le positionnement de l'enseigne dans une direction contraire à la politique marketing définie par le distributeur.

Il n'en reste pas moins que, même s'il n'a pas pu être réellement implanté de façon durable et pour l'ensemble des références d'un point de vente, le PDP pose clairement la question de l'amélioration du *merchandising* des produits : modification de la forme ou de la taille de certains articles pour une mise en place plus facile et meilleure utilisation de l'espace, création de palettes directement intégrables en rayon, etc.

---

[36] Bultez A. et Leiber T. (1997), « De l'efficience des estimations des coûts de marchandisage », *Actes du 13e Congrès de l'Association Française du Marketing*, Toulouse, pp. 511-543.

■ **la méthode ABC (*activity based costing*)**

La méthode ABC, fort connue en comptabilité analytique, souhaite dépasser les méthodes traditionnelles qui découpent l'entreprise par fonctions et par produits. Elle propose au contraire une affectation de l'ensemble des coûts directs et indirects à un certain nombre d'activités, en référence à la consommation de ressources. Appliquée au canal de distribution, la méthode ABC doit aboutir à une décomposition des activités constitutives de la chaîne de valeur qui va de l'usine du fabricant jusqu'aux linéaires du distributeur, puis leur affecter des coûts (administratifs, marketing, logistiques, etc.). Elle se déroule en quatre étapes[37] :

- identifier les ressources nécessaires à la distribution et les coûts associés ;
- répartir l'ensemble de ces coûts, par exemple les salaires, sur chacune des fonctions ;
- affecter les coûts définis par activité aux différents canaux utilisés ;
- calculer un bénéfice ou un coût par canal, ou par produit dans un canal donné.

L'objectif de la méthode ABC est plus particulièrement de raisonner dans une logique de processus en repérant des activités non créatrices de valeur et ainsi les améliorer (ou les supprimer). Pour l'heure, elle paraît difficile à mettre en place dans le canal de distribution compte tenu de la multiplicité des parties prenantes. Son application permet néanmoins d'envisager une meilleure gestion, notamment au niveau des flux de produits, en évitant par mutualisation les redondances logistiques entre industriels et distributeurs (par exemple, la multiplication d'entrepôts collecteurs, là où un nombre réduit conduira à des économies d'échelle par massification).

■ **la méthode TCO (*total cost of ownership*)**

La méthode TCO met l'accent sur l'ensemble des coûts liés à l'acquisition d'un produit, par-delà son simple prix d'achat. Prenons l'exemple courant de l'acquisition d'un important équipement informatique par une entreprise. Celle-ci va certainement conduire à la souscription d'un contrat de maintenance en vue de conserver à l'équipement sa capacité optimale de fonctionnement tout au long de la durée de vie,

---

[37] Coughlan A., Anderson E., Stern L. et El-Ansary A. (2006), *op. cit.*

sans parler des coûts de la logistique de soutien lui étant attachés. Il semble donc naturel d'intégrer le coût de ce contrat, dans le coût total d'acquisition de l'équipement[38].

Dans le cadre de relations verticales au sein du canal de distribution, la méthode TCO permet, entre autres, aux détaillants de détecter les fournisseurs véritablement créateurs de valeur en référence aux coûts de gestion de la relation. Ainsi, un industriel ayant une offre produit très attractive, mais peu performant en matière de logistique, obligera peut-être son client distributeur à anticiper d'éventuelles ruptures d'approvisionnement en stockant d'importantes quantités de produits sur entrepôt. Du fait des risques induits, le distributeur supporte ici un coût total d'acquisition qui comprend des frais financiers liés à la détention d'un stock de sécurité. Si la méthode TCO présente un intérêt évident pour évaluer les coûts d'interface entre deux membres du canal, elle paraît difficilement utilisable pour l'ensemble du canal.

■ **la méthode SCC (*supply chain costing*)**

Proche par certains aspects de la méthode ABC, la méthode du SCC appréhende la chaîne de distribution physique dans son ensemble. Selon LaLonde et Pohlen, il est indispensable de se référer à un système d'activités qui dépasse les frontières légales de chacune des entreprises partenaires d'un même processus[39]. L'analyse de chaque activité permet alors de définir des coûts de fonctionnement, ces coûts étant ensuite affectés aux différentes entreprises concernées. L'objet du SCC est de dépasser une approche parcellaire qui considère, de façon indépendante, chacun des membres du canal, alors que la plupart de leurs décisions conditionnent la performance d'ensemble. Par exemple, un détaillant supprimant ses réserves en magasin, dans une perspective de réduction drastique des stocks, oblige à repenser l'organisation des transports terminaux en augmentant les fréquences, ce qui peut se traduire par une explosion des coûts en l'absence d'une réflexion d'ensemble.

Cette méthode est proche de la méthode de l'analyse en termes de chaîne de valeur prônée par certains auteurs à la suite de travaux séminaux de Michael Porter. Elle a été appliquée à la chaîne logistique de

---

[38] Pour une description des enjeux du TCO, voir notamment Monczka R., Handfield R., Giunipero L. et Patterson J. (2011), *Purchasing and supply chain management*, South-Western, Cincinnati (OH), 5e éd.

[39] LaLonde B. et Pohlen T. (1996), « Issues in supply chain costing », *International Journal of Logistics Management*, Vol. 7, n° 1, pp. 1-12.

Sainsbury's et a montré l'intérêt pour l'ensemble des acteurs d'adopter des caisses en plastique pour transporter les produits frais[40]. Ce type de décision ne peut être prise qu'avec un accord de coopération entre le fabricant et le distributeur du fait des coûts qu'elle occasionne. En effet, dans le cas étudié, la répartition des coûts de l'investissement a dû être repensée le long du canal, les bénéfices associés étant à destination de l'ensemble de ses acteurs.

Comme pour la méthode du PDP, l'inconvénient majeur de la méthode SCC est sa difficulté de mise en œuvre dans la mesure où elle nécessite, elle aussi, une « vérité des coûts » et une transparence dans la diffusion de l'information comptable et stratégique auxquelles les entreprises ne sont pas toujours prêtes. En outre, sur un plan plus conceptuel, Lebraty note « une certaine incompatibilité entre une vision systémique de l'entreprise et une méthodologie essentiellement fondée sur l'analyse et le découpage de la chaîne en activités »[41].

L'imperfection des différentes méthodes présentées, liée en grande partie aux spécificités de la distribution et aux multiples intervenants du canal, ne doit pas remettre en cause la pertinence d'une analyse en termes de coût et la volonté de mieux organiser les fonctions à la fois dans chacune des entreprises et à leur interface. En effet, une bonne connaissance des coûts constitue un premier pas vers l'amélioration de la performance du canal de distribution et le fondement d'une politique de prix plus proche des attentes du consommateur.

§ 3. – politique de communication et distribution

La politique de communication du fabricant a, par nature, de multiples cibles : le consommateur final, bien évidemment, mais aussi les différents intermédiaires du canal de distribution permettant que les objectifs de la politique de communication soient atteints. La difficulté réside dans la capacité à contrôler, d'une part, l'ensemble de la communication jusqu'au consommateur final, d'autre part, la cohérence entre

[40] Dekker H. (2003), « Value chain analysis in interfirm relationships : a field study », *Management Accounting Research*, Vol. 14, n° 1, pp. 1-23.

[41] Lebraty J. (2000), *op. cit.*

le message émis directement auprès du public par le biais de la publicité et l'image donnée au produit par les points de vente[42]. Le rôle des intermédiaires sera différent selon que l'on se situe dans une approche *push* ou dans une approche *pull* :

- L'approche *push* correspond à une **stratégie de pression** consistant à stimuler les ventes auprès d'intermédiaires grossistes ou de détaillants. Destinataires directs des politiques de communication, ces derniers se chargent ensuite de diffuser l'incitation à acheter jusqu'au consommateur final. Son succès pour l'industriel dépend, par conséquent, d'une bonne transmission de l'information et de l'existence de promotions attractives. Internet et les bases de données clients permettent, dans le cadre de politiques relationnelles envers les clients, de diffuser des informations ciblées à propos de produits nouveaux ou d'opérations spéciales organisées par les fabricants pour une enseigne. Des coupons électroniques sont diffusés sur le site d'une enseigne qui sert ainsi de relais dans la transmission d'informations promotionnelles envers ses clients[43]. La stratégie de pression donne manifestement aux intermédiaires un pouvoir d'influence sur la politique de communication. Le tableau 6.7 en présente quelques outils, sachant que la plupart des opérations se réalisent désormais dans le cadre d'accords de *trade marketing*. L'industriel propose alors au distributeur une action de communication spécifique à l'enseigne qui crée un flux de clients au point de vente et lui garantit une mise en avant de ses produits.

---

[42] Dubois P.-L. et Jolibert A. (2005), *op. cit.*

[43] Coutelle P., des Garets V. et Plichon V. (2010), « Doit-on arrêter de proposer des coupons de réduction ? », *Actes du 13e Colloque Etienne Thil*, La Rochelle, pp. 1-20 (CD-rom).

encadré 6.5.

deux exemples d'opérations de *trade marketing*

1) *Monoprix et Gemey Maybelline*. En décembre 2008, Gemey Maybelline du groupe L'Oréal a lancé un rouge à lèvres à la teinture exclusive pour Monoprix appelé « Rouge Monop ». Par cette opération, Monoprix souhaite affirmer sa place sur le marché de la beauté. L'enseigne avait déjà mené ce type d'opération en 2004 avec la marque de soins pour hommes Nickel qui lui avait réservé, pendant deux ans, une marque exclusive baptisée « Coaching by Nickel ».

L'opération doit « aider à la construction de l'image de l'enseigne sur le rayon maquillage, qui s'appuie déjà sur un *merchandising* particulier avec des univers de marque qualitatifs, et sur la présence de conseillères », selon Pascale Cartier, directrice de la parfumerie Monoprix. Pour Germey Maybelline, l'objectif est une meilleure mise en avant dans une enseigne où elle est seulement troisième en part de marché. « L'opération permet à la marque, connotée hypermarché, d'augmenter sa visibilité dans une enseigne branchée tout en gagnant des parts de marché, et à Monoprix de fidéliser les consommatrices », explique Jean-Marc Lévy, directeur du cabinet de conseil en innovations Le Marketing Studio.

2) *Carrefour et Coca-Cola*. Pour ses 125 ans, Coca-Cola a différencié les animations et les dotations selon les enseignes. Une bouteille *collector* « bouteille pin-up » exclusive a été vendue chez Carrefour. Le vice-président et directeur national des ventes de Coca-Cola Entreprises estime que la démarche mise en place crée « de l'intérêt chez le consommateur, du trafic en magasin et des ventes additionnelles chez le fabricant ». 200.000 unités ont été vendues pendant l'opération. Autrement dit, un partenariat gagnant-gagnant.

Source : d'après *LSA*, 11 septembre 2008 et 3 juin 2011.

tableau 6.7.

politique de communication des fabricants et stratégie push

Publicité	• Publicité commune au fabricant et au distributeur • Aide dans les campagnes de marketing direct pour les grossistes et les détaillants • Catalogue de produits utilisables par les grossistes et les distributeurs • Citation dans les publicités du producteur des magasins distribuant le produit
Vendeurs	• Stimulation financière des vendeurs • Outils d'aide à la vente • Formations aux produits pour les salariés du distributeur
Promotion des ventes	• Remises à destination des distributeurs • Concours de vente • PLV • Prospectus • Coupons de réduction diffusés par le distributeur à ses clients finaux

• A l'inverse de l'approche *push*, l'approche *pull* correspond à une **stratégie d'attraction** consistant pour l'industriel à stimuler les ventes à l'aide d'une campagne publicitaire grand public, celle-ci devant conduire à ce que les consommateurs finaux réclament ensuite les produits aux détaillants. En effet, si les intermédiaires sont indispensables dans le canal de distribution, et jouent même un rôle central dans le processus de référencement *via* les centrales, l'achat est réalisé *in fine* par le consommateur ! Quelles que soient les actions menées dans le cadre d'une approche *push*, il conviendra pour l'industriel de convaincre le prospect d'acheter les produits qu'il propose. Là aussi, certains outils permettent de toucher directement la cible visée (voir le tableau 6.8). Ce type d'actions relève habituellement de grandes entreprises car elles nécessitent des budgets de communication élevés permettant d'assurer une forte notoriété et une préférence pour la marque. La stratégie d'attraction est associée à la stratégie de pression lorsqu'elle agit auprès des intermédiaires pour mettre en avant le produit dans les points de vente, tout en assurant une importante campagne de communication de masse.

tableau 6.8.
politique de communication des fabricants et stratégie pull

Publicité	• Publicité directe auprès des prospects • Mise en avant de la marque dans les campagnes de communication • Publicité rédactionnelle
Relation fabricant consommateur	• Marketing direct • *E-mailing* • Outils de marketing relationnels (club de consommateurs, *consumer magazine, newsletter*, etc.)
Promotion des ventes	• Coupons • Offres de remboursement • *Street marketing*, échantillons • Jeux concours

En conclusion, la maîtrise de la variable distribution est une condition nécessaire (mais non suffisante) pour parvenir au succès d'une stratégie marketing. L'importance des enjeux associés conduit certains industriels à vouloir organiser et contrôler l'accès des produits au consommateur final. De ce point de vue, les différents intermédiaires du canal de distribution peuvent constituer un soutien utile par leur connaissance de l'aval et par les actions promotionnelles qu'ils sont capables de mener. Néanmoins, il serait maladroit d'oublier que de nombreux fournisseurs souffrent encore d'un rapport de force conflictuel avec leurs distributeurs, tout spécialement dans la distribution alimentaire, et ce malgré la multiplication des tentatives de rapprochement. Sous l'égide des différents gouvernements, des échanges sont régulièrement organisés pour envisager de nouvelles régulations économiques. Il reste à savoir si ces nouvelles régulations économiques pourront durablement en émerger, privilégiant la coopération à l'affrontement stérile.

chapitre 7

du conflit à la coopération verticale : perspectives pour le canal de distribution

Dans un pays comme la France, les relations au sein du canal de distribution sont traditionnellement tendues entre industriels et distributeurs. En référence à un « jeu à somme nulle », une telle situation n'est d'ailleurs pas surprenante. Si ce que l'un gagne est considéré comme perdu par l'autre, il ne peut qu'en résulter un état de tension, voire de conflit, entre les différents protagonistes en vue de capter le maximum de valeur ajoutée. Il y a plusieurs années de cela, l'un des participants des Assises du Commerce et de la Distribution ne citait-il pas, pour illustrer son propos, un proverbe chinois dont l'origine remonterait à 200 avant J.-C. : « L'artisanat profite moins que le commerce ; piquer dans la broderie rapporte moins que de prendre appui aux guichets des halles ».

Le défaut de l'approche conflictuelle des relations d'échange est de ne pas prendre en considération l'existence de terrains possibles de coopération, permettant aux protagonistes d'être tous gagnants dans le cadre d'un « jeu à somme positive ». Par exemple, si les membres d'un canal de distribution œuvrent en commun à la mise en place de systèmes de gestion conduisant à la réduction des coûts de fonctionnement (administratifs, logistiques, etc.), ou améliorant la satisfaction du consommateur final (et donc les ventes), chacun d'eux pourra y trouver bénéfice. Le dernier chapitre de l'ouvrage adopte cette perspective en indiquant quelques terrains de coopération envisageables. Dans un premier temps, nous aborderons les antécédents du conflit et ses modes de résolution à l'aide d'un certain nombre d'outils théoriques. Dans un second temps, nous présenterons la coopération comme issue au conflit en évoquant, sans souci d'exhaustivité, quelques-uns des « chantiers » en cours.

section I
le conflit : antécédents, gestion et modes de résolution

Le débat conflit-coopération s'inscrit dans le courant dit béhavioriste d'analyse des canaux de distribution. Il ne peut être dissocié d'une réflexion sur la conduite des opérations à travers les notions de pouvoir, de dépendance et de *leadership*. En effet, l'interdépendance des membres du canal de distribution, du fait même de leurs activités complémentaires, oblige à se poser la question du pouvoir (de décision) en vue d'organiser au mieux le fonctionnement du canal à partir des fonctions et des ressources de chacun des membres[1]. Cette interdépendance est source de conflits d'intérêts dont l'une des issues possibles est la coopération.

§ 1. - pouvoir, dépendance et *leadership*

Pour Dahl, le pouvoir renvoie par nature à la capacité d'un individu ou d'une institution « à obliger un autre agent à adopter un comportement que cet agent n'aurait pas spontanément choisi »[2]. Beier et Stern formulent trois remarques à propos de cette approche très générale, qui fait pourtant autorité[3]. D'une part, une institution ou un individu ne possèdent pas un pouvoir dans l'absolu, mais bien sur un autre individu ou sur une autre institution. D'autre part, la perspective choisie par Dahl ne spécifie pas les formes de pouvoir[4]. Enfin, le pouvoir de A sur B n'entraîne pas nécessairement une réaction immédiate de B, il augmente seulement la probabilité que B adopte le comportement désiré : d'autres efforts seront souvent nécessaires pour que B adopte *in fine* le comportement attendu.

Ceci conduit El-Ansary et Stern à proposer, dès le début des années 1970, une définition du pouvoir spécifiquement adaptée à l'analyse des canaux de distribution, et aujourd'hui couramment revendiquée par les chercheurs : « Le pouvoir d'une institution du canal est sa capacité à contrôler les variables de décision des stratégies marketing d'une autre institution intervenant à un niveau différent du même canal. Pour que ce contrôle soit qualifié de pouvoir, il doit être différent du contrôle initial que l'institution dominée avait sur sa propre stratégie »[5].

---

[1] des Garets V. (2001), « Louis Stern : les canaux de distribution », *in* Jolibert A. (éd.), *Les grands auteurs en marketing*, Editions Management & Société, Caen, pp. 157-181.

[2] Dahl R. (1957), « The concept of power », *Behavioral Science*, Vol. 2, n° 3, pp. 201-215.

[3] Beier F. et Stern L. (1969), « Power in the distribution channel », *in* Stern L. (éd.), *Distribution channels : behavioral dimensions*, Houghton Mifflin, Boston (MA), pp. 92-116.

[4] On retrouvera par la suite ces formes de pouvoir dans les travaux de French J. et Raven B. (1959), « The bases of social power », *in* Cartwright D. (éd.), *Studies in social power*, University of Michigan Press, Ann Arbor (MI), pp. 150-167.

[5] El-Ansary A. et Stern L. (1972), « Power measurement in the distribution channel », *Journal of Marketing Research*, Vol. 9, n° 1, pp. 47-52.

Si le pouvoir et son exercice sont souvent chargés de significations négatives dans le secteur de la distribution, Coughlan *et al.* soulignent qu'il peut pourtant être favorable au bon fonctionnement du canal lorsqu'il est seulement un outil[6] ; on retrouve la distinction classique entre pouvoir coercitif et non coercitif, évoquée dans le chapitre 4. Le pouvoir est issu de la dépendance d'une institution par rapport à une autre au sein de ce canal. Pour le fabricant, il peut se manifester par la difficulté d'accès à la demande finale ou par une concentration élevée des distributeurs, tandis que pour le distributeur, il peut se manifester par un petit nombre de fournisseurs pour un produit donné[7]. Les responsables gouvernementaux sont attentifs à ces phénomènes qui peuvent entraîner des dérives sur les prix. La Commission d'Examen des Pratiques Commerciales (CEPC) a souhaité, en 2007, une analyse de ces rapports de force, qui a donné lieu à la remise d'un rapport[8], dont les principales conclusions sont présentées dans l'encadré 7.1.

encadré 7.1.

principales conclusions du rapport sur l'équilibre des relations fournisseurs-distributeurs diligenté par la CEPC

Le rapport analyse, dans une première partie, **les rapports de force horizontaux**, entre distributeurs, d'une part, et entre fournisseurs de produits de grande consommation (PGC), d'autre part.

• ***Etat de la concurrence entre distributeurs***

1. La concurrence entre enseignes est plutôt forte en moyenne sur les marchés de proximité, les distributeurs ne bénéficiant pas d'un énorme pouvoir de marché à ce niveau.
2. La fidélité aux enseignes est modérée sur les marchés de proximité et la multi-fréquentation des magasins augmente, malgré le développement des MDD.

[6] Coughlan A., Anderson E., Stern L. et El-Ansary A. (2006), *Marketing channels*, Pearson Education, Upper Saddle River (NJ), 7e éd.

[7] On trouve ici l'analyse classique des forces concurrentielles de Porter M. (1998), *Choix stratégiques et concurrence*, Economica, Paris.

[8] Dietsch M. (2007), *L'équilibre des relations fournisseurs-distributeurs : le cas des marchés de produits de grande consommation*, Rapport pour la Commission d'Examen des Pratiques Commerciales, Paris.

3. La rivalité stratégique des distributeurs reste assez modérée du fait des restrictions réglementaires et de l'équilibre dans les parts de marché sur les marchés de proximité ; aucun *leader* de la grande distribution n'a intérêt à mener une guerre de prix.
4. Il existe un potentiel pour un renforcement de la concurrence en prix entre enseignes, que ces dernières n'ont pas cherché à exploiter, en raison de la protection apportée par les restrictions tarifaires et de la faiblesse relative de leur rivalité stratégique.

• ***Etat de la concurrence entre fournisseurs de PGC***

1. La concentration de l'offre de produits sur un petit nombre de marques dans les linéaires ne crée que rarement un pouvoir de marché exploitable par les fabricants du fait que les distributeurs contrôlent les linéaires et gèrent l'accès à cette ressource rare.
2. Même si les coûts de changement de marques sont plutôt élevés et le pouvoir des grandes marques souvent fort, les ventes finales dépendent fortement de variables contrôlées par les distributeurs, en particulier de la politique de MDD. En poussant leurs MDD, les distributeurs intensifient la concurrence intermarques. Le pouvoir de marché des fabricants est donc limité.

La seconde partie du rapport analyse les **pouvoirs respectifs des distributeurs et des fournisseurs dans la concurrence verticale** et leur influence sur le partage du profit dans la chaîne de distribution.

1. La puissance d'achat, caractéristique de la grande distribution dans tous les pays occidentaux, et en France en particulier, crée une situation potentielle de dépendance économique des fabricants. Ce rapport de force les oblige à maintenir des surcapacités pour répondre rapidement à la demande et à réduire la rémunération des investissements spécifiques qu'ils effectuent à la demande des distributeurs.
2. Cependant, la réduction des prix de vente rendue possible par les effets potentiels de la puissance d'achat ne peut être complètement exploitée par les distributeurs du fait des Lois Galland, puis Dutreil, qui définissent un seuil de revente à perte n'intégrant pas ou peu toutes les marges arrière.

3. C'est pourquoi les prix de vente sont proches des prix tarifs des fabricants alors que la liberté des prix permettrait une plus grande concurrence horizontale entre distributeurs.
4. La force des marques pourrait créer potentiellement une situation de dépendance économique pour les distributeurs. L'analyse de la contribution respective des grands types de marques – marques de fabricants, MDD classiques et économiques, autres marques – à l'activité et à la rentabilité des magasins indique que les grandes marques ou marques ayant une forte réputation ont une contribution primordiale au chiffre d'affaires et à la rentabilité des magasins, ce qui rend les distributeurs dépendants de leur présence dans les linéaires. Les MDD n'ont pas réussi à fidéliser les clients à une enseigne.
5. La puissance de vente des distributeurs limite la probabilité que la force des marques mette ces derniers en situation de réelle dépendance économique. La puissance d'achat des distributeurs leur permet de faire levier sur les tarifs, la puissance des marques des fabricants leur permet de faire levier sur les prix de vente ; mais la puissance de vente des distributeurs leur donne des moyens d'action puissants pour agir sur la réaction des consommateurs au prix. En effet, les distributeurs contrôlent l'assortiment (aussi bien dans sa composition que dans sa présentation), le nombre de références, les écarts de prix, la fréquence des promotions, etc., qui peuvent contrebalancer le privilège dont les marques bénéficient auprès des consommateurs. L'offre en magasin permet aux consommateurs de profiter d'opportunités – en particulier par des promotions sur les marques propres – qui atténuent la force des marques de fabricants et conduisent à en changer, ce qui freine la capacité de ces derniers à élever les tarifs. Le pouvoir de référencer ou de déréférencer est également important.
6. La croissance continue des marges arrière est la contrepartie de l'augmentation de la puissance de vente ; un lien très fort existe entre dépendance économique des fabricants et montant des marges arrière. Les MDD sont, pour les distributeurs, des alternatives d'approvisionnement et peuvent être une menace pour les fabricants.
7. Les marges arrière ne peuvent être répercutées aux consommateurs du fait de la réglementation des prix qui limitent ce trans-

fert[9]. Le retour à la liberté des prix ne devrait s'accompagner, ici encore, d'une rétrocession des marges en termes de baisse de prix que si la concurrence entre distributeurs est effective sur les marchés de proximité. La puissance de vente agit également sur l'importance relative que les consommateurs attachent au prix et à la qualité des services de distribution offerts ; c'est l'offre globale qui est jugée par les consommateurs.

Source : d'après Dietsch (2007), *op. cit.*

Si la définition du pouvoir ne pose pas de vrais problèmes, sa mesure est beaucoup moins consensuelle. Deux types de mesure sont habituellement utilisés, en référence à des sources de pouvoir ou en référence à une situation de dépendance :

- La première mesure conduit à évaluer le pouvoir à partir de ses sources (expertise, légitimité, etc.), définies dans les travaux de French et Raven, et décrites en détail dans le chapitre 4[10]. La méthode consiste à recueillir les déclarations des acteurs sur leur perception de chacune des sources en utilisant des échelles de type Likert. Un bon exemple en est donné avec la recherche menée par Butaney et Wortzel qui introduit le pouvoir du client dans l'analyse dyadique traditionnelle fournisseur-distributeur (voir l'encadré 7.2)[11]. La relation de franchise est un terrain souvent étudié dans ce type de problématique, depuis une quarantaine d'années[12]. Dans un article désormais célèbre, Hunt et Nevin y ont ainsi montré l'existence d'un lien entre pouvoir d'une institution du canal (ici, le franchiseur) et sources de pouvoir utilisées, les sources non coercitives étant mieux perçues par celui qui les subit (ici, le franchisé) que les sources coercitives[13].

---

[9] Comme nous l'avons souligné dans le chapitre 4, la Loi LME revient cependant à la liberté des prix et autorise progressivement la réintégration des marges arrière dans le prix de vente.

[10] French J. et Raven B. (1959), *op. cit.*

[11] Butaney G. et Wortzel L. (1988), « Distributor power versus manufacturer power : the customer role », *Journal of Marketing*, Vol. 52, n° 1, pp. 52-63.

[12] Boulay J. et Chanut O. (2010), *Les réseaux de franchise*, La Découverte, Paris.

[13] Hunt S. et Nevin J. (1974), « Power in a channel of distribution : sources and consequences », *Journal of Marketing Research*, Vol. 11, n° 2, pp. 186-193.

encadré 7.2.

exemples d'items utilisés pour mesurer le pouvoir d'un distributeur

Comment un distributeur ressent-il le pouvoir dont dispose vis-à-vis de lui un fournisseur ? Pour essayer de répondre à cette question, il a été demandé à des distributeurs de réfléchir au fait que, pour distribuer et promouvoir un produit, ils doivent prendre un ensemble de décisions marketing et gérer un ensemble d'activités. Or, lors de la prise de décision, un distributeur peut être totalement autonome, devoir partager cette responsabilité avec un fournisseur, ou encore le fournisseur peut être totalement autonome. Les activités et décisions marketing listées sont les suivantes :

- choix du lieu géographique de vente ;
- établissement des objectifs de vente ;
- choix du prix de vente au client final ;
- choix de la politique de distribution envers le client (délai de livraison) ;
- choix de la formation des vendeurs pour commercialiser le produit ;
- latitude laissée au fabricant de vendre en direct son produit ;
- fixation des conditions de retour des produits ;
- choix des clients ;
- choix de la politique tarifaire (remise sur quantité aux clients) ;
- choix d'une campagne de communication commune avec le fabricant ;
- latitude laissée au fabricant de vendre par l'intermédiaire d'autres distributeurs ;
- réception des demandes des clients en vue de modifications des produits ;
- remises accordées par le fabricant ;
- fourniture de conseils au client avant la vente ;
- participation à des séminaires de vente organisés par le fabricant ;
- résolution des problèmes techniques soulevés par le client ;
- choix des stratégies et des politiques de vente.

Pour chacun des items, les distributeurs ont été invités à indiquer leur niveau perçu d'autonomie ou de responsabilité dans la prise de décision par rapport au fournisseur, ce qui a permis de mesurer un niveau relatif de pouvoir :

J'ai quasiment une responsabilité complète	J'ai plus de responsabilité que le fournisseur	Le fournisseur et moi avons autant de responsabilité	Le fournisseur a plus de responsabilité que moi	Le fournisseur a quasiment toute la responsabilité

Source : d'après Butanay et Wortzel (1988), *op. cit.*

- La seconde mesure associe le pouvoir à la dépendance. Dès le début des années 1960, Emerson défend l'idée selon laquelle le pouvoir n'est pas un état, mais une relation[14]. Ainsi, le pouvoir d'un distributeur sur un ou plusieurs de ses fournisseurs sera très variable selon les caractéristiques du fournisseur, mais aussi selon le contexte de la relation. Par exemple, lorsque Nintendo lance sa 3DS en limitant volontairement le nombre de consoles livrées par enseigne et par point de vente, le pouvoir de Carrefour vis-à-vis de Nintendo est plus faible que lorsque ce même groupe de distribution négocie avec La Cloche d'Or, PME spécialisée dans le fromage de chèvre ! La relativité du pouvoir conduit Emerson à proposer une définition de la dépendance, aujourd'hui largement reconnue en marketing inter-organisationnel : « La dépendance d'un agent A par rapport à un agent B est directement proportionnelle à l'intérêt investi par A dans des objectifs nécessitant l'intervention de B et inversement proportionnelle à la possibilité dont dispose A pour atteindre ces objectifs en dehors de sa relation avec B »[15]. Notons toutefois que la nature des liens entre pouvoir et dépendance donne lieu à controverses dans de nombreux travaux de recherche[16]. La dépendance dans le canal est due à la spécialisation fonctionnelle

[14] Emerson R. (1962), « Power-dependence relations », *American Sociological Review*, Vol. 27, n° 1, pp. 31-41.

[15] Emerson R. (1962), *op. cit.*

[16] Dans une remarquable synthèse sur les relations entre variables comportementales, Gaski a réfuté l'existence de liens clairs entre pouvoir et dépendance, ces deux notions ne pouvant *in fine* être envisagées séparément. Gaski J. (1984), « The theory of power and conflict in channels of distribution », *Journal of Marketing*, Vol. 47, n° 3, pp. 9-29.

des acteurs ; elle permet, d'un coté, des économies d'échelle mais renforce, d'un autre coté, l'interdépendance. Un minimum de coopération devient alors nécessaire. Notons toutefois que si dans les cultures et économies occidentales, la dépendance est subie, dans la culture chinoise, par exemple, la dépendance peut être considérée comme normale et ne crée pas forcément du pouvoir pour celui qui semble dominer. Le contexte culturel est donc à envisager dans l'analyse de la relation pouvoir-dépendance[17].

La mesure du pouvoir reste finalement peu satisfaisante. Dans les deux cas évoqués, elle porte en effet sur la perception du pouvoir exercé ou du pouvoir supporté, plutôt que sur le pouvoir lui-même. En outre, la notion de *leadership* est largement sous-estimée, alors qu'elle joue un rôle majeur dans la conduite (ou le pilotage) du canal de distribution, même si le pouvoir détenu à un instant t n'est pas nécessairement signe de *leadership*. Pour une meilleure compréhension, Mallen distingue dans les faits trois types de *leadership*[18] :

- **Le *leadership* autocratique**. Un *leader* détermine la politique à suivre et distribue les tâches, aucune décision n'étant prise en commun. Au sein du canal de distribution, une institution impose ses vues et oblige les autres institutions à « coopérer ».
- **Le *leadership* démocratique**. A l'inverse, les opinions de chacun sont prises en compte pour parvenir à une décision collégiale. Le *leader* du canal de distribution apporte un soutien actif aux autres membres.
- **Le *leadership* anarchique**. Chacun possède la liberté d'agir à sa guise, sans aucune directive de la part du *leader*. Dans une telle situation, Mallen estime que le canal de distribution finit par s'autodétruire[19].

Par nature, certaines formes de *leadership* semblent conduire à des situations conflictuelles. C'est, par exemple, le cas de certaines relations autocratiques nouées entre la grande distribution et les fournis-

[17] Zhuang G. et Zhou N. (2004), « The relationship between power and dependence in marketing channels : a Chinese perspective », *European Journal of Marketing*, Vol. 38, n° 5-6, pp. 675-693.

[18] Mallen B. (1967) « Conflict and cooperation in marketing channels » *in* Mallen B. (éd.), *Marketing channels : a conceptual viewpoint*, John Wiley & Sons, New York (NY), pp. 124-134.

[19] Mallen B. (1967), *op. cit.*

seurs de type PME. Un *leader* peut également s'imposer dans le canal de distribution grâce au contrôle de variables clé. Paché et des Garets mettent notamment en avant l'importance de l'information de pilotage et, plus généralement, du facteur logistique, dans le contrôle du canal[20]. Les distributeurs en ont pris conscience, il y a déjà plusieurs années, lors de la mise en place d'outils de recueil de l'information permettant de connaître de façon très fine les ventes de chacune des références dans chacun de leurs magasins[21]. Aujourd'hui encore, le contrôle de l'information se poursuit avec la constitution de gigantesques bases de données autorisant le suivi des achats de chaque client porteur d'une carte de fidélité.

L'ensemble de ces données a une valeur élevée pour les fournisseurs, qui sont alors conduits à les acquérir auprès des distributeurs. Une telle valeur est d'autant plus importante que les fournisseurs ont moins de contacts avec les points de vente. Lorsque ces informations sont de qualité, l'acquisition est justifiée pour affiner la politique marketing de l'entreprise. En revanche, lorsqu'elles sont approximatives, la pression des distributeurs à la vente auprès des fournisseurs relève de la vente forcée. La mise en place de *category manager*, dans le cadre de relations distributeur-industriel, redonne une place importante à certains producteurs de biens de grande consommation, les « capitaines de catégorie », qui apportent leurs compétences en matière d'assortiment et de *merchandising* aux points de vente[22]. Ces « capitaines de catégorie » sont la plupart du temps de très grandes entreprises, ce qui suscite de la part de l'autorité de la concurrence des inquiétudes quant aux risques d'entrave à la concurrence horizontale entre fournisseurs, le « capitaine » gérant l'ensemble du linéaire dans une catégorie de produits pour un distributeur.

---

[20] Paché G. et des Garets V. (1997), « Relations inter-organisationnelles dans les canaux de distribution : les dimensions logistiques », *Recherche et Applications en Marketing*, Vol. 12, n° 2, pp. 61-82.

[21] des Garets V. (1991), *Implantation et impact des nouvelles technologies dans l'entreprise de distribution : approche méthodologique et pratique*, Thèse de doctorat en Sciences de Gestion, Université des Sciences et Techniques du Languedoc-Montpellier 2.

[22] Benoun M. et Héliès-Hassid M.-L. (2003), *Distribution : acteurs et stratégies*, Economica, Paris, 3e éd.

§ 2. - le conflit dans les canaux de distribution

Pouvoir, dépendance et *leadership* sont à l'origine de la plupart des situations conflictuelles couramment rencontrées. Le conflit dans les canaux de distribution a fait l'objet d'un grand nombre de recherches, que ce soit traditionnellement dans la littérature à dominante anglo-saxonne, ou dans certaines recherches doctorales françaises[23]. Le conflit y est appréhendé soit comme une situation, soit comme un processus, justifiant par la suite une réflexion sur les modes de résolution les plus appropriés.

A. - le conflit comme situation

Stern et Heskett définissent le conflit comme une situation dans laquelle un membre du canal réalise qu'un autre membre a adopté un comportement qui l'empêche d'atteindre ses propres objectifs[24]. L'intensité du conflit est en grande partie fonction de l'incompatibilité des objectifs, de sujets de dissension et de perceptions divergentes de la réalité :

- L'**incompatibilité des objectifs** est évidente dans le paradigme transactionnel, avec la prise en compte de l'opportunisme des parties prenantes. Gassenheimer *et al.* montrent, dans le cadre de la franchise, que l'opportunisme dont fait preuve l'un des membres du

---

[23] Fernandez-Bonet D. (1999), *Conflit et coopération dans le canal de distribution: l'analyse du discours des acteurs comme révélateur des comportements stratégiques*, Thèse de doctorat en Sciences de Gestion, Université de la Méditerranée (Aix-Marseille II).
Manzano-Mannarelli M. (2000), *Le développement de la coopération entre les institutions du canal de distribution : le cas de l'évolution de la relation entre les producteurs et les grands distributeurs français*, Thèse de doctorat en Sciences de Gestion, Conservatoire National des Arts et Métiers.
Poirel C. (2003), *Les comportements de résistance dans le canal de distribution du livre en France : approche sociopolitique et stratégique*, Thèse de doctorat en Sciences de Gestion, Université de la Méditerranée (Aix-Marseille II).
Capo C. (2006), *Le contrôle des relations inter-organisationnelles dans le canal de distribution : étude de la grande distribution au Japon*, Thèse de doctorat en Sciences de Gestion, Université de la Méditerranée (Aix-Marseille II).
Dang V.-M. (2011), *Développement de la relation coopérative entre acteurs du canal marketing : le cas du Vietnam*, Thèse de doctorat en Sciences de Gestion, Université de Rennes I.

[24] Stern L. et Heskett J. (1969), « Conflict management in inter-organization relations : a conceptual framework » *in* Stern L. (éd.), *Distribution channels : behavioral dimensions*, Houghton Mifflin, Boston (MA), pp. 288-305. Pour une analyse de la contribution de Stern à l'analyse du conflit, le lecteur pourra se référer à des Garets V. (2001), *op. cit.*

canal met en péril sur le long terme les gains de l'entreprise avec laquelle il est en relation[25]. C'est pourquoi une diminution de l'opportunisme est fondamentale pour améliorer la performance du canal et la satisfaction de ses membres. La théorie de l'agence nous rappelle également l'existence de conflits lorsque le principal dépend d'un agent dans l'atteinte de l'un de ses objectifs. Cette situation est particulièrement présente dans le canal de distribution, par exemple dans les relations entre un PSL et un chargeur[26].

- Les **sujets de dissension** portent sur la définition des domaines respectifs de compétences des membres du canal. Les désaccords relèvent, par exemple, du choix de la clientèle visée, ou encore de la zone de chalandise. On retrouve ici des conflits fameux concernant l'existence d'une distribution duale[27], thème d'actualité avec la vente directe par Internet qui concurrence potentiellement un réseau de distribution plus traditionnel (voir l'encadré 6.2). Les désaccords relèvent également de la répartition des fonctions entre les membres du canal, avec la lancinante question de son *leadership*, sans oublier les divergences à propos des techniques marketing utilisées, comme le choix d'une politique EDLP de la part du producteur, contrariant la stratégie promotionnelle d'un distributeur.
- Enfin, le conflit naît parfois de **perceptions divergentes de la réalité** par les institutions du canal de distribution. Les fabricants ont une vision globale du marché, alors que les points de vente se réfèrent au consommateur, vision plus proche du terrain qui varie selon le contexte régional, voire local. Pras insiste par ailleurs sur l'importance de l'environnement perçu dans le développement éventuel de stratégies d'affrontement dans le canal[28]. Dans un environnement perçu comme stable, les divergences d'objectifs entre membres du canal sont mineures

---

[25] Gassenheimer J., Baucus D. et Baucus M. (1996), « Cooperative arrangements among entrepreneurs : an analysis of opportunism and communication in franchise structures », *Journal of Business Research*, Vol. 36, n° 4, pp. 67-79.

[26] Fulconis F., Paché G. et Roveillo G. (2011), *La prestation logistique : origines, enjeux et perspectives*, Editions Management & Société, Caen.

[27] Vanheems R. (2000), « L'extension du système de vente de l'entreprise et les transferts de clientèle », *in* Volle P. (éd.), *Etudes et recherches sur la distribution*, Economica, Paris, pp. 63-79.

[28] Pras B. (1991), « Stratégies génériques et de résistance dans les canaux de distribution : commentaires et illustration », *Recherche et Applications en Marketing*, Vol. 6, n° 2, pp. 111-123.

et à horizon court. Elles donnent plutôt lieu à des stratégies d'évitement. Dans un environnement plus turbulent, au contraire, les divergences vont s'inscrire dans le long terme, suscitant chez les institutions dominées de puissantes stratégies de résistance. Poirel étudie ces comportements de résistance dans le canal de distribution des livres en France[29]. Elle définit la résistance comme « la capacité d'un des membres du canal à garder la maîtrise de ses variables de décision stratégique qu'un autre membre cherche à influencer », et indique que les détaillants résistent aux éditeurs par le contrôle de leur assortiment et la rationalisation des processus logistiques.

encadré 7.3.

trois types de conflit dans les canaux de distribution

Un conflit peut apparaître non seulement dans les relations verticales inter-organisationnelles mais à tous les niveaux du canal de distribution. A la suite des travaux de Joseph Palamountain conduits dans les années 1950, on retient une classification des conflits désormais classique, construite autour de trois types :

- le **conflit horizontal** oppose deux institutions intervenant au même niveau du canal, par exemple deux grossistes interindustriels ;
- le **conflit inter-type** oppose deux institutions de type différent, par exemple un distributeur alimentaire et une franchise automobile ;
- le **conflit vertical** oppose deux institutions intervenant à différents niveaux du canal, par exemple un fabricant et un distributeur alimentaire.

Selon cette classification, la menace de déréférencement brandie par des acheteurs en centrale vis-à-vis de tel ou tel fournisseur relève du conflit inter-organisationnel vertical. Il en va de même pour les relations parfois tendues entre des commerçants associés et leur groupement d'affiliation (cas d'Intermarché), ou entre franchiseurs et franchisés.

---

29 Poirel C. (2003), *op. cit.*

B. - le conflit comme processus

Pour plusieurs auteurs, le conflit ne s'apparente pas seulement à une situation. Dans une perspective plus dynamique, il a des origines, un déroulement et une fin. En d'autres termes, il existe un « cycle de vie » du conflit, constituée d'épisodes successifs, ce qui permet de l'assimiler à un processus que Pondy décompose en cinq étapes[30]. Tout débute par un état **latent** d'incompatibilité d'objectifs, pour progresser vers un état de conflit **perçu**, puis **affectif** lorsque la tension et l'anxiété apparaissent. Le conflit devient ensuite **manifeste** (ou opérationnel) car les objectifs de certains membres sont clairement contrariés. Pour finir, il faut s'interroger sur ses **conséquences** positives ou négatives. Appliqué aux canaux de distribution par Rosenberg dès la fin des années 1960[31], ce processus a été repris par la suite dans de nombreux travaux. Il est présenté dans le schéma 7.1, inspiré d'Angelmar et Waldman[32]. On peut retenir de ce schéma que tout conflit passe par deux grandes phases : la perception et la manifestation. Chacun des membres du canal a d'abord conscience de la naissance d'un conflit. Puis, plus ou moins rapidement, celui-ci devient manifeste en étant révélé au grand jour.

---

[30] Pondy L. (1967), « Organizational conflict : concepts and models », *Administrative Science Quarterly*, Vol. 12, n° 3, pp. 296-320.

[31] Rosenberg L. (1969), *An empirical examination of the causes, level and consequences of conflict in a high stake distribution channel*, Unpublished doctoral dissertation, Ohio State University.

[32] Angelmar R. et Waldman C. (1975), « Les conflits dans les canaux de distribution », *Revue Française de Gestion*, n° 1, pp. 57-68.

schéma 7.1.

déroulement d'un conflit dans un canal de distribution en référence aux travaux de Rosenberg

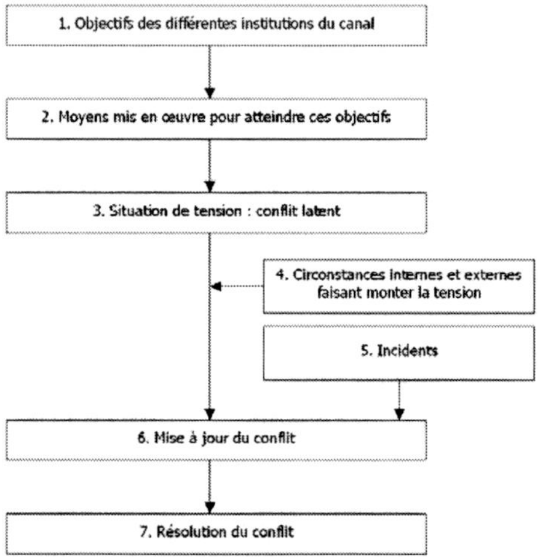

Source : d'après Angelmar et Waldman (1975), *op. cit.*

Définir un conflit est important, mais cela ne peut se substituer à la mesure de son intensité. Plusieurs tentatives ont été faites en ce sens depuis les années 1970. Dans cette abondante littérature[33], il semble pertinent de retenir la contribution de Rosenberg et Stern qui se réfère directement aux composantes précédemment signalées : la divergence entre les objectifs individuels des membres du canal, les désaccords dans la définition de leurs domaines respectifs de compétence et les différences de perception de la réalité[34]. Trois types de dyades ont été étudiés par les auteurs : fabricant / distributeur-intermédiaire, fabricant / détaillant et distributeur-intermédiaire / détaillant. Les résultats obtenus permettent de conclure que c'est la distance entre les perceptions réciproques des différents membres qui est le critère de mesure le plus adéquat : plus la distance est importante, plus le conflit sera important.

[33] Pour une excellente synthèse, voir Rosenbloom B. (2003), *Marketing channels : a management view*, South-Western, Cincinnati (OH), 7e éd.

[34] Rosenberg L. et Stern L. (1971), « Conflict measurement in the distribution channel », *Journal of Marketing Research*, Vol. 8, n° 4, pp. 437-442.

Par la suite, dans une recherche utilisant comme terrain le secteur automobile, Brown et Day ont proposé de mesurer le conflit à partir de trois variables descriptives : la fréquence, l'intensité du désaccord entre les membres du canal et l'importance des problèmes sur lesquels porte le désaccord[35]. Ils obtiennent une mesure globale du conflit, et non une mesure fondée sur chacune des composantes. L'analyse a été complétée par la classification de Magrath et Hardy, dont l'intérêt majeur est de repérer trois niveaux de conflit (voir le schéma 7.2)[36]. Quelle que soit la zone de conflit dans laquelle on se situe, il sera nécessaire d'envisager des modes de résolution les mieux adaptés.

schéma 7.2.

niveaux de conflit entre fabricants et distributeurs

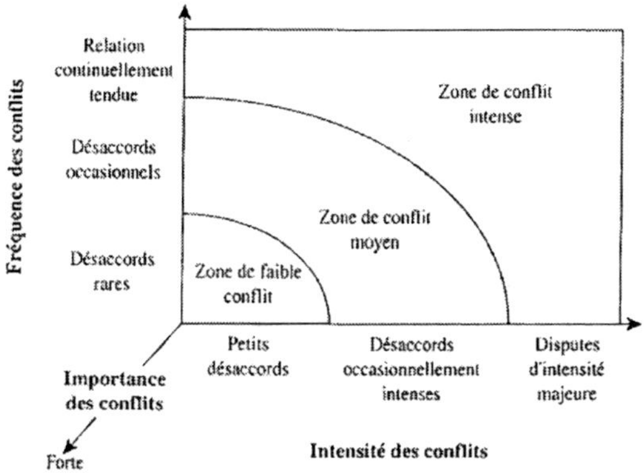

Source : d'après Magrath et Hardy (1988), *op. cit.*

§ 3. - les méthodes de résolution du conflit

Savoir sortir d'un conflit inter-organisationnel s'avère très important si l'on veut éviter la propagation d'effets destructeurs ou contre-productifs pour les membres du canal de distribution. Par exemple, un dis-

[35] Brown J. et Day R. (1981), « Measures of manifest conflict in distribution channels », *Journal of Marketing Research*, Vol. 18, n° 3, pp. 263-274.

[36] Magrath A. et Hardy K. (1988), *A strategic framework for diagnosing manufacturer-reseller conflict*, MSI Report n° 88-101, Marketing Science Institute, Cambridge (MA).

tributeur alimentaire déréférençant un important fabricant risque, à terme, de perdre des parts de marché si les consommateurs sont fortement attachés aux marques dudit fabricant et frustrés de ne plus les retrouver en magasin. On recense habituellement deux approches de résolution des conflits, fondées soit sur une intervention par anticipation, soit sur des stratégies comportementales[37].

La première approche suggère une intervention par anticipation, avant même que le conflit ne se manifeste, en favorisant les rapprochements par une meilleure compréhension mutuelle entre les acteurs[38]. Quatre processus sont proposés à cette fin[39] :

- **La création de positions de représentation**. Elle consiste à gérer les relations entre les institutions du canal en échangeant un grand nombre d'informations en amont et lors des négociations de référencement.
- **Les échanges de personnel**. Ils permettent à chacun des partenaires d'apprendre à travailler ensemble et à mieux se connaître, en jouant sur l'existence de « réseaux sociaux » (exemples de Walmart avec Procter & Gamble et Casino avec Nestlé).
- **La cooptation**. Elle consiste, pour l'entreprise dominant la relation et sentant naître une tension conflictuelle, à la désamorcer rapidement en améliorant le processus de consultation des autres entreprises.
- **Le recours à des associations professionnelles**. Elles constituent des lieux d'échange permettant des rapprochements, voire la mise en place de procédures de gestion communes (exemples de Gencod, à l'origine de la création d'un langage commun à l'industrie et au commerce autorisant la lecture optique et l'EDI, ou ECR France, créé en 2005 pour définir de bonnes pratiques communes[40]).

---

[37] Pelton L., Cooper M., Strutton D. et Lumpkin J. (2004), *Marketing channels : managing supply chain relationships*, Mc-Graw Hill, New York (NY), 3e éd.

[38] Strutton D., Pelton L. et Lumpkin J. (1993), « The influence of psychological climate on conflict resolution strategies in franchise relationships », *Journal of the Academy of Marketing Science*, Vol. 21, n° 3, pp. 207-215.

[39] Angelmar R. (1992), « Les conflits dans les canaux de distribution », *in* Helfer J.-P. et Orsoni J. (éds), *Encyclopédie du management*, Vuibert, Paris, Tome 1, pp. 285-297.

[40] ECR France est l'organisme paritaire qui rassemble les décideurs des industriels et distributeurs du secteur des produits de grande consommation, alimentaires et non-alimentaires. Il affiche comme mission de « définir et promouvoir les bonnes pratiques et les codes de bonne conduite dans la relation industriel-distributeur, pour mieux com-

La seconde approche fait directement appel à des stratégies comportementales. En effet, si certaines démarches sont mises en place en amont du conflit manifeste, nous savons que le conflit ne peut totalement être évité dans des relations d'échange entre institutions du canal de distribution, du fait même de leur interdépendance. Il s'agit donc, pour les parties prenantes, de gérer au mieux le conflit et sa sortie. Dant et Schul ont proposé une typologie de méthodes de résolution[41], en référence aux travaux de March et Simon[42]. Ils définissent quatre processus distincts, regroupés en deux grandes stratégies.

La **première stratégie** est qualifiée de stratégie de haut risque (*high-risk strategy*), ou encore de stratégie d'information intensive (*intensive information strategy*) par Coughlan *et al.*[43]. En effet, elle nécessite un échange important d'informations entre les membres du canal, compte tenu de l'existence d'un risque financier non négligeable, et semble plus favorable à une relation de long terme. Deux processus lui sont associés :

- **La résolution de problème.** Elle consiste à chercher ensemble une solution satisfaisante pour tous. Cette forme s'inscrit dans une perspective relationnelle fondée sur un bénéfice commun et une confiance réciproque, ce qui exige échange et partage d'informations. La GPA et le *pooling*, mis en place depuis plusieurs années entre des distributeurs et quelques-uns de leurs fournisseurs, relève de ce principe. La relation d'échange s'oriente alors vers la coopération.
- **La persuasion.** Elle se rapproche du processus précédent en matière d'échange d'informations. L'une des parties prenantes s'efforce de convaincre l'autre de modifier ses critères de décision ou de jugement à propos du sujet conflictuel. La persuasion peut cependant créer un sentiment d'insatisfaction chez l'une des parties, chose que l'on ne trouve pas dans la résolution de problème.

La **seconde stratégie** est qualifiée de stratégie de faible risque (*low-risk strategy*), ou encore de stratégie de rétention d'information (*protective-information strategy*) par Coughlan *et al.*[44]. En effet, la commu-

[41] Dant R. et Schul P. (1992), « Conflict resolution processes in contractual channels of distribution », *Journal of Marketing*, Vol. 56, n° 1, pp. 38-54.
[42] March J. et Simon H. (1958), *Organizations*, John Wiley & Sons, New York (NY).
[43] Coughlan A., Anderson E., Stern L. et El-Ansary A. (2006), *op. cit.*
[44] Coughlan A., Anderson E., Stern L. et El-Ansary A. (2006), *op. cit.*

nication et l'échange d'informations entre les membres du canal sont aussi réduits que possible. Là aussi, deux processus lui sont associés :

- **La négociation**. Envisagée lors d'un conflit, elle est de nature distributive. Les protagonistes sont engagés dans un « jeu à somme nulle », il n'existe pas d'objectifs qui leur soient communs. Des informations en nombre réduit sont échangées et les concessions faites apparaissent de pure forme.
- **L'intervention d'une tierce partie**. Un médiateur neutre va tenter de trouver une solution politique au conflit. Pour cela, il envisage avec les partenaires de l'échange des alternatives possibles, en fournissant une expertise extérieure au problème.

La gestion du conflit revêt une dimension d'autant plus importante que le sentiment d'injustice ressenti par l'une des parties en présence peut altérer les relations futures. Kaufmann et Stern ont notamment proposé un modèle qui démontre l'influence majeure des normes d'échange dominantes (solidarité, respect des fonctions et partage des résultats) sur la perception d'une éventuelle injustice, elle-même entraînant une relative rancœur suite au conflit[45]. La gestion du conflit se situe ici au-delà du simple échange transactionnel (ponctuel) et souligne, en tant que processus, l'importance de la confiance dans l'attribution à l'autre partie d'un comportement constructif.

Ajoutons que pour certains auteurs, le conflit peut même engendrer une dynamique positive dans le fonctionnement du canal[46]. Il est entendu qu'un faible niveau de conflit ne peut faire évoluer le canal tandis qu'un niveau très élevé risque de réduire sa performance, voire entraîner la propagation d'effets entropiques destructeurs. En revanche, un niveau modéré de conflit conduira souvent à une réflexion poussée sur l'amélioration des modes de fonctionnement du canal de la part des institutions qui le constituent. Ceci les amènera à définir, le cas échéant, de nouveaux terrains de coopération.

---

[45] Kaufmann P. et Stern L. (1988), « Relational exchange norms, perceptions of unfairness and retained hostility in commercial litigation », *Journal of Conflict Resolution*, Vol. 32, n° 3, pp. 534-552.

[46] Sur ce point, voir Fernandez-Bonet D. (1999), *op. cit.*

section II
modalités de la coopération au sein du canal

Depuis quelques années, des responsables d'entreprises industrielles spécialisées dans les produits de consommation courante, mais aussi des responsables de grands distributeurs, tiennent un nouveau discours, beaucoup plus enclin à souligner les bienfaits d'une coopération verticale. Cependant, si le mot de coopération est souvent prononcé, il s'avère excessif d'en généraliser l'usage car les enjeux de pouvoir restent très présents. S'intéressant au domaine de la logistique, Paché préfère d'ailleurs évoquer la présence simultanée de logiques de compétition et de coopération, et quand cette dernière émerge, il s'agit sans doute plus d'une « coordination améliorée des flux » que d'une véritable stratégie coopérative[47]. Un certain nombre de recherches récentes en logistique évoquent d'ailleurs la notion de coopétition pour souligner le dualisme des registres relationnels[48]. Les membres du canal se coordonnent pour certaines activités, par exemple en matière de GPA, d'ECR ou de *pooling*, mais des zones de conflit subsistent quant au partage de la valeur ajoutée, ou au contrôle de l'information fondamentale pour la prise de décision politique et stratégique[49].

La coordination cherche en fait à améliorer la gestion des transactions entre membres du canal de distribution, ce qui nécessite une relative compatibilité entre leurs modes de fonctionnement, notamment grâce à des échanges réguliers de données ; ses formes d'application varient en fonction du type d'organisation du « système marketing vertical » (voir l'encadré 7.4). La coopération va au-delà de l'interdépendance puisque les membres du canal vont définir ensemble un projet productif de long terme dont la concrétisation exige un certain niveau de confiance, à la fois dans les compétences de l'autre et dans le respect

[47] Paché G. (2002), « L'évolution des relations logistiques entre industriels et détaillants : coopération ou simple coordination ? », *Gestion 2000*, Vol. 18, n° 1, pp. 109-124.

[48] Kotzab H. et Teller C. (2003), « Value-adding partnerships and co-opetition models in the grocery industry », *International Journal of Physical Distribution & Logistics Management*, Vol. 33, n° 3, pp. 268-281.

[49] Poirel C. et Bonet Fernandez D. (2007), « La chaîne logistique, un concept alternatif au canal de distribution pour étudier les relations entre clients et fournisseurs », *in* Paché G. et Spalanzani A. (éds.), *La gestion des chaînes logistiques multi-acteurs : perspectives stratégiques*, Presses Universitaires de Grenoble, Grenoble, pp. 163-184.

de ses engagements. Les travaux récents sur les relations inter-organisationnelles placent ce concept de confiance au centre des réflexions[50]. Nous analyserons d'abord les conditions favorables à l'émergence de la coopération dans le canal de distribution, pour envisager ensuite quelques terrains possibles d'application. Pour terminer, nous signalerons que le consommateur final se présente comme un facteur puissant d'incitation au rapprochement entre industriels et distributeurs, dans le cadre d'une « économie servicielle »[51].

encadré 7.4.

modes de coordination et types d'organisation du canal

L'analyse des modes de coordination, comme étape préalable à la coopération, renvoie directement aux types d'organisation des systèmes marketing verticaux rappelés dans l'encadré 4.3. Si l'on fait abstraction des canaux traditionnels, marqués par l'indépendance entre institutions et l'absence totale de coordination entre elles, trois autres types de canaux sont envisageables :

- Dans le cadre du **canal administré**, les institutions peuvent avoir des objectifs différents et poursuivre des buts propres, mais il existe un minimum de coordination nécessaire. Le canal sera par exemple « dirigé » par le fabricant lorsqu'il spécifie la manière de présenter ses produits à la vente, ou par le distributeur lorsqu'il impose au fabricant tel ou tel mode de coordination des flux dans la prise de commande, le réassortiment en flux tendus, etc.
- Dans le cadre du **canal contractuel**, le pouvoir de coordination du *leader* est explicité par un contrat formel liant les institutions pour une durée déterminée. Cette formalisation a pour objectif de stabiliser le mode de coordination le plus souhaita-

[50] Deux synthèses sont le sujet sont particulièrement éclairantes :
Donada C. et Nogatchewsky G. (2007), « La confiance dans les relations interentreprises : une revue des recherches quantitatives », *Revue Française de Gestion*, n° 175, pp. 111-124.
Ackrout W. et Ackrout H. (2011), « La confiance en B to B : vers une approche dynamique et intégrative », *Recherche et Applications en Marketing*, Vol. 26, n° 1, pp. 59-80.

[51] Moati P. (2011), *La nouvelle révolution commerciale*, Editions Odile Jacob, Paris.

ble. Les coopératives de détaillants, les chaînes volontaires initiées par les grossistes ou encore la franchise constituent trois formes contractuelles.
- Dans le cadre du **canal intégré**, enfin, une institution prend en charge l'ensemble des fonctions transactionnelles et logistiques, de la production jusqu'à la distribution au consommateur final, en procédant à une coordination par intégration verticale. Celle-ci s'effectue vers l'amont lorsqu'elle est le fait du distributeur, et vers l'aval lorsqu'elle est le fait d'un fabricant voulant développer son propre réseau de distribution.

§ 1. – conditions favorables à une coopération verticale

Les relations d'échange entre industriels et distributeurs sont aujourd'hui largement influencées par des facteurs d'environnement internes et externes. Certains d'entre eux constituent des conditions favorables à la mise en place de stratégies coopératives :

- distributeurs alimentaires et fabricants de biens de grande consommation sont peu nombreux, ils forment un oligopole bilatéral comme signalé dans le chapitre 4, ce qui les rend de plus en plus dépendants les uns des autres (ou co-dépendants), les premiers pour constituer leur assortiment, les seconds pour écouler leur production ;
- le taux d'inflation a fortement chuté ces vingt dernières années dans les pays occidentaux, par rapport à ce qu'il fut dans les années 1980, ce qui enlève beaucoup d'intérêt financier à la constitution de stocks de précaution (ou d'opportunité) de la part des distributeurs ;
- les MDD occupent une place croissante dans l'assortiment, ce qui apporte une marge plus élevée aux distributeurs et une différenciation de l'image des magasins mais exige, en parallèle, de s'appuyer sur l'expertise industrielle de fabricants façonniers ;
- des outils informatiques et statistiques puissants permettent de traiter des volumes d'information élevés dans des entrepôts de données (*data warehouses*), ce qui doit améliorer le pilotage global des opérations marketing et logistiques à condition d'être partagés entre membres du canal.

Selon que l'on se place du côté des industriels ou du côté des distributeurs, les enjeux de la coopération sont différents :

- **Les enjeux de la coopération verticale pour les producteurs.** A ce niveau, il est nécessaire de distinguer les grandes entreprises des PME, largement plébiscitées par le commerce moderne. Pour les grandes entreprises, entrer dans une logique de coopération doit conduire à une présence de qualité sur l'ensemble des marchés de consommation, tout en réduisant les coûts de distribution ; une plus grande efficacité marketing passera ici par un meilleur suivi des ventes magasin par magasin. Pour les PME, l'objectif est plutôt d'accéder au vaste marché de la grande distribution à un coût marketing et logistique raisonnable, en espérant saisir l'opportunité de développer sensiblement les ventes. Senoble, PME à l'origine spécialisée dans le Brie de Melun au milieu des années 1980, et aujourd'hui n° 3 sur le marché des produits frais en France, en constitue un bon exemple.
- **Les enjeux de la coopération verticale pour les distributeurs.** Pour espérer fidéliser sa clientèle, tout distributeur se doit de lui offrir les produits phares du marché, à fort contenu innovant, et proposés généralement par de grands fabricants. Mais la recherche d'une différenciation en termes d'image nécessite de compléter l'assortiment par des produits régionaux ou typiques. Voilà sans doute pourquoi les PME fournissent en France plus de 54 % du chiffre d'affaires de la distribution à dominante alimentaire à travers leurs propres marques ou sous MDD, et que la part des références issues de PME dans les linéaires des produits de grande consommation est passée de 23 à 28 % entre 1999 et 2008[52]. Cette stratégie d'image, qui s'inscrit dans un contexte de saturation des marchés, d'intensification de la concurrence et de volatilité du consommateur[53], réclame la mise en œuvre de nouveaux registres relationnels où le rapport de force continu n'est plus souhaitable.

La perspective qu'il est possible d'adopter vis-à-vis de stratégies coopératives dépend ainsi fortement de la taille et de la puissance économique des fournisseurs sélectionnés, puis référencés. Et si les propos de nombreux distributeurs font apparaître une volonté de « partenariat » avec certaines PME, c'est d'abord dans un objectif de création d'un

---

52 Résultats d'une enquête citée dans *Le Figaro*, 31 mars 2010.

53 Tordjman A. (1999), « De la confrontation à la coopération », *Revue Française de Gestion*, n° 124, pp. 112-114.

contre-pouvoir par rapport aux grandes entreprises industrielles (voir l'encadré 7.5), ce qui rejoint les analyses conduites dans le chapitre 4. Plusieurs expérimentations ou chantiers en cours témoignent cependant de profonds changements depuis quelques années. De plus en plus systématiquement, les membres d'un canal de distribution réfléchissent ensemble sur la façon de réduire les coûts globaux de fonctionnement et améliorer les bénéfices joints en référence à la valeur créée ; la création d'ECR France en 2005 va dans ce sens.

encadré 7.5.

le partenariat avec les PME vu par Auchan

Confiance, partage, progrès. Les trois valeurs dont se réclame ouvertement Auchan ne sont pas seulement préconisées au sein de l'enseigne. Pour son président et fondateur, Gérard Mulliez, elles doivent aussi guider les rapports avec les 7.200 PME qui livrent ses magasins. « La relation avec ses fournisseurs, Auchan la construit depuis très longtemps, explique Philippe Baroukh, directeur général des hypermarchés en France ». Philippe Baroukh se félicite des relations entre les PME et les équipes de marketing d'Auchan ; « Avec certains produits, on se "ringardise" très vite. Un patron de PME est souvent un créateur qui a fabriqué un produit à succès. Mais il ne cherche pas à se structurer sous l'angle du marketing ou de la veille. Du coup, il peut être pris à contre-pied du jour au lendemain. A l'affût des marchés, notre équipe marketing est en mesure de lui indiquer les tendances : attention à la confiture avec tel pourcentage de sucre, avec tel fruit, avec tel packaging... ».

Au-delà des conseils occasionnels, les PME peuvent compter sur Auchan pour disposer de données sur le marché des produits alimentaires. Christian Delesalle, chargé des partenariats et des PME, leur communique ces informations deux fois par an. « La plupart de ces entreprises fonctionnent sur un seul territoire, sur une seule région ou pour quelques magasins, explique-t-il. Pour des raisons de coût, elles ne peuvent disposer des données qui concernent le marché. Avec le panéliste IRI, Auchan a prévu de leur fournir le résultat des études des "sorties de caisses". A l'échelle régionale, les PME connaîtront ainsi la performance de leurs produits par rapport aux autres ainsi que les prix de vente dans les magasins des différentes enseignes ».

A la suite de la consultation de 700 fournisseurs, Auchan a mis en place un baromètre de ses relations avec les PME. Ces dernières ont salué la fidélité, le respect des engagements, la compétence des acheteurs. Elles regrettent en revanche le manque de visibilité (auquel l'enseigne a remédié avec son offre de chiffres semestriels) et une disponibilité insuffisante. « L'attente majeure des PME, souligne Philippe Baroukh, c'est d'être accueillies dans nos linéaires. Nous avons proposé d'améliorer leur présence en facilitant la relation avec nos acheteurs. Sous réserve, toutefois, de la suppression des accords de gamme, qui avantagent les fournisseurs les plus puissants ».

Source : d'après http://lexpansion.lexpress.fr, consulté le 26 mai 2011.

§ 2. - les terrains de la coopération verticale

Ces dix dernières années, la coopération verticale au sein des canaux de distribution est apparue simultanément dans trois principaux domaines : les flux d'information, les flux de produits et la formulation d'un système de gestion orienté client. L'objectif général consiste à accroître la fluidité du canal de distribution tout en apportant une réponse rapide et efficace à la demande émanant des consommateurs.

A. - la coopération au niveau des flux d'information

La prise de décision marketing est construite sur une bonne connaissance du marché et des réactions des consommateurs aux propositions des entreprises. Elle repose sur l'analyse d'un grand nombre de données qu'industriels, distributeurs, voire grossistes, possèdent chacun pour partie. A ce titre, l'échange entre eux d'informations marketing et logistique revêt une dimension critique pour un fonctionnement efficace de l'ensemble du canal de distribution. Il n'est donc pas surprenant que l'un des premiers terrains de la coordination, puis de la coopération, reste celui des flux d'information ; Walmart, le plus puissant distributeur mondial, a d'ailleurs montré la voie dans les relations d'échange nouées avec ses fournisseurs (voir l'encadré 7.6).

encadré 7.6.

Walmart : des moyens importants pour échanger avec les fournisseurs

Walmart a construit sa réussite autour de l'information, et plus particulièrement la mise en œuvre de systèmes d'information collaboratifs. Dès 1983, il est le premier distributeur à généraliser la lecture des codes-barres dans ses points de vente, puis à utiliser dès 1987 la communication par satellite entre les magasins et le Siège, localisé à Bentonville (Arkansas). En 1990, il acquiert un *data warehouse*, aujourd'hui encore l'un des plus puissants du monde, pour stocker des trillions de données. Depuis lors, quelques dates clé témoignent de la continuation du processus :

- **1992** : l'entreprise déploie le portail Retail Link pour partager les données de ventes des magasins avec les fournisseurs, aujourd'hui obligés de l'utiliser.
- **2000** : l'entreprise est l'un des premiers utilisateurs des catalogues électroniques pour simplifier le référencement et réduire les erreurs.
- **2005** : l'entreprise se substitue directement aux fournisseurs pour le marquage des produits avec les étiquettes EPC.
- **2010** : l'entreprise met en place une traçabilité totale de tous les produits textiles en s'appuyant sur des tags RFID amovibles lus par un lecteur UHF portable.

Les atouts que Walmart met en avant sont une faible résistance au changement (pourtant observée par d'autres) et un échange régulier d'informations avec les fournisseurs : l'entreprise a créé la Knowledge Colony, base de données d'un volume de 20 terabytes, accessible aux fournisseurs *via* le Retail Link, système d'échanges sécurisé qui empruntent les Intranet et Internet. Chaque gain de productivité dans la chaîne logistique est répercuté en réduction de prix des produits au service de la stratégie EDLP. Le mot d'ordre de Walmart est simple : communiquer !

Source : d'après *Points de Vente*, 27 mai 1998, et http://pierre.georget.over-blog.com/article-28261660.html, consulté le 5 août 2011.

L'évolution vers des systèmes d'information collaboratif est liée au passage d'un marketing de la transaction à un marketing de la relation dans lequel coopération et interdépendance succèdent au face-à-face purement conflictuel[54], et pour lequel la confiance devient un élément clé. Celle-ci repose en particulier sur un échange d'informations complètes et fiables entre acteurs. Mohr et Spekman soulignent ainsi l'importance cruciale de la communication dans la réussite d'un partenariat[55]. Ils la mesurent à travers, d'une part, la satisfaction des partenaires, d'autre part, les ventes réalisées par les membres de la dyade. Pour les auteurs, un partenariat réussi dépend à la fois de la qualité de la communication, de l'étendue des informations échangées et de la participation active des partenaires au processus. Les informations échangées sont aussi bien de nature quantitative que qualitative :

- **quantitatives**, elles aident à la prévision des ventes et à l'organisation de la production et de la distribution physique ;
- **qualitatives**, elles sont un soutien précieux au lancement d'un nouveau produit ou à la mise en place d'actions marketing.

Le cas des relations entre industriels et distributeurs illustre parfaitement l'importance de la mise en place d'un langage commun et d'un outil de communication pour améliorer le pilotage des flux physiques (voir le chapitre 5). Le langage commun a été défini à partir du milieu des années 1980 par l'association Gencod, qui rassemble des distributeurs et des industriels ; il s'est appuyé sur un outil de communication de type EDI, dénommé en France Allegro, et jouant le rôle de centre serveur de messagerie. Les informations échangées ont d'abord porté, lors du lancement du service en 1989, sur des bons de commandes avant d'inclure, après évolution du cadre juridique, des fiches produits et des factures. Les avantages du système sont de trois ordres :

- un **raccourcissement du délai entre commande, livraison et facturation**, d'où une diminution des stocks à tous les niveaux du canal (organisation *quick response*) ;

---

[54] Gruen T. (2005), « Marketing relationnel : réflexions et leçons sur une décennie », *Revue Française du Marketing*, n° 202, pp. 71-82.

[55] Mohr J. et Spekman R. (1994), « Characteristics of partnership success : partnership attributes, communication behavior and conflict resolution techniques », *Strategic Management Journal*, Vol. 15, n° 2, pp. 135-152.

- une **forte réduction des erreurs et des litiges**, les écarts entre quantités commandées, facturées et livrées n'ayant plus lieu d'être, suite à la suppression des saisies multiples ;
- une **diminution des coûts administratifs de gestion des ordres**, la circulation papier de multiples documents n'étant plus nécessaire.

En complément, le partage d'informations plus qualitatives débouche potentiellement sur un grand nombre de terrains de coopération, à l'image du lancement de nouveaux produits. L'encadré 7.7 donne deux exemples emblématiques, impliquant des PME à fort potentiel d'innovation. Mais dans de telles opérations, le fabricant dévoile au distributeur la composition de sa chaîne de valeur, en lui donnant accès de ce fait à la structure de ses coûts. Une pression à la baisse sur les tarifs des autres produits fabriqués par le même fabricant est alors envisageable. Il faut donc se garder de tout angélisme dans l'analyse des stratégies coopératives émergentes !

encadré 7.7.

deux exemples de coopération entre Casino et des PME pour le lancement de nouveaux produits

Ethical Coffee Company (ECC) s'est associé au distributeur Casino pour lancer une capsule biodégradable moins chère que la célèbre capsule Nestlé pour les machines Nespresso. Un partenariat a été signé en septembre 2008 entre les deux entreprises en vue de développer ce produit, finalement mis sur le marché (avec succès) en mai 2010. En septembre 2011, les ventes de la capsule ont été étendues à la Suisse et à l'Allemagne. Le fabricant de cintres Laguelle a également développé, en partenariat avec Casino, un nouveau produit sous MDD. Il s'agit d'un cintre bicolore ne « marquant » pas les vêtements. Le succès a été tel que Laguelle a ensuite créé, avec cette même technique, une gamme de pinces à linge vendues, cette fois, sous sa propre marque.

Source : d'après *LSA*, 13 avril 2002, *Le Figaro*, 31 mars 2011, et http://magazine-decideurs.com, consulté le 25 juillet 2011.

Internet a, de son côté, très fortement influencé la gouvernance des relations au sein du canal de distribution. L'impact a été double, à la fois sur le canal transactionnel et sur le canal logistique :

- Au niveau du **canal transactionnel**, les achats ont été profondément modifiés avec l'apparition des enchères inversées présentées dans le chapitre 4. Comparée à une enchère traditionnelle, l'enchère inversée cherche à faire baisser les prix en étant proposée par l'acheteur, et non le vendeur[56]. Le prix se positionne comme le paramètre essentiel de la négociation, ce qui crée sur les fournisseurs une lourde pression. Les enchères inversées renvoient à une démarche totalement transactionnelle dans la mesure où elles sont centrées sur des relations de court terme ; les fournisseurs sont en compétition entre eux, et l'interface ne se fait plus seulement de manière verticale dans un face-à-face fournisseur-distributeur.
- Au niveau du **canal logistique**, Internet a progressivement remplacé le simple EDI des années 1980. L'échange d'informations est renforcé, des zones de coopération se développent. Le partage des données commerciales est facilité, apportant de ce fait plus d'efficacité dans le pilotage de la chaîne logistique[57], notamment en réduisant l'effet *bullwhip* selon lequel une faible variation de la demande en magasin s'amplifie au fur et à mesure qu'elle remonte la chaîne logistique vers les fournisseurs, rendant leur activité de prévision de la production difficile. Cet effet a deux origines : les achats par à-coups liés aux politiques promotionnelles (voir le chapitre 6), et les ajustements de prévision de vente à chacune des étapes de la chaîne logistique.

Quoi qu'il en soit, le volume d'informations accessibles aux membres d'un canal de distribution, quantitatives comme qualitatives, s'avère désormais immense. Que ces données proviennent des fabricants, des distributeurs ou de sociétés de panel, le défi majeur pour les entreprises est leur maîtrise marketing afin d'orienter au mieux les stratégies choisies. Ceci ne pourra se faire sans un effort minimum de concertation et

[56] Boulay J., de Faultrier B. et Vlad M. (2010), « Internet et canal de distribution : de l'évolution des pratiques à de nouveaux équilibres de pouvoir », *Revue des Sciences de Gestion*, n° 242, pp. 29-38.

[57] Lancaster S., Yen D.-C. et Ku C. (2006), « E-supply chain management : an evaluation of current Web initiatives », *Information Management & Computer Security*, Vol. 14, n° 2, pp. 167-184.

de « mise à plat », même si une totale transparence des systèmes d'information paraît peu probable à court terme.

B. - la coopération au niveau des flux de produits

L'organisation et la gestion des flux de produits sont un terrain de coopération complémentaire à celui concernant les flux d'information. Les développements récents en termes de *supply chain management* (SCM) mettent particulièrement l'accent sur le nécessaire « rapprochement » entre les entreprises qui nouent des relations logistiques dans le processus de mise à disposition des produits à un client intermédiaire ou final. Sur un plan conceptuel, le SCM fait référence à un niveau de coordination situé entre le marché et la hiérarchie ; il renvoie indirectement à la notion de canal administré, coordonné par un *leader* qui prend en charge son organisation globale tout en confiant l'exécution de certaines fonctions à d'autres institutions[58]. Sur un plan opérationnel, le SCM introduit des ruptures majeures par rapport au mode de pensée traditionnel fondé sur la transaction plutôt que la relation. Le tableau 7.1, proposé par Cooper et Ellram, en fournit les principaux points clé[59].

---

[58] des Garets V. (2000), « Les relations distributeur-fabricant et les modalités de leur coordination », *in* Fabbe-Costes N., Colin J. et Paché G. (éds.), *Faire de la recherche en logistique et en distribution ?*, Vuibert-Fnege, Paris, pp. 109-126.

[59] Cooper M. et Ellram L. (1993), « Characteristics of supply chain management and the implications for purchasing and logistics strategy », *International Journal of Logistics Management*, Vol. 4, n° 2, pp. 13-24.

tableau 7.1.

comparaison entre l'approche traditionnelle et l'approche SCM

Elément	Approche traditionnelle	Approche SCM
Prise en compte des stocks	Gestion indépendante par chacune des institutions	Gestion globale intégrée par l'ensemble des institutions
Prise en compte des coûts	Minimisation des coûts de chacune des institutions	Minimisation des coûts pour l'ensemble des institutions
Perspective temporelle	Court terme	Long terme
Organisation de l'échange	Fondée sur la transaction	Relation continue et durable
Fréquence des contacts entre les différentes institutions	Un seul contact lié à la transaction en cours	Multiples contacts à différents niveaux organisationnels
Compatibilité dans les philosophies d'entreprise	Inutile	Forte, au moins pour les principales relations
Nombre de fournisseurs	Très important, pour élargir la concurrence et réduire les risques	Réduit, pour améliorer la coordination
Partage des risques et des bénéfices	Chacun pour soi	Partage à long terme
Gestion des opérations logistiques	« Orientation entrepôt » (stockage, constitution de stocks de sécurité) Discontinuité des flux	« Orientation plate-forme » (rotation rapide des stocks) Fluidité des flux s'appuyant sur le *quick response*

Source : d'après Cooper et Ellram (1993), *op. cit.*

L'originalité de la démarche SCM est d'insister sur la capacité de l'ensemble des entreprises verticalement liées entre elles à répondre de manière efficace aux variations brusques de la demande, en faisant ainsi preuve d'une grande réactivité. Sabath prend l'exemple de sociétés nord-américaines produisant des vêtements de sport qui réussissent à s'adapter aux comportements d'achat instables des consommateurs induits par les résultats sportifs, en progression ou en régression, de leur équipe préférée[60]. Les modifications de la demande sont immédiatement transmises par les points de vente au fabricant, qui les intègre dans l'organisation de la production, puis livre dans de très brefs délais grâce à un système performant de transport, d'entrepôts et plates-formes.

[60] Sabath R. (1998), « Volatile demand calls for quick response : the integrated supply chain », *International Journal of Physical Distribution & Logistics Management*, Vol. 28, n° 9-10, pp. 698-703.

Il est possible de distinguer deux niveaux de collaboration dans la gestion des flux : un niveau opérationnel et un niveau stratégique[61]. Là aussi, la réalité des stratégies dites coopératives est parfois différente des modèles idéaux que la littérature académique diffuse largement. Au niveau opérationnel, des collaborations poursuivent un objectif de court terme, par exemple l'optimisation de la logistique d'une opération promotionnelle chez un distributeur (la « semaine de la Chine », par exemple). Au niveau stratégique, en revanche, les changements organisationnels seront profonds, surtout lorsque l'un des membres du canal délègue certaines opérations à un autre membre ; c'est le cas de la GPA et des politiques de *pooling* industriel (voir le tableau 7.2).

tableau 7.2.

SCM : impacts opérationnels et bouleversements stratégiques

Impacts opérationnels de la mise en place d'un SCM	• Collaboration sur le *packaging* • Collaboration sur des promotions ou dans la formulation de la politique de communication • Lancement d'un produit exclusif pour une enseigne ou sous MDD
Conséquences stratégiques de la mise en place d'un SCM	• Gestion multi-acteurs des assortiments • Implantation d'une gestion partagée des approvisionnements (GPA), puis d'un *pooling* industriel • Implantation d'un système coopératif de planification, prévision et réapprovisionnement (CPFR)

La gestion de l'assortiment a longtemps été un domaine réservé du distributeur, mais la démarche SCM, qui adopte une vision globale des flux, remet en cause une telle approche. Lorsque l'assortiment se gère par catégories (ou univers) de produits, répondant à un même besoin du consommateur, et non plus par types de produits, le fournisseur peut naturellement être amené à prendre une part active dans la définition de l'organisation d'un univers, puis dans son approvisionnement. La GPA, dont les principaux aspects techniques ont été évoqués dans le chapitre 5, s'inscrit dans cette logique. Notons toutefois que si la GPA semble séduisante pour améliorer la performance du canal de distribution, tous les distributeurs ne sont pas prêts à l'implanter, ou alors veulent l'implanter de manière très sélective, toujours pour protéger la confidentialité des données jugées

[61] des Garets (2000), *op. cit.*

stratégiques. De leur côté, les PME ne sont pas toujours prêtes à s'insérer dans des démarches de GPA pour des questions de volume.

La GPA est désormais complétée par la gestion mutualisée des approvisionnements (GMA), dans laquelle deux types de mutualisation sont possibles : le *multipick* et le *multidrop*. Le ***multipick*** consiste en une consolidation de livraisons de plusieurs producteurs ou usines vers un même point de livraison (centre de distribution ou point de vente) ; elle est réalisée grâce à des enlèvements successifs des produits auprès des différentes usines ou des multiples entrepôts concernés. Le ***multidrop*** est, à l'inverse, une consolidation à partir d'un même point de départ des livraisons vers plusieurs points d'arrivée d'une même région ou d'un même client. Ce système a été adopté à la fois par des fournisseurs et des distributeurs : Henkel, Colgate et Reckitt-Benckiser ont décidé de réunir leurs moyens logistiques, permettant la livraison groupée de quelque 800.000 palettes par an de produits détergents et d'entretien. Wrigley, avec ses marques Freedent, Airwaves, Hubba Bubba et Eclipse, confie depuis 1987 la commercialisation exclusive de ses produits à Solinest, distributeur d'une vingtaine de marques de confiseries, dont Ricola. Depuis 2004, Solinest est le PSL de Wrigley et gère donc pour son compte la GPA[62].

Depuis le début des années 2000, la coopération dans la chaîne logistique a tenté de franchir un nouveau palier avec la mise en place de systèmes coopératifs de planification, prévision et réapprovisionnement fondés sur l'anticipation la plus exacte possible de la demande des consommateurs[63]. D'abord développé outre-Atlantique, le système CPFR (pour *collaborative planning, forecasting and replenishment*) s'appuie sur un modèle d'affaires commun aux industriels et aux distributeurs et suppose, en amont, la construction de relations d'échange étroites et durables fondées sur l'engagement et la confiance entre partenaires, et plus seulement une volonté ponctuelle de meilleure coordination des flux. Si, lors de son lancement en 1995, beaucoup d'observateurs fondaient de grands espoirs sur le CPFR pour améliorer le fonctionnement de la chaîne logistique, il semble que les désillusions soient aujourd'hui nombreuses[64].

---

[62] *Points de Vente*, 3 mai 2010.

[63] Stank T., Daugherty P. et Autry C. (1999), « Collaborative planning : supporting automatic replenishment programs», *Supply Chain Management : An International Journal*, Vol. 4, n° 2, pp. 75-85.

[64] Lapide L. (2010), « A history of CPFR », *Journal of Business Forecasting*, Vol. 29, n° 4, pp. 29-31.

tableau 7.3.
bénéfices attendus d'un système coopératif de planification, prévision et réapprovisionnement

Changements induits par le réapprovisionnement automatique	Résultats attendus du réapprovisionnement automatique
• Cycles de production raccourcis	• Réduction des coûts
• Expéditions fractionnées	• Réduction du niveau des stocks
• Livraisons fréquentes	• Accélération de la rotation des stocks
• Exécution des commandes plus prévisible	• Accroissement / amélioration du service client
• Différenciation retardée	• Faiblesse des ruptures en magasin
• Relations plus détendues avec les réceptionnaires des chargements	• Réduction des dommages aux produits • Amélioration de la fiabilité des livraisons

Source : d'après Stank *et al.* (1999), *op. cit.*

En suivant le « cycle de frénésie » proposé par le cabinet américain Gartner Group, on peut décrire l'évolution du CPFR en trois grandes étapes[65]. La **première étape** est le « signal du départ », au milieu des années 1990, avec quelques expériences prometteuses ; par exemple, en juin 1998, aux Etats-Unis, Nabisco et les supermarchés Wegmans Foods Markets lancent un test de système coopératif de planification, prévision et réapprovisionnement sur 22 références de cacahuètes. Après six mois d'échanges de données permettant le transfert des plans promotionnels et des prévisions entre l'industriel et le distributeur, les ventes ont augmenté de 13 % alors que d'autres enseignes déploraient un recul de 8 %. La **deuxième étape** culmine au « sommet des attentes exagérées », au début des années 2000. Plusieurs expériences se poursuivent alors, mais les distributeurs ont du mal à communiquer leurs informations en provenance des points de vente. Puis une **troisième étape** se profile, pendant laquelle on descend au « creux de la désillusion » du début des années 2010, alors même que certains commencent à proposer un nouveau système : le *flowcasting*[66].

[65] Pisani F. et Piotet D. (2008), *Comment le Web change le monde : l'alchimie des multitudes*, Pearson-Village Mondial, Paris.

[66] Martin A., Doherty M. et Harrop J. (2006), *Flowcasting the retail supply chain*, Factory 2 Shelf Publishing, Winooski (VT).

Le *flowcasting* part des données des points de vente, donc au plus proche des consommateurs, pour réaliser des prévisions de vente (par référence). Les informations sont cumulées sur l'ensemble des magasins et mises à jour quotidiennement. L'ensemble de la chaîne logistique est alors piloté par l'aval. Ce système ne peut évidemment fonctionner que si les données sont bien celles recueillies point de vente par point de vente, et si elles circulent réellement avec fluidité jusqu'au fabricant[67]. Or, il semble que la qualité de l'information ne soit pas encore parfaite le long de la chaîne logistique. En reprenant le « cycle de frénésie » du CPFR précédemment évoqué, on pourrait ainsi arriver à une sorte de « plateau de la productivité », avec peut-être une transformation du CFPR en *flowcasting* dans les prochaines années. Rien n'est moins sûr… Tant que la ressource en données issues des points de vente ne sera pas de qualité parfaite, et que la nécessité du changement ne sera pas intégrée par tous les intervenants du canal de distribution, les sceptiques l'emporteront.

tableau 7.4.

fonctionnement du *flowcasting*

1) Prévision à partir de chacun des magasins et des données de sortie de caisse.
2) Ajout des quantités nécessaires pour les campagnes de promotion de chacun des points de vente.
3) Calcul du stock disponible et prévision sur 52 semaines des quantités de produits à livrer aux entrepôts de l'enseigne, et dans chaque point de vente.
4) Calcul des stocks nécessaires à travers chacun des nœuds de la chaîne logistique pour satisfaire ce qui est prévu.
5) Définition des plans de réapprovisionnement des magasins et des entrepôts au distributeur, comme à l'ensemble de ses fournisseurs partenaires (grossistes, industriels) sur un horizon de 52 semaines.
6) Prévision de toutes les ressources requises (personnel, espace, équipements capitaux) pour gérer le flux de produits (acquérir, transporter, entreposer et livrer), depuis leur dernier point de fabrication jusqu'au point de vente final.
7) Re-synchronisation de ces données quotidiennement à partir des données de vente en magasin.

[67] Evrard-Samuel K. (2009), « Sharing demand signals : a new challenge to improve collaboration within supply chains », *Supply Chain Forum : An International Journal*, Vol. 9, n° 2, pp. 16-27.

encadré 7.8.

un exemple de *flowcasting* : Sony au Canada

Les objectifs de Sony au Canada sont d'améliorer la prévision en magasin, de réduire les ruptures de stock et de développer la collaboration avec les distributeurs. Le constructeur dispose de deux centres de distribution au Canada et d'une soixantaine de magasins proposant plus de 800 articles différents, parmi lesquels une majorité de produits à faible rotation (70 % des produits ont moins de 10 unités vendues par an et par point de vente). En outre, les ventes connaissent une forte variabilité saisonnière (61 % du volume de vente est réalisé pour les Fêtes de fin d'année).

Un test a été réalisé chez Sony : 230 produits ont été analysés avant de mettre en place un *flowcasting*. Résultats du test : la fiabilité de prévision a été améliorée, le taux des ruptures s'est réduit à 6 %, le taux de service est passé de 89 à 90 % et la rotation des stocks s'est améliorée. Le système de *flowcasting* a été développé depuis avec les seules prévisions calculées sur les sorties de caisse des magasins.

Source : *Points de Vente*, 21 mars 2011.

C. – vers une coopération orientée client

Finalement, quel que soit l'angle d'attaque retenu, la satisfaction et la fidélisation du consommateur restent les objectifs prioritaires du fabricant et du distributeur, et leur éventuelle coopération est avant tout un moyen d'être plus efficace à ce niveau. La volonté d'intégrer activement le consommateur comme acteur du canal de distribution est à l'origine des travaux et réflexions sur l'ECR. Il résulte d'expériences conduites dans les années 1980, aux Etats-Unis, pour contrer les importations textiles en provenance de pays à faible coût de main-d'œuvre grâce à une meilleure flexibilité dans la fabrication et la vente de produits élaborés sur place.

Il s'agit d'une démarche de partenariat entre industrie et commerce qui vise, par la connaissance en temps réel des ventes en magasin, à gérer en commun les approvisionnements, les promotions et les nouveaux produits, et donc à réaliser des gains de productivité. La première démarche de ce type a été initiée par Procter & Gamble et Walmart aux Etats-Unis. Cette organisation *quick response* présente un triple avantage : augmentation du chiffre d'affaires, réduction des stocks et amélioration du taux de service, mais elle pourrait remettre à terme en question une partie des stratégies de *global sourcing* des détaillants. Le tableau 7.5 synthétise les principes et domaines d'application de l'ECR.

tableau 7.5.
principes et domaines d'application de l'ECR

Principes de fonctionnement	Domaines d'application	Outils
• Apport d'une plus grande valeur au client (qualité, assortiment, taux de service), tout en réduisant le coût de distribution • Totale intégration du flux de produits, de leur conception jusqu'à la mise à disposition au client • Partage équitable des bénéfices entre partenaires, après avoir mesuré l'efficacité globale	• Gestion catégorielle des assortiments • Gestion des stocks, des délais et des réapprovisionnements • Optimisation des promotions et des conditions commerciales • Développement et lancement de nouveaux produits	• CAO (commandes assistées par ordinateur) • EDI-Internet intégrés • GPA (gestion partagée des approvisionnements) et *cross docking* • Gestion des coûts par activité (*activity based costing*) • Gestion par catégorie de produits (*category management*)

A l'évidence, l'organisation *quick response* ne pourra fonctionner sans la double collaboration précédemment envisagée, au niveau des flux d'information et des flux de produits. Pour l'instant, il semble beaucoup plus facile de coopérer sur un plan purement logistique que sur un plan transactionnel. Selon Bonet, ceci s'explique par le fait que le canal transactionnel se situe dans une **logique d'acteurs** qui s'opposeront à un moment donné car leurs plans d'action respectifs, voire leur vision du « projet » commun, divergent, alors que le canal logistique relève d'une **logique de ressources et d'activités** dont l'optimisation passe par des collaborations conjointes[68]. A terme, il paraît néanmoins difficile d'améliorer le processus de création de valeur sans une coopération poussée sur toutes les facettes de la relation d'échange. Par

[68] Bonet D. (2000), « Conflit et coopération dans le canal de distribution : une analyse du discours des acteurs », *in* Volle P. (éd.), *op. cit.*, pp. 231-246.

exemple, le consommateur sera gagnant si industriel et distributeur cumulent aussi leur expertise pour améliorer l'introduction de produits innovants sur le marché.

De plus en plus souvent, l'ensemble des institutions du canal de distribution s'accordent pour souligner l'importance de nouvelles règles du jeu afin de réduire les stocks le long de la chaîne logistique et accroître l'efficacité globale du système au service du consommateur. Il n'en reste pas moins que les discours publics concernant la GPA, le *pooling*, le CPFR ou encore l'ECR dissimulent mal la permanence de comportements opportunistes de la part de certains acteurs qui préfèrent mener une politique de rétention d'informations. Même le rapide développement du e-commerce et les menaces induites de désintermédiation tardent à remettre en question ce mode de relation qui constitue une entrave au bon fonctionnement d'une chaîne logistique entièrement orientée client.

Au final, les tendances actuelles marquent sans doute une progressive rupture dans l'organisation de la distribution, ou pour reprendre les propos de Moati, une véritable révolution commerciale[69]. Le modèle fordien symbolique des Trente Glorieuses s'efface lentement au profit d'un modèle du « commerce de précision » orienté client, qui place les attentes des consommateurs au centre des modes de gouvernance des relations entre membres du canal. Mais plus encore, c'est sans doute un modèle de type serviciel qui sera l'enjeu des prochaines années, avec des consommateurs devenus co-producteurs de solutions, auquel des intégrateurs (les distributeurs ?) participeront activement à la formulation, en s'appuyant pour cela sur des partenariats de long terme avec des producteurs (voir le schéma 7.3). Plus que jamais, le secteur de la distribution est ainsi au cœur de mutations sociétales qui confirment, si besoin était, tout l'intérêt d'y consacrer une observation minutieuse et des recherches approfondies.

---

[69] Moati P. (2011), *op. cit.*

schéma 7.3.

du modèle fordien au modèle serviciel

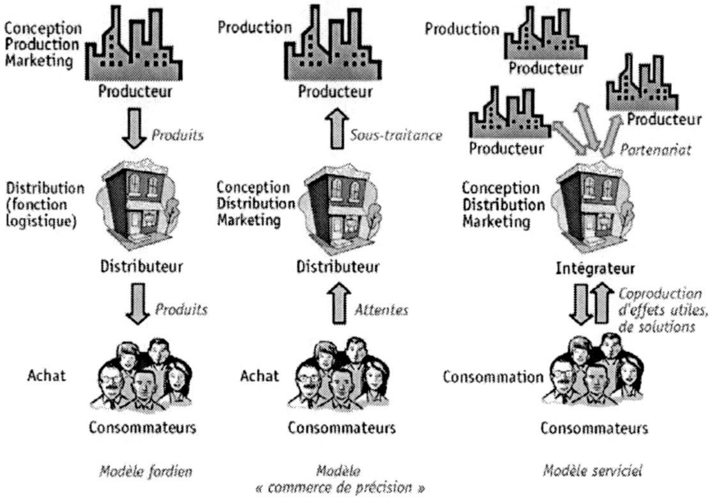

Source : d'après Moati (2011), *op. cit.*

CONCLUSION

La distribution représente plus que jamais une fonction centrale du système économique. Sa maîtrise constitue un enjeu primordial pour les entreprises, mais aussi pour le système social dans son ensemble : la distribution est à la fois un élément de structuration de l'espace et un espace essentiel d'interactions sociales. Si les recherches éclairent les principaux domaines de la gestion stratégique et opérationnelle du canal de distribution et du point de vente, des interrogations essentielles justifient le rapprochement des efforts des chercheurs et des praticiens :

- Comment évolueront les formats de vente au détail, et comment concilier les apports respectifs du commerce électronique et de la vente en magasin autour du triptyque des fonctions de distribution : réaliser les transactions, développer la relation avec le client, réenchanter l'activité de consommation ?
- Quels sont les enjeux et perspectives de la mondialisation de la distribution, notamment face à un « locavorisme » qui gagne du terrain ? Comment la réduction du nombre d'enseignes opérant à l'échelle planétaire influencera-t-elle le fonctionnement des canaux ?
- Quelles évolutions doit-on attendre dans les relations entre producteurs et distributeurs ? Quelle sera la place des marques mondiales, des marques nationales et des MDD ? Comment les membres du canal pourront-ils répondre au sentiment de crainte qui gagne le consommateur à la suite de la multiplication des « crises » liées aux produits et à leur usage ?

- Comment les innovations commerciales, transactionnelles et logistiques modifieront-elles les conditions d'exploitation des magasins et de leurs circuits d'approvisionnement ? Comment les distributeurs maîtriseront-ils les retombées de ces innovations en termes de gestion de leurs ressources humaines ?
- Comment l'urgence d'un développement durable, plus soucieux d'un usage modéré des ressources (rares), impactera-t-il sur les stratégies d'entreprises ? Ces dernières devront-elles apprendre à mieux travailler ensemble, de gré ou de force, comme les politiques de mutualisation l'y invitent ?

L'activité commerciale est l'une des plus anciennes activités humaines. Il serait présomptueux d'imaginer que l'état actuel des systèmes commerciaux puisse être stable. Le chercheur et le praticien doivent au contraire allier leurs compétences pour que cette activité conserve et enrichisse son rôle de lien économique et social. Les enjeux à venir sont suffisamment importants pour justifier un tel effort de rapprochement entre deux univers qui ont eu trop longtemps tendance à s'ignorer.

BIBLIOGRAPHIE COMMENTÉE

BARTH I. et ANTÉBLIAN B. (coord.), *Les petites histoires extraordinaires des courses ordinaires : ethnographie des courses*, Editions Management & Société, Caen, 2011, 404 pages. Peut-être vous êtes-vous demandé un jour pourquoi les *seniors* fréquentent frénétiquement des hypermarchés bondés le samedi après-midi plutôt que de profiter des « creux » d'affluence dans la semaine ? Ou encore si les couples homosexuels se partagent les tâches ménagères, et notamment les achats-corvée, de manière identique à un couple plus traditionnel ? Dans un style ludique, mais empreint d'une rigueur académique de tous les instants, cet ouvrage suggère de multiples pistes de réflexion sur les aspects à la fois anodins et essentiels des « courses ordinaires ». A dévorer de toute urgence !

BENOUN M. et BADOT O. (coord.), *Commerce et distribution : prospective et stratégies*, Economica, Paris, 2005, 320 pages. Que sera le futur du commerce et de la distribution ? Vaste question à laquelle des experts renommés, académiques et professionnels, se sont attelés. Acceptant de jouer le jeu, éminemment risqué, de la prospective, ils suggèrent des pistes originales sur le changement des comportements des consommateurs, l'évolution de la structure de l'appareil commercial ou encore les développements des technologies de l'information et de la communication. Roboratif, souvent iconoclaste, une contribution stimulante pour sortir des ornières de la « pensée unique ».

BENOUN M. et HÉLIÈS-HASSID M.-L., *Distribution : acteurs et stratégies*, Economica, Paris, 2003, 3e éd., 415 pages. Cet ouvrage de référence aborde à la fois la gestion opérationnelle du point de vente et la gestion stratégique de la firme de distribution. Il concilie la rigueur d'une approche théorique et une très grande richesse dans la présentation et l'analyse d'exemples, judicieusement choisis, de stratégies d'entreprises très connues du grand public.

BOULAY J. et CHANUT O., *Les réseaux de franchise*, La Découverte, Paris, 2010, 124 pages. L'importance du management des réseaux contractuels, et singulièrement des réseaux de franchise, n'est plus à souligner en distribution. S'appuyant sur des courants d'analyse éprouvés et sur une remarquable connaissance du terrain de la part des deux auteurs, cet ouvrage permet d'appréhender sans difficulté la gouvernance des « formes hybrides » dans les canaux de distribution. Malgré sa taille réduite, comme le veut la collection à laquelle il appartient, il propose également des approches très originales de la franchise, notamment à travers le concept de contrat psychologique.

CASSIÈRE F., *Variable interculturelle et relations partenariales du distributeur*, Editions Universitaires Européennes, Sarrebruck, 2010, 460 pages. Il s'agit d'un essai, au sens académique du terme, sur la manière dont un distributeur internationalisé intègre ou non la dimension culturelle à son action stratégique. S'adapter au milieu local ou imposer ses règles de management importées du pays d'origine ? Vaste débat que l'auteur réactualise brillamment en étudiant par le détail une enseigne emblématique : le groupe Carrefour. Un ouvrage important pour comprendre, réfléchir et agir.

CLIQUET G., FADY A. et BASSET G. (coord.), *Management de la distribution*, Dunod, Paris, 2006, 2e éd., 366 pages. Manuel rédigé par plusieurs chercheurs emblématiques de l'Institut de Gestion de Rennes (IGR), dont l'expertise en matière de distribution est largement reconnue ; il s'agit d'un complément utile au présent ouvrage. Notons tout particulièrement une intéressante analyse d'un certain nombre de facteurs environnementaux comme « grille de lecture » des évolutions du secteur distributif.

Coughlan A., Anderson E., Stern L. et El-Ansary A., *Marketing channels*, Pearson Education, Upper Saddle River (NJ), 2006, 7e éd., 624 pages. Depuis sa première édition en 1977, cet ouvrage est considéré comme la référence académique majeure sur les canaux de distribution. La septième édition est plus orientée sur l'international que les précédentes, tout au moins dans les exemples et cas utilisés, mais l'ensemble des travaux cités reste très largement nord-américain. Recommandé à tous ceux qui veulent disposer d'un instrument de travail de haut niveau, intégrant les dernières avancées de la recherche en distribution (stratégies collaboratives, commerce en ligne, etc.).

Desse R.-P., *Le nouveau commerce urbain. Dynamiques spatiales et stratégies des acteurs*, Presses Universitaires de Rennes, Rennes, 2001, 198 pages. Aboutissement d'une dizaine d'années de recherche sur les mutations de l'appareil commercial des villes de l'Ouest de la France, cette contribution aborde la distribution dans la perspective de la géographie économique. Y sont analysés notamment les déterminants de la mobilité des consommateurs, les « nouveaux territoires du commerce périphérique », mais aussi les effets contrastés des politiques de régulation en matière d'urbanisme commercial.

Dioux J. et Dupuis M., *La distribution : stratégie des groupes et marketing des enseignes*, Pearson Education, Paris, 2005, 540 pages. Un petit bijou de rigueur et de didactisme, qui intègre à la fin de chaque chapitre des ateliers de réflexion et des travaux de terrain pour permettre de tester la compréhension des notions présentées. L'accent est notamment mis sur les politiques conduites autour du concept d'enseigne, à la fois en termes d'offre commerciale, de gestion du point de vente et de localisation. Une lecture fortement conseillée pour ceux qui veulent disposer d'un outil pédagogique de manipulation aisée.

Dupuis M. et Dawson J. (coord.), *European cases in retailing*, Blackwell Publishers, Oxford, 1999, 278 pages. Structuré en deux grandes parties, l'une consacrée à l'internationalisation de la distribution et l'autre au *retailing mix*, ce recueil de cas permet d'appréhender de manière vivante les options stratégiques retenues par des entreprises aussi diverses que Ikea, Body Shop, Benetton ou encore Nature &

Découvertes. Indispensable pour l'étudiant en distribution et, plus généralement, en marketing.

FABBE-COSTES N., COLIN J. et PACHÉ G. (coord.), *Faire de la recherche en logistique et distribution ?*, Vuibert-Fnege, Paris, 2000, 292 pages. Issu d'un séminaire initié et organisé par la FNEGE, ce livre confronte les courants significatifs situés à l'interface de la logistique et de la distribution, en soulignant leurs enjeux à la fois pour le milieu académique et pour les entreprises. Un outil de réflexion à destination des professionnels et enseignants chercheurs, nécessitant cependant un important investissement personnel compte tenu de la densité de certains articles.

FADY A., RENAUDIN V. et VYT D., *Le merchandising*, Vuibert Gestion, Paris, 2004, 6e éd., 209 pages. Véritable « classique » dans son domaine, réédité et actualisé de façon régulière, il présente dans une perspective volontairement très opérationnelle les objectifs et les méthodes des techniques *merchandising*. L'ensemble est abondamment illustré par de nombreux exemples français.

FERNIE J. et SPARKS L. (coord.), *Logistics and retail management : emerging issues and new challenges in the retail supply chain*, Kogan Page, Londres, 2009, 3e éd., 256 pages. Cet ouvrage associe des contributions de chercheurs et de praticiens anglo-saxons. D'une grande clarté, les douze chapitres permettent de faire le point sur plusieurs thèmes majeurs liés à la logistique de distribution (le *quick response*, la RFID, la logistique « verte », le commerce électronique, etc.), notamment par l'utilisation d'études de cas approfondies.

FILSER M., *Canaux de distribution : description, analyse, gestion*, Vuibert Gestion, Paris, 1989, 256 pages. L'auteur propose une présentation de haut niveau des principaux modèles d'analyse théorique des canaux de distribution. Plus de vingt ans après sa publication, l'ouvrage reste toujours d'actualité pour appréhender, entre autres, l'évolution des relations entre producteurs et distributeurs dans leur triple dimension économique, comportementale et stratégique.

FULCONIS F., PACHÉ G. et ROVEILLO G., *La prestation logistique : origines, enjeux et perspectives*, Editions Management & Société, Caen, 2011, 275 pages. Impossible d'étudier désormais le management des canaux de distribution sans se référer aux prestataires de services logistiques, dont le rôle s'est sans cesse élargi depuis une vingtaine d'années. Prenant en charge un portefeuille d'activités de plus en plus important, le simple acheminement des produits n'est plus qu'une facette de leur système d'offre. Un détour essentiel pour tout savoir sur des « géants » comme Géodis, Norbert Dentressangle ou DHL Deustche Post.

LEVY M. et WEITZ B., *Retailing management*, McGraw-Hill, New York (NY), 2011, 8e éd., 704 pages. Rédigé par deux des plus grands spécialistes mondiaux de la gestion du commerce de détail (*retailing*), un ouvrage de référence pour des générations d'étudiants outre-Atlantique. Il a également su trouver son public auprès du milieu professionnel par sa rigueur, sa clarté et sa capacité à replacer les choix opérationnels dans une perspective stratégique. Les multiples exemples sont évidemment ceux de distributeurs « globaux » et la vue dominante reste encore marquée par un naturel ethnocentrisme nord-américain. On ne peut en tenir rigueur aux auteurs !

MOATI P., *La nouvelle révolution commerciale*, Editions Odile Jacob, Paris, 2011, 317 pages. A la suite de sa réflexion sur *L'Avenir de la grande distribution*, publiée chez le même éditeur en 2001, l'auteur nous convie à un nouveau voyage au cœur des mutations en cours dans la distribution. Voyage fascinant qui met en scène « commerce de précision » et « commerce de masse personnalisé » dans un vaste mouvement de centrage sur le client. L'heure est désormais venue de penser des modèles serviciels pour lesquels, plus que les produits, ce sont les solutions apportées qui importent (construction de bouquets intégrant des biens et des services complémentaires dans l'usage). Sans conteste, une contribution majeure.

VANDERCAMMEN M. et JOSPIN-PERNET N., *La distribution*, De Boeck Université, Bruxelles, 2010, 3e éd., 536 pages. A l'interface entre le *consulting* et la recherche, cet ouvrage souhaite offrir, tant aux managers qu'aux étudiants et enseignants, une « somme » sur différents aspects opérationnels liés à la gestion de la distribution (logistique, choix des canaux, gestion de la force de vente, etc.). L'appareillage conceptuel est donc volontairement limité, et au service d'une meilleure compréhension des pratiques managériales. A noter des informations factuelles sur le marché français, mais aussi belge, suisse et canadien, signifiant la cible francophone ici visée.

VOLLE P. (coord.), *Etudes et recherches sur la distribution*, Economica, Paris, 2000, 309 pages. Un ouvrage collectif singulier dans son projet éditorial de présenter une sélection d'une quinzaine de travaux académiques français menés dans le champ de la gestion du commerce de détail et du canal de distribution. A ce titre, il propose un aperçu très riche des apports de la recherche dans des domaines variés comme la fréquentation des magasins, les approches socio-sémiotiques du *design* d'environnement, les stratégies spatiales des firmes de distribution, etc.

INDEX THEMATIQUE

D

E

Q

R

S

T

TABLE DES MATIERES

IMPRIM'VERT®

Achevé d imprimer par Corlet Numérique - 14110 Condé-sur-Noireau
N° d'Imprimeur : 140522 - Dépôt légal : septembre 2016 - *Imprimé en France*